2022 中医药发展报告

主编

沈建忠　张伯礼

上海科学技术出版社

内 容 提 要

本书由科技部生物技术发展中心牵头,组织并联合全国各中医药高等院校及研究所共同编撰。全书系统回顾了2022年我国中医药事业发展现状及突出成绩,从中医药相关政策与部署、中医药科学研究、中医药行业产业发展情况、中医药国际化、中医药标准和专利等方面进行了梳理。本书重点展示了中医药研究领域的最新进展,有利于读者了解中医药行业年度状况和发展趋势,为中医药传承创新发展提供参考。

本书可供相关政府决策部门、中医药院校、中药生产企业、中药相关研究机构及中医医疗机构阅读,可为中医药传承创新发展提供参考,也为相关政府决策部门提供重要参考依据。

图书在版编目(CIP)数据

2022中医药发展报告 / 沈建忠,张伯礼主编. -- 上海:上海科学技术出版社,2023.10
 ISBN 978-7-5478-6344-2

Ⅰ. ①2… Ⅱ. ①沈… ②张… Ⅲ. ①中国医药学－产业发展－研究报告－中国－2022 Ⅳ. ①F426.77

中国国家版本馆CIP数据核字(2023)第185152号

2022 中医药发展报告
 主 编 沈建忠 张伯礼

上海世纪出版(集团)有限公司
上海科学技术出版社 出版、发行
(上海市闵行区号景路159弄A座9F-10F)
邮政编码201101　www.sstp.cn
苏州工业园区美柯乐制版印务有限责任公司印刷
开本 787×1092　1/16　印张 20.75
字数:400千字
2023年10月第1版　2023年10月第1次印刷
ISBN 978-7-5478-6344-2/R·2851
定价:228.00元

本书如有缺页、错装或坏损等严重质量问题,请向工厂联系调换

编委会

主编
沈建忠　张伯礼

副主编
程翔林　唐旭东　程海波　彭　成　张俊华

编委
（按姓氏笔画排序）

于志斌	于海洋	于善江	马骁驰	王　朔	王　辉	王　毅	王佳宝
王跃飞	元唯安	方子寒	石燕红	田金徽	华　桦	刘　明	刘　雳
刘二伟	刘存志	刘志东	刘张林	刘春香	孙　颖	孙　鑫	孙晓波
苏　红	苏祥飞	杨　虹	杨丰文	杨忠奇	李　正	李　琳	李　媛
李冬雪	李苏宁	李玮琦	李宗友	吴函蓉	吴婉莹	旷　苗	何　蕊
何　毅	何俗非	何蓉蓉	宋新波	张　冬	张　晗	张　磊	张　鑫
张大璐	张世杰	张霄潇	陈　波	陈士林	陈立典	果德安	季昭臣
金鑫瑶	庞　博	庞稳泰	郑文科	郑艳超	赵大庆	胡镜清	昝树杰
袁　媛	高　杉	高　昊	郭　伟	郭继华	唐健元	凌　燕	黄　明
曹璐佳	梁倩倩	屠建锋	屠鹏飞	葛　瑶	曾　芳	温川飙	谭　昳

前 言

中医药学是中国古代科学的瑰宝，也是打开中华文明宝库的钥匙。中医药具有数千年的临床诊疗实践经验，为中华民族的繁衍昌盛和世界医学的发展作出了卓越的贡献。在抗击新冠疫情中，中医药全过程、全方位参与防治，为疫情防控提供有效可及的干预方药，形成了具有中国特色的诊疗方案，中西医结合也为世界疫情防控贡献了中国智慧。

党的十八大以来，党中央、国务院把中医药工作摆在更加重要的位置，将传承创新发展中医药定位为新时代中国特色社会主义事业的重要内容。习近平总书记对中医药工作作出一系列重要指示批示，指出"要遵循中医药发展规律，传承精华，守正创新，加快推进中医药现代化、产业化，坚持中西医并重，推动中医药和西医药相互补充、协调发展，推动中医药事业和产业高质量发展，推动中医药走向世界，充分发挥中医药防病治病的独特优势和作用，为建设健康中国、实现中华民族伟大复兴的中国梦贡献力量"。2022年3月，国务院办公厅印发了《"十四五"中医药发展规划》，统筹考虑医疗、科研、产业、教育、文化、国际合作等中医药发展重点领域，部署了十个方面重点任务，为实现新时期中医药高质量发展明确了举措，提供了保障。2022年10月，党的二十大报告指出"促进中医药传承创新发展"，充分体现了党中央对中医药事业的高度重视，也更加明确了推动中医药高质量发展的战略定力。

为了更好地总结中医药发展取得的进展，分享经验和成果，由中国生物技术发展中心牵头，组织全国多个高等院校和科研院所的专家编写《2022中医药发展报告》。全书共分七章：第一章为总论，对中医药传承创新发展概况进行概述，并对年度发展特征和发展趋势进行分析介绍；第二章对国家和地方出台的中医药相关政策与部署情况进行梳理，总结推动中医药传承创新发展的相关制度改革和政策；第三章总结了中医药科学研究成果，包括论文与专利、临床研究、重大成果及中医药医疗科研平台建设情况；第四章介绍中药行业产业年

度发展状况,用数据描述国内中医临床服务、中药新药研发、大健康产业发展等情况;第五章介绍中医药国际化发展情况,重点描述中药进出口和国际注册情况;第六章介绍中医药专利和标准化工作进展;第七章总结了中医药在三年抗击新冠疫情中的重要进展与成绩。附录部分对中医药年度发展大事件、获奖情况、人才培养等信息进行列表汇总。

2022年是中医药"十四五"规划的开启之年,也是新冠疫情防控政策调整的关键之年,具有承上启下的重要意义和影响。本书围绕2022年度中医药发展的相关政策、中医药现代化、产业化和国际化发展情况进行总结和梳理,有利于读者了解中医药行业年度状况和发展趋势,也可以为相关部门政策制修订提供参考。由于编撰时间限制、数据来源和可及性不同等因素,本书内容的整体性和全面性存在一些不足,希望相关部门、同行专家、广大读者提出宝贵意见和建议。

最后,对推动中医药传承创新发展的相关支持机构、专家学者、各界人士表示衷心感谢!

编者

2023 年 9 月

目 录

第一章·总论 1

第一节·中医药传承创新发展概况 2
一、政策引领为中医药事业发展指路护航 2
二、中医药在抗击新冠病毒疫情中发挥重要作用 2
三、科学研究成果与能力建设成果显著 3
四、中药产业发展呈现良好态势 4
五、中医药标准化工作提质加速 4
六、国际贸易稳中有进 4

第二节·中医药发展特征与趋势 6
一、中医药事业年度特征 6
二、中药产业年度特征 7
三、中医药高质量发展趋势思考 8

第二章·中医药相关政策与部署 11

第一节·政策汇总 12
一、国家政策 12
二、部委政策 14
三、省(区、市)政策 17

第二节·研究计划部署情况 33
一、科技规划部署 33

二、科技项目设置 34

第三章 · 中医药科学研究 37

第一节 · 中文期刊论文情况分析 38
一、研究机构及地域分布 38
二、发表期刊 38
三、总体研究主题分布 41
四、主要学科研究主题分布 41

第二节 · 外文期刊论文情况分析 45
一、研究国家和地区与机构分布 45
二、发表期刊及基金来源 47
三、研究主题分布 48
四、高被引文献分析 50

第三节 · 中成药及经典名方临床研究报告 53
一、中成药临床研究年度报告 53
二、中医经典名方临床研究年度报告 64

第四节 · 中医非药物治疗临床研究报告 70
一、中医非药物治疗临床研究文献发表情况 70
二、中医非药物治疗临床研究的疾病类型和分布 73

第五节 · 中医药基础研究报告 79

一、中医理论基础研究进展 79

二、中医非药物治疗基础研究进展 80

三、中药基础研究进展 82

第六节·中药制药工程研究进展 93

一、中药制造理论创新 94

二、中药制造过程质量检测技术 95

三、中药制药过程建模和分析技术 98

四、中药制药工艺信息集成与挖掘技术 101

第七节·中医药高水平研究成果 103

一、2022年度中医药十大学术进展 103

二、年度高水平论文 106

第八节·中医药医疗科研平台建设 130

一、国家区域医疗中心 130

二、国家医学攻关产教融合创新平台 131

三、国家中医药传承创新中心 131

四、国家中医疫病防治基地 133

五、国家中医药管理局中药炮制技术传承基地 134

第四章·中医药行业产业发展情况 137

第一节·中医临床诊疗状况分析 138

一、门诊及住院服务量 138

二、中医药治未病、康复、养老服务情况 144

第二节·中药工业运行分析 145

一、中药工业营业收入增速高于医药工业 145

二、中药工业利润总额同比下降 146

三、中药工业顶层设计进一步完善 146

四、中药工业发展展望 146

第三节·中药上市企业年报分析 147

一、总体市值下降,个股逆势上扬 147

二、营收稳定增长,增速有所减缓 148

三、成本影响显现,行业利润略降 149

四、研发费用总体增长,部分企业增幅较高 150

五、政策利好频出,企业集聚显现 152

第四节·中药新药审评审批 153

一、中药新药审评审批制度改革 153

二、中药新药获批情况分析 154

三、中药新药注册情况分析 154

四、中药新药研发及审评发展趋势 159

第五节·中药资源发展现状 160

一、我国中药资源与蕴藏总量概况 160

二、常用中药材种植规模产量概况 162

三、全国部分区域中药材概况 162

四、中药材整体产需分析 163

五、良种繁育 163

六、中药材品牌建设 164

七、政策变化 166

第六节·中医药大健康产业分析 168

一、中药保健食品产业 169

二、中药日化产业 172

三、中兽药产业 175

四、中医药老年健康服务行业现状 177

第七节·中医药技术装备 178

一、中医药装备产业发展现状 179

二、中医药装备部分企业介绍 183

第五章·中医药走向国际 187

第一节·中药进出口贸易 188

一、中药出口贸易 188

二、中药进口贸易 190

三、中药主要出口市场 191

第二节·中药国际注册 193

　　一、天士力医药集团股份有限公司 193

　　二、江苏康缘药业股份有限公司 193

　　三、兰州佛慈制药股份有限公司 194

　　四、北京同仁堂股份有限责任公司 194

　　五、山东步长制药股份有限公司 194

　　六、石家庄以岭药业股份有限公司 194

　　七、上海和黄药业有限公司 194

　　八、安徽济人药业股份有限公司 195

第三节·中医药国际标准 196

　　一、ISO/TC 249 国际标准制定情况 196

　　二、世界中医药学会联合会国际标准制定情况 200

　　三、中药标准在国际主流药典的发展 208

第六章·中医药标准与专利 215

第一节·中医药国内标准 216

　　一、基本情况 216

　　二、2022 年度中医药标准化工作进展 220

第二节·中医药国内外专利 225

　　一、数据基础 225

　　二、2022年国内专利概况 226

　　三、2022年中国境外中医药类专利概况 230

第七章 · 中医药科技抗击新冠疫情三年回顾 235

第一节 · 中医药抗疫成果及贡献获国内外认可 236

　　一、国家诊疗方案中医内容 236

　　二、关于中医药抗击新冠疫情的重要发布会 237

　　三、中医药参与国际抗击新冠疫情的贡献和评价 242

第二节 · 中医药全方位参与新型冠状病毒感染救治 244

　　一、新型冠状病毒感染的预防 244

　　二、新型冠状病毒感染的治疗 248

　　三、新型冠状病毒感染的康复 255

附录 259

　　附录一 · "十四五"中医药发展规划 260

　　附录二 · "十四五"中医药科技创新专项规划 280

　　附录三 · 中医药领域科技奖励 300

　　附录四 · 第二届青年岐黄学者支持项目人选 309

　　附录五 · 2022年度中药企业排行 313

2022
中医药发展报告

第一章
总　论

第一节
中医药传承创新发展概况

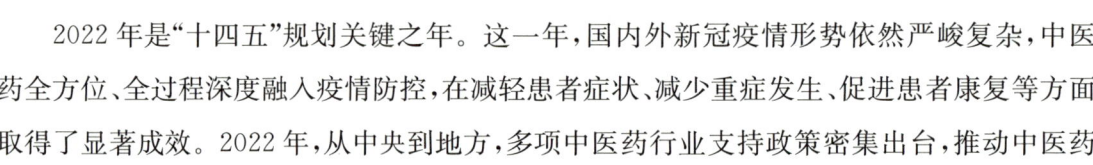

2022年是"十四五"规划关键之年。这一年，国内外新冠疫情形势依然严峻复杂，中医药全方位、全过程深度融入疫情防控，在减轻患者症状、减少重症发生、促进患者康复等方面取得了显著成效。2022年，从中央到地方，多项中医药行业支持政策密集出台，推动中医药传承创新发展驶入了"快车道"，在科学研究、成果转化、产业发展、科技平台等多个方面取得了系列标志性成果，为中医药传承创新发展提供了有力支撑。

一、政策引领为中医药事业发展指路护航

2022年3月，国务院办公厅印发《"十四五"中医药发展规划》，这是首个以国务院办公厅名义印发的中医药五年规划，共部署了中医药服务体系、中医药健康服务能力、中医药人才队伍等10个方面重点任务，以及11类共44项重大工程项目。为贯彻落实党中央国务院关于促进中医药传承创新发展的要求，国家多部委相继围绕强化中医人才队伍建设、中药研究技术指导、提升中医药服务能力、加强中医药标准化建设等方面出台了一系列政策性文件，开启了中医药传承创新发展的具体工作。同时，各省（区、市）结合实际情况，先后制定了各地中医药事业发展"十四五"规划、支持中医药传承创新发展和产业高质量发展等相关规划文件，为中医药传承创新发展提供政策保障。

二、中医药在抗击新冠病毒疫情中发挥重要作用

2022年，防疫形势复杂严峻，疫情防控工作吃紧。我国疫情防控主动做出一系列重大调整，从推出"二十条"和"新十条"优化措施，到工作重心转向"保健康、防重症"，中医药方案也随之不断优化完善，指导全国各地开展规范化中医药治疗，取得了显著成效。面对群众就

医用药的普遍需求,有关部门多措并举,国务院联防联控机制综合组《关于在城乡基层充分应用中药汤剂开展新冠病毒感染治疗工作的通知》印发,中药汤剂在基层得到更广泛地使用;《新冠病毒感染者居家中医药干预指引》印发,为广大群众推荐70种中成药供居家治疗使用,大大提高了中医药可及性。2022年4月,《世界卫生组织中医药救治新冠肺炎专家评估会报告》发布,其中肯定了中医药具有降低患者转重率,缩短病毒清除时间、临床症状缓解时间和住院时间等疗效,标志着中医药疗效优势获得广泛认可。"三药三方"、散寒化湿颗粒、疏风解毒胶囊、荆银固表方等中药相继取得重要临床研究成果,并入选中华中医药学会发布的"2022年中医药十大学术进展",进一步印证了中医药抗疫的疗效优势。

三、科学研究成果与能力建设成果显著

在研究论文方面,2022年发表中文论文逾9万篇,英文论文约8000篇。英文文献数量较2021年增长了33.3%,Nature Communications、JAMA Surgery、British Medical Journal(BMJ)、Gut 等国际知名期刊均刊发了中医药学科论文,研究主题主要分布在中药药理、中药化学、基因组学、中药制剂、中药资源、中医药临床研究、针刺相关研究等。高水平论文集中在中医药作用机制研究,尤其是中药单体成分研究;多个规范设计的随机对照临床试验成果发表,产生高质量临床证据;中医药理论特点与多学科技术交叉融合成为了一个新兴领域,人工智能、多组学、类器官等新思路、新方法和新技术在中医药研究领域的应用取得良好成效。

在国家级中医药科研平台方面,2022年科技部办公厅印发《关于贯彻落实〈重组国家重点实验室体系方案〉的通知》,正式开启全国重点实验室优化重组。国家发展和改革委员会、国家中医药管理局共同开展国家中医药传承创新中心项目建设,确定30家单位纳入国家中医药传承创新中心项目储备库、16家单位纳入国家中医药传承创新中心项目培育库、31家建设单位纳入国家中医疫病防治基地项目储备库。

国家科技部发布了"十四五"国家重点研发计划"中医药现代化"重点专项首批项目申报指南,围绕"中医原创理论系统化诠释与创新""中医药经典与经验传承创新研究""中医药防治疾病临床价值提升""中医药产业高质量发展关键技术攻关"四大任务部署17个方向研究。国家自然科学基金委员会设立39个重点项目立项领域,其中4个立项领域涉及中医药研究内容,在交叉融合板块设立"'未病'的生物基础与数学表征"专项项目。国家中医药管理局启动第二届青年岐黄学者培养项目遴选,共100人入选。

四、中药产业发展呈现良好态势

2022年全球仍受到疫情的影响,但随着防控措施的逐步调整,中医药产业逐渐展现出稳步复苏的态势。虽然中药工业利润总额同比2021年下降,但中药工业营业收入同比增长近2个百分点,且中药工业利润增长表现优于医药工业整体,其中中成药生产营业收入同比增长5.6%,部分中药上市企业营收同比增长4.02%。中药新药研发与获批取得新的进展,其中受理中药注册申请共1558件,完成审评的中药注册申请共1454件,以注册申请类别统计,受理中药新药临床试验申请57件(包括创新中药39件),新药上市许可申请14件(包括创新中药10件)。配方颗粒市场规模持续增长,上市备案15 718件,获批中药配方颗粒药品标准6 338个,配方颗粒市场份额进一步扩大。

受需求及政策推动,中药材种植产业快速增长,初步估计2022年常用中药材需求总量达500万吨,中药材种植面积达6 400万亩,中药材产业迎来发展的良好势头。以医疗服务产业、医药产业、保健食品及日用品产业、健康服务产业群体形成的中医药大健康产业展现出蓬勃态势,预计2030年中国健康产业产值将达到16万亿元,中医药大健康产业将为我国健康服务业的发展贡献更大力量。

五、中医药标准化工作提质加速

2022年,国家多部委持续加强中医药标准化和法治化建设。继2002年国家药品监督管理局发布《中药材生产质量管理规范》后,2022年,国家药监局、农业农村部、国家林草局、国家中医药局四部门首次联合发布《中药材生产质量管理规范》,以推动中药材规范生产;国家药监局发布《关于实施〈国家中药饮片炮制规范〉有关事项的公告》,颁布第一批61个国家中药饮片炮制规范,迈出中药饮片监管工作重要的一步。2022年,共有8项国家标准发布,11项国家标准计划完成报批,医、药标准化进程均衡发展。8项新发布国家标准主要集中在中药材种子(种苗)领域,11项国家标准计划主要为中医基础术语。

此外,中医药国际标准进入了新的发展时期,国际标准化组织/中医药技术委员会(ISO/TC 249)在2022年度共发布中医药国际标准17项,包括中药类标准9项、中医医疗设备标准5项、中医药术语信息标准3项,为促进中医药走向世界发挥了积极作用。

六、国际贸易稳中有进

我国中药进出口贸易在2022年继续保持强劲势头,延续了2021年的增长趋势,实现了两位数的增长,外贸总额达到85.1亿美元,同比增长10.7%。其中,出口额56.5亿美元,同比增长14.1%;进口额28.6亿美元,同比增长4.6%。从产品类别看,植物提取物依然是主要的出口商品之一,出口总额35.3亿美元,同比增长16.5%,品种范围不断扩大,应用领域涵盖药品、膳食补充剂、食品等多个领域;中药材及饮片出口总额13.6亿美元,同比增长4.2%;中成药出口额达到3.8亿美元,同比增长23.8%,这部分增长得益于中药海外注册的加速,带动了中成药的海外出口;保健品的出口也保持了强劲的势头,出口额达到3.8亿美元,同比增长22.5%。进口产品方面,植物提取物(不含精油)进口额为2.9亿美元,同比下降7.8%,但进口数量仅下降0.1%。表明国内市场需求相对稳定,进口金额受价格下调影响;中药材及饮片进口额为5.9亿美元,增长11.4%;中成药进口额4.3亿美元,增长18.7%;在扩大进口政策影响下,保健品进口持续增长,进口额为10.5亿美元,增长20.2%。

2022年,我国中药企业在积极推进中药国际注册方面取得了显著进展。宣肺败毒颗粒、连花清瘟胶囊、复方丹参滴丸、桂枝茯苓胶囊等20余个中成药产品在美国、加拿大、欧洲、东南亚、非洲等多个国家和地区,以处方药、植物药、补充剂等多种方式获得了不同阶段的注册许可。

第二节
中医药发展特征与趋势

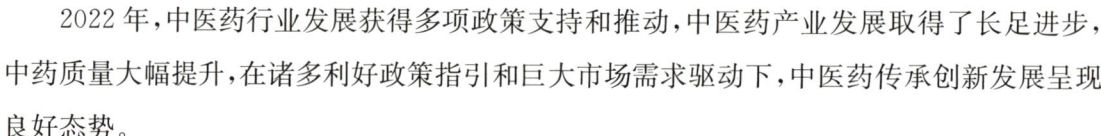

2022年，中医药行业发展获得多项政策支持和推动，中医药产业发展取得了长足进步，中药质量大幅提升，在诸多利好政策指引和巨大市场需求驱动下，中医药传承创新发展呈现良好态势。

一、中医药事业年度特征

（一）抗击新冠疫情彰显中医药价值，推进中医药事业发展

2022年，奥密克戎毒株成为新冠病毒的主要流行株，其传播速度快、隐匿性强、传染性强，进一步加剧了新冠疫情的复杂性与紧迫性。继天津首战奥密克戎之后，陕西、吉林、上海、海南、河南、四川等地相继暴发大规模疫情。在医疗资源需求骤然增加的情况下，中医药发挥了"有效性、主动性、可及性"的优势，形成了预防、治疗、康复的干预方案，有效避免了医疗挤兑的发生，为平稳转段做出了重要贡献。

2022年，《新型冠状病毒肺炎诊疗方案（试行第九版）》《新冠病毒感染者居家中医药干预指引》等多个国家方案相继发布，超百余种中药被推荐使用。随着大量患者经治疗康复，中医药的疗效优势进一步彰显，形成连锁效应，广大人民群众更加认可中医药，为中医药事业的发展，夯实了群众基础，推动了中医药产业复苏。

（二）中医诊疗服务体系日趋完善，中医药服务能力显著提升

2022年，国家层面发布多项中医药专项政策，聚焦高质量发展主线、强化内涵建设，着力构建优质高效的中医药服务体系。国家中医药管理局深入实施中医药健康促进行动，提供覆盖全民和全生命周期的中医药健康服务；持续推进国家中医医学中心和区域中医医疗中心试点，开展中医康复中心遴选和建设；提升基层中医药服务能力，制定乡镇卫生院、社区

卫生服务中心中医馆服务内涵建设标准；扩大重大疑难疾病中西医临床协作试点，形成中西医结合诊疗方案。2022年，全国中医类诊疗量12.3亿人次，比上年增加0.2亿人次，特别是中医药治未病、康复、养老服务人次显著增长。以推动分级诊疗和公立医院高质量发展为任务目标，基本实现全部社区卫生服务中心和乡镇卫生院设置中医馆。此外，互联网医疗政策进一步打通，驱动医、药、险联动，同时推动互联网医疗回归医疗本质，提升医疗质量和安全性。

（三）中药注册管理办法改革，激发中药产业创新活力

2022年，医药、医保、医疗政策齐发力，协同推进医改向纵深发展。医药方面，中药审评审批制度改革持续深化，"三结合"中药注册审评证据体系日趋完善，一批治疗定位准、临床价值大的中药新药获批上市。按古代经典名方目录管理的中药复方制剂——苓桂术甘颗粒的批准上市，实现了中药3.1类新药"零的突破"。首届国家中药科学监管大会成功召开，中药饮片炮制规范、中成药标准、中药配方颗粒国家药品标准陆续发布，中药监管科学体系日趋完善。四部门首次联合发布《中药材生产质量管理规范》，以推动中药材规范化、产业化、规模化种植养殖，推动中药生产企业采取自建、共建、联建或共享中药材种植养殖基地，促进中药传承创新和高质量发展。

《"十四五"中医药发展规划》中再次强调了完善中医药服务价格的相关政策；5月25日，国务院办公厅印发《深化医药卫生体制改革2022年重点工作任务》，其中将推动中医药振兴发展列为重点任务之一，开展医疗、医保、医药联动促进中医药传承创新发展试点；选择部分地区开展医保支持中医药发展试点，推动中医特色优势病种按病种付费。医保统一、医保支付改革、带量采购等多项对医药行业影响深远的政策都将持续推进，药企也面临新的机遇和挑战。

二、中药产业年度特征

（一）中药工业产业化发展势头强劲

2022年，中医药现代化、产业化发展取得了较好成绩。当年，国家药品监督管理局批准上市的中药新药共计10个，经典名方苓桂术甘颗粒批准上市。通过对74家以中药工业为主的上市中药企业调研发现，这些企业总市值1.04万亿元，研发投入总额超100亿元，年平均研发费用率为3.87%，中药工业领域在规模、盈利能力和未来发展方面都展现出巨大的潜力。

2022年，我国中药出口额持续增长，中药出口势头强劲，国际交流频繁，有利于推动中

医药产业的现代化、国际化发展。中药产业进出口平台也在逐步扩大，上合组织成员国不断加强中药贸易合作，《区域全面经济伙伴关系协定》的实施提升了东亚区域经济一体化水平，对中药的贸易合作产生积极影响。同时，"一带一路"倡议也为中医药海外发展提供了有力支持，加强了我国与沿线国家的中药交流和合作。这些合作平台的不断扩展，将进一步促进中药贸易的发展和合作，助推我国中药产业在国际市场上影响力和竞争力的不断提升。

（二）中药配方颗粒成为新增长点

自中药配方颗粒试点以来，不同企业的生产工艺及质量标准差异较大，行业一直未能形成统一标准。2022年国家药典委相继公布了三批约200个中药配方颗粒国家药品标准，同年8月，国家医保局发布《国家医疗保障局办公室关于印发医保中药配方颗粒统一编码规则和方法》，标志着中药配方颗粒在国家和行业标准引导下全面升级，正在重构市场新格局。2022年底，中药配方颗粒上市备案15 718件，涉及中药配方颗粒生产厂家73家，中药配方颗粒种类880个。中药配方颗粒的高速发展对产业发展和临床诊疗产生了积极推动作用。

（三）中医药大健康产业加快发展

后疫情时代，人民群众对健康养生的需求日益旺盛，已形成了包括医疗服务产业、医药产业、保健食品及日用品产业和健康服务产业的四大基本产业群。据统计，2022年，中医药市场规模达10 428亿元，年复合增长率维持在5%以上。中药大健康产业作为中医药发展的重要方向之一，随着后疫情时代国民健康意识的提升将呈现出平稳发展的态势。预计到2030年中医诊断和治疗服务市场规模将达到18 390亿元，年复合增长率18.2%，具有广阔前景。抓住时代赋予的机遇，发挥中医药自身优势，深耕优化产品效能，不断做大做强中医药健康养生产业，引领大健康产业多元化、全方位发展，才能更好满足人民群众对高质量中医药产品的需求。

三、中医药高质量发展趋势思考

（一）把握疗效优势，服务人民健康

中医药在疫情防控中发挥了重要作用，得到了各界的广泛认可，为中药行业的发展创造了良好的环境和条件。在利好政策频出与疫情过后的重要节点上，中医药发展呈现良好态势。后疫情时代，人们对自身健康的关注度更高，对传统医学的兴趣和认同度也逐渐提高。提升中医药健康服务能力是"十四五"时期中医药发展重点任务之一，面对重视养生保健、"治未病"的市场需求，捕捉中医药大健康产业"新风口"，推动中医药服务体系建设，迎接后疫情时代的机遇与挑战。

(二）用好政策制度，助力产业复苏

"十四五"以来，多因素催化，中医药政策频发，推进医改向纵深发展。2022年，国家层面发布医药行业相关政策300余条，涉及药品注册评审制度、医保制度、医疗服务、产业质量、科技创新等，多项政策对未来几年中医药产业发展影响重大。中医药相关企事业单位应加强对相关政策的关注，加强对药品生产、注册管理、配方颗粒、医保支付、中成药集采等政策的研究，适应新管理办法带来的机遇和挑战，加快优化研究领域和产品研发方向，推进新业态的成长，形成新的发展动能。

(三）履行行业责任，应对市场波动

随着疫情反复和防控政策调整，中药稳定供给面临挑战。特别是抗疫类中成药和中药材需求骤然增长，导致部分产品出现断货和价格波动。此外，随着中成药、中药饮片集采、联采深入推进，各界人士高度关注落地成果及原料供给问题。随着疫情防控政策优化、市场重启，大中型企业尤其是品牌、优质企业应率先行动，打造中药全产业链质量管控体系，建立中药材质量追溯体系，深入产地建立药材基地，促进产销直接对接，尽量减少中间环节。同时，积极构建中药材战略储备库、"大数据＋基地共建共享"等产业服务平台，于全产业链环节中确保药材质量、产量的同时，稳定药材价格。

(四）鼓励创新驱动，推动高质量发展

临床疗效是中医药传承创新发展的根基，也是实现中医药高质量发展的基本条件。中医药临床疗效和优势的评价，既需要开展临床循证研究确证疗效，也需要基础研究把疗效优势"说明白、讲清楚"，这也是推动中医药现代化、产业化和国际化发展的必然要求。因此，中医药事业发展应立足于临床价值，遵循中医药自身的特点和发展规律，并结合现代科学技术手段，发掘中医药的时代价值，以创新驱动中医药传承与发展。同时，大数据技术、人工智能技术逐步介入中医药学科研究，中医药科技创新平台不断优化。推动中医药高质量发展是一项系统工程，应以临床价值和需求为导向，"政-产-学-研-用"共同发力，以高质量的研究证据推动中医药高质量发展，依靠创新驱动中医药现代化、产业化发展。

2022
中医药发展报告

第二章
中医药相关政策与部署

第一节
政策汇总

中医药学是中华民族的伟大创造,是中国古代科学的瑰宝,为中华民族繁荣昌盛做出了巨大贡献。党和政府高度重视中医药工作,特别是党的十八大以来,以习近平同志为核心的党中央把中医药工作摆在更加重要的位置。习近平总书记对做好中医药工作多次做出重要指示和批示,为中医药传承创新发展提供基本遵循,指明了工作方向和重点任务,倡导加快中医药的开放发展,包括推进在相关国家实施青蒿素控制疟疾项目,深化中医药交流合作,助力构建人类卫生健康共同体。

青蒿素是中国首先发现并成功提取的特效抗疟药,问世50年来,帮助中国完全消除了疟疾,同时中国通过提供药物、技术援助、援建抗疟中心、人员培训等多种方式,向全球积极推广应用青蒿素,挽救了全球特别是发展中国家数百万人的生命,为全球疟疾防治、佑护人类健康作出了重要贡献。

中国愿同国际社会一道,密切公共卫生领域交流合作,携手应对全球性威胁和挑战,推动共建人类卫生健康共同体,为维护各国人民健康作出更大贡献。

——2022年4月25日,习近平向青蒿素问世50周年暨助力共建人类卫生健康共同体国际论坛致贺信

一、国家政策

为贯彻习近平总书记关于中医药工作的重要批示指示精神,落实《中共中央 国务院关于促进中医药传承创新发展的意见》,2022年3月,国务院办公厅出台了《"十四五"中医药发展规划》,推进中医药和现代科学相结合,推动中医药和西医药相互补充、协调发展,推进中医药现代化、产业化,推动中医药走向世界,为全面推进健康中国建设、更好保障人民健康提

供有力支撑(见图 2-1,附录一);2022 年 4 月,印发了《"十四五"国民健康规划》,实施积极应对人口老龄化国家战略,持续推动发展方式从以治病为中心转变为以人民健康为中心,为

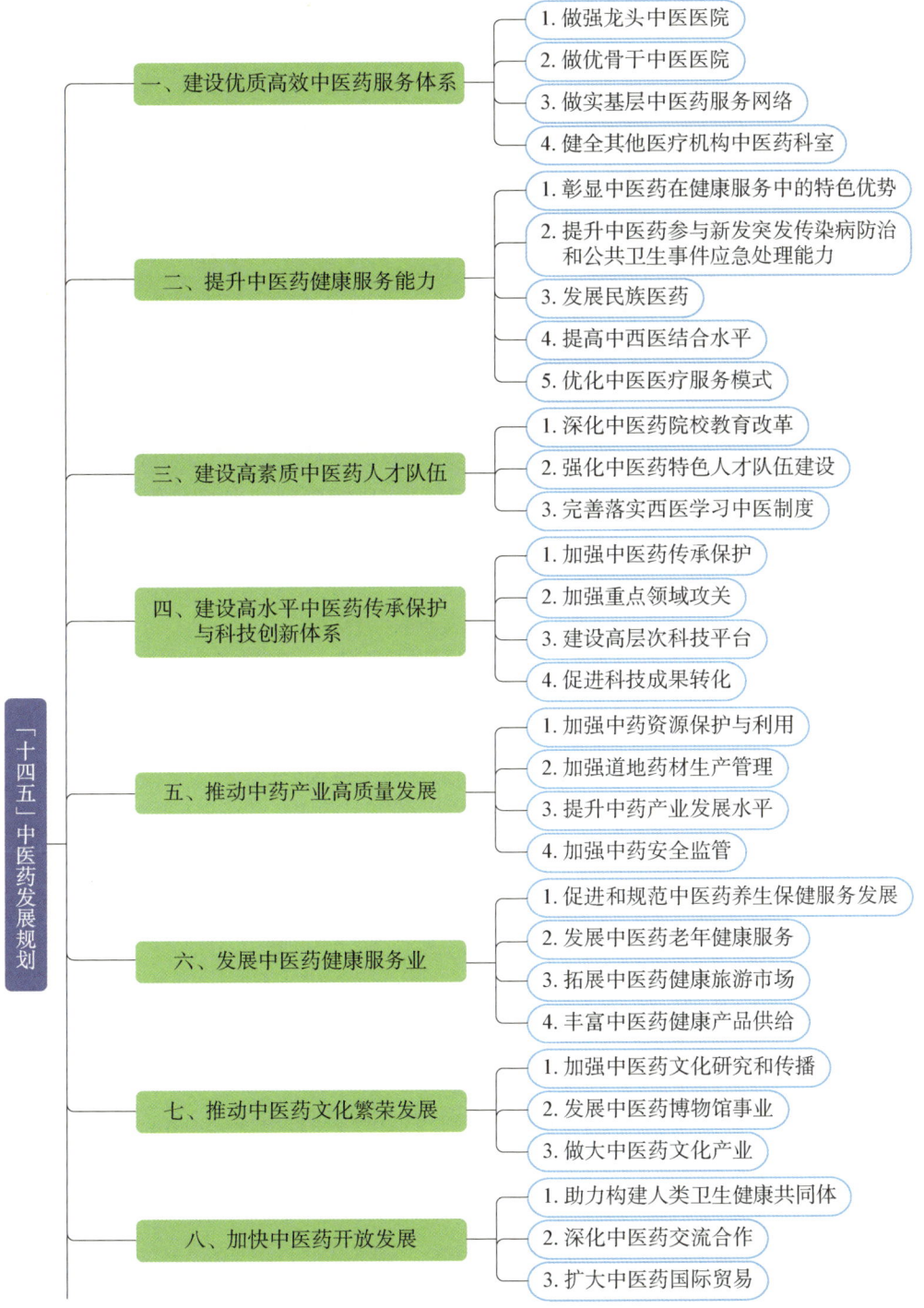

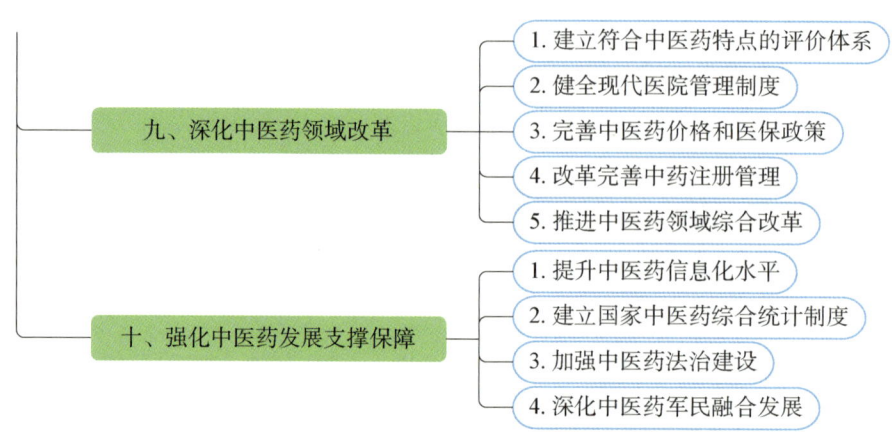

图 2-1 "十四五"中医药发展规划结构

群众提供全方位全周期健康服务,充分发挥中医药在健康服务中的作用,夯实中医药高质量发展基础;为进一步发挥中药在新冠病毒感染治疗中的作用,扩大群众用药供给,保障人民群众生命安全和身体健康,2022年12月,国务院联防联控机制综合组发布了《在城乡基层充分应用中药汤剂开展新冠病毒感染治疗工作》的通知,提出具体工作要求,见表2-1。

表 2-1 国务院有关中医药政策文件

序号	文件名称	发布机构	成文日期
1	关于印发"十四五"中医药发展规划的通知	国务院办公厅	2022年3月3日
2	关于印发"十四五"国民健康规划的通知	国务院办公厅	2022年4月27日
3	关于在城乡基层充分应用中药汤剂开展新冠病毒感染治疗工作的通知	国务院联防联控机制综合组	2022年12月28日

二、部委政策

为贯彻落实党中央、国务院关于促进中医药传承创新发展的要求,国家中医药管理局、国家药品监督管理局、国家卫生健康委员会、科技部等部门,在强化中医人才队伍建设、中药研究技术指导、提升中医药服务能力和加强中医药标准化建设等方面,发布了一系列政策文件,明确了具体举措。

(一)强化中医人才队伍建设

中医药的振兴发展需要实施人才优先发展战略,遵循中医药人才成长规律,着力创新人才发展体制机制,着力优化人才结构布局,强化人才能力素质,着力推动高层次和基层人才队伍建设,着力营造有利于优秀人才脱颖而出的社会环境和发展氛围,国家中医药管理局等部门发布了系列中医药人才建设的相关通知,见表2-2。

表2-2　国家部委中医药人才队伍建设政策文件

序号	文件名称	发布机构	成文日期
1	关于加强新时代中医药人才工作的意见	国家中医药局、教育部、人力资源社会保障部、国家卫生健康委员会	2022年4月8日
2	关于加强岐黄学者培养的通知	国家中医药管理局办公室	2022年5月6日
3	关于印发"十四五"卫生健康人才发展规划的通知	国家卫生健康委员会	2022年8月3日
4	关于印发《"十四五"中医药人才发展规划》的通知	国家中医药管理局	2022年10月14日

(二) 中药研究系列技术指导

国家药品监督管理局从中药新药毒理研究、中药复方制剂新药临床研发和注册、中药新药临床疗效评价、同名同方药研究、已上市中药说明书修订等方面发布技术指导原则,规范研究关键环节,简化审批流程,积极鼓励中药守正创新,促进古代经典名方中药复方制剂研发和新药转化,见表2-3。

表2-3　国家部委中药研究系列技术指导政策文件

序号	文件名称	发布机构	成文日期
1	关于发布《已上市中药说明书安全信息项内容修订技术指导原则(试行)》的通告	国家药监局	2022年1月4日
2	关于发布《中药新药毒理研究用样品研究技术指导原则(试行)》的通告	国家药监局药审中心	2022年1月4日
3	关于发布《基于人用经验的中药复方制剂新药临床研发指导原则(试行)》《基于"三结合"注册审评证据体系下的沟通交流指导原则(试行)》的通告	国家药监局药审中心	2022年4月29日
4	关于发布《古代经典名方目录(第二批儿科部分)》的通知	国家中医药管理局	2022年9月14日
5	关于发布《古代经典名方关键信息表(25首方剂)》的通知	国家中医药管理局办公室、国家药品监督管理局综合和规划财务司	2022年9月16日
6	关于发布《中药新药用于慢性胃炎的临床疗效评价技术指导原则(试行)》《中药新药用于胃食管反流病的临床疗效评价技术指导原则(试行)》的通告	国家药监局药审中心	2022年12月19日
7	关于发布《同名同方药研究技术指导原则(试行)》的通告	国家药监局药审中心	2022年12月26日

(三)提升中医药服务能力

为进一步落实中医药传承创新发展,相关部委完善医疗服务体系,在中医医疗规范、中医医院考核和管理、基层中医药开展、中医药信息化建设、中医药科技能力创新、中医药工作统计等方面出台相关政策文件,促进中医药"软件硬件"双提升,推动中医药业务与信息技术深度融合,从提高中医诊疗能力、中医治未病和中医康复的服务能力、中医药公共卫生服务能力等多方面实现基层中医药事业高质量发展,满足广大人民群众卫生健康需求,见表2-4。

表2-4 国家部委提升中医药服务能力政策文件

序号	文件名称	发布机构	成文日期
1	关于规范医疗机构中医医疗技术命名 加强中医医疗技术临床应用管理的通知	国家中医药管理局办公室、国家卫生健康委办公厅	2022年1月4日
2	关于印发《防范和惩治中医药统计造假弄虚作假责任制规定(试行)》的通知	国家中医药管理局办公室	2022年1月7日
3	关于印发全国基层中医药工作示范市(县)管理办法和建设标准的通知	国家中医药管理局	2022年1月25日
4	关于进一步规范中医医院评审工作的通知	国家中医药管理局	2022年2月10日
5	关于印发基层中医药服务能力提升工程"十四五"行动计划的通知	国家中医药局、国家卫生健康委、国家发展改革委、教育部、财政部、人力资源社会保障部、文化和旅游部、国家医保局、国家药监局、中央军委后勤保障部卫生局	2022年3月8日
6	关于印发国家三级公立中医医院绩效考核操作手册(2022版)的通知	国家中医药管理局办公室	2022年3月22日
7	关于印发卫生健康系统贯彻落实以基层为重点的新时代党的卫生与健康工作方针若干要求的通知	国家卫生健康委	2022年7月5日
8	关于印发"十四五"中医药科技创新专项规划》的通知	科技部、国家中医药局	2022年9月2日
9	关于开展健康中国行动中医药健康促进专项活动的通知	健康中国行动推进办、国家卫生健康委办公厅、国家中医药局办公室	2022年9月8日
10	关于启动2022年度二级和三级公立中医医院绩效考核有关工作的通知	国家中医药管理局综合司	2022年10月20日
11	关于印发《中医药统计工作管理办法(试行)》的通知	国家中医药管理局	2022年11月4日
12	关于印发"十四五"中医药信息化发展规划的通知	国家中医药管理局	2022年11月25日
13	新冠病毒感染者居家中医药干预指引	国家中医药管理局中医疫病防治专家委员会	2022年12月10日

（四）加强中医药标准化建设

为规范中药材生产和中药饮片炮制，提高中药配方颗粒质量，促进中药和中医器械标准化管理、保障药品安全监管，国家药监局等制定相关法规，健全中药全链条、全生命周期监管体系，深入推进具有中国特色的中药监管科学体系建设，切实保障中医药事业的可持续发展。为提高中医药知识产权司法保护水平，加强中医医生的规范化管理，最高人民法院等制定相关指导意见和规章制度，建立健全中医药监督行政执法体制机制，为中医药传承创新发展营造良好的法治环境，见表2-5。

表2-5　国家部委加强中医药标准化建设政策文件

序号	文件名称	发布机构	成文日期
1	关于印发"十四五"卫生健康标准化工作规划的通知	国家卫生健康委	2022年1月11日
2	关于发布《中药材生产质量管理规范》的公告	国家药监局、农业农村部、国家林草局、国家中医药局	2022年3月1日
3	关于成立中医器械标准化技术归口单位的公告	国家药监局	2022年6月2日
4	关于转发第三批4个中药配方颗粒国家药品标准的通知	国家药典委员会	2022年6月13日
5	关于进一步做好中医（专长）医师电子化注册管理等工作的通知	国家卫生健康委办公厅、国家中医药管理局办公室	2022年7月12日
6	关于印发医保中药配方颗粒统一编码规则和方法的通知	国家医疗保障局办公室	2022年7月27日
7	关于鼓励企业和社会第三方参与中药标准制定修订工作有关事项的公告	国家药监局	2022年8月25日
8	关于发布《药品召回管理办法》的公告	国家药监局	2022年10月24日
9	关于实施《国家中药饮片炮制规范》有关事项的公告	国家药监局	2022年12月21日
10	关于加强中医药知识产权司法保护的意见	最高人民法院	2022年12月21日
11	关于发布《药品上市许可持有人落实药品质量安全主体责任监督管理规定》的公告	国家药监局	2022年12月29日

三、省（区、市）政策

为深入贯彻落实《中共中央 国务院关于促进中医药传承创新发展的意见》、国务院办公厅发布的《关于加快中医药特色发展的若干政策措施》文件精神，加快推进中医药事业和产业高质量发展,各省(区、市)结合实际情况,先后制定了中医药事业发展"十四五"规划,关于支持中医药传承创新发展的若干措施、实施意见和计划,中医药产业高质量发展规划等文件,见表2-6、2-7。

表2-6 各省(区、市)"十四五"中医药发展规划政策文件(部分)

序号	文件名称	发布机构	成文日期
1	关于印发广西中医药壮瑶医药发展"十四五"规划的通知	广西壮族自治区人民政府办公厅	2022年1月27日
2	宁夏回族自治区"十四五"中医药发展规划	宁夏回族自治区卫生健康委员会	2022年3月2日
3	关于印发安徽省"十四五"医药工业发展规划的通知	安徽省经济和信息化厅	2022年3月23日
4	关于推进"十四五"中医药(蒙医药)工作的通知	内蒙古自治区卫生健康委员会办公室	2022年4月25日
5	关于印发福建省"十四五"中医药健康发展规划的通知	福建省人民政府办公厅	2022年4月27日
6	关于印发吉林省中医药发展"十四五"规划的通知	吉林省人民政府办公厅	2022年5月19日
7	关于印发河北省"十四五"国民健康规划的通知	河北省人民政府办公厅	2022年5月25日
8	关于印发安徽省"十四五"中医药发展规划的通知	安徽省卫生健康委、安徽省发展和改革委员会、安徽省中医药管理局	2022年5月27日
9	关于印发《贵州省"十四五"中医药发展规划》的通知	贵州省中医药工作联席会议	2022年6月6日
10	北京市"十四五"中医护理发展规划	北京市中医管理局	2022年7月13日
11	关于印发甘肃省"十四五"生物医药产业发展规划的通知	甘肃省人民政府	2022年7月15日
12	关于印发江西省"十四五"中医药发展规划的通知	江西省人民政府办公厅	2022年7月20日
13	关于印发河南省"十四五"中医药发展规划的通知	河南省人民政府办公厅	2022年9月2日
14	关于印发云南省"十四五"中医药发展规划的通知	云南省人民政府办公厅	2022年9月2日
15	重庆市中医药发展"十四五"规划	重庆市人民政府办公厅	2022年9月3日
16	关于印发青海省贯彻落实"十四五"国民健康规划若干措施的通知	青海省人民政府办公厅	2022年9月20日
17	关于印发《陕西省"十四五"中医药发展规划》的通知	陕西省中医药管理局、陕西省发展和改革委员会	2022年10月13日

续表

序号	文件名称	发布机构	成文日期
18	关于印发青海省"十四五"中藏医药发展规划的通知	青海省人民政府办公厅	2022年11月9日
19	湖北省"十四五"中医药发展规划	湖北省中医药工作厅际联席会议办公室	2022年11月18日
20	关于印发《新疆生产建设兵团"十四五"中医药发展规划》的通知	新疆生产建设兵团办公厅	2022年11月24日

表2-7 各省(区、市)支持中医药传承创新发展相关政策文件(部分)

序号	文件名称	发布机构	成文日期
1	关于印发振兴中医药(蒙医药)行动2022年重点任务台账的通知	内蒙古自治区卫生健康委	2022年4月6日
2	关于医保支持中医药传承创新发展的实施意见	甘肃省医疗保障局、甘肃省卫生健康委员会	2022年4月6日
3	关于印发《2022年黑龙江省中药材产业发展工作方案》的通知	黑龙江省农业农村厅	2022年4月8日
4	关于促进湖南省中药产业高质量发展的若干措施	湖南省中医药局、湖南省药品监管局、湖南省卫生健康委	2022年4月8日
5	关于印发安徽省促进中医药振兴发展行动计划(2022—2024年)的通知	安徽省人民政府办公厅	2022年4月14日
6	关于印发福建省加快生物医药产业高质量发展实施方案的通知	福建省人民政府	2022年4月19日
7	关于进一步支持医药产业高质量发展若干措施的通知	河北省药品监督管理局	2022年5月31日
8	关于医保支持中医药传承创新发展的措施	天津市医保局、天津市卫生健康委、天津市药监局	2022年6月1日
9	关于印发云南省生物医药产业发展三年行动(2022—2024年)及支持生物医药产业发展政策措施的通知	云南省发展和改革委员会、云南省科学技术厅	2022年6月16日
10	《关于进一步促进医药产业创新发展的若干措施(试行)》的通知	四川省药品监督管理局	2022年6月21日
11	关于推进中药材产业高质量发展的意见	山西省人民政府办公厅	2022年6月30日
12	江西省人民政府办公厅转发省医保局关于医保支持中医药传承创新发展实施意见的通知	江西省人民政府办公厅	2022年8月2日
13	关于印发《进一步加强医疗保障支持中医药传承创新发展的若干政策措施》的通知	湖南省医疗保障局、湖南省中医药管理局	2022年10月14日

续 表

序号	文件名称	发布机构	成文日期
14	关于印发《湖南省中医药健康服务业发展行动计划(2022—2025年)》的通知	湖南省中医药局、湖南省人力资源社会保障厅、湖南省文化和旅游厅、湖南省林业局、湖南省市场监管局、湖南省科技厅、湖南省商务厅、湖南省卫生健康委、湖南省药品监管局	2022年10月31日
15	关于医保支持中医药传承创新发展的实施意见	四川省医疗保障局、四川省中医药管理局	2022年11月25日
16	关于加快中药材产业高质量发展的意见	河南省人民政府办公厅	2022年12月7日

各省(区、市)制定相关政策,从中医优势专科建设、中药饮片使用及配送、中医临床诊治成本控制、中医药医养结合发展、中药研发服务、医院规范建设和管理、体制综合改革等诸多方面,全面提升中医药服务能力,见表2-8。另外,在中医药防治新型冠状病毒感染、流行性感冒等疾病的健康管理方面,规范诊疗方案,突出药物地域性、可及性,保障用药需求,见表2-9。

表2-8 各省(区、市)提升中医药服务能力政策文件(部分)

序号	文件名称	发布机构	成文日期
1	关于印发河北省"十四五"医疗卫生服务体系规划的通知	河北省人民政府办公厅	2022年2月17日
2	关于印发《吉林省中医药管理局全面服务企业调研活动实施方案》的通知	吉林省中医药管理局	2022年2月22日
3	关于印发学习推广三明医改经验 深化"三医联动""六医统筹"改革2022年度全省重点任务的通知	浙江省深化医药卫生体制改革联席会议办公室、浙江省卫生健康委员会	2022年2月24日
4	关于印发《山东省三级中医医院评审标准实施细则附加条款及分等标准(暂行)》和《山东省二级中医医院评审标准实施细则附加条款及分等标准(暂行)》的通知	山东省卫生健康委员会	2022年3月2日
5	关于印发《湖南省2022年国家中医药综合改革示范区建设工作要点》的通知	湖南省中医药工作协调小组	2022年3月23日
6	关于加强基层医疗卫生机构中医药服务能力建设的通知	甘肃省卫生健康委员会	2022年4月2日
7	关于印发《浙江省提升中医药"一老一小"服务能力实施方案》的通知	浙江省卫生健康委员会、浙江省中医药管理局、浙江省人民政府妇女儿童工作委员会办公室、浙江省民政厅	2022年5月6日
8	关于全面提升中医医疗机构"治未病"服务能力的通知	吉林省中医药管理局	2022年5月6日

续 表

序号	文件名称	发布机构	成文日期
9	关于组织开展全省民营中医医院专项巡查行动的通知	吉林省中医药管理局	2022年5月11日
10	关于印发《河南省二级中医康复医院基本标准(试行)》的通知	河南省卫生健康委员会	2022年5月12日
11	关于印发《青海省藏医医疗机构常用中药饮片通用名称目录(2022版)》的通知	青海省卫生健康委员会、青海省药品监督管理局	2022年5月23日
12	关于印发全面开展"中医处方一件事"改革实施方案的通知	浙江省卫生健康委、浙江省中医药管理局、浙江省医疗保障局、浙江省药品监督管理局	2022年6月9日
13	关于印发甘肃省基层中医药服务能力提升工程"十四五"行动计划的通知	甘肃省卫生健康委员会、甘肃省发展和改革委员会、甘肃省教育厅、甘肃省人力资源和社会保障厅、甘肃省财政厅、甘肃省文化和旅游厅、甘肃省医疗保障局、甘肃省药品监督管理局	2022年6月10日
14	关于印发广东省建设国家中医药综合改革示范区实施方案的通知	广东省人民政府办公厅	2022年6月14日
15	关于印发《吉林省中医药"五大中心"创建实施方案》的通知	吉林省中医药管理局、吉林省卫生健康委员会	2022年6月15日
16	关于印发共享中药房及中药配送服务建设试点项目实施方案的通知	福建省卫生健康委员会	2022年6月15日
17	关于印发山东省国家中医药综合改革示范区建设方案的通知	山东省人民政府办公厅	2022年6月24日
18	关于印发山东省国家中医药综合改革示范区建设基层中医药服务能力提升专项行动方案的通知	山东省卫生健康委员会、山东省发展和改革委员会、山东省教育厅、山东省财政厅、山东省人力资源和社会保障厅、山东省文化和旅游厅、山东省体育局、山东省医疗保障局、山东省药品监督管理局	2022年6月30日
19	关于印发《四川省中医药研发风险分担基金管理实施细则》的通知	四川省中医药管理局、四川省财政厅	2022年7月1日
20	关于印发《上海市国家中医药综合改革示范区建设方案》的通知	上海市人民政府办公厅	2022年7月14日
21	关于印发四川省基层中医药服务能力提升工程"十四五"行动计划实施意见的通知	四川省中医药管理局、四川省卫生健康委员会、四川省发展和改革委员会、四川省教育厅、四川省财政厅、四川省人力资源和社会保障厅、四川省文化和旅游厅、四川省医疗保障局、四川省药品监督管理局	2022年7月21日

续表

序号	文件名称	发布机构	成文日期
22	关于印发进一步加强辽宁省综合医院中医药工作推动中西医协同发展实施方案的通知	辽宁省卫生健康委办公室	2022年7月27日
23	关于开展中医优势病种按疗效价值付费试点工作的通知	上海市医疗保障局、上海市卫生健康委员会、上海市中医药管理局、上海市财政局	2022年7月28日
24	关于建设湖南省国家中医药综合改革示范区先导区和试点县(市)的通知	湖南省中医药工作协调小组	2022年8月3日
25	关于印发2022年海南省三级中医医院评审工作方案的通知	海南省卫生健康委员会	2022年9月13日
26	关于印发广东省基层中医药服务能力提升工程"十四五"行动计划实施方案的通知	广东省中医药局、广东省卫生健康委员会、广东省发展和改革委员会、广东省教育厅、广东省财政厅、广东省人力资源和社会保障厅、广东省文化和旅游厅、广东省医疗保障局、广东省药品监督管理局	2022年9月22日
27	关于印发浙江省国家中医药综合改革示范区建设方案的通知	浙江省人民政府办公厅	2022年9月23日
28	关于公布上海市中西医结合旗舰医院建设名单和评价指标体系(试行)的通知	上海市卫生健康委员会、上海市中医药管理局	2022年10月9日
29	关于公布首批省中医专科诊疗中心及中医专科诊疗中心建设单位、培育单位名单的通知	湖南省中医药管理局	2022年10月13日
30	关于中医药服务下沉社区嵌入式养老服务机构的通知	吉林省中医药管理局	2022年10月13日
31	关于印发吉林省基层中医药服务能力提升工程"十四五"行动计划的通知	吉林省中医药管理局、吉林省卫生健康委员会、吉林省发展和改革委员会、吉林省教育厅、吉林省财政厅、吉林省人力资源和社会保障厅、吉林省文化和旅游厅、吉林省医疗保障局、吉林省药品监督管理局、吉林省军区保障局	2022年10月17日
32	关于公布山东省中医药特色专科医院名单的通知	山东省卫生健康委员会	2022年10月27日
33	关于印发河北省基层中医药服务能力提升工程"十四五"实施方案的通知	河北省中医药管理局、河北省卫生健康委员会、河北省发展和改革委员会、河北省教育厅、河北省财政厅、河北省人力资源和社会保障厅、河北省文化和旅游厅、河北省医疗保障局、河北省药品监督管理局	2022年10月28日
34	关于印发《湖南省中医专科诊疗中心建设管理办法》的通知	湖南省中医药管理局	2022年10月31日

续　表

序号	文件名称	发布机构	成文日期
35	关于加强医疗机构中药制剂调剂使用管理的通知	黑龙江省中医药管理局、黑龙江省药品监督管理局、黑龙江省财政厅、黑龙江省医疗保障局、黑龙江省卫生健康委员会	2022年11月3日
36	关于开展健康福建行动中医药健康促进专项活动的通知	福建省卫生健康委员会	2022年11月3日
37	关于印发《黑龙江省中医馆管理办法（2022版）》的通知	黑龙江省中医药管理局	2022年11月16日
38	关于印发福建省基层中医药服务能力提升工程"十四五"行动计划的通知	福建省卫生健康委员会、福建省发展和改革委员会、福建省教育厅、福建省财政厅、福建省人力资源和社会保障厅、福建省文化和旅游厅、福建省医疗保障局、福建省药品监督管理局	2022年12月5日
39	关于印发辽宁省健康中国行动中医药健康促进专项活动实施方案的通知	辽宁省卫生健康委办公室	2022年12月30日

表2-9　各省（区、市）促进中医药防治疾病政策文件（部分）

序号	文件名称	发布机构	成文日期
1	《河南省新冠肺炎中医防治方案》	河南省新型冠状病毒感染的肺炎疫情防控指挥部办公室	2022年1月6日
2	关于印发《山东省中医疫病防治方案（2022冬春季补充版）》的通知	山东省卫生健康委员会	2022年1月21日
3	关于印发《贵州省新型冠状病毒肺炎中医药防治参考方案（第四版）》的通知	贵州省中医药管理局	2022年1月26日
4	关于印发河南省新冠病毒聚集性疫情中医药防治工作指引的通知	河南省新型冠状病毒感染的肺炎疫情防控指挥部办公室	2022年1月29日
5	关于印发首批中医药特色健康管理服务包的通知	山西省卫生健康委员会办公室	2022年3月9日
6	《安徽省新冠病毒感染中医药干预推荐方案（2022版）》	安徽省中医药管理局	2022年3月17日
7	关于印发《福建省中医药防治新型冠状病毒肺炎专家共识（2022年试行版）》的通知	福建省卫生健康委员会	2022年3月23日
8	关于印发河北省新型冠状病毒肺炎中医药防治方案（试行第六版）的通知	河北省中医药管理局	2022年3月24日
9	关于印发海南省新型冠状病毒肺炎中医药预防建议方案（试行第二版）的通知	海南省卫生健康委员会	2022年4月2日
10	关于印发上海市新型冠状病毒感染恢复期中医康复方案（2022年版）的通知	上海市卫生健康委员会、上海市中医药管理局	2022年4月7日

续 表

序号	文件名称	发布机构	成文日期
11	关于印发甘肃省新型冠状病毒肺炎中医药防治方案(第四版)的通知	甘肃省卫生健康委员会	2022年4月13日
12	关于印发甘肃省新型冠状病毒肺炎中医药防治方案(第四版)的通知	甘肃省卫生健康委员会	2022年4月13日
13	关于印发上海市老年新型冠状病毒感染中医药救治工作专家共识的通知	上海市卫生健康委员会、上海市中医药管理局	2022年4月20日
14	关于印发《北京市新型冠状病毒肺炎中医药防治方案(试行第六版)》的通知	北京市中医管理局	2022年5月5日
15	关于印发《上海市儿童新型冠状病毒感染中医药防治实施方案(2022春季版)》的通知	上海市卫生健康委员会、上海市中医药管理局	2022年5月7日
16	关于印发辽宁省新型冠状病毒肺炎中医药防治方案(试行第四版)的通知	辽宁省卫生健康委办公室	2022年5月21日
17	关于印发《广东省2022年夏季中医治未病指引》的通知	广东省中医药局办公室	2022年6月14日
18	关于印发《2022年福建省中医药防治流行性感冒专家共识(试行)》的通知	福建省卫生健康委员会	2022年6月28日
19	关于印发2022年上海市新型冠状病毒肺炎中医药防治方案(第一版)的通知	上海市卫生健康委员会、上海市中医药管理局	2022年7月26日
20	关于对防治新冠疫情用藏医医疗机构制剂品种开启绿色通道的通告	西藏自治区药品监督管理局	2022年8月10日
21	关于印发海南省新型冠状病毒肺炎中医药预防建议方案(试行第三版)的通知	海南省卫生健康委员会	2022年8月10日
22	关于印发《西藏自治区新型冠状病毒肺炎中(藏)医药防治方案(试行第四版)》	西藏自治区卫生健康委办公室	2022年8月16日
23	关于印发《广东省2022年秋冬季节中医治未病指引》的通知	广东省中医药局办公室	2022年10月20日
24	关于印发《山东省流行性感冒中医药预防方案(2022年版)》和《山东省流行性感冒中医药诊疗方案(2022年版)》的通知	山东省卫生健康委员会	2022年11月1日
25	四川省新型冠状病毒肺炎中医药防控技术指南(第十一版)	四川省中医药管理局	2022年11月21日
26	关于印发广东省新冠病毒中医药防治方案的通知	广东省新型冠状病毒肺炎疫情防控指挥部办公室医疗救治组	2022年11月22日
27	湖南省中医药管理局关于印发《湖南省新冠病毒中医药防治方案(2022年第二版)》的通知	湖南省中医药管理局	2022年12月2日
28	关于印发贵州省方舱(亚定点)医院中医药应用参考方案的通知	贵州省中医药管理局	2022年12月7日

续表

序号	文件名称	发布机构	成文日期
29	《云南省新型冠状病毒肺炎中医药防治方案(试行第五版)》	云南省卫生健康委	2022年12月7日
30	山东省卫生健康委员会关于印发《山东省新型冠状病毒肺炎中医药防治方案(2022优化版)》的通知	山东省卫生健康委员会	2022年12月8日
31	关于印发《福建省中医药防治新型冠状病毒肺炎专家共识(2022年12月普及版)》的通知	福建省卫生健康委员会	2022年12月8日
32	关于印发《安徽省新型冠状病毒感染中医药防治推荐方案(2022年第二版)》的通知	安徽省卫生健康委、安徽省中医药管理局	2022年12月11日
33	关于印发《黑龙江省新型冠状病毒肺炎中医药防治方案(2022年版)》的通知	黑龙江省中医药管理局	2022年12月12日
34	河北省新冠病毒感染者和密接人员居家中医药干预指引	河北省中医药管理局	2022年12月13日
35	关于印发《山东省新型冠状病毒肺炎中医药防治方案(2022优化第二版)》的通知	山东省卫生健康委员会	2022年12月13日
36	关于印发陕西省新冠病毒感染中医药预防方案(第三版)和治疗方案(试行第四版)的通知	陕西省卫生健康委、陕西省中医药管理局	2022年12月13日
37	关于印发山西省新型冠状病毒肺炎中医药防治方案的通知	山西省新冠病毒疫情防控工作领导小组办公室	2022年12月14日
38	关于印发新冠病毒感染者居家中藏医药干预指引的通知	青海省卫生健康委办公室	2022年12月15日
39	贵州省新冠病毒感染者居家中医药干预指引	贵州省中医药管理局	2022年12月16日
40	关于进一步加强新冠病毒感染中医药防治相关工作的通知	安徽省卫生健康委、安徽省中医药管理局	2022年12月17日
41	关于现阶段在新冠防治中充分发挥中医药特色优势的通知	上海市卫生健康委员会、上海市中医药管理局	2022年12月19日
42	关于在城乡基层充分应用中药汤剂开展新冠病毒感染治疗工作的通知	河北省应对新冠病毒疫情工作领导小组医疗救治组	2022年12月30日

各省(区、市)落实国家部委发布的关于中药材加工管理、中药饮片炮制、中药配方颗粒生产等政策,制定了相关质量标准,保证中药合理、规范应用,见表2-10。

表2-10 各省(区、市)中药标准化相关政策文件

序号	文件名称	发布机构	成文日期
1	关于对铁皮石斛、灵芝和天麻开展按照传统既是食品又是中药材的物质管理试点工作的通知	重庆市卫生健康委员会、重庆市市场监督管理局	2022年1月25日
2	关于公布《黑龙江省道地药材目录》的通知	黑龙江省中医药管理局、黑龙江省农业农村厅、黑龙江省林业和草原局、黑龙江省药品监督管理局	2022年4月2日

续 表

序号	文件名称	发布机构	成文日期
3	关于印发安徽省灵芝、天麻、铁皮石斛按照传统既是食品又是中药材物质管理试点工作方案的通知	安徽省卫生健康委员会、安徽省市场监督管理局	2022年4月6日
4	关于印发云南省医疗机构制剂(中药、民族药)质量标准起草说明编写细则的通知	云南省药品监督管理局	2022年4月14日
5	关于发布《北京市中药配方颗粒标准(第三批)》的公告	北京市药品监督管理局	2022年4月15日
6	关于发布我省"姜栀子"等8个品种中药饮片炮制规范的通告	山西省药品监督管理局	2022年4月24日
7	关于发布《四川省中药饮片冷冻干燥技术指导原则(试行)》的公告	四川省药品监督管理局	2022年4月26日
8	关于发布积雪草等63个甘肃省中药配方颗粒地方标准的公告	甘肃省药品监督管理局	2022年4月26日
9	关于印发《重庆市规范产地加工(趁鲜切制)中药材管理工作指导原则》的通知	重庆市药品监督管理局办公室	2022年5月9日
10	关于发布贵州省中药配方颗粒质量标准(第六批)的通知	贵州省药品监督管理局	2022年5月11日
11	关于发布实施第7批41个品种《安徽省中药配方颗粒标准(试行)》的公告	安徽省药品监督管理局	2022年5月20日
12	关于发布实施《湖北省中药配方颗粒质量标准》(第二批)的公告	湖北省药品监督管理局	2022年5月26日
13	关于发布实施《湖南省中药配方颗粒标准》(第八批)的公告	湖南省药品监督管理局	2022年5月30日
14	关于印发湖南省规范中药材产地趁鲜切制加工指导意见的通知	湖南省药品监督管理局	2022年6月7日
15	关于推进中药饮片信息化追溯体系建设工作的通知	福建省药品监督管理局	2022年6月13日
16	关于加强中药配方颗粒生产、配送、使用管理有关事项的通知	湖南省药品监督管理局、湖南省卫生健康委员会、湖南省中医药管理局、湖南省医疗保障局	2022年6月21日
17	关于印发《重庆市规范产地加工(趁鲜切制)中药材管理工作指导原则》的通知	重庆市药品监督管理局	2022年6月22日
18	关于印发《浙江省规范中药饮片生产企业采购产地趁鲜切制加工中药材指导意见(试行)》的通知	浙江省药品监督管理局	2022年6月26日
19	关于发布《宁夏中药配方颗粒质量标准》(第三批)的通告	宁夏回族自治区药品监督管理局	2022年6月28日
20	关于印发《江西省规范中药材产地趁鲜切制工作指导意见(试行)》的通知	江西省药品监督管理局	2022年7月4日

续 表

序号	文件名称	发布机构	成文日期
21	关于发布实施藤茶中药材质量标准、铁皮石斛粉、三七粉中药饮片质量标准的公告	湖北省药品监督管理局	2022年7月8日
22	关于发布《重庆市中药材质量标准》(2022年版)第一批的公告	重庆市药品监督管理局	2022年7月12日
23	关于印发《安徽省卫生健康委"十四五"卫生健康标准化工作规划》的通知	安徽省卫生健康委	2022年7月20日
24	关于发布《广东省中药材产地趁鲜切制工作指导意见(试行)》的通告	广东省药品监督管理局	2022年7月29日
25	关于实施《天津市医疗机构制剂规范》(2021版)有关事宜的通知	天津市药品监督管理局	2022年7月30日
26	关于发布整理规范后的256个广东省中药配方颗粒质量标准的通告	广东省药品检验所	2022年8月2日
27	关于发布《山西省中药配方颗粒标准(第四批)》的通告	山西省药品监督管理局	2022年8月3日
28	关于白条党参等18个甘肃省中药材产地生产加工地方标准的公告	甘肃省药品监督管理局	2022年8月3日
29	关于牦牛血等6个地方药材(饮片)质量标准发布的公告	西藏自治区药品监督管理局	2022年8月5日
30	关于颁布《河北省中药配方颗粒质量标准》(第二批)的公告	河北省药品监督管理局	2022年8月9日
31	关于印发辽宁省灵芝、西洋参、黄芪按照传统既是食品又是中药材的物质管理试点方案的通知	辽宁省卫生健康委、辽宁省市场监督管理局	2022年8月10日
32	关于发布《重庆市中药配方颗粒标准(试行)》的公告	重庆市药品监督管理局	2022年8月16日
33	关于推广应用吉林省中医药地方标准(第二批)的通知	吉林省中医药管理局	2022年8月18日
34	关于印发《内蒙古自治区规范中药材蒙药材》产地趁鲜切制加工指导意见(试行)》的通知	内蒙古自治区药品监督管理局	2022年8月22日
35	关于发布实施《河南省中药饮片炮制规范》(2022年版)的公告	河南省药品监督管理局	2022年8月22日
36	关于发布《河南省规范中药材产地趁鲜切制加工指导意见(试行)》的通告	河南省药品监督管理局	2022年8月22日
37	关于发布实施第六批50个品种《江苏省中药配方颗粒标准(试行)》的公告	江苏省药品监督管理局	2022年8月31日
38	关于发布《黑龙江省中药配方颗粒标准(第四批)》的通告	黑龙江省药品监督管理局	2022年9月6日
39	关于发布实施《山东省中药配方颗粒标准》(第六批)的公告	山东省药品监督管理局	2022年9月7日

续 表

序号	文件名称	发布机构	成文日期
40	关于贯彻落实《中药材生产质量管理规范》的实施意见	甘肃省药品监督管理局、甘肃省林业和草原局、甘肃省农业农村厅、甘肃省中医药管理局	2022年9月13日
41	关于发布《中药饮片企业生产外省地方药材炮制规范目录饮片的工作程序(试行)》的通告	黑龙江省药品监督管理局	2022年9月13日
42	关于颁布大蓟等22个配方颗粒质量标准的通告	浙江省药品监督管理局	2022年9月26日
43	关于发布《广西壮族自治区中药配方颗粒质量标准(第三批)》的公告	广西壮族自治区药品监督管理局	2022年10月24日
44	云南省药品监督管理局关于增加中药材产地加工(趁鲜切制)品种的通知	云南省药品监督管理局	2022年10月25日
45	关于印发《广西壮族自治区规范中药材产地趁鲜切制加工指导意见(试行)》的通知	广西壮族自治区药品监督管理局	2022年10月31日
46	关于印发第二批新修订《天津市中药配方颗粒质量标准》的通知	天津市药品监督管理局	2022年11月1日
47	关于发布《陕西省趁鲜切制药材品种目录(第一批)》和《陕西省趁鲜切制药材质量标准编制要求》的通知	陕西省药品监督管理局	2022年11月2日
48	关于印发中药生产企业采购产地趁鲜切制中药材有关事宜的通知	江苏省药品监督管理局办公室	2022年11月2日
49	关于发布《四川省中药配方颗粒标准(第八批)》的公告	四川省药品监督管理局	2022年11月9日
50	关于发布实施第三批82个品种《福建省中药配方颗粒标准(试行)》的公告	福建省药品监督管理局	2022年11月14日
51	关于发布午香草中药材质量标准的公告	云南省药品监督管理局	2022年11月18日
52	关于发布35个吉林省中药配方颗粒标准(2022年第一批)的公告	吉林省药品监督管理局	2022年11月28日
53	关于发布艾叶等4个品种新疆中药配方颗粒标准的公告	新疆维吾尔自治区药品监督管理局	2022年11月28日
54	关于发布实施云南省中药配方颗粒标准(第五批)的公告	云南省药品监督管理局	2022年11月29日
55	关于发布实施第五批23个品种《河南省中药配方颗粒标准(试行)》的公告	河南省药品监督管理局	2022年11月29日
56	关于发布《重庆市中药饮片炮制规范》第一批的公告	重庆市药品监督管理局	2022年12月14日
57	关于发布实施《江西省中药配方颗粒标准》	江西省药品监督管理局	2022年12月16日
58	关于发布转化熊胆粉海南省中药材标准的公告	海南省药品监督管理局	2022年12月17日

续 表

序号	文件名称	发布机构	成文日期
59	关于规范中药材产地趁鲜切制有关事宜的通知	新疆维吾尔自治区药品监督管理局	2022年12月19日
60	关于颁布《河北省中药饮片炮制规范》第一批的公告	河北省药品监督管理局	2022年12月22日
61	关于实施《天津市中药饮片炮制规范》(2022年版)的通知	天津市药品监督管理局	2022年12月26日
62	关于印发山东省中药饮片生产企业信息化追溯体系建设指导原则的通知	山东省药品监督管理局	2022年12月26日
63	关于印发《黑龙江省规范中药材产地加工(趁鲜切制)指导意见》的通知	黑龙江省药品监督管理局	2022年12月30日

为规范中医诊疗和医师行为管理、中药制剂管理,加强中药药品监管,从中医药服务与管理、中药保护与产业发展、中医药传承与创新等多方面制定法规制度,促进中医药行业健康发展,见表2-11。

表2-11 各省(区、市)中医药规范化、法治化建设政策文件(部分)

序号	文件名称	发布机构	成文日期
1	关于印发《上海市中医医术确有专长人员医师资格考核注册管理实施细则》的通知	上海市卫生健康委员会、上海市中医药管理局	2022年1月6日
2	关于印发《上海市非中医类别执业医师开展中医诊疗活动执业管理办法》的通知	上海市卫生健康委员会、上海市中医药管理局	2022年1月6日
3	关于实施《山东省中医病历书写与管理基本规范(2021年版)》的通知	山东省卫生健康委员会	2022年2月10日
4	关于印发《北京市中医诊所不良执业行为记录暂行管理规定》的通知	北京市中医管理局	2022年2月17日
5	关于印发云南省全面加强药品监管能力建设22条措施的通知	云南省人民政府办公厅	2022年4月15日
6	山西省中医药条例(草案)	山西省人民代表大会常务委员会	2022年5月27日
7	福建省中医药条例	福建省人民代表大会常务委员会	2022年5月27日
8	《河南省中医药条例》	河南省人民代表大会常务委员会	2022年5月27日
9	《关于全面加强药品监管能力建设的实施意见》的通知	上海市人民政府办公厅	2022年6月2日
10	关于印发《山东省医疗机构应用传统工艺配制中药制剂备案管理实施细则》的通知	山东省药品监督管理局	2022年6月9日

续 表

序号	文件名称	发布机构	成文日期
11	关于印发《贵州省医疗机构制剂研究技术指导原则(中药、民族药)(试行)》等3个指导原则的通知	贵州省药品监督管理局	2022年6月24日
12	河北省药品监督管理局关于印发《河北省医疗机构传统工艺中药制剂备案管理实施细则》的通知	河北省药品监督管理局	2022年8月1日
13	关于印发《海南省医疗机构应用传统工艺配制中药制剂备案管理实施细则》的通知	海南省药品监督管理局	2022年8月1日
14	关于做好中医(专长)医师执业注册工作的通知	陕西省卫生健康委、陕西省中医药管理局	2022年9月5日
15	关于印发《黑龙江省医疗机构应用传统工艺配制中药制剂备案管理办法实施细则》《黑龙江省医疗机构应用传统工艺配制中药制剂研究技术指导原则》的通知	黑龙江省药品监督管理局	2022年12月30日

各省(区、市)在促进人才队伍培养、学科建设和项目管理方面,结合自身情况制定了相关政策,提高中医从业人员的临床诊疗水平和科研能力,推进中医药高质量传承创新发展,见表2-12。为推动中医药文化传播交流,在中医药文化建设、宣传教育、交流项目实施、旅游示范区建设方面制定了相关方案,多途径展示中医药传统文化,见表2-13。

表2-12 各省(区、市)中医药人才培养政策文件(部分)

序号	文件名称	发布机构	成文日期
1	关于印发全省中医药重点项目管理推进工作机制的通知	吉林省中医药管理局	2022年2月14日
2	关于印发"三尖"创新人才工程实施方案(2022—2025)的通知	湖南省科学技术厅	2022年3月1日
3	关于印发重庆市名中医评选管理办法的通知	重庆市卫生健康委员会、重庆市中医管理局、重庆市人力资源和社会保障局	2022年3月10日
4	关于印发《广东省卫生健康专业技术人才职称评价改革实施方案》的通知	广东省人力资源和社会保障厅、广东省卫生健康委员会、广东省中医药局	2022年3月25日
5	关于印发江苏省西学中人才培养项目实施方案的通知	江苏省中医药管理局	2022年3月28日
6	关于成立浙江省中医住院医师规范化培训专业质量控制中心的通知	浙江省卫生健康委办公室	2022年4月12日
7	关于印发《北京市西医师学习中医管理暂行办法》的通知	北京市卫生健康委员会、北京市中医管理局	2022年4月21日
8	关于开展2022年全省中医馆骨干人才培训项目的通知	甘肃省卫生健康委员会	2022年4月27日

续 表

序号	文件名称	发布机构	成文日期
9	关于印发2022自治区本级中医药(蒙医药)项目资金实施方案的通知	内蒙古自治区卫生健康委员会办公室	2022年5月19日
10	关于做好第七批全国老中医药专家学术经验继承工作的通知	浙江省中医药管理局	2022年5月25日
11	关于做好2022年全国名老中医药专家传承工作室建设的通知	浙江省中医药管理局	2022年5月27日
12	关于印发福建省开展西医医师系统学习中医药知识和技能培训考核方案的通知	福建省卫生健康委员会	2022年5月31日
13	关于印发《北京市以师承方式学习中医人员跟师学习管理办法(试行)》的通知	北京市中医管理局	2022年6月1日
14	关于印发上海市进一步加快中医药传承创新发展三年行动计划(2021—2023年)项目管理办法的通知	上海市卫生健康委员会、上海市中医药管理局	2022年6月7日
15	关于加强西医医师学习应用中医药技术方法规范管理的通知	福建省卫生健康委员会	2022年6月9日
16	关于加强本市公立医院中医临床重点专科(学科)建设与临床研究协同创新的实施意见	上海市卫生健康委员会、上海市中医药管理局、上海市科学技术委员会、上海市药品监督管理局、上海市医疗保障局	2022年7月12日
17	关于印发《山东省中医药重点学科建设管理办法》《山东省中医药重点实验室建设管理办法》的通知	山东省卫生健康委员会	2022年7月20日
18	关于开展2022年上海市名老中医药专家学术经验研究工作室建设工作的通知	上海市卫生健康委员会、上海市中医药管理局	2022年8月19日
19	江西省关于加强新时代中医药人才工作的实施方案	江西省中医药管理局	2022年8月31日
20	吉林省关于加强新时代中医药人才工作的实施意见	吉林省中医药管理局、吉林省教育厅、吉林省人力资源和社会保障厅、吉林省卫生健康委	2022年9月26日
21	福建省关于加强新时代中医药人才工作的实施意见	福建省卫生健康委员会、福建省教育厅、福建省人力资源和社会保障厅	2022年11月1日
22	关于印发《齐鲁中医药优势专科集群建设项目资金管理办法》的通知	山东省卫生健康委员会、山东省财政厅	2022年11月2日
23	关于印发浙江省非中医类别医师学习中医培训管理办法(试行)的通知	浙江省卫生健康委员会、浙江省中医药管理局	2022年11月22日
24	甘肃省关于加强新时代中医药人才工作的实施意见	甘肃省卫生健康委员会、甘肃省教育厅、甘肃省人力资源和社会保障厅	2022年12月6日

表2-13 各省(区、市)中医药文化传播交流政策文件(部分)

序号	文件名称	发布机构	成文日期
1	关于印发《福建省推进中医药文化传播行动工作方案》的通知	福建省卫生健康委员会、中共福建省委宣传部、福建省教育厅、福建省文化和旅游厅、福建省广播电视局	2022年2月22日
2	关于印发《贵州省中医药健康旅游示范区(基地、项目)评定标准(试行)》的通知	贵州省中医药局、贵州省文化和旅游厅	2022年3月25日
3	关于印发《山东省中医药文化宣传教育基地管理暂行办法》的通知	山东省卫生健康委员会	2022年4月18日
4	关于印发2022年省级部门预算中医药文化建设和对外交流项目实施方案及绩效目标表的通知	吉林省中医药管理局	2022年5月16日
5	关于印发《山东省国家中医药综合改革示范区建设中医药文化建设专项行动方案》的通知	山东省卫生健康委员会、山东省教育厅、中共山东省委宣传部、山东省文化和旅游厅、山东省广播电视局	2022年6月30日

第二节
研究计划部署情况

一、科技规划部署

加快建设符合中医药特点的中医药科技创新体系,是科技创新的重要领域和建设创新型国家的重要内容,也是建设健康中国、提升科技对人民群众健康保障能力与事业产业发展驱动作用的重要举措。

2022年3月,国务院办公厅印发关于《"十四五"中医药发展规划》,在"十四五"时期将围绕国家战略需求,整合优化中医药科技资源,构建"国家—行业—地方"三级中医药科技创新体系。

一是大力推进中医药创新基地建设。 在全国重点实验室体系中,支持在中医理论、中药资源、现代中药创新、中医药疗效评价等重要领域方向建设全国重点实验室。围绕重大慢病、中医优势病种和针灸等特色疗法,建设一批中医类国家临床医学研究中心及其协同创新网络。围绕制约中医药发展的关键技术和核心装备突破,在中医药标准化、中医药临床疗效与安全性评价、中药质量控制、中药新药研发、中医智慧诊疗等方面建设一批国家工程研究中心。围绕中医药现代化重大共性技术突破、产品研发和成果转化应用示范,在中医药领域培育建设一批国家技术创新中心。依托中医医疗机构、中医药科研院所建设约30个国家中医药传承创新中心。优化整合国家中医药管理局重点研究室、三级实验室,建设一批国家中医药管理局重点实验室,形成相关领域关键科学问题研究链,为培育全国重点实验室等国家重大平台储备力量。

二是加强重点领域攻关。 在科技创新2030重大项目、重点研发计划等国家科技计划中加大对中医药科技创新的支持力度。深化中医原创理论、中药作用机理等重大科学问题研究。开展中医药防治重大、难治、罕见疾病和新发突发传染病等诊疗规律与临床研究。加强中医药临床疗效评价研究。加强多学科交叉，推进中医药理论创新。加强开展基于古代经典名方、名老中医经验方、有效成分或组分等的中药新药研发。支持儿童用中成药创新研发。推动设立中医药关键技术装备项目。

三是加强科技人才建设。加强领军人才和创新团队培养与引进，健全科技人才激励与评价机制，鼓励中医药科研人员创业创新。

四是促进研究成果转化。建设一批中医药科技成果孵化转化基地。支持中医医院与企业、科研机构、高等院校等加强协作、共享资源。鼓励高等院校、科研院所、医疗机构建立专业化技术转移机构，尊重中医药科研规律，在成果转化收益、团队组建等方面赋予科研单位和科研人员更大自主权，促进优秀研究成果转化应用。

2022年11月，科技部、国家中医药局联合制定发布了《"十四五"中医药科技创新专项规划》，确立了"十四五"期间科技创新发展目标，并将"中医药理论诠释与创新研究""中医药精华传承与利用研究""中医药防治疾病关键技术研究""现代针灸理论与循证医学研究""中药全链条质量保障技术研究""中药新药创制与产品研发""中医药关键装备研发"等7个研究方向作为重点任务，将持续加强中医药科技支撑平台建设，推动中医原创理论系统化诠释与创新，阐释中医药治疗重大疾病的核心病机，优化防治方案，加强中药新药创制与中医药关键技术装备研发，为中医药高质量发展发挥好引领和支撑作用。

二、科技项目设置

2022年，国家科技部发布了"十四五"国家重点研发计划"中医药现代化"重点专项首批项目申报指南，围绕"中医原创理论系统化诠释与创新""中医药经典与经验传承创新研究""中医药防治疾病临床价值提升""中医药产业高质量发展关键技术攻关"四大任务，按照基础前沿技术、共性关键技术、示范应用，部署17个方向研究，具体见表2-14。其中，围绕"基于多维信息采集与智能处理技术的中医诊疗研究"首次在国家重点研发计划中部署中医药领域青年科学家项目。

同时，重点专项首次发布"揭榜挂帅"榜单，围绕"面向人民健康需求"重大应用场景，针对儿童青少年近视大规模暴发等严重公共卫生问题，研究近视中西医综合防控的适宜关键技术和示范应用。

表 2-14 国家重点研发计划"中医药现代化"重点专项 2022 年度研究方向部署

技术方向	具体研究任务
中医原创理论系统化诠释与创新	中医病机理论指导下的重大疾病认知及防治策略研究
	扶正类中药功效与配伍的科学表征及机理研究
	体表—经络—脏腑联系的特征、途径和调控机制
	腧穴效应规律及配伍机制
	中医药广谱抗病毒"异病同治"的科学内涵研究
中医药经典与经验传承创新研究	道地药材源流的本草考古研究
	少数民族医药的诊疗技术规范与临床评价
中医药防治疾病临床价值提升	心脑血管病的中西医结合防治关键技术及方案优化研究
	代谢相关疾病的中西医结合防治关键技术及方案优化研究
	神经系统疑难病的中医诊疗规律系统化研究
	儿童青少年近视中西医综合防控关键技术及示范研究(揭榜挂帅榜单)
中医药产业高质量发展关键技术攻关	中药材生态种植单元技术优化集成及病虫害综合防控研究
	"补气""活血"中药材大品种"功效—物质"解析及深度研发
	儿童型中成药改良创新关键技术研究
	基于系统生物学的中成药临床疗效与安全性研究
	基于临床的中药安全风险发现、评价、控制策略及关键技术研究
	少数民族药用资源综合利用与开发
	基于多维信息采集与智能处理技术的中医诊疗研究(平行设立青年科学家项目)

国家自然科学基金委员会医学科学部根据国家重大需求,结合学科发展战略和优先资助方向,确定 2022 年度 39 个重点项目立项领域,其中 4 个立项领域涉及中医药研究内容,具体见表 2-15。同时,国家自然科学基金委员会在交叉融合板块设立"'未病'的生物基础与数学表征"专项项目,以重大疾病的"未病"状态为研究对象,利用生物学、数学、人工智能等多学科交叉研究手段,揭示"未病"发生的生物学原理,构建"未病"临界状态的数学模型,建立"未病"预警体系,为理解疾病发生机制、预判疾病发生、发展疾病预防和诊疗新技术提供理论依据。

表 2-15 2022 年度国家自然科学基金委员会医学科学部重点项目中医药立项领域

序号	立项领域名称
1	针灸不同刺激方式的生物学效应基础
2	心血管疾病的中医证候及相应治则治法的生物学基础
3	中药制剂剂型设计的生物药剂学基础
4	风湿免疫疾病中西医结合防治的免疫学机制

2022
中医药发展报告

第三章
中医药科学研究

第一节
中文期刊论文情况分析

利用中国生物医学文献服务系统的分类检索功能,检索时间限定为 2022 年,文献来源限定为"中文文献",在"中国医学"分类下共检索到相关论文 91 763 篇。根据《中国图书馆分类法-医学专业分类法》对收录的"中国医学"论文所包含主要学科进行梳理分类,其中"中医基础医学"48 096 篇,"中药学"28 236 篇,"中医内科学"22 036 篇,"中医预防医学与卫生学"19 370 篇,"中医临床医学"18 952 篇,"中医外科学"16 593 篇,"中医肿瘤学"13 758 篇,"中医神经病学与精神病学"10 389 篇,"中医妇产科学"4 100 篇,"中医儿科学"2 975 篇,"中医特种医学"2 839 篇,"中医皮肤病学与性病学"2 265 篇,"中医眼科学"1 165 篇,"中医耳鼻咽喉科学"1 162 篇,"中医口腔科学"1 007 篇,"其他"232 篇。

一、研究机构及地域分布

2022 年"中国医学"相关论文发表前 20 位机构见图 3-1,其中前 3 位分别是辽宁中医药大学(944 篇)、黑龙江中医药大学(862 篇)和辽宁中医药大学附属医院(650 篇)。全国 34 个省级行政区参与发文情况见图 3-2,其中参与发文数量超过 5 000 篇的有北京(9 219 篇)、河南(7 180 篇)、广东(6 864 篇)、江苏(6 128 篇)、浙江(6 010 篇)和山东(5 058 篇)。此外,有 16 个国家参与了发文(图 3-3),其中前 3 位分别是美国(58 篇)、德国(14 篇)和日本(11 篇)。

二、发表期刊

刊载 2022 年"中国医学"相关论文前 20 位期刊见图 3-4,其中前 3 位分别是《中医药管理杂志》(1 652 篇)、《中华中医药杂志》(1 440 篇)和《中医临床研究》(1 405 篇)。

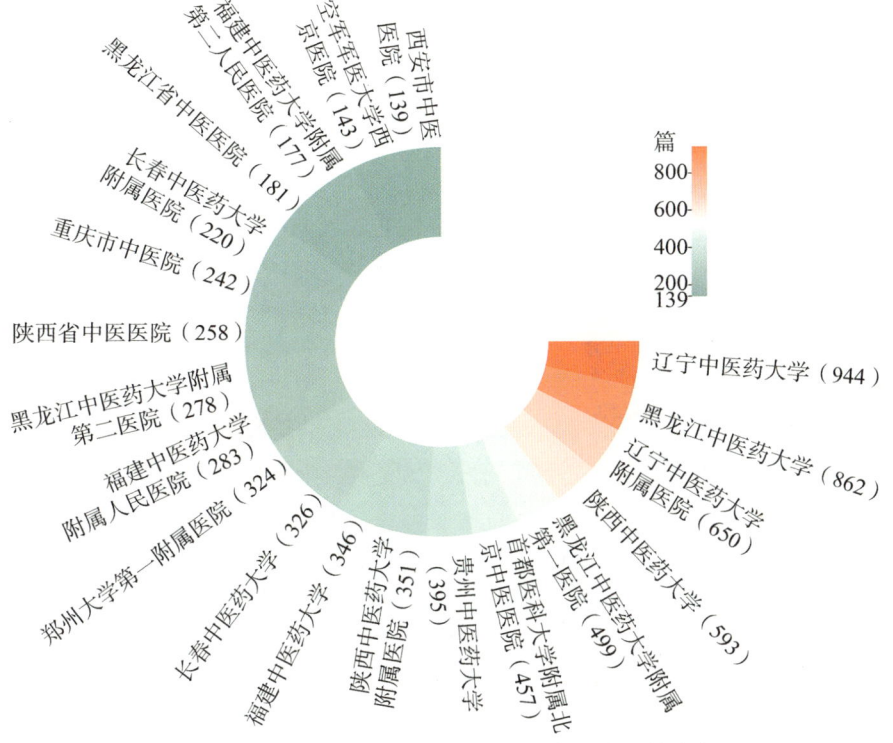

图 3-1　中国医学研究领域发文数量前 20 位机构分布

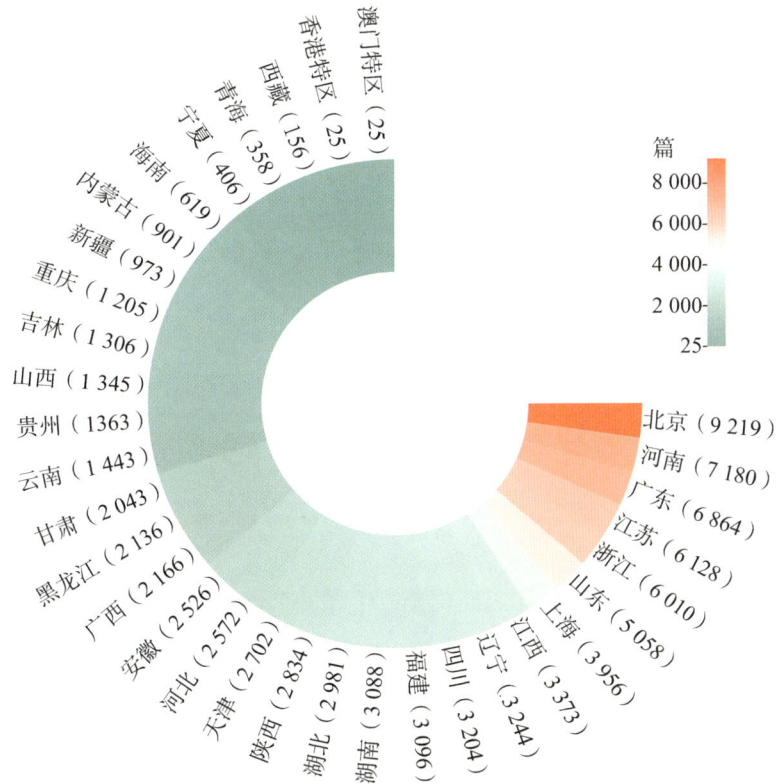

图 3-2　中国医学研究领域省级行政区发文数量分布

注：台湾数据暂缺

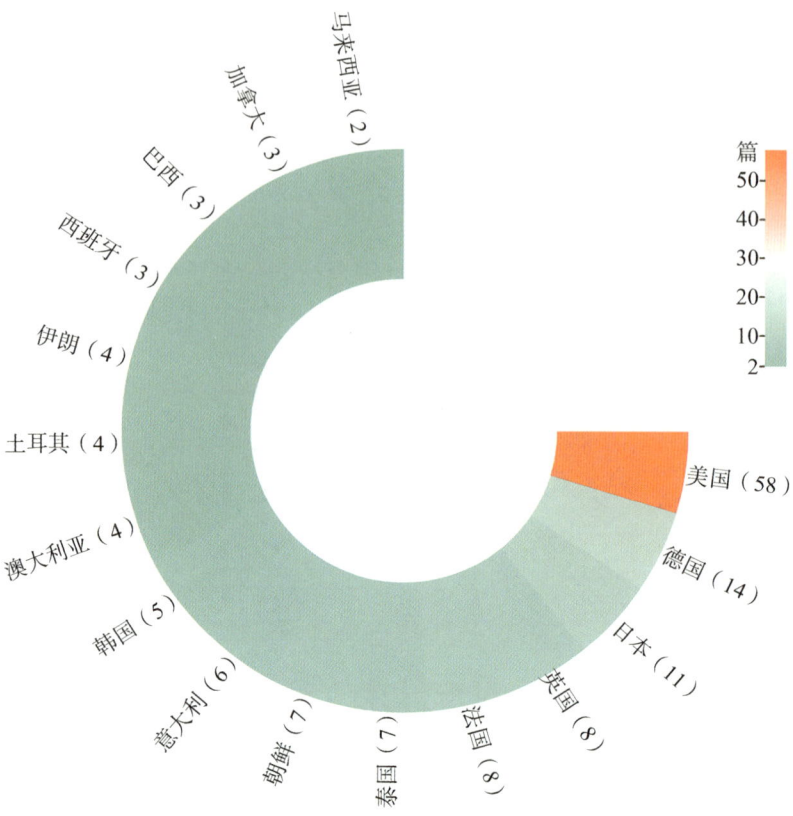

图 3-3 中国医学研究领域其他参与发文国家分布

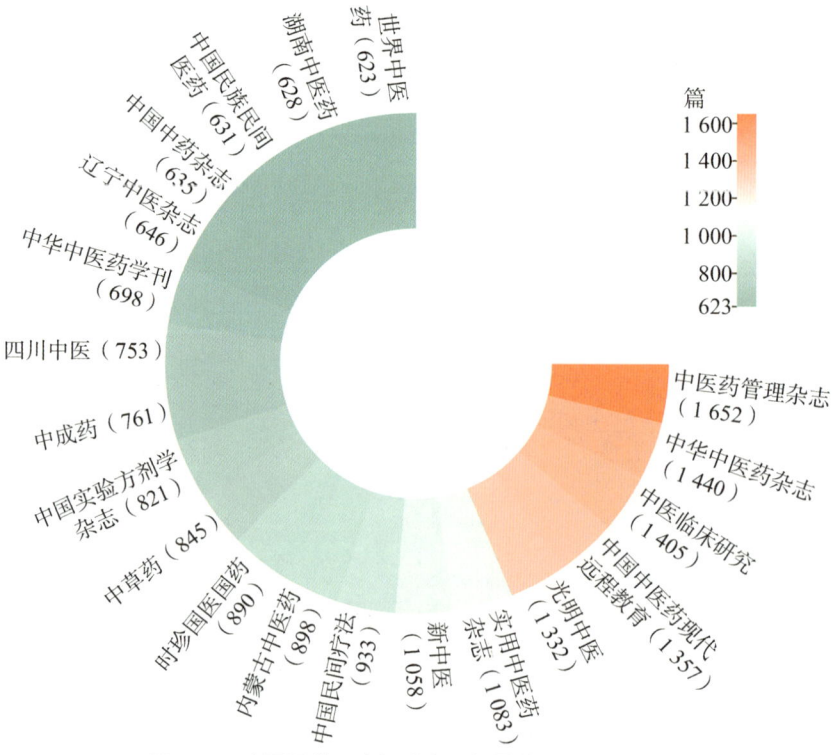

图 3-4 中国医学研究领域发文数量前 20 位期刊分布

三、总体研究主题分布

研究主题涉及中医药研究技术、环境与公共卫生、卫生保健的获取与质量评价、中医诊断、中药、中医症状与体征、中医治疗、中医方剂、中药化学成分、中药剂型、中成药和药理学作用等；研究涉及疾病包括肿瘤、心血管疾病、神经系统疾病、消化系统疾病、感染、呼吸道疾病、肌肉骨骼疾病、内分泌系统疾病、皮肤和结缔组织疾病、营养和代谢性疾病、血液和淋巴系统疾病、眼耳鼻口疾病等。

四、主要学科研究主题分布

（一）中医基础医学

在基础医学领域，研究主题涉及中医技术的开发与应用、疾病诊断、生理病理、证候与体征、疾病治疗、组织细胞实验、创伤与损伤、外科手术、设备与供应等。研究涉及疾病包括肿瘤、心血管疾病、神经系统疾病（如脑脊髓炎）、营养与代谢性疾病（如脑淀粉样血管病变）、消化系统疾病、肌肉骨骼系统疾病、泌尿系统疾病、血液与淋巴系统疾病、感染、呼吸系统疾病、内分泌系统疾病、免疫系统疾病、先天性遗传性新生儿疾病、耳鼻咽喉疾病、口眼疾病、化学诱导疾病以及环境因素诱导疾病等。在这些研究主题中，中医技术的创新与实际应用，致力于提供疾病的早期诊断和有效治疗的手段。同时，深入了解疾病的发病机制，也为新的治疗策略提供科学依据。此外，在基础医学领域，中医药的麻醉与镇痛也是主要研究主题之一，有望为临床麻醉医学提供更多有效的选择和技术支持。

（二）中药学

中药学是一门系统研究中草药的来源、性质、功效、用法以及在中医药理论体系中应用的学科。作为中医治疗疾病最常用的手段，中药学的研究主题主要集中在治疗学与药理学方面。研究方法涵盖传统的细胞动物实验和临床试验，以及新兴的生物信息学挖掘、网络药理学研究和分子模拟对接等。该学科探索的研究主题多样，还包括中药古法与现代技术的研究，例如中药的炮制与加工、中药成分的萃取与分析。此外，中药学还关注中药化学成分与作用的分析，涉及杂环化合物和多环化合物等。此外，中药学还着眼于中药生物因子的研究，特别是中药酯类、核酸类等，尤其关注中药的激素替代作用。同时，中药学也研究中药剂型与中成药等由来已久的研究主题。新冠疫情的暴发，在中药学领域形成了一个独特的研究主题：探索中药在预防和治疗新冠病毒感染方面的潜力，寻求对中药治疗新冠病毒感染的科学验证，包括抗炎、抗病毒和调节免疫等；探索如何与现代医学相结合，形成综合治疗方案，提供更加有效的干预措施。中药学领域的这一新兴研究方向为中药学的现代化与创新发展提供新的契机。

（三）中医内科学

中医内科学主要研究中医在内科疾病的诊断、治疗和预防中的应用，研究主题关注：从病因病机、辨证论治、遣方用药等方面论述名医治疗不同疾病的经验，借鉴传统中医医案和经典文献，探索有效的临床治疗方案；中医内科疾病的病因病机，深入探索疾病的本质；探讨中西医结合疗法在治疗冠心病、糖尿病、非酒精性脂肪肝等疾病方面的临床研究进展，寻求更有效的综合治疗策略；研究针刺疗法在不同疾病中的应用效果，包括失眠、便秘、脑卒中等，并探讨其治疗机制和临床疗效；运用数据挖掘技术，分析中药在治疗特定疾病中的用药规律，以期优化中药的临床应用；中医内科疾病的预防和养生方法，以维护身体健康。

（四）中医外科学

中医外科学旨在深入探索中医医学体系在外科学领域的理论和实践，提高中医在外科疾病治疗中的临床疗效和科学性。研究主题包括：外科疾病的病因病机探索；针灸、推拿、中药以及其他中医治疗方法在外科疾病中的疗效与安全性，如创伤、骨折、关节损伤等；传统中医外科手术和操作技术的临床应用，包括针刺、拔罐、刮痧、推拿等；中医药在外科手术后的康复期内的应用，尤其是肿瘤术后患者；中西医结合治疗外科疾病的疗效；新型中医外科技术和手段，比如针刀联用技术、中药局部注射技术。中医外科学能够为外科医学领域提供更加综合和个性化的治疗方案，促进患者的康复。

（五）中医妇产科学

中医妇产科学是研究中医药在妇科和产科领域的应用和发展的学科。研究主题涵盖广泛，主要集中在以下几个方面：妇科疾病方面的临床疗效，包括月经不调、子宫肌瘤、卵巢囊肿、子宫内膜异位症等；孕产期妇女健康维护和疾病治疗，如先兆流产、高血压妊娠疾病、产后抑郁等；不孕症、辅助生育治疗中的作用，包括针灸、中药治疗在内的综合疗法；中医与西医结合治疗在妇产科疾病中的应用。上述研究主题旨在深入探索中医药在妇产科领域的应用价值，提高中医治疗的临床疗效和科学性，为妇产健康问题提供更加有效的解决方案和医疗手段。

（六）中医儿科学

中医儿科学是一门研究儿童各类疾病及其预防、诊断、治疗和康复的学科。研究主题包括：中医药在儿童保健和预防疾病中的应用；儿童疾病的病因病机探索，为个体化治疗提供依据;中医药在治疗小儿常见病、多发病方面的应用,如呼吸道感染、消化系统疾病、过敏性疾病、皮肤病、厌食症;中西医结合治疗儿科疾病,如中西药联合应用、针灸结合物理治疗;中医儿科学教育的发展和培训体系的建设,培养具备中西医结合治疗儿科疾病能力的医学人才。中医儿科学旨在继承和发扬传统中医药学在儿科领域的宝贵经验,同时结合现代医学研究手段和技术,提高中医儿科治疗的科学性和有效性,为儿童的健康保驾护航。

（七）中医骨伤科学

中医骨伤科学是一门研究中医药在骨骼和关节疾病治疗中的理论和实践的学科。研究主题涉及:中药、针灸、推拿等中医疗法在骨折患者康复中的应用;在关节退行性疾病、关节炎、腰椎间盘突出症等疾病中的应用;新型中医外科技术、骨伤科中医药组合治疗等的疗效与安全性。通过系统研究,结合传统中医理论与现代医学技术,不断拓展中医在骨伤科学中的应用价值,促进中医在骨伤科领域的现代化与创新发展。

（八）中医肿瘤学

中医肿瘤学是研究中医药在肿瘤治疗中的应用和效果的学科。它涉及肿瘤的诊断、治疗以及康复阶段,并探讨中医药在预防和治疗肿瘤方面的潜力。研究主题聚焦在以下几个方面:肿瘤预防,如降低肿瘤的发生风险,或在高风险人群中起到预防肿瘤的作用;肿瘤诊断,如肿瘤的早期诊断、鉴别诊断;肿瘤治疗,如化疗辅助、减轻治疗副作用、提高免疫力;肿瘤康复,如术后康复、化疗后康复、放疗后康复;缓解肿瘤晚期疼痛,以提高患者的舒适度和生活质量。中医肿瘤学的研究为肿瘤患者提供更全面、个性化的治疗方案,也为中医药在现代肿瘤学中的应用和发展提供了科学依据。

（九）中医神经病学与精神病学

中医神经病学与精神病学研究主题涉及诊断、治疗以及预防神经系统和精神疾病的中医理论和实践,包括:神经系统疾病,如脑卒中、帕金森病、癫痫、面瘫等;精神类疾病,如抑郁症、焦虑症、精神分裂症等;针灸、推拿、气功等以及中西医结合治疗神经和精神类疾病的效果和优势;神经和精神类疾病的保健养生和健康教育;中医治疗神经和精神类疾病的药理学作用和治疗机制。上述主题的研究有助于促进中医药学的传承与创新,并为神经精神疾病的治疗提供新的思路和方向。

（十）中医皮肤病学与性病学

中医皮肤病学与性病学研究主题涉及多种皮肤疾病和性传播疾病的中医诊断、治疗以及预防措施:中草药、中医药制剂和针灸拔罐等对皮肤疾病的影响与病理机制;中西医结合治疗在皮肤病和性传播疾病中的应用；中医外治法、刺络拔罐、走罐疗法等对银屑病、慢性荨麻疹、湿疹、黄褐斑等皮肤疾病的疗效与安全性研究；性传播疾病如梅毒、淋病、艾滋病等的中医治疗方法和预防措施。由上述研究主题可以发现，中医特色治疗在皮肤病领域的地位得到进一步确认，有助于丰富和发展中医皮肤科学，提高中医药在皮肤疾病治疗中的临床疗效和科学性。

（十一）中医眼科学

中医眼科学是中医学中专门研究眼科疾病的学科领域，研究主题有中西医结合治疗在眼科疾病中的应用；中医养生理念对眼健康的促进作用；中药内服、外用药、针灸、艾灸等中医疗法在眼科疾病中的应用；中医眼科诊疗技术与仪器的创新与发展，涉及中医眼科的现代化与技术进步。上述研究主题的研究成果有助于提高中医眼科学的临床疗效和科学性，为眼科疾病患者提供更有效的医疗手段。

（十二）中医耳鼻咽喉科学

中医耳鼻咽喉科学研究主题涉及各类耳鼻咽喉疾病的中医诊断、治疗以及预防措施；中医药成分在耳鼻咽喉疾病机制中的作用；中医耳鼻咽喉诊疗技术与仪器；中药内服、外用药、针灸、艾灸等中医疗法治疗不同类型的耳鼻咽喉疾病；中医养生理念对耳鼻咽喉健康的促进作用；中西医结合治疗在耳鼻咽喉疾病中的应用。中医耳鼻咽喉科学的研究对于深入了解耳鼻咽喉疾病的中医特点，推动中医治疗方法在这一领域的应用，以及促进中医与现代医学的结合都具有重要意义。

（十三）中医口腔科学

中医口腔科学研究主题涉及各类口腔疾病的中医诊断、治疗以及口腔保健措施，包括：中草药和中医药制剂对口腔疾病的影响；中医养生理念对口腔健康的促进作用；中西医结合治疗在口腔疾病中的应用；中医口腔诊疗技术与仪器的创新与发展。上述主题的研究，有助于提高中医口腔科学的临床疗效和科学性，为口腔疾病患者提供更有效的医疗手段。

第二节
外文期刊论文情况分析

检索语言限定为英语、时间为2022年、研究类型为"Article"和"Review",在Scopus数据库中共检索到中医药相关论文8730篇。Scopus数据库对收录的外文期刊论文进行了分类,涉及的主要学科有"Medicine"(4 996篇)、"Pharmacology, Toxicology and Pharmaceutics"(4 996篇)、"Biochemistry, Genetics and Molecular Biology"(2 057篇)、"Chemistry"(929篇)、"Agricultural and Biological Sciences"(754篇)、"Immunology and Microbiology"(592篇)、"Chemical Engineering"(401篇)、"Computer Science"(387篇)、"Engineering"(310篇)、"Neuroscience"(250篇)、"Environmental Science"(231篇)、"Nursing"(195篇)、"Health Professions"(86篇)、"Decision Sciences"(71篇)和"Psychology"(52篇)等。

一、研究国家和地区与机构分布

全球100个国家/地区参与了8 730篇论文的发表,图3-5是发文量较多的国家/地区。其中,中国(8 191篇)发文最多,美国(352篇)和日本(130篇)是发文量较多的国家。全球有160个机构参与论文数量在20篇以上,表3-1是发文量前20位机构。其中,中国中医科学院参与发文最多(905篇),其次分别是北京中医药大学(530篇)、上海中医药大学(367篇)、广州中医药大学(362篇)和成都中医药大学(345篇)。

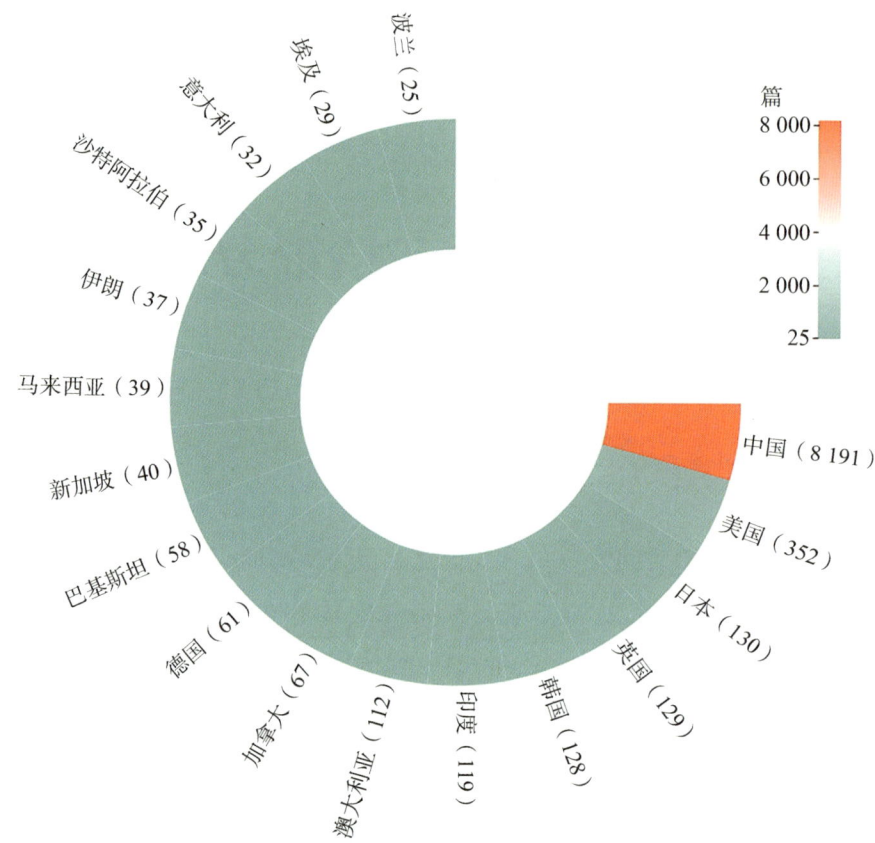

图 3-5 参与外文期刊论文发表的前 20 位国家/地区分布

表 3-1 参与外文期刊论文发表的前 20 位机构分布

序号	机构	发文数量(篇)	序号	机构	发文数量(篇)
1	中国中医科学院	905	11	广东省中医院	154
2	北京中医药大学	530	12	复旦大学	147
3	上海中医药大学	367	13	四川大学	133
4	广州中医药大学	362	14	南方医科大学	132
5	成都中医药大学	345	15	中国科学院大学	128
6	南京中医药大学	271	16	黑龙江中医药大学	126
7	浙江中医药大学	218	17	湖南中医药大学	123
8	天津中医药大学	216	18	浙江大学	114
9	首都医科大学	211	19	中国药科大学	111
10	山东中医药大学	205	20	暨南大学	110

二、发表期刊及基金来源

发表论文数量 10 篇及以上的期刊共计 140 个,表 3-2 为排名前 20 位期刊。其中,*Frontiers in Pharmacology*(737 篇)发文最多,其次分别是 *Evidence Based Complementary and Alternative Medicine*(523 篇)和 *Journal of Ethnopharmacology*(425 篇)。表 3-3 中是支持外文发表的前 10 位基金,其中国家自然科学基金委员会共支持 3 049 篇研究发表,其次分别是国家重点研发计划(710 篇)、中国博士后科学基金(179 篇)、山东省自然科学基金(128 篇)和中央高校基本科研业务费专项资金(121 篇)。

表 3-2 发表外文期刊论文数量前 20 位期刊分布

序号	期刊	发文数量(篇)	IF_{2022}	中国科学院分区
1	Frontiers in Pharmacology	737	5.6	2 区
2	Evidence Based Complementary and Alternative Medicine	523	非-SCI	NA
3	Journal of Ethnopharmacology	425	5.4	2 区
4	Medicine United States	280	非-SCI	NA
5	Phytomedicine	199	7.9	1 区
6	Molecules	152	4.6	2 区
7	Biomedicine and Pharmacotherapy	116	7.5	2 区
8	BMJ Open	111	2.9	3 区
9	Chinese Journal of Integrative Medicine	94	2.9	3 区
10	Chinese Medicine United Kingdom	85	非-SCI	NA
11	Biomed Research International	85	非-SCI	NA
12	Computational and Mathematical Methods in Medicine	81	非-SCI	NA
13	Pharmacological Research Modern Chinese Medicine	80	非-SCI	NA
14	Pharmaceutical Biology	67	3.8	3 区
15	Journal of Separation Science	67	3.1	3 区
16	Frontiers in Medicine	62	3.9	3 区
17	Trials	54	2.5	4 区
18	Oxidative Medicine and Cellular Longevity	53	非-SCI	NA
19	Plos One	50	3.7	3 区
20	Frontiers in Plant Science	50	5.6	2 区

表 3-3 支持外文期刊论文发表的前 10 位基金来源分布

序号	基金来源	发文数量（篇）
1	国家自然科学基金委员会	3 049
2	国家重点研发计划	710
3	中国博士后科学基金	179
4	山东省自然科学基金	128
5	中央高校基本科研业务费专项资金	121
6	广东省自然科学基金	120
7	浙江省自然科学基金	107
8	上海市科学技术委员会	105
9	江苏省自然科学基金	101
10	国家重大科技专项	85

三、研究主题分布

利用 RStudio(4.1.3)运行 bibliometric(https://www.bibliometrix.org/home/)，依据作者报告的关键词分析"中国医学"外文期刊论文的研究主题，结果如图 3-6 所示，大致分为 5 大类。第一类，中医药研究总论（绿色）：在中医药研究领域应用人工智能（machine learning，deep learning）是 2022 年的一个重要研究内容；新冠病毒的流行（public health，SARS-CoV-2，COVID-19），使得中医药在公共卫生与流行病学领域的研究中异军突起；

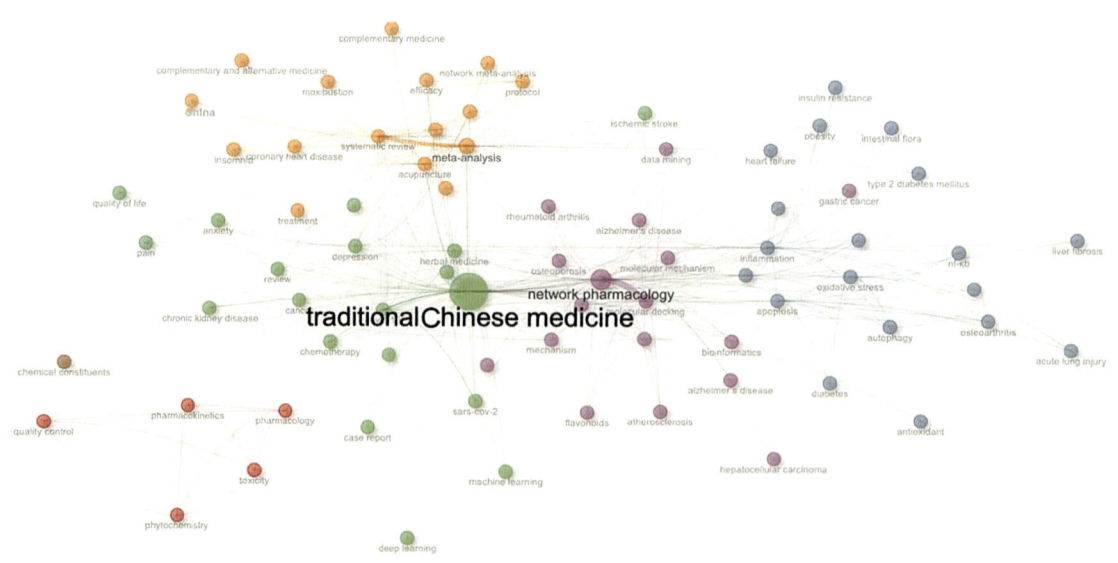

图 3-6 外文期刊论文研究主题分布

中医药的基础研究也同样在进行,如中药化学成分分析;疾病治疗仍然是主要的研究内容,比如癌症、糖尿病、中风等疾病。第二类,Meta分析方法的应用(黄色):多个独立研究的结果被整合,有助于发现中医药治疗特定疾病或症状的潜在规律和模式,通过提高统计效力来增加中医药研究证据强度;网状Meta则可以比较不同中医药治疗措施,从而确定何种治疗在特定条件下更有效,为药物选择提供依据;代表性的疾病有失眠、冠心病等。第三类,新兴研究方法在中医药研究领域的应用(紫色):比如网络药理学(network pharmacology),结合中医传统理论和现代网络科学技术,通过整合大量的中药、靶点、基因、蛋白质等生物信息数据,构建复杂的网络模型,揭示中药的多靶点机制和作用网络,以及与疾病相关的通路和调控机制;再如生物信息学(bioinformatics),结合中医药传统理论和现代生物信息学技术,利用大数据、计算生物学、生物信息学等方法,对中药、中医疾病诊断与治疗等方面进行深入研究;代表性的疾病有阿尔茨海默病、癌症和类风湿关节炎等。第四类,中医基础医学(蓝色):研究内容多数为通过细胞动物实验探索中医药治疗疾病的作用机制,代表性的疾病有肠道菌群失调、心衰、骨关节炎、糖尿病、肺损伤等。第五类,中药药理学(红色):代表性研究内容包括中药活性成分研究、药代动力学、药效评估以及毒副作用等。

根据图3-7对中国医学研究主题发展趋势的预测结果,可以将其大致分为以下四类,

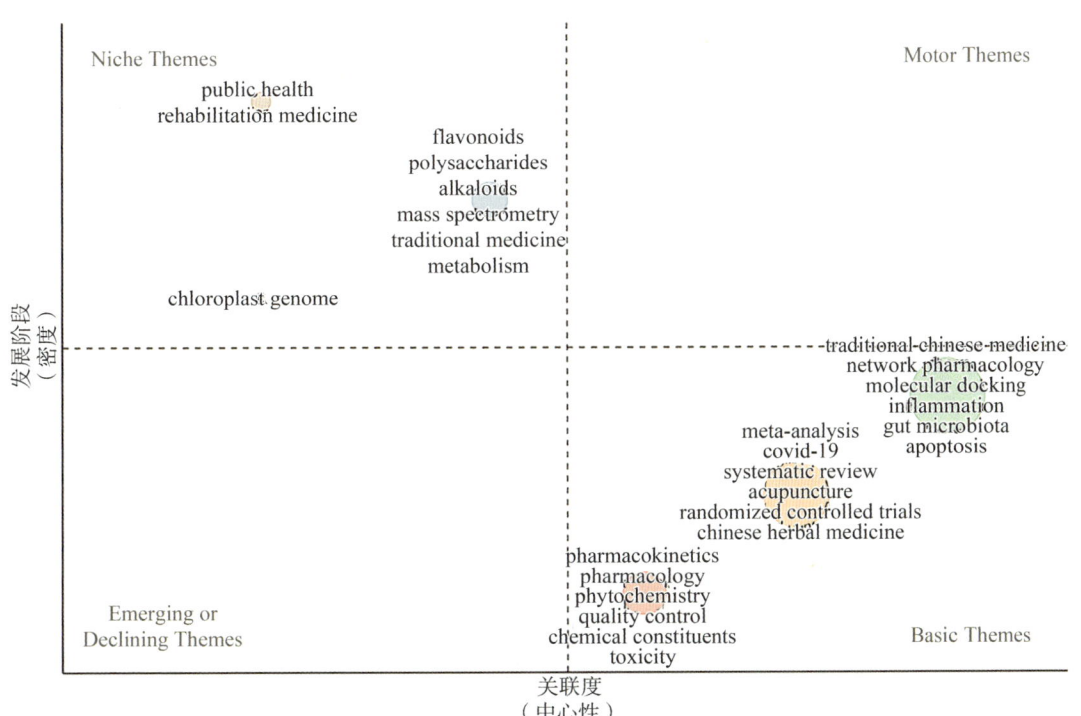

图3-7 外文期刊论文研究主题趋势分布

为当前中国医学研究主题发展提供了重要的线索和参考。Motor Themes(右上):重要且发展良好的研究主题,其研究内容主要涉及新兴研究方法在中医药研究领域的应用,以推动学科发展;Basic Themes(右下):基础且重要的研究主题,主要涉及中医药的基础医学问题,及运用 Meta 分析方法综合评估各类研究成果;Emerging or Declining Themes(左下):新兴或开始衰退的研究主题,然而在分析中并未发现相关研究内容;Niche Themes(左上):边缘但发展潜力大的研究主题,其研究内容主要涉及公共卫生、中药有效化学成分提取与分析等方面。

四、高被引文献分析

Scopus 数据库引用频次前 20 位期刊论文中,18 篇研究的第一作者和通讯作者均来自中国。中国在该研究领域占据主导地位,不断增长的潜力也对学科发展意义重大。在 10 篇"Article"中,8 篇为中药实验研究,旨在揭示中药有效成分的具体作用机制;1 篇为网络药理学研究,旨在探索中药的潜在作用机制,为后期实验做准备;1 篇研究介绍了一种新的中药有效成分分类方法,旨在更准确地识别和归类中药中的活性成分。从侧面表明,中医药研究目前仍以基础性研究为主导,并且新兴研究方法在推动学科发展方面发挥着巨大的作用。基础性研究为进一步的临床研究和中药的应用提供了坚实的基础,为中医药学科的发展奠定了重要的基础。人工智能、机器学习、网络药理学和生物信息学等新兴技术的应用,可以更深入地揭示中药的多靶点机制和作用网络,帮助发现新的中药有效成分,提高研究效率和准确性。10 篇"Review"都是在对某个中药或中药有效成分的药代动力学、药理、毒理、临床疗效与安全性等进行全面总结与评估,旨在为进一步研究与发展提供有益的参考(表 3-4)。

表 3-4 中国医学高被引前 20 位外文期刊论文

序号	第一作者	标题	单位(第一作者)	期刊	研究类型	被引次数
1	Li, Minmin	A systematic review on botany, processing, application, phytochemistry and pharmacological action of Radix Rehmnniae	Chengdu University of Traditional Chinese Medicine	Journal of Ethnopharmacology	Review	39
2	Yang, Ke	A comprehensive review of ethnopharmacology, phytochemistry, pharmacology, and pharmacokinetics of Schisandra chinensis (Turcz.) Baill. and Schisandra sphenanthera Rehd. et Wils	Chengdu University of Traditional Chinese Medicine	Journal of Ethnopharmacology	Review	36

续表

序号	第一作者	标题	单位(第一作者)	期刊	研究类型	被引次数
3	Fu, Chen	Rehmannioside A improves cognitive impairment and alleviates ferroptosis via activating PI3K/AKT/Nrf2 and SLC7A11/GPX4 signaling pathway after ischemia	Beijing University of Chinese Medicine	Journal of Ethnopharmacology	Article	35
4	Sun, Qiang	Shikonin, a naphthalene ingredient: Therapeutic actions, pharmacokinetics, toxicology, clinical trials and pharmaceutical researches	Chengdu University of Traditional Chinese Medicine	Phytomedicine	Review	35
5	Yi, Yang	Natural triterpenoids from licorice potently inhibit SARS-CoV-2 infection	Peking University	Journal of Advanced Research	Article	35
6	Li, Lin	Eriodictyol ameliorates cognitive dysfunction in APP/PS1 mice by inhibiting ferroptosis via vitamin D receptor-mediated Nrf2 activation	The Third Affiliated Hospital of Chongqing Medical University	Molecular Medicine	Article	32
7	Wang, Li	Pectin polysaccharide from Flos Magnoliae (Xin Yi, Magnolia biondii Pamp. flower buds): Hot-compressed water extraction, purification and partial structural characterization	Henan Agricultural University	Food Hydrocolloids	Article	32
8	Chen, Yuying	Ginsenoside Rd: A promising natural neuroprotective agent	Shanghai University of Traditional Chinese Medicine	Phytomedicine	Review	30
9	Cheng, Hao	Interactions between gut microbiota and berberine, a necessary procedure to understand the mechanisms of berberine	Chengdu University of Traditional Chinese Medicine	Journal of Pharmaceutical Analysis	Review	30
10	Zhu, Ting	Therapeutic targets of neuroprotection and neurorestoration in ischemic stroke: Applications for natural compounds from medicinal herbs	Qingdao University	Biomedicine and Pharmacotherapy	Review	29
11	Liu, Yang	Potential activity of Traditional Chinese Medicine against Ulcerative colitis: A review	Shandong University of Traditional Chinese Medicine	Journal of Ethnopharmacology	Review	27
12	Guo, Shiri	Electrospun Hybrid Films for Fast and Convenient Delivery of Active Herb Extracts	University of Shanghai for Science and Technology	Membranes	Article	27
13	Wan, Xinhuan	Polysaccharides derived from Chinese medicinal herbs: A promising choice of vaccine adjuvants	Shandong University of Traditional Chinese Medicine	Carbohydrate Polymers	Review	27

续表

序号	第一作者	标题	单位(第一作者)	期刊	研究类型	被引次数
14	Abu-Izneid, Tareq	Nutritional and health beneficial properties of saffron (Crocus sativus L): a comprehensive review	Al Ain University	Critical Reviews in Food Science and Nutrition	Review	27
15	Banik, Kishore	Wogonin and its analogs for the prevention and treatment of cancer: A systematic review	Indian Institute of Technology Guwahati	Phytotherapy Research	Review	25
16	Yan, Deyu	HIT 2.0: An enhanced platform for Herbal Ingredients' Targets	Tongji University	Nucleic Acids Research	Article	24
17	Xie, Qian	Effect of Coptis chinensis franch and Magnolia officinalis on intestinal flora and intestinal barrier in a TNBS-induced ulcerative colitis rats model	State Key Laboratory of Characteristic Chinese Medicine Resources in Southwest China	Phytomedicine	Article	24
18	He, Jiayi	Ginsenoside Rb1 alleviates diabetic kidney podocyte injury by inhibiting aldose reductase activity	First Medical Center of Chinese PLA General Hospital	Acta Pharmacologica Sinica	Article	24
19	Zhou, Wuai	Network pharmacology to unveil the mechanism of Moluodan in the treatment of chronic atrophic gastritis	Tsinghua University	Phytomedicine	Article	23
20	Wang, Hongda	A novel hybrid scan approach enabling the ion-mobility separation and the alternate data-dependent and data-independent acquisitions (HDDIDDA): Its combination with off-line two-dimensional liquid chromatography for comprehensively characterizing the multicomponents from Compound Danshen Dripping Pill	Tianjin University of Traditional Chinese Medicine	Analytica Chimica Acta	Article	23

第三节
中成药及经典名方临床研究报告

一、中成药临床研究年度报告

检索中医药临床循证评价证据库系统（Evidence Database System，EVDS）中成药临床试验数据库，补充检索中国知网（China National Knowledge Infrastructure，CNKI）、万方（Wan Fang Data）、维普（VIP）、中国生物医学文献服务系统（SinoMed）、Cochrane Library、PubMed、Web of Science 数据库。纳入中成药临床随机对照试验（randomized controlled trial，RCT），研究对象不做限制，试验组干预措施为中成药、中成药＋其他干预，中成药剂型不限；对照组干预措施为中成药、其他干预、中成药＋其他干预、空白对照或安慰剂等，评价指标不做限制。检索时限为2022年1月1日至2022年12月31日。

（一）文献发表概况

2022年，中成药临床随机对照试验（RCT）共发表1464篇，其中，中文RCT 1420篇，英文RCT 44篇，涉及中医证型的RCT共213篇。

开展中成药RCT研究的地区涉及国内31个省（区、市），RCT发文量排名前三位的地区为河南省（242篇）、广东省（114篇）、浙江省（103篇）。研究参与单位覆盖三级医院、二级医院、一级医院（乡镇卫生院）、医学院校、科研机构等。中文文献中，以三级医院作为第一单位的文献占比75.00%（1 098/1 464）；英文文献的第一单位88.64%（39/44）为三级医院。2022年，中成药RCT发文量排名前3位的研究参与单位为中国中医科学院及其附属医院（24篇）、河南科技大学及其附属医院（22篇）、广州中医药大学及其附属医院和北京中医药大学及其附属医院（各17篇）。研究参与机构发文量排名（Top 10），见图3-8。

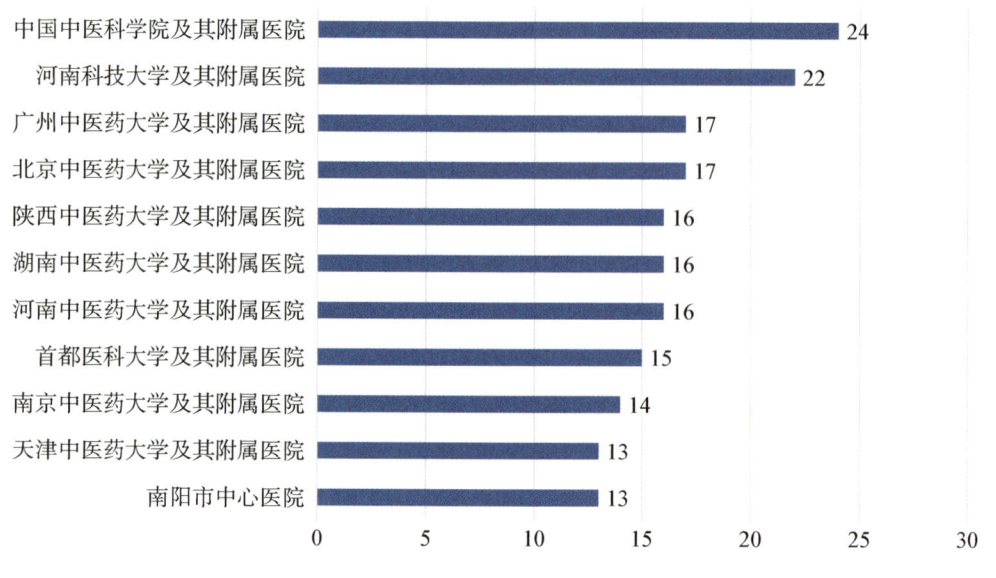

图 3-8 2022 年中成药临床研究参与机构发文量排名(Top 10)

(二) 发表期刊情况

2022 年中成药 RCT 发表文献涉及 327 个期刊。中文期刊 297 个,其中,北大中文核心收录期刊 27 个,发文 123 篇(8.66%),《中华中医药学刊》发文量最多(35 篇);中国科学引文数据库(CSCD)收录期刊 20 个,发文 77 篇(5.42%),《中成药》发文最多(20 篇)。发文量排名前 10 的中文期刊依次为《新中医》《临床合理用药杂志》《现代药物与临床》《中华中医药学刊》《临床医学研究与实践》《中国民康医学》《内蒙古中医药》《辽宁中医杂志》《医学理论与实践》《实用中医药杂志》。发文量≥20 篇的中文期刊,见表 3-5。英文期刊 30 个,其中 28 个被 SCI 收录,影响因子(impact factor,IF)介于 1.1~7.9。IF 最高的期刊为 *Phytomedicine*(IF7.9,1 篇)。英文期刊发文情况,见表 3-6。

表 3-5 2022 年中成药 RCT 涉及中文期刊发文量排序(发文量≥20)

期刊名称	RCT 数量(项)	期刊名称	RCT 数量(项)
新中医	68	内蒙古中医药	24
临床合理用药杂志	47	辽宁中医杂志	23
现代药物与临床	40	医学理论与实践	22
中华中医药学刊[1]	35	实用中医药杂志	21
临床医学研究与实践	26	中成药[1,2]	20
中国民康医学	25	中国民间疗法	20

注:1)北大中文核心期刊;2)CSCD 收录期刊

表3-6 2022年中成药临床研究英文期刊发文情况(参考2022年影响因子,IF≥5.0)

期刊名称	IF	RCT 数量(项)
Phytomedicine	7.9	1
Obstetrics and Gynecology	7.2	1
Circulation-cardiovascular Quality and Outcomes	6.9	1
Journal of Orthopaedic Translation	6.6	1
Frontiers in Cellular and Infection Microbiology	5.7	1
Sleep	5.6	1
Frontiers in Pharmacology	5.6	2
Bioscience Trends	5.5	1
Journal of Ethnopharmacology	5.4	7

(三) 疾病类型与分布

1. 各系统疾病研究数量

根据最新发布的 ICD-11(international classification of diseases 11th revision, ICD-11)疾病分类统计,2022年度发表的中成药 RCT 涉及22类疾病,循环系统疾病发文量居首位(253篇,17.28%),其次为呼吸系统疾病(172篇,11.75%,包含9项新型冠状病毒感染研究)、消化系统疾病(158篇,10.79%),见表3-7。

表3-7 中成药 RCT 涉及 ICD-11 疾病分类(Top 10)

疾病类型	RCT 数量(项)	疾病类型	RCT 数量(项)
循环系统疾病	253	肿瘤	95
呼吸系统疾病	172	某些感染性疾病或寄生虫病	90
消化系统疾病	158	肌肉骨骼系统或结缔组织疾病	74
泌尿生殖系统疾病	156	精神、行为或神经发育障碍	42
神经系统疾病	149	妊娠、分娩或产褥期	42
内分泌、营养或代谢疾病	114	传统医学病证	42

2. 疾病分布

对2022年度中成药 RCT 涉及疾病名称进行统计,发现:循环系统中,以心绞痛发文量最多(68篇,4.64%);呼吸系统中,以慢性阻塞性肺疾病发文量最多(30篇,2.05%);神经系统中,以缺血性脑卒中发文量最多(81篇,5.53%);泌尿生殖系统中,以肾病综合征发文量最多(9篇,0.61%)。

研究热度较高(发文量前10位)的疾病依次为缺血性脑卒中(81篇,5.53%)、心绞痛(68篇,4.64%)、心力衰竭(44篇,3.01%)、冠心病(35篇,2.39%)、糖尿病(33篇,2.25%)、慢性阻塞性肺疾病(30篇,2.05%)、糖尿病肾病(28篇,1.91%)、肺炎(28篇,1.91%)、肺癌(22篇,1.50%)、乙型肝炎(21篇,1.43%)。与2021年相比,心绞痛、2型糖尿病、心力衰竭、慢性心力衰竭等疾病研究比例增多,而类风湿关节炎等肌肉骨骼系统或结缔组织疾病的关注度有所下降,中成药RCT年度疾病分布,见图3-9。

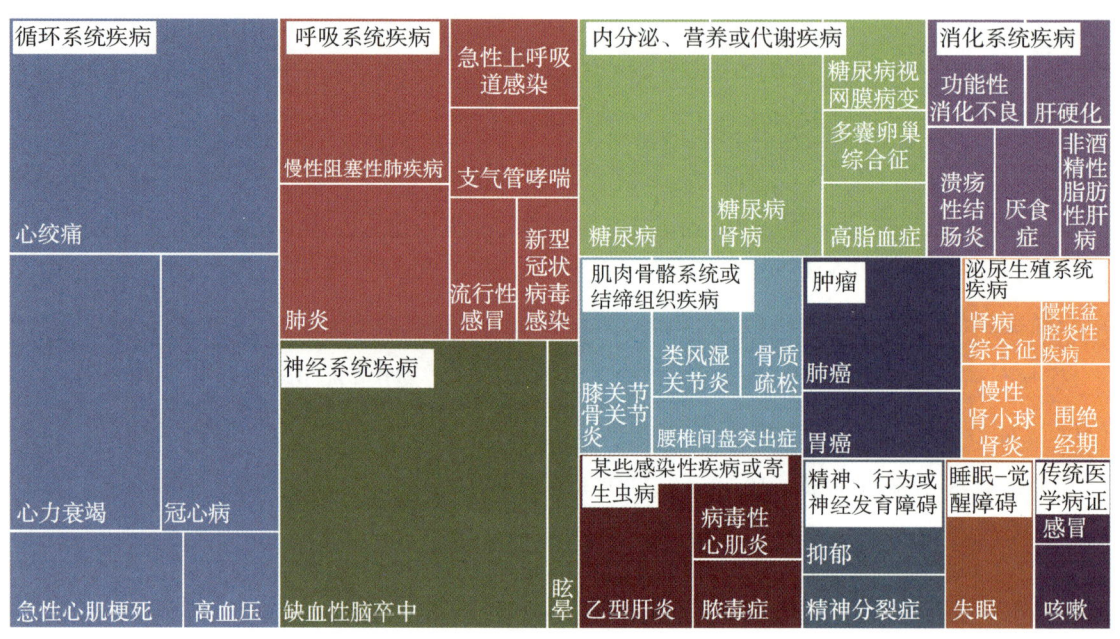

图3-9 2022年中成药临床研究疾病分布

(四)中成药情况

纳入RCT涉及中成药667种(口服中成药556种,中药注射剂72种,外用中成药39种),治疗疾病以循环系统疾病和呼吸系统疾病为主。发文量排名前10的口服中成药包括百令胶囊(28篇)、麝香保心丸(27篇)、雷公藤多苷片(16篇)、六味地黄丸(16篇)、复方丹参滴丸(14)、通心络胶囊(14篇)、安宫牛黄丸(13篇)、舒肝解郁胶囊(13篇)、槐杞黄颗粒(12篇)、芪参益气滴丸(12篇)。发文量排名前10的中药注射剂包括丹红注射液(24篇)、参附注射液(21篇)、参麦注射液(20篇)、醒脑静注射液(16篇)、注射用丹参多酚酸盐(16篇)、丹参川芎嗪注射液(15篇)、痰热清注射液(15篇)、银杏叶提取物注射液(14篇)、银杏二萜内酯葡胺注射液(13篇)、丹参注射液(12篇)、黄芪注射液(12篇)。发文量排名前3的外用中成药包括:康复新液(23篇)、复方黄柏液涂剂(10篇)、湿润烧伤膏(9篇)。中成药各品种研究数量排序情况,见表3-8和表3-9。

表3-8 2022年口服中成药各品种的研究数量排序(发文量≥10篇)

药物名称	RCT数量(项)	药物名称	RCT数量(项)
百令胶囊	28	安宫牛黄丸	13
麝香保心丸	27	舒肝解郁胶囊	13
雷公藤多苷片	16	槐杞黄颗粒	12
六味地黄丸	16	芪参益气滴丸	12
复方丹参滴丸	14	小儿豉翘清热颗粒	11
通心络胶囊	14	疏风解毒胶囊	10

表3-9 2022年中药注射剂各品种的研究数量排序(发文量≥10篇)

药物名称	RCT数量(项)	药物名称	RCT数量(项)
丹红注射液	24	痰热清注射液	15
参附注射液	21	银杏叶提取物注射液	14
参麦注射液	20	银杏二萜内酯葡胺注射液	13
醒脑静注射液	16	丹参注射液	12
注射用丹参多酚酸盐	16	黄芪注射液	12
丹参川芎嗪注射液	15	复方苦参注射液	11

(五)干预对照设计

纳入1464项RCT,包括双臂试验1414项,三臂试验42项,四臂试验8项。双臂试验涉及58种干预对照设计,包括"中成药+西药 vs.西药"417篇(28.48%);"中成药+西药+常规治疗 vs.西药+常规治疗"389篇(26.57%);"中成药+常规治疗 vs.常规治疗"238篇(16.26%)。2022年中成药RCT干预对照设计发文量≥10篇,见图3-10。44项英文RCT中,26项研究设计了安慰剂对照,17项研究为阳性对照,1项研究设计了空白对照。

(六)大样本、多中心研究概况

研究共涉及患者159 635例,各研究本量介于26~2265例,平均样本量为109例。样本量<100例的研究占半数以上(859项,58.67%),样本量介于100~199例的研究515项(35.18%),样本量介于200~499的研究81项(5.53%),样本量≥500例的研究仅9项占比不足1%。样本量≥500例的研究,见表3-10。

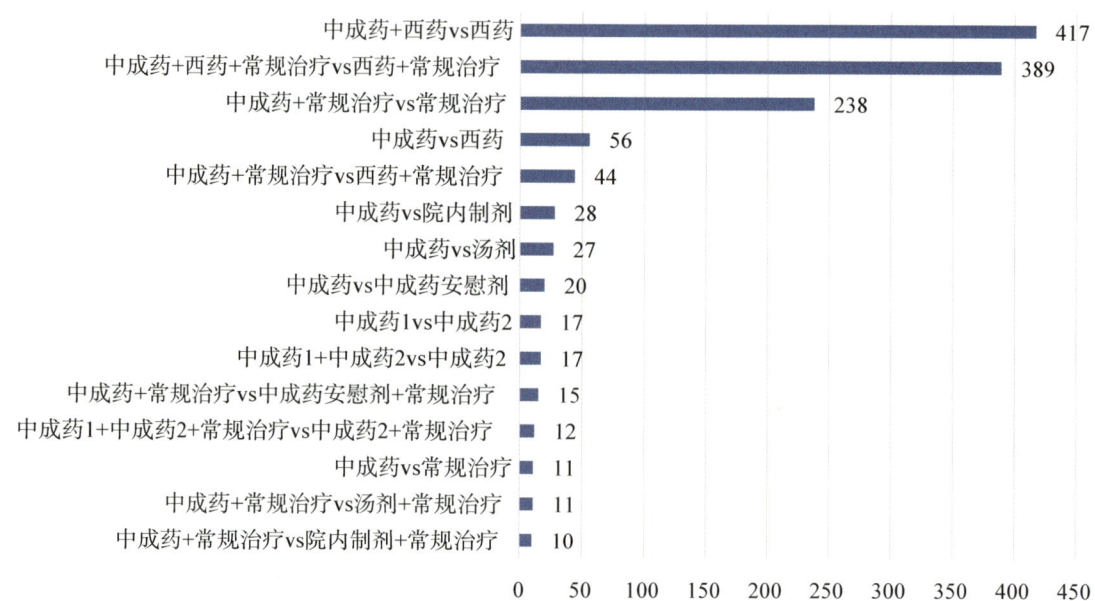

图 3-10 2022 年中成药 RCT 干预对照设计(发文量≥10 篇)

表 3-10 2022 年样本量≥500 例中成药 RCT 涉及的中成药品种、疾病

药物名称	疾病	RCT 数量(项)	总样本量(例)
滋肾育胎丸	不孕症	1	2 265
脑心通胶囊	缺血性卒中	1	1 899
心速宁胶囊	室性早搏	1	861
麝香保心丸	稳定型冠状动脉疾病	1	776
脑心清片	缺血性脑卒中	1	654
松龄血脉康胶囊	原发性高血压	1	628
益母草注射液	产后子宫复旧	1	600
银翘清热片	感冒	1	598
通脉养心丸	原发性稳定型微血管心绞痛	1	577

多中心 RCT 共 83 篇(5.67%),涉及 84 种口服中成药、5 种中药注射剂;研究疾病类型以循环系统疾病、呼吸系统疾病(包括新冠病毒研究 3 项)、泌尿生殖系统疾病为主。中心数量最少为 2 家,最多为 97 家;2 家中心合作的研究最多(15 项)。26 项(31.33%)研究涉及中医疾病证型。合作中心数量≥15 家的 RCT 涉及中成药、疾病情况见表 3-11。

表 3-11　2022 年多中心 RCT 涉及中成药及疾病分布（中心数≥15）

药物名称	疾病	中心数(家)	RCT 数(项)
麝香保心丸	冠状动脉疾病	97	1
心速宁胶囊	室性早搏（痰热扰心证）	39	1
脑心通胶囊	缺血性脑卒中	23	1
滋肾育胎丸	不孕症	19	1
鼻窦炎口服液	儿童急性鼻窦炎	17	1
松龄血脉康	原发性高血压	17	1
神曲消食口服液	儿童功能性消化不良	17	1
养心定悸胶囊	室性期前收缩	16	1
金天格胶囊	原发性骨质疏松症	16	1

(七) 方法学质量

方法学质量方面，中文文献中，27.18%的研究存在"产生随机序列的方法"问题，主要是仅提到随机分组而未详细说明实施方法；仅 3.59%的研究报告实施"分配隐藏"；4.01%的研究报告实施受试者盲法；17.68%的研究报告实施结果评价盲法；61.20%的研究报告存在"其他偏倚"。269 篇(18.94%)研究报告使用了盲法，其中受试者盲法 57 篇，结果评价盲法 251 篇，同时采用两种盲法的研究为 39 篇(2.75%)。中文 RCT 方法学质量评估，见图 3-11。英文文献中，11.36%的研究存在"产生随机序列的方法"问题；43.18%的研究报

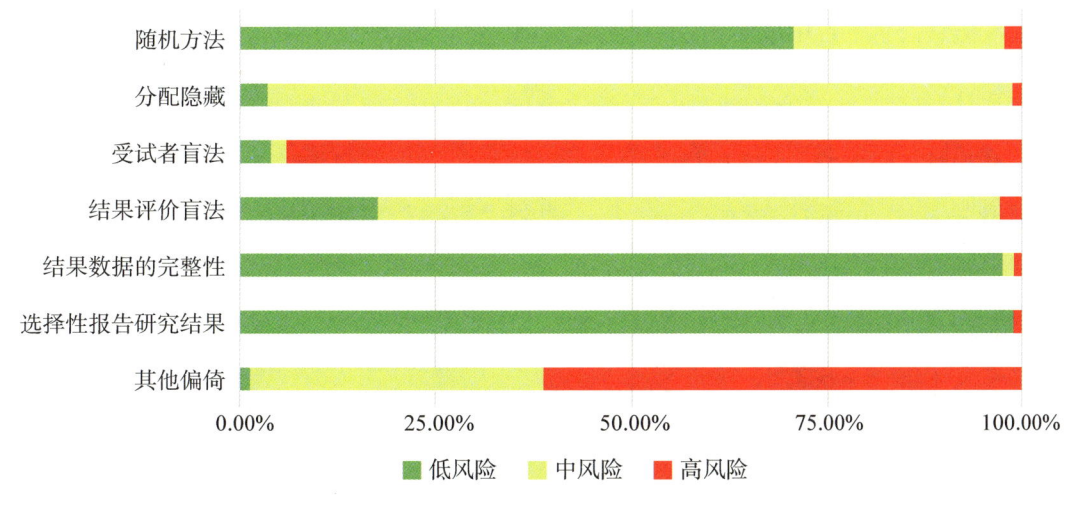

图 3-11　中文 RCT 方法学质量评估

告实施"分配隐藏";59.09%的研究报告实施受试者盲法;68.18%的研究报告实施结果评价盲法;11.36%的研究报告存在"其他偏倚"。英文 RCT 方法学质量评估,见图 3-12。

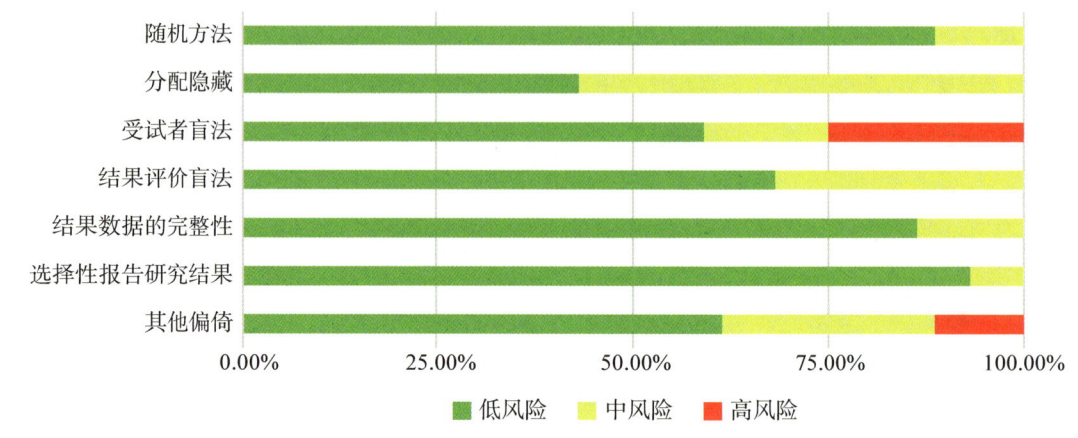

图 3-12　英文 RCT 方法学质量评估

(八) 伦理审批与方案注册

1464 项 RCT 中,916 项研究(中文 874 项/英文 42 项)报告了伦理审批,53 项研究(中文 21 项/英文 32 项)报告了注册信息,表明当前的临床研究在国际规范遵循方面仍存在很大差距。

(九) 国内外中成药 RCT 注册情况

检索国家药监局药物临床试验登记与信息公示平台,2022 年中成药 RCT 注册 49 项,涉及中药新药 47 种,43 项进行中,5 项已完成,1 项主动暂停。2022 年国家药监局药物临床试验登记与信息公示平台中成药 RCT 注册信息,见表 3-12。

表 3-12　2022 年国家药监局药物临床试验登记与信息公示平台中成药 RCT 注册信息

登记号	药物名称	适应证
CTR20221733	断金戒毒胶囊	阿片类物质成瘾者的防复吸治疗
CTR20221816	HC001 颗粒	小儿急性水样性腹泻(湿热证)
CTR20221839	银杏二萜内酯葡胺注射液	中风病急性期痰瘀阻络证
CTR20221842	清肠温中片	中度活动期溃疡性结肠炎(寒热错杂、湿热瘀阻证)
CTR20222231	消肿生肌口服液	解毒消肿,通利血脉,养阴生肌。用于放射性口腔黏膜炎
CTR20222344	JNSW10032 片	急性髓系白血病
CTR20222691	郁枢达片	抑郁症

续 表

登记号	药物名称	适应证
CTR20222888	黄氏响声儿童喷雾剂	小儿急性咽炎或急性扁桃体炎
CTR20222989	椒七麝凝胶贴膏	膝骨关节炎(寒凝血瘀证)
CTR20223237	山金连软胶囊	治疗普通感冒风热证
CTR20220096	清喉咽含片	急性咽炎(肺热阴虚证)
CTR20220482	桑枝总生物碱片	配合饮食控制及运动,用于2型糖尿病
CTR20220743	正元胶囊	化疗相关性癌因性疲乏
CTR20220931	蛭芎胶囊	缺血性脑卒中,瘀血阻络证
CTR20221328	荆防合剂	慢性自发性荨麻疹(风湿夹郁型)患者
CTR20221473	芍苓片	寻常型银屑病(血瘀证)
CTR20221803	注射用羟基红花黄色素A	评价连续14日静脉滴注注射用羟基红花黄色素A的药代动力学及耐受性和安全性
CTR20222042	胡黄连总苷胶囊	非酒精性脂肪性肝炎
CTR20222973	清咽利喉胶囊	清热解毒,清咽,消肿,止痛。用于肺热充咽,咽喉肿痛,声音嘶哑,咽下不利
CTR20221568	生肌止痛烧伤膏	深Ⅱ度烧伤
CTR20221880	芹槐胶囊	清热消积,利湿化浊。拟用于痛风伴高尿酸血症湿热蕴结证患者的降尿酸治疗
CTR20222112	六味地黄苷糖片	更年期综合征(肾阴虚证)
CTR20222284	行气坦尼卡尔胶囊	功能性便秘(湿寒性气质/干寒性气质)
CTR20222346	行气坦尼卡尔胶囊	功能性便秘
CTR20222402	滋肾育胎丸	补肾健脾,益气培元,养血安胎,强壮身体。用于脾肾两虚,冲任不固所致的滑胎(防治习惯性流产和先兆性流产),卵巢储备功能下降,症见月经不调、腰膝酸软、神疲乏力、少气懒言、头晕耳鸣、面色不华等
CTR20222475	檵木颗粒	慢性非萎缩性胃炎伴糜烂
CTR20222499	尼鲁帕感冒颗粒	非体液性寒性气质引起的普通感冒,症见咳嗽、发热、咽喉肿痛、鼻塞流涕
CTR20222693	金草片(筋骨草总环烯醚萜苷片)	盆腔炎性疾病后遗症慢性盆腔痛
CTR20223216	硝石甘胆颗粒	慢性胆囊炎
CTR20223407	补肺活血胶囊	慢性阻塞性肺疾病
CTR20220407	天麻苄醇酯苷片	轻中度血管性痴呆
CTR20220759	QA108颗粒	中期年龄相关性黄斑变性(阴虚阳亢型)

续表

登记号	药物名称	适应证
CTR20222656	紫花温肺止嗽颗粒	疏风止咳,温肺化痰;用于感染后咳嗽风寒恋肺证,症见咳嗽,咯痰稀薄色白,或干咳无痰,或痰少难咯,咽痒,气急,每遇风寒、刺激性气味、进食生冷食物、平卧时加重,舌淡苔白,脉浮或浮紧
CTR20223191	肠激安胶囊	腹泻型肠易激综合征(肝气乘脾证)
CTR20223320	柯孜木克颗粒	哈医:清解利尿,调理体液,通利脉络,用于"加勒哈斯克""索孜得克俄热恩"(尿路感染),主治小便不畅,尿急、尿腐、尿痛,小腹及腰脊肋胀痛等症;中医:清热解毒,利尿通淋,用于膀胱湿热所致热淋(尿路感染),症见尿频,尿急,尿痛,小便短赤,腰痛拒按,大便秘结,口苦咽干,舌质红,苔黄腻,脉滑数
CTR20220061	复方一枝黄花喷雾剂	小儿急性咽炎
CTR20220451	复方银花解毒颗粒	疏风解表,清热解毒。用于普通感冒、流行性感冒属风热证,症见发热,微恶风,头痛,鼻塞流涕,咳嗽,全身酸痛,苔薄白或微黄,脉浮数
CTR20220531	银杏总内酯滴丸	缺血性脑卒中
CTR20221204	安神滴丸	失眠症
CTR20221229	抑乳调经颗粒	补肾健脾,养阴柔肝。用于肾脾两虚、肝阴不足之高泌乳素血症
CTR20221588	淫羊藿素软胶囊	本品适用于不适合或患者拒绝接受标准治疗,且既往未接受过全身系统性治疗的、不可切除的肝细胞癌,患者外周血复合标志物满足以下检测指标的至少两项:AFP≥400 ng/mL;TNF-α<2.5 pg/mL;IFN-γ≥7.0 pg/mL
CTR20221964	常通口服液	手术后腹腔粘连
CTR20222606	金草止咳口服液	小儿急性支气管炎(痰热壅肺证)
CTR20222987	椒七麝凝胶贴膏	肩关节周围炎(寒凝血瘀证)
CTR20220074	芪术糖肾粒	糖尿病肾病
CTR20221158	柴黄利胆胶囊	慢性胆囊炎(肝胆湿热证)
CTR20221449	参蒲盆炎颗粒	盆腔炎性疾病后遗症-慢性盆腔痛(湿热瘀阻证)

检索WHO国际临床试验注册平台和美国国立卫生院临床试验登记平台,2022年中成药RCT注册共19项,见表3-13。

表3-13 WHO国际临床试验注册平台和美国国立卫生院临床试验登记平台中成药RCT注册项目

注册号	注册标题
NCT05305456	Clinical Trial Scheme of Tanreqing Capsules in the Treatment of COVID-19
NCT05578521	CerebrAlcare Pills on CereBral Small VesseL DiseasE(CABLE)
NCT05460546	The Effect of Jincaopian Tablets on Chronic Pelvic Pain After Pelvic Inflammatory Disease

续 表

注册号	注册标题
NCT05501288	Huashi Baidu Granule in the Treatment of Pediatric Patients With Mild Coronavirus Disease 2019
NCT05290558	The Therapeutic Effects of Bu Shen Yi Jing Pill on Semen Quality in Sub Fertile Males: a Randomized Controlled Trial
NCT05277311	Efficacy and Safety of LongShengZhi Capsule on Functional Recovery After Acute Ischaemic Stroke (LONGAN)
NCT05638360	Evaluation of the Curative Effect of Ru-Yi-Jin-Huang-Saan
NCT05531942	Antiplatelet Effect of Ginkgo Diterpene Lactone Meglumine Injection in Acute Ischemic Stroke
NCT05507489	Clinical Trial of Jinzhen Oral Liquid in Treating Children With COVID-19 Infection
NCT05371639	Efficacy and Safety of Tian Ma Bian Chun Zhi Gan Tablets in Mild to Moderate Vascular Dementia
ChiCTR2200066296	Single center, randomized, controlled, open, non inferiority clinical trial of the quadruple therapy of Qingwei Zhitong pellets instead of bismuth in the treatment of helicobacter pylori
ChiCTR2200055642	A randomized, double-blind, parallel-controlled, multi-center clinical trial of Chinese medicine variety protection with Niuhuang Qinggan Capsule in the treatment of common cold (wind-heat syndrome)
ChiCTR2200059732	Clinical trial of Huashi Baidu granule for treatment of COVID-19 in children
ChiCTR2200055194	A randomized controlled clinical trial of ginsenoside Rg1 combined with reduced glutathione in the treatment of diabetic wounds
ITMCTR2200006092	A randomized, double-blind, placebo-controlled, multicenter clinical trial of Jiuxin pill in the treatment of stable angina pectoris in patients with coronary heart disease
ITMCTR2200005920	Clinical study of Tanreqing Capsules in the treatment of community-acquired pneumonia in adult
ITMCTR2200005859	Tanreqing capsule: a randomized, double-blind, placebo-controlled, multicenter clinical trial of efficacy and safety in the treatment of COVID-19 (mild, general)
ITMCTR2200005537	A randomized, double-blind, parallel-controlled, multi-center clinical trial of Chinese medicine variety protection with Niuhuang Qinggan Capsule in the treatment of common cold (wind-heat syndrome)
ISRCTN14236594	Chinese herbal medicine Shufeng Jiedu capsule for patients with mild to moderate COVID-19

(十) 小结

2022年中成药RCT共发表文献1 464篇，中文期刊占比96.99%，英文期刊占比3.01%，发文量较2021年(2 215篇)下降了33.91%，较2020年(1 285篇)上升了13.93%，英文期刊RCT数量显著提升。研究单位分布覆盖全国多个省市，中文RCT发文量以河南省、广东省、浙江省较高，英文RCT发表则以北京市、上海市、广东省为主。期刊方面，2022年北大中文核心期刊和CSCD期刊的中成药RCT数量较2021年均有所下降。循环系统疾病、呼吸系统疾病和神经系统依然是研究热点，消化系统发文排名较2021年有所提升；缺血性脑卒中、心绞痛、急性缺血性脑卒中、冠心病、慢性阻塞性肺疾病、糖尿病肾病发文量较多，开展RCT研究较多的中成药为百令胶囊、麝香保心丸、丹红注射液等，与热点疾病具有相关性。研究规模方面，研究样本量跨度较大，但仍以小样本研究（样本量<100）为主；在多中心研究中，对中医证型的关注度较2021年有所下降。干预对照设计方面，以中西药联用疗效观察为主。方法学质量方面，分配隐藏、盲法应用等问题仍未得到足够重视。伦理审批及试验注册方面，英文RCT的报告率均较高，中文RCT伦理审批报告率较2021年上升6.79%，而试验注册环节报告率较2021年上升1.21%。

总体来说，本年度RCT研究数量有所减少，但是在研究质量和影响力上有小幅提升，仍需采取措施提高临床试验设计、实施、报告的水平。建议在试验设计时邀请方法学专家提供专业技术指导，基于循证中医药学理论，提升方案设计质量。同时，研究者需要重视中成药RCT的试验方案注册和试验实施过程中的管理规范，以提高中药临床试验的质量。在研究实施过程中，要重视过程质量控制，特别是随机化执行的规范性需要不断完善，避免"假随机"问题。

二、中医经典名方临床研究年度报告

检索中国知网、万方、维普、中国生物医学文献服务系统、Cochrane Library、PubMed、Web of Science数据库。纳入中医经典名方临床随机对照试验（RCT），研究对象不做限制，试验组干预措施为中医经典名方、中医经典名方＋其他干预，中医经典名方剂型不限；对照组干预措施为中医经典名方、其他干预、中医经典名方＋其他干预、空白对照或安慰剂等，评价指标不做限制。检索时限为2022年1月1日～2022年12月31日。

（一）文献发表概况

2022年，中医经典名方RCT共发表论文245篇，其中，中文RCT 244篇，英文RCT 1篇。

开展中医经典名方RCT研究的地区涉及国内28个省（区、市），RCT发文量排名前3位的地区为河南省（49篇）、辽宁省（23篇）、江西省（19篇）。研究参与单位覆盖三级医院、二级医院、一级医院（乡镇卫生院）、医学院校、科研机构等，其中以三级医院作为第一单位的文献占比70.61%（173/245）。2022年，中医经典名方RCT发文量排名前3位的研究参与单位辽宁中医药大学及其附属医院（11篇）、广州中医药大学及其附属医院（8篇）、陕西中医药大学及其附属医院（7篇）。研究参与机构发文量排名（Top 10）见图3-13。

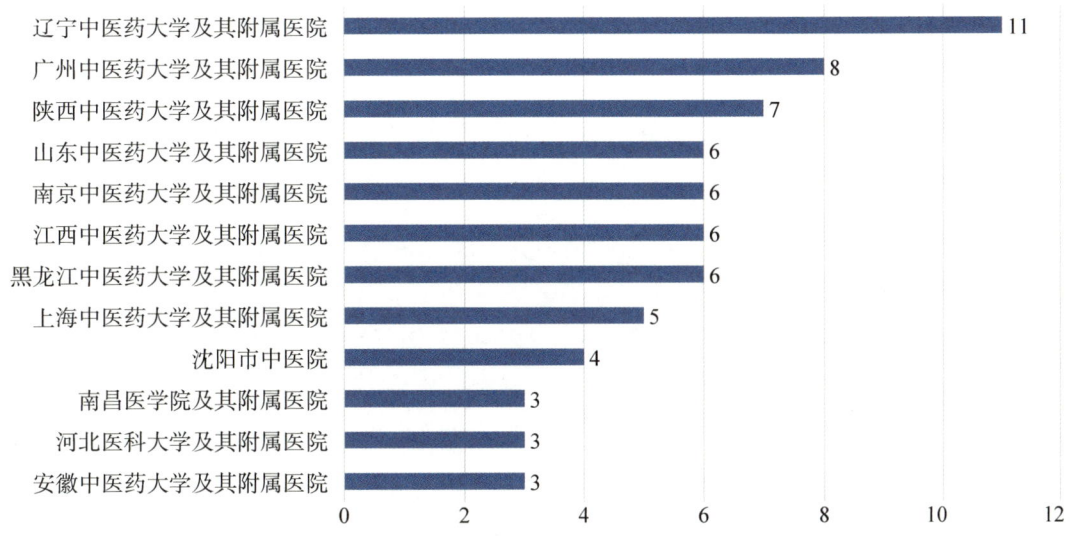

图 3-13　2022 年中医经典名方临床研究参与机构发文量排名(Top 10)

(二) 发表期刊情况

2022 年中医经典名方 RCT 发表文献涉及 108 个期刊。中文期刊 107 个,其中,北大中文核心收录期刊 6 个,发文 9 篇(3.69%),《时珍国医国药》发文量最多(2 篇);中国科学引文数据库(CSCD)收录期刊 3 个,发文 5 篇(2.05%),《时珍国医国药》发文最多(2 篇)。发文量排名前 10 的中文期刊依次为《光明中医》《实用中医药杂志》《中国中医药现代远程教育》《新中医》《内蒙古中医药》《中国民康医学》《河南中医》《临床合理用药杂志》《临床医学研究与实践》《首都食品与医药》《医学食疗与健康》《智慧健康》《中国中医急症》。发文量排名前 10 的中文期刊见表 3-14。英文期刊 1 个,期刊名称 Journal of Traditional Chinese Medicine,被 SCI 收录,IF 为 2.6。

表 3-14　2022 年中医经典名方 RCT 涉及中文期刊发文量排序(Top 10)

期刊名称	RCT 数量(项)	期刊名称	RCT 数量(项)
光明中医	24	临床合理用药杂志	4
实用中医药杂志	16	临床医学研究与实践	4
中国中医药现代远程教育	16	首都食品与医药	4
新中医	11	医学食疗与健康	4
内蒙古中医药	8	智慧健康	4
中国民康医学	7	中国中医急症	4
河南中医	5		

(三)疾病类型与分布

1. 各系统疾病研究数量

根据最新发布的 ICD-11 疾病分类统计,2022 年度发表的中医经典名方 RCT 涉及 14 类疾病,循环系统疾病发文量居首位(56 篇,22.86%),其次为内分泌、营养或代谢疾病(40 篇,16.33%)、消化系统疾病(39 篇,15.92%),见表 3-15。

表 3-15 中医经典名方 RCT 涉及 ICD-11 疾病分类(Top 10)

疾病类型	RCT 数(项)	疾病类型	RCT 数量(项)
循环系统疾病	56	神经系统疾病	17
内分泌、营养或代谢疾病	40	损伤、中毒或外因的某些其他后果	16
消化系统疾病	39	肿瘤	15
呼吸系统疾病	22	肌肉骨骼系统或结缔组织疾病	14
泌尿生殖系统疾病	17	传统医学病证	9

2. 疾病分布

对 2022 年度中医经典名方 RCT 涉及疾病名称进行统计,发现:循环系统中,以心力衰竭(21 篇,8.57%)和心绞痛(16 篇,6.53%)发文量最多;内分泌系统中,以糖尿病周围神经病变发文量最多(11 篇,4.49%);神经系统中,以眩晕发文量最多(9 篇,3.67%);消化系统中,以慢性胃炎发文量最多(6 篇,2.45%)。其中,69 篇(28.16%)RCT 对研究疾病进行了中医证型的分型。研究热度较高(发文量前 10 位)的疾病依次为心力衰竭(21 篇,8.57%)、心绞痛(16 篇,6.53%)、高血压(12 篇,4.90%)、糖尿病周围神经病变(11 篇,4.49%)、肺炎(9 篇,3.67%)、眩晕(9 篇,3.67%)、糖尿病(8 篇,3.27%)、冠心病(7 篇,2.86%)、糖尿病肾病(7 篇,2.86%)、骨折(7 篇,2.86%)。循环系统疾病、内分泌、营养或代谢疾病和消化系统疾病为研究热点。中医经典名方 RCT 年度疾病分布见图 3-14。

(四)中医经典名方情况

纳入 RCT 涉及中医经典名方 55 种,治疗疾病以循环系统疾病和内分泌系统疾病为主。发文量排名前 10 的口服中医经典名方包括桃红四物汤(23 篇)、半夏泻心汤(22 篇)、半夏白术天麻汤(21 篇)、真武汤(21 篇)、清金化痰汤(14 篇)、温胆汤(13 篇)、黄芪桂枝五物汤(12 篇)、栝楼薤白半夏汤(9 篇)、当归四逆汤(8 篇)、桂枝芍药知母汤(8 篇)、苓桂术甘汤(8 篇)。中医经典名方各品种研究数量排序情况见表 3-16。

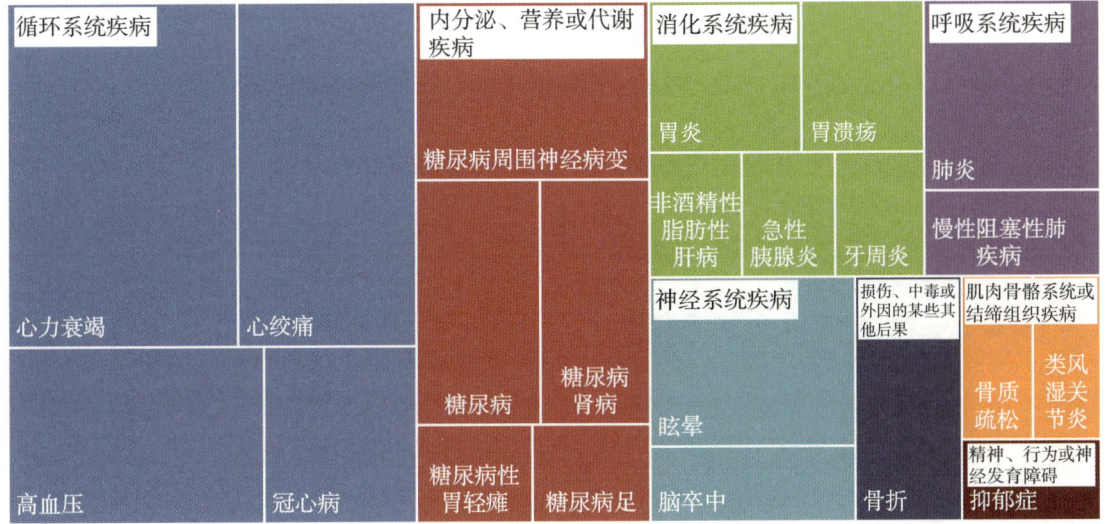

图3-14　2022年中医经典名方临床研究疾病分布

表3-16　2022年中医经典名方各方剂研究数量排序(Top 20)

方剂名称	RCT数量(项)	方剂名称	RCT数量(项)
桃红四物汤	23	苓桂术甘汤	8
半夏泻心汤	22	当归补血汤	7
半夏白术天麻汤	21	沙参麦冬汤	7
真武汤	21	半夏厚朴汤	5
清金化痰汤	14	四妙勇安汤	5
温胆汤	13	旋覆代赭汤	5
黄芪桂枝五物汤	12	猪苓汤	5
栝楼薤白半夏汤	9	甘草泻心汤	4
当归四逆汤	8	桃核承气汤	4
桂枝芍药知母汤	8	五味消毒饮	4

(五) 干预对照设计

纳入245项RCT包括双臂试验240项,三臂试验3项,四臂试验2项。双臂试验涉及10种干预对照设计,包括"汤剂＋常规治疗 vs. 常规治疗"87篇(35.51%);"汤剂＋西药 vs. 西药"71篇(28.98%);"汤剂＋西药＋常规治疗 vs. 西药＋常规治疗"50篇(20.41%)。2022年中医经典名方RCT干预对照设计发文量≥10篇见图3-15。

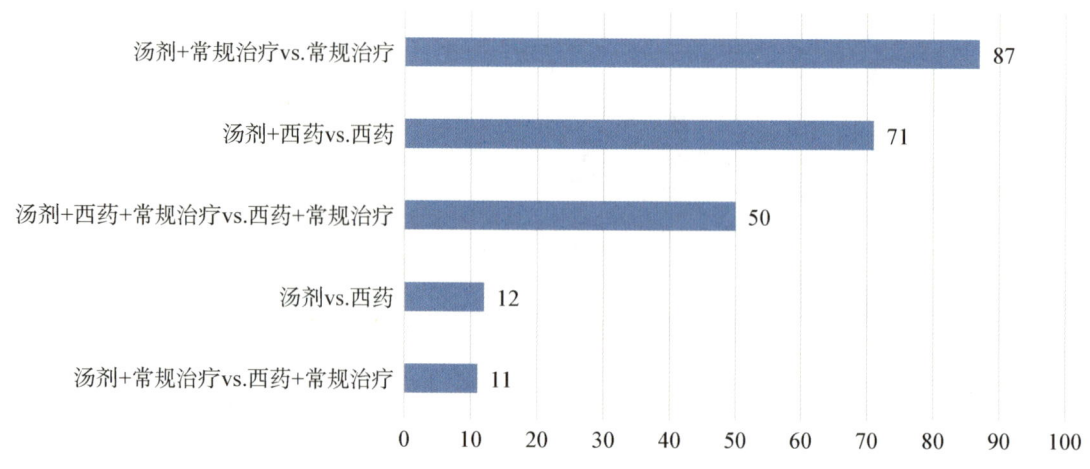

图3-15 2022年中医经典名方RCT干预对照设计(发文量≥10篇)

(六) 样本量概况

研究共涉及患者22 176例,各研究本量介于30～300例,平均样本量为91例,均为单中心研究。样本量<100例的研究占半数以上(161项,65.71%),样本量介于100～199例的研究79项(32.24%),样本量≥200例的研究仅5项(2.04%)。样本量≥200例的研究见表3-17。

表3-17 2022年样本量≥200例中医经典名方RCT涉及的中医经典名方、疾病

方剂名称	疾病	RCT数量(项)	总样本量(例)
当归四逆汤	糖尿病周围神经病变	1	300
沙参麦冬汤	肺炎	1	280
温胆汤	急性冠脉综合征	1	260
四妙勇安汤	急性心肌梗死	1	260
黄芪桂枝五物汤	糖尿病周围神经病变	1	200

(七) 方法学质量

方法学质量方面,纳入的中医经典名方RCT文献中25.31%的研究存在"产生随机序列的方法"问题,主要是仅提到随机分组而未详细说明实施方法;仅0.41%的研究报告实施"分配隐藏";仅1.22%的研究提及了实施受试者盲法;11.02%的研究报告实施结果评价盲法;72.24%的研究报告存在"其他偏倚"。30篇(12.24%)研究报告使用了盲法,其中报告使用了受试者盲法,但未具体描述实施方案3篇,报告了结果评价盲法27篇。中医经典名方RCT方法学质量评估见图3-16。

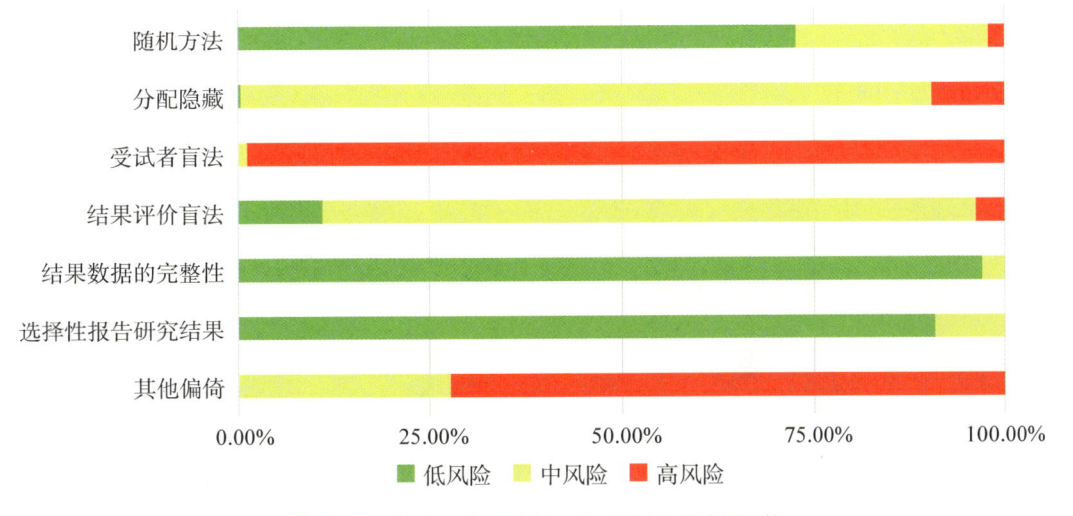

图 3-16 纳入中医经典名方 RCT 方法学质量评估

(八) 伦理审批与方案注册

245 项 RCT 中,132 项研究(中文 131 项/英文 1 项)报告了伦理审批,0 项研究报告了注册信息,表明当前的中医经典名方临床研究在国际规范遵循方面仍存在很大差距。

(九) 小结

2022 年中医经典名方 RCT 共发表文献 245 篇,中文 RCT 244 篇,英文 RCT 1 篇。研究单位分布覆盖全国大部分省份,RCT 发文量以河南省、辽宁省、江西省较高。发表期刊方面,2022 年北大中文核心期刊和 CSCD 期刊的中医经典名方 RCT 数量较少。循环系统疾病和内分泌系统疾病是研究热点;高血压、慢性心力衰竭、糖尿病周围神经病变、心绞痛、心力衰竭、眩晕发文量较多,开展 RCT 研究较多的中医经典名方为桃红四物汤、半夏泻心汤、半夏白术天麻汤等,与热点疾病具有相关性。研究规模方面,研究样本量跨度较大,但仍以小样本研究(样本量<100)为主。干预对照设计方面,以中西药联用疗效观察为主。方法学质量方面,分配隐藏、盲法应用等问题未得到足够重视。伦理审批及试验注册方面,半数以上中医经典名方 RCT 报告了伦理审批,而试验方案注册环节重视不足。

总体来说,本年度中医经典名方 RCT 研究数量较少,研究质量偏低。需注意试验设计的严谨性,设计不合理将会对治疗效果评价产生偏差。同时,研究者也需要重视中医经典名方 RCT 的试验方案注册和实施过程中的管理规范,以推动高质量中医药临床证据的生产。虽然研究内容为中医经典名方,但仍缺乏中医特色指标,建议按照核心指标集工作组制定的核心指标集研制规范和 COS 团体标准,加快研制符合中医药作用特点的评价指标体系,为科学评价中药经典方药的功效提供技术支持。

第四节
中医非药物治疗临床研究报告

针对2022年中医非药物疗法临床随机对照试验（RCT），以"针灸""针刺""灸法""推拿""传统功法""太极""八段锦"等为检索主题，英文以"Acupuncture""Moxibustion""Tuina""Traditional Exercise""Tai chi""Baduanjin"等为检索主题，检索CNKI、PubMed、Web of Science数据库，对检索结果进行初步筛查后进行数据提取及计量学分析，详细统计报告如下。

一、中医非药物治疗临床研究文献发表情况

（一）期刊类型分析

2022年，中医非药物临床RCT共发表1827篇，其中中文RCT共计1780篇，英文RCT共计47篇。

中文期刊类型共计296种，其中涉及北大中文核心期刊收录期刊28种，中国科学引文数据库（CSCD）收录期刊26种；发文数量上，北大中文核心期刊文献数量为142篇，占7.9%；CSCD文献数量为228篇，占12.8%；发文数量前十的中文期刊依次为《上海针灸杂志》《中国民间疗法》《光明中医》《实用中医药杂志》《中国针灸》《中国中医药现代远程教育》《广州中医药大学学报》《内蒙古中医药》《中医临床研究》《针灸临床杂志》；发文数量最高的《上海针灸杂志》（97篇）为CSCD收录期刊；发文数量最高的北大中文核心期刊及CSCD收录期刊为《中国针灸》（53篇）。

发文量前30位的中文期刊，详见表3-18。

表 3-18　中医非药物临床研究发文量前 30 位的中文期刊

序号	期刊	发文量(篇)	序号	期刊	发文量(篇)	序号	期刊	发文量(篇)
1	上海针灸杂志	97▲	11	现代中西医结合杂志	33	21	吉林中医药	16
2	中国民间疗法	64	12	中国中医急症	30	22	山西中医	16
3	光明中医	59	13	四川中医	27	23	医学理论与实践	16
4	实用中医药杂志	57	14	湖北中医药大学学报	21	24	湖南中医杂志	15
5	中国针灸	53*▲	15	新中医	20	25	中医药导报	15
6	中国中医药现代远程教育	51	16	中医外治杂志	19	26	河南中医	14
7	广州中医药大学学报	48	17	按摩与康复医学	18	27	辽宁中医杂志	14
8	内蒙古中医药	42	18	中医研究	18	28	浙江中医杂志	14
9	中医临床研究	40	19	贵州医药	17	29	中国现代药物应用	14
10	针灸临床杂志	37	20	陕西中医	17	30	中医药临床杂志	14

注：*北大中文核心期刊；▲:CSCD 收录期刊

英文期刊共涉及 33 部，其中 32 个（96.7%）为美国《科学引文索引》（science citation index, SCI）收录期刊，IF 介于 1.7～8.8。JCR 分区 Q1 区的期刊占 6.1%。英文期刊发文情况详见表 3-19。

表 3-19　中医非药物临床研究英文期刊情况

期刊名称	JRC 分区	发文量(篇)
Evidence-based Complementary and Alternative Medicine	/	6
Frontiers in Aging Neuroscience	Q2	3
Frontiers in Public Health	Q3	3
Scientific Reports	Q3	3
European Journal of Cardiovascular Nursing	Q2	2
Frontiers in Neurology	Q3	2
Frontiers in Psychiatry	Q3	2
Stroke	Q1	1
American Journal of Geriatric Psychiatry	Q1	1
European Journal of Oncology Nursing	Q2	1
Journal of Clinical Medicine	Q2	1
BMC Geriatrics	Q2	1
European Journal of Sport Science	Q2	1

续　表

期刊名称	JRC 分区	发文量（篇）
Journal of Exercise Science & Fitness	Q2	1
Supportive Care in Cancer	Q2	1
Complementary Therapies in Medicine	Q3	1
Pain Medicine	Q3	1
Neuropsychological Rehabilitation	Q3	1
Frontiers in Oncology	Q3	1
Frontiers in Medicine	Q3	1
Research in Sports Medicine	Q3	1
Complementary Therapies in Clinical Practice	Q3	1
Journal of Geriatric Oncology	Q3	1
Journal of Pain Research	Q3	1
BMC Sports Science Medicine and Rehabilitation	Q4	1
Journal of Back and Musculoskeletal Rehabilitation	Q4	1
Research in Nursing & Health	Q4	1
European Journal of Integrative Medicine	Q4	1
Journal of Aging and Physical Activity	Q4	1
Journal of Integrative and Complementary Medicine	/	1
Journal of Sports Medicine and Physical Fitness	Q4	1
Medicine	Q4	1
International Journal of Mental Health and Addiction	Q4	1

（二）研究机构分析

在研究机构方面，2022年中医非药物研究发表中文RCT研究数量排名前10位的研究机构分别为广州中医药大学及其附属医院（73篇）、安徽中医药大学及其附属医院（52篇）、上海中医药大学及其附属医院（46篇）、黑龙江中医药大学及其附属医院（44篇）、福建中医药大学及其附属医院（28篇）、山东中医药大学及其附属医院（24篇）、河南中医药大学及其附属医院（21篇）、北京中医药大学及其附属医院（18篇）、湖南中医药大学及其附属医院（16篇）、陕西中医药大学及其附属医院（12篇）。地域分布方面，全国34个省（区、市）中，中文文献发表数量前10位的分别为广东（228篇）、河南（126篇）、安徽（82篇）、上海（82篇）、福建（81篇）、江苏（81篇）、辽宁（78篇）、山东（78篇）、浙江（77篇）、北京（75篇）。具体研究机构分布详见图3-17。

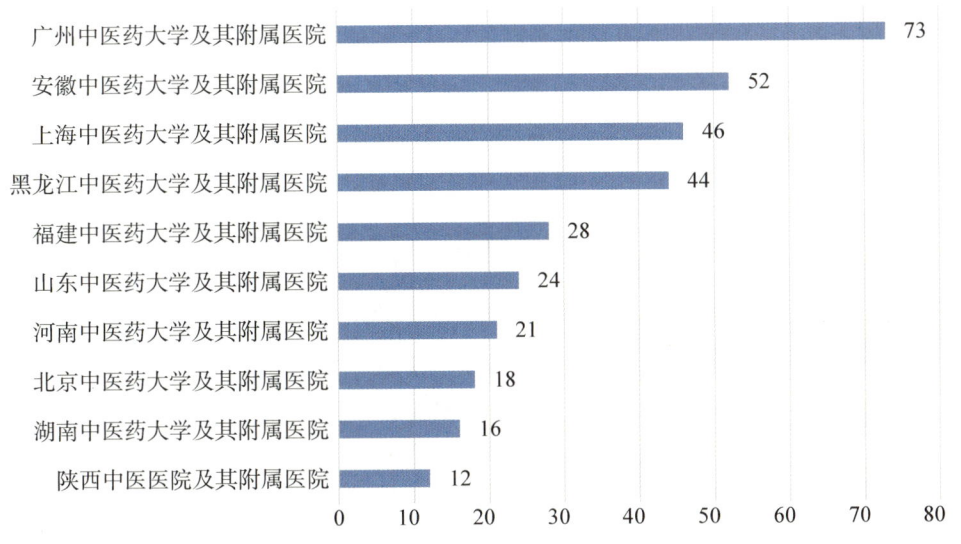

图 3-17　发表中文 RCT 研究数量排名前 10 位的研究机构

在英文文献方面，各机构发表数量依次为香港理工大学（3 篇）、香港中文大学（2 篇）、上海健康医学院（2 篇）、上海中医药大学（2 篇）、上海中医药大学岳阳中西医结合医院（2 篇）、沈阳体育大学（2 篇）、格但斯克体育大学（2 篇）、哈恩大学（2 篇）、格拉纳达大学（1 篇）、巴斯大学（1 篇）、北京师范大学（1 篇）、北京体育大学（1 篇）、查尔斯达尔文大学（1 篇）、成都体育学院（1 篇）、复旦大学附属妇产科医院（1 篇）、上海市徐汇区中心医院（1 篇）、高雄长庚纪念医院（1 篇）、广州体育大学（1 篇）、广州医科大学（1 篇）、台北护理健康大学（1 篇）、河南中医药大学（1 篇）、黑龙江中医药大学第一附属医院（1 篇）、加州大学洛杉矶分校（1 篇）、明尼苏达大学双城分校（1 篇）、南京体育学院（1 篇）、南京中医药大学（1 篇）、上海交通大学医学院附属仁济医院（1 篇）、上海体育学院（1 篇）、邵阳学院（1 篇）、深圳大学附属第二医院（1 篇）、四川大学华西第二医院（1 篇）、台北市立医院（1 篇）、武警部队江苏省总医院（1 篇）、香港大学（1 篇）、香港大学李嘉诚医学院（1 篇）、香港教育大学（1 篇）、云南中医药大学（1 篇）、中国科学院合肥物质科学研究所（1 篇）。各国发表数量依次为中国（38 篇）、西班牙（3 篇）、波兰（2 篇）、美国（2 篇）、英国（1 篇）、澳大利亚（1 篇）。

二、中医非药物治疗临床研究的疾病类型和分布

（一）ICD-11 疾病分类分析

根据 ICD-11 疾病分类统计，2022 年 1780 篇中医非药物临床研究涉及 20 类疾病系统

及症状体征,发文数量前10位为神经系统疾病(457篇),肌肉骨骼系统和结缔组织疾病(425篇),消化系统疾病(154篇),泌尿生殖系统疾病(120篇),精神、行为或神经发育障碍(82篇),感染性疾病或寄生虫病(81篇),皮肤疾病(60篇),循环系统疾病(59篇),呼吸系统疾病(57篇),睡眠-觉醒障碍(56篇),具体疾病系统分布详见图3-18。

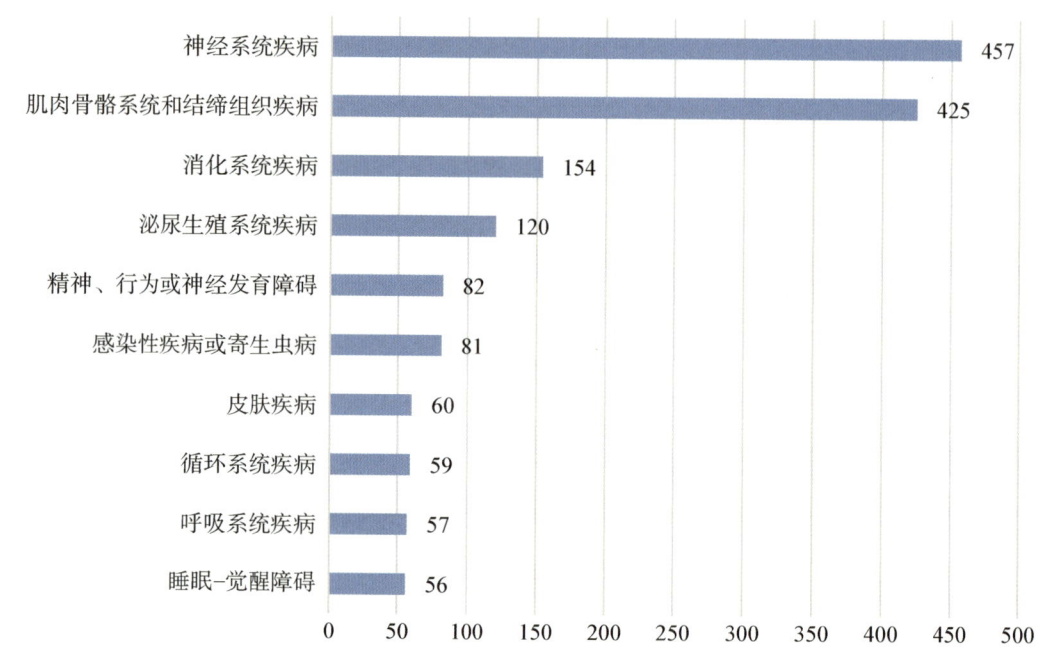

图3-18 中医非药物临床研究文献 ICD-11 疾病分类情况

在英文文献方面,其涉及的研究主题主要为神经系统(12篇),肌肉骨骼系统(6篇),循环系统(6篇),精神、行为或神经发育障碍(5篇),症状/体征(5篇),肿瘤(5篇),健康人(2篇),内分泌、营养或代谢疾病(2篇),发育异常(1篇),泌尿生殖系统疾病(1篇),手术/操作相关病症(1篇),心脑血管疾病(1篇)。

(二)重大疾病热点统计分析

对2022年度中医非药物临床研究涉及的疾病名称及主要临床症状名称进行年度热点统计,中文文献中非药物治疗主要关注的具体疾病为卒中及卒中后相关功能障碍(352篇);另外发文数量≥20篇的疾病主要为膝骨关节炎(84篇)、腰椎间盘突出(77篇)、中风及中风后相关功能障碍(69篇)、颈椎病(66篇)、脑梗及脑梗后相关功能障碍(63篇)、失眠(57篇)、抑郁症(35篇)、面瘫(38篇)、糖尿病(29篇)、肩关节周围炎(27篇)、带状疱疹(25篇)、便秘(24篇)、鼻炎(23篇)、尿失禁(21篇),具体疾病热点分布详见图3-19。

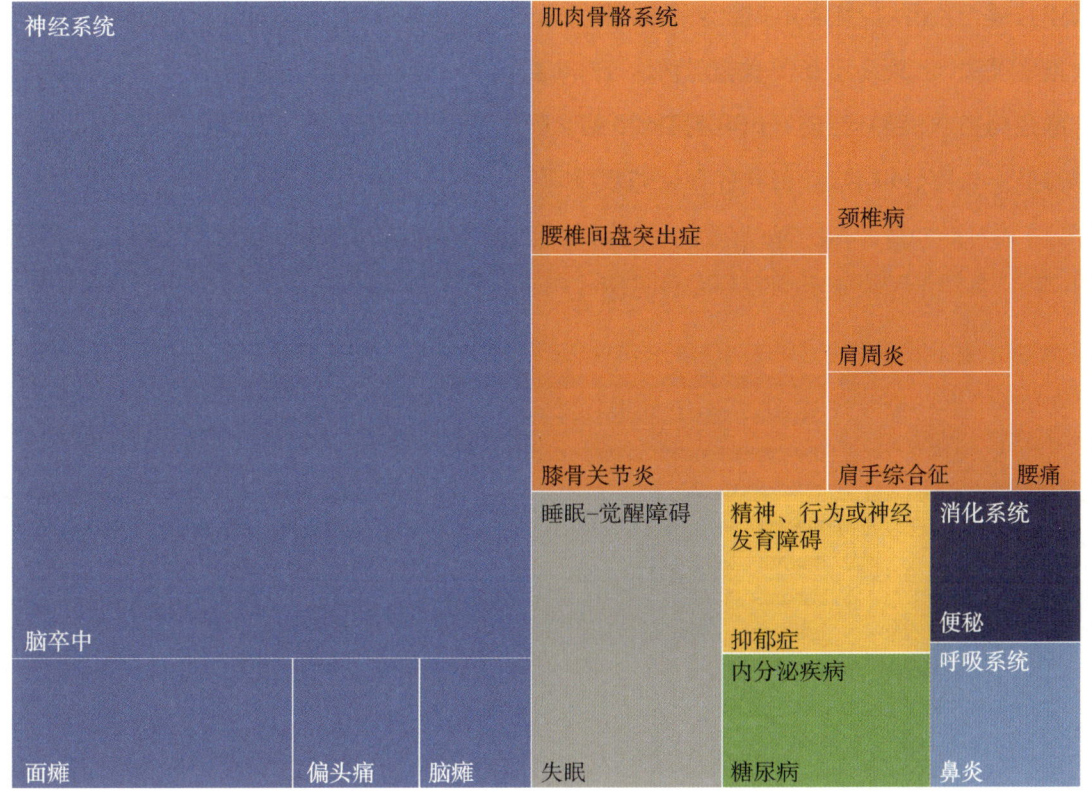

图 3-19 2022年度中医非药物临床研究年度重大疾病热词共现

英文文献发文量≥2篇的主要疾病和功能障碍为焦虑症和抑郁症（7篇）、肿瘤（5篇）、认知功能障碍（5篇）、心血管疾病（4篇）、膝骨关节炎（3篇）、脑卒中（2篇）、围绝经期综合征（2篇）。

（三）样本量分析

2022年发表的中文文献中，共纳入样本153 800例，最小样本量为20例，最大样本量为676例，平均样本量87例；样本量<100例的研究达1 282项，占72.0%；478项研究的样本量≥100例，占26.9%；50项研究的样本量≥200例，占2.8%；2项研究的样本量≥500例，占0.11%。

47篇英文文献共纳入4 354例样本，最小样本量为20例，最大样本量为387例，平均样本量为93例。

（四）干预措施分析

在1 780项非药物治疗随机对照研究中，发表文献最多的干预方式为常规针刺联合药物治疗（375篇），另外单一针刺疗法（368篇）、针刺联合康复疗法（208篇）的发文数量也显著高于其他干预措施,其余发文数量≥10篇的干预措施分别为艾灸联合针刺(57篇)、针刺联合推拿手法(36篇)、温针灸联合药物治疗(36篇)、单一温针灸(24篇)、单一艾灸(33篇)、推拿联合药物(23篇)、经皮穴位电刺激(22篇)、针刺联合耳穴压豆(19篇)、火针联合药物(18篇)、单一火针(14篇)、针刺联合穴位贴敷(10篇)。英文文献中采用最多的干预方式为太极拳(23篇),另外涉及八段锦(12篇)、气功(8篇)、推拿(2篇)、推拿联合西医(1篇)、易筋棒(1篇)。具体干预措施类别及分布详见图3-20。

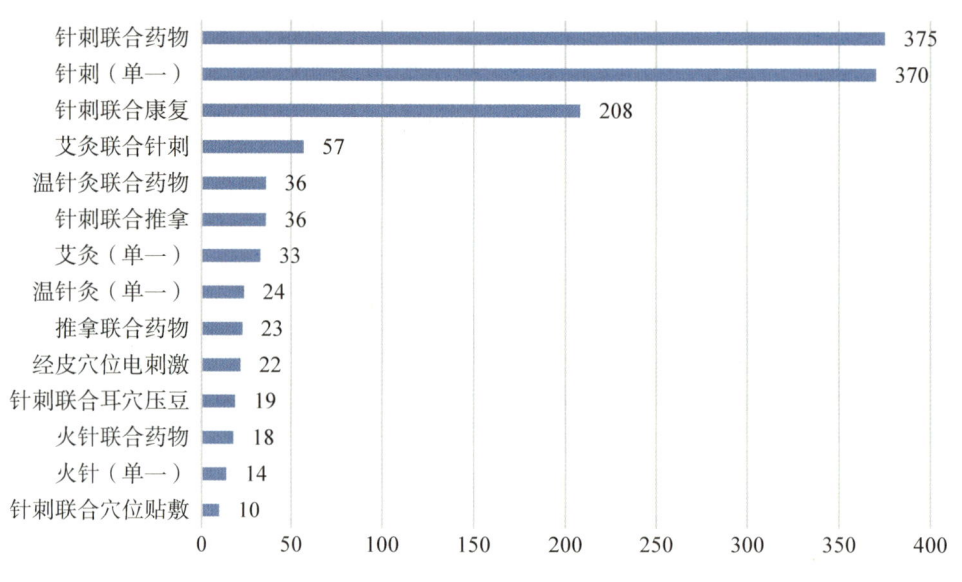

图3-20 2022年度中医非药物临床研究常用干预措施

(五)方法学质量分析

在临床试验伦理报告方面,纳入的1780篇中文文献中,47.53%的研究明确报告通过了伦理审查并公布了伦理编号,64.94%的研究报告得到了不同级别的资金支持。纳入的47篇英文文献中,有38篇标注了资金支持,41篇公布了伦理编号,38篇报告了临床试验注册。

根据Cochrane偏倚风险评估量表从随机序列的产生、分配隐藏、对受试者和干预者施盲、对结果评价者施盲、结果数据完整性、选择性报告结果、其他偏倚来源等7个条目对纳入文献的方法学质量进行评价。①随机分配序列的生成:多数研究在随机序列的产生这一条目存在高风险(4.44%)或者风险不清楚(28.26%),即随机方法错误或未提供详细信息;②分配隐藏:4.10%的研究报告了正确的分配隐藏方法,较2021年有所上升,而81.91%的研究未报告分配隐藏方案,13.99%的研究报告没有采取分配隐藏或者报告了错误的分配隐藏方法;③盲法的实施:5.28%的研究对受试者和干预者进行了正确的施盲,9.61%的研究对结果评价者进行了正确的施盲,二者的比例均较 2021 年有所上升,但鉴于非药物疗法的特殊性,导致试验中盲法的实施相对困难,虽方法学存在较高偏倚风险,需结合临床实际情况进行评价;④结果数据完整性:89.78%的研究对结果数据完整情况进行了具体描述及分析,其余研究不论有无缺失,并未进行相关解释与描述,故无法对偏倚风险进行判断。⑤选择性报告:大部分研究(98.26%)均报告了试验方法或方案中预先设定的结局指标,偏倚风险较低,而 31 项研究未报告所有预设的指标(包括主要指标和次要指标),存在较高或不确定的偏倚风险。⑥其他偏倚:54.83%的研究不存在其他偏倚来源,其余研究由于缺乏相关描述被定义为风险不清。纳入研究方法学评估结果见图 3-21。

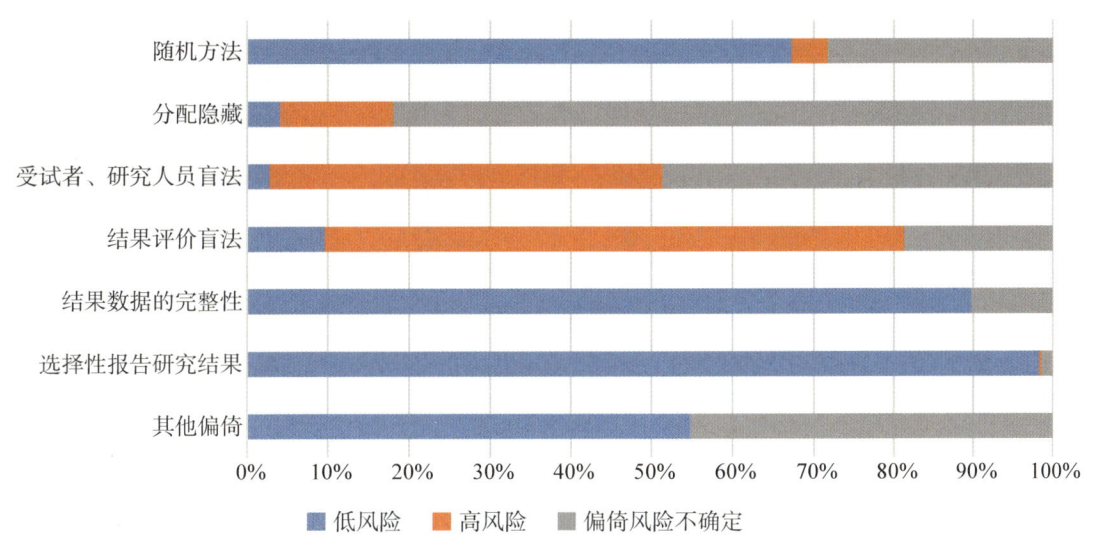

图 3-21 2022 年度中医非药物临床研究方法学质量评估

文献研究显示,2022 年共发表中文 RCT 研究 1 780 篇,英文 RCT 研究 47 篇。整体发文数量较 2021 年有所增加,其中中文核心期刊发表占 7.9%,CSCD 期刊发表占 12.8%,整体发文质量较去年有一定提高。

研究间的样本量跨度较大,在 20~676 例之间浮动,平均样本量为 87 例。发文机构几乎覆盖全国各省份,其中以广东省和河南省发文量较高,均大于 100 篇。疾病分析报告提示,纳入文献共涉及 20 个大类,其主要以神经系统疾病(25.67%)及肌肉骨骼系统和结缔组织疾病(23.88%)为主,而具体疾病主要涉及卒中及卒中后相关功能障碍(19.78%)、膝骨关节炎(4.71%)和腰椎间盘突出(4.33%),在疾病种类与具体疾病上与 2021 年基本保持一致,反映了中医非药物疗法在神经系统疑难杂症和骨骼肌肉损伤的独特治疗优势。从干预措施来看,常规针刺联合药物及单一针刺是最常见的非药物干预方案,其次,针刺联合康复治疗及艾灸联合针刺治疗也是目前的高频治疗选择。

总体而言,中医非药物治疗RCT研究的数量较2021年有所回升,但研究间的样本量以及整体研究质量基本保持稳定,并且在伦理审批、试验注册、报告质量和基金支持方面有显著提升。另外,在疾病方面以神经系统疑难杂症和骨骼肌肉损伤为重点病种,兼顾其他系统疾病,但总体研究质量一般,诸如随机化、盲法等虽较2021年有所提升,但总体方法学质量仍较低。基于以上现状,未来需要进一步规范试验方案设计,重视研究过程质量控制,以期提高研究真实性和实用性,增强中医非药物疗法的临床证据质量,更好地服务于临床应用。

第五节
中医药基础研究报告

现代科学研究方法的引入,为解读中医药科学原理提供了多学科的技术支撑。2022年中医药基础研究坚持传承精华、守正创新,重视中医药理论特点与多学科技术交叉融合,人工智能、多组学、类器官等新思路、新方法和新技术应用于解读中医药的系统性和复杂性,为探索更符合中医药发展规律的科研体系提供了示例。本节主要介绍2022年度中医药基础研究在中医理论、非药物治疗方法、中药等基础研究方面的相关研究进展。

一、中医理论基础研究进展

(一) 从淋巴管系统角度阐释中医"痹阻经络"理论

类风湿关节炎(rheumatoid arthritis,RA)是一类以关节疼痛、肿胀、功能障碍为主要表现的自身免疫性疾病。如何提高缓解率,减轻并发症是我国乃至国际学术界关注的难题。上海中医药大学王拥军和梁倩倩团队,结合国医大师施杞的临床经验,开创了从淋巴管系统阐释"痹阻经络"新领域,率先建立近红外—吲哚菁绿淋巴引流功能检测、淋巴管全片扫描、对比增强核磁共振和三维多普勒超声等淋巴管系统结构与功能检测技术体系;证明RA慢性进展期淋巴管引流功能下降,出现"痹阻不通"的表现;明确淋巴管引流通畅,减少免疫细胞在局部组织的聚集,可减轻关节炎症和内脏损伤,体现"通则不痛";阐明RA淋巴管引流功能障碍的机制,即促炎巨噬细胞刺激淋巴管内皮细胞Notch/NF-κB通路,释放炎症因子,损伤淋巴管平滑肌细胞,从而揭示"为何不通"。提出"淋巴管引流不畅是'痹阻经络'的病理基础"的学术观点。并建立了"蠲痹通脉法",通过临床和基础研究,证明了蠲痹通络系列方可以促进淋巴管引流,从而减轻RA及其内脏并发症。该研究工作为中医"痹证"理论的阐释提供了基础和临床证据,并进一步丰富中医"痹证"理论。

(二) 从现代生物学角度揭示中医"脾肾同治,筋骨并重"理论的科学内涵

骨质疏松性骨折是影响老年人健康的公共卫生问题。中医在治疗该疾病时,强调脾肾同治,筋骨并重。但是肌肉是直接影响骨骼,还是先通过某种媒介,再对骨骼产生间接影响,两者的具体作用机制尚不清楚。上海中医药大学王拥军和唐德志团队,结合国医大师施杞的临床经验,利用了临床生物样本,发现骨质疏松性骨折患者骨骼肌卫星细胞数目明显减少,β-catenin 表达明显降低。进一步建立了 Pax7-CreERT2/+;β-cateninfx/fx 条件性基因敲除动物模型,特异性敲除骨骼肌卫星细胞中的 β-catenin,发现骨骼肌卫星细胞不仅成肌分化下降,而且成骨分化也降低,最严重的还是骨量和骨微结构的破坏,导致骨质疏松性骨折愈合的延迟。发现补肾中药有效组分蛇床子素能明显增加该动物模型骨骼肌中 β-catenin 的表达,促进肌肉中的骨骼肌卫星细胞增殖和成肌分化,促进其向骨折部位迁移,刺激成骨分化,从而加速骨折愈合。该研究工作从现代生物学角度揭示了中医"脾肾同治,筋骨并重"理论的科学内涵,并阐明了补肾中药有效成分蛇床子素治疗骨质疏松性骨折的分子机制[J Cachexia Sarcopenia Muscle,2022,13(2):1403-1417]。

(三) 中医"痰瘀互结"型冠心病的生物医学基础研究取得新进展

心肌缺血/再灌注(ischemia/reperfusion,I/R)损伤是一种典型的心血管疾病,以往研究认为 I/R 造成心肌损伤的"罪魁祸首"氧化应激发生在"灌注"期。暨南大学中医学院何蓉蓉团队聚焦中医理论的生物医学基础研究,以"疾病易感性"为理论研究切入点,重点研究情志应激引起神经-内分泌-免疫网络氧化应激损伤的病理机制,致力于创新性建立"疾病易感性"的中医药评价体系。团队研究成果为 I/R 的发病机制提供了新见解,解析了"痰瘀互结"诱导冠心病的部分科学内涵,为中医药早期干预 I/R 提供了依据(详见本章第七节)。

二、中医非药物治疗基础研究进展

(一) 艾灸作用的热光烟效应及其生物学基础

艾灸是一种传统的中医疗法,热光烟效应是艾灸中重要的生物学反应。一方面,热光烟效应会刺激局部的血液循环和代谢。由于局部温度的升高,血管会扩张,促进血液的流动,增加氧气和营养物质的供应,有助于加速伤口愈合和组织修复。另一方面,热光烟效应还可激活神经末梢和局部组织的感受器。这种刺激可能会影响神经传导,调节自主神经系统的功能,从而对痛症和一些慢性疾病产生一定的缓解作用。此外,热光烟效应还可能引发机体的免疫反应。一些研究表明,艾灸能够增强机体的免疫功能,提高免疫细胞的活性,有助于抵御疾病和提高身体的抵抗力。虽然艾灸作用的热光烟效应在中医实践中广受认可,但其

具体的生物学基础仍需进一步深入研究。

此外,围绕"艾灸作用的关键因素及其效应机制"这一关键问题,成都中医药大学余曙光团队等以中医针灸理论为指导,采用多学科研究方法与手段,解析了灸法对机体内源性调节系统启动、调控和整合的基本原理,充分揭示灸法发挥内源性修复和保护作用的生物学机制,阐明得气、灸温、灸材等影响艾灸疗效的关键因素,热、光、烟在灸效中的作用,并揭示针与灸作用特点差异。首次以热光烟为核心,明确了艾灸效应的关键因素和关键参量;率先阐释了艾灸穴位局部作用机制,深入揭示了艾灸镇痛、抗炎和免疫调节三大临床核心效应的生物学基础,回答了艾灸"温通""温补"效应的科学性;厘清了艾灸起效关键因素不确定性、灸量设定随意性、灸烟熏燎安全性、艾灸效应科学性等长期困扰灸法推广应用的关键问题;改变了针灸研究中"重针轻灸"的现象,有效地促进了艾灸临床疗效的提升和传统灸疗理论的传承。

(二) 电针督脉新认知

利用动物功能影像学、神经环路示踪、膜片钳电生理等技术,发现电针督脉"神庭"和"百会"穴可增强内嗅皮层、海马体、下皮层和颞叶皮层等区域,而降低听觉皮层等区域的功能活动,且增强内嗅皮层-海马之间的功能连接强度[*J Integr Neurosci*,2022,21(6):162];在海马局部CA3-CA1环路发现,电针"神庭""百会"穴可增强海马环路树突棘数量和兴奋性突触后电位,同时兴奋性突触后电流的振幅和频率明显增加,NMDAR、AMPAR和CaMKII的表达和磷酸化水平显著增加,提示电针督脉"神庭"和"百会"穴通过提高海马突触传递效率和突触可塑性改善动物认知行为[*J Neuroinflammation*,2022,19(1):37]。利用气相色谱-质谱分析发现,电针阳明经"足三里"和"曲池"穴可调节肠道微生物稳态,增加外周血短链脂肪酸-丙酸水平,减少缺血性脑卒中模型动物神经炎症损伤[*Heliyon*,2022,8(12):e12099];静息态功能磁共振成像分析发现,电针"足三里""曲池"穴可以增加缺血性脑卒中左侧纹状体与双侧感觉皮层、双侧运动皮层、双侧海马、左顶叶皮层等脑区的功能连接强度,促进缺血性脑卒中后运动功能障碍的恢复(*Biomed Pharmacother*,2022,153:113407)。

(三) 传统运动促进老年人身心健康研究依据

太极拳、八段锦作为我国传统运动的代表,被证明对老年人群的身心功能具有积极影响。一项三臂平行随机对照研究,将社区轻度认知障碍(mild cognitive impairment,MCI)患者随机分为八段锦组、快走组和常规体力活动组,发现为期6个月的八段锦干预后,MCI患者总体认知功能MoCA评分显著高于常规体力活动组,且八段锦和快走组注意力Go/No-Go正确数显著高于常规体力活动组,提示八段锦训练对社区MCI患者整体认知功能和注意力功能的改善可发挥积极作用(*Front Neurosci*,2022,16:968767)。另一项研究表明,接受为期24周的八段锦干预后认知衰弱患者的衰弱指数、总体认知功能和记忆功能评分较健康教育显著提高;利用静息态功能磁共振成像与体素形态学分析显示,八段锦训练增加左侧海马杏仁核过渡区、右侧海马CA1和右前下托海马亚区的体积,且与EFS指数、总体认知和记忆功能评分的变化显著相关,提示八段锦训练可能通过增加海马亚区体积改善认知虚弱老年人认知功能并减轻身体虚弱(*Mediators Inflamm*,2022,2022:5985143)。一项双臂平行随机对照研究,通过Fugl-Meyer评估、Berg平衡量表、徒手肌力测试、改良Ashworth量表以及三维步态分析等评估,发现脑卒中后认知障碍患者接受24周八段锦训练后,患者的肢体运动功能、平衡、肌力和步态功能得到明显改善(*Mediators Inflamm*,2022,2022:3997947)。

三、中药基础研究进展

(一)中药防治慢性难治性重大疾病优势获得基础研究新证据

中医药遵循整体观念和辨证论治原则,在防治慢性病方面,如退行性疾病、心脑血管疾病、糖尿病、肿瘤、肝/肾纤维化等,有着显著的优势和特色。通过规范科学的现代药理学研究方法,借助多学科交叉融合的技术手段,在中药防治慢性难治性重大疾病基础研究方面取得显著进展。

1. 骨质疏松

黄宏兴等基于脾肾-肌骨-线粒体理论体系,以线粒体损伤、氧化应激和信号通路等为切入点,通过临床和实验揭示骨质疏松症的发病机制和中药复方(补肾健脾活血方)的干预作用,发现补肾健脾活血方通过BMP2/Smad等信号通路发挥促进成骨增殖的作用,制定了中医药防治骨质疏松的临床规范化治疗方案,发挥中医药防治骨质疏松的特色和优势。孙贵才等采用多维度组学技术,发现miR-483-5p、PPAR等影响骨质疏松进展的新靶点,揭示滋阴补阳中药淫羊藿调控白三烯B4激活的PPAR途径,缓解骨质疏松进展,为中药防治骨质疏松的科学证据提供了有益的补充。

2. 肝/肾纤维化

吕文良团队基于中医肝络学说及原创性中医火候学理论,提出肝纤维化"气虚血瘀,毒损肝络"的核心病机,创研益气活血、解毒通络法系列方药,对肝病诊疗起到指导作用。曹岗等从慢性肾脏病(chronic kidney disease,CKD)不同阶段临床大样本中首次鉴定出1-羟基芘等新型尿毒素标志物,揭示新型尿毒素通过激活芳烃受体信号通路介导肾纤维化的机制,证明中药茯苓活性成分是通过抑制新型尿毒素代谢产物,诱导芳烃受体信号通路活化抗肾纤维化机制。揭示了利水渗湿中药茯苓治疗CKD的物质基础和分子机制研究,为CKD的诊断和治疗提供新的证据[$Br\ J\ Pharmacol$,2022,179(1):103-124]。

3. 心脑血管疾病

姚魁武团队依据"阳微阴弦"和"祛瘀生新"的传统理念,创新性提出冠心病"活血温通"的有效治则,研发由丹参、桂枝、川芎、鸡血藤、赤芍、党参6味中药组成的活血温通方应用于冠心病治疗,确定Sirt1是促进心肌再生的有效靶点,阐明中药复方改善心肌缺血、保护受损心肌的作用机制,首次揭示冠心病"活血温通"治则的生物学基础,一定意义上推动了心脏再生修复医学领域的发展。樊官伟团队研究发现芪参益气滴丸能够抑制血小板高活化状态、调节斑块的产生和稳定、调控线粒体能量代谢、改善心功能,揭示芪参益气滴丸心肌保护作用的途径和机制,为防治血栓性疾病中药新药研发与临床应用提供技术平台和实验依据。王新陆团队发现参附益心颗粒通过影响心肌能量、糖脂质代谢,调节PGC-1α信号通路相关因子,改善心肌细胞损伤,从而发挥治疗慢性心力衰竭的作用,阐明临床药物芪参益气滴丸的药效物质基础与作用机制。

4. 肿瘤

王宽宇团队研究发现扶正消岩汤及补益类中药通过miR-146a调控NF-κB等多种信号传导因子,介导炎性与免疫相关信号通路影响癌细胞的侵袭和转移。毛宇湘等研究了化浊解毒软坚方对原发性中晚期肝癌的临床疗效及作用机理,探索"浊毒"与肿瘤微环境的关系,为中医药治疗肝癌提供实验依据和新治疗途径。孙长岗团队运用人工智能药物研发、分子流行病学、多向信息组学等新兴学科技术,依据"临床问题—预测分析—实验验证—反馈临床"的研究思路,探索出体现中医药优势特点和价值取向的整合药理学研究模式。在整合药理学模式平台指导下,解析了中药精准抗肿瘤机制的分子基础,通过总结炎症在肿瘤进展中的动态演变以及对T细胞活化的影响,探索了炎症细胞和炎性因子调节T细胞衰竭的机制以及靶向炎症以提高免疫疗效的方法,提高了免疫治疗的临床精准决策($Front\ Immunol$,2022,13:979116);阐释和归纳了不同种类中药活性成分靶向抗肿瘤的机制规律,全方位整理了多糖类、多酚类、黄酮类等不同类型天然小分子化合物的药用规律和作用机制[$Pharmacol\ Res$,2022,184:106419;$Am\ J\ Chin\ Med$,2022,50(1):209-239;$Front\ Pharmacol$,2022,12:792331;$Biomed\ Pharmacother$,2022,151:113096];与烟台大学陈大全团队合作,成功构建了基于桔梗多糖的姜黄素负载生物纳米系统和基于当归多糖的缺氧响应纳米给药系统,为引经药物的临床应用提供了实验科学依据[$Int\ J\ Biol\ Macromol$,

2022,202:691-706;*Drug Deliv*,2022,29(1):138-148]。

5. 代谢性疾病

长期的高血糖可导致各种器官、组织，特别是眼、肾、心脏、血管、神经的慢性损害、功能障碍。刘继平团队针对糖尿病及其认知障碍进行了深入研究，系统构建了中药防治糖尿病及其认知障碍的再评价技术体系，基于活性组分研究发现了补肾名方六味地黄汤、养血名方当归芍药散、补气名方七福饮、消渴名方玉液汤、促智名方生慧汤及活性组分通过降糖、改善胆碱能神经功能、抑制糖尿病脑组织中 AGEs 水平及 RAGE、NF-κB 表达等信号通路改善糖尿病脑病模型大鼠海马组织病变，深入揭示了经典方剂与活性组分防治糖尿病及其认知障碍的科学内涵，为进一步创制防治糖尿病及其认知障碍的现代创新中药、临床应用与产业拓展提供科学依据。陈旅翼团队针对高尿酸血症、痛风等代谢性疾病，综合运用代谢组学、转录组学等新技术新方法，发现机械敏感离子通道 TRPV4 等代谢性疾病诊疗新靶点，创新代谢性疾病模型构建，一定程度解决了活性成分辨识和大品种二次开发等相关问题。王跃飞团队成功构建了一种基于超分子传感策略的尿液中尿酸检测方法，成功应用于高尿酸血症患者的早期预警；探索了超分子传感检测体系与智能手机的融通，为建立非侵入性、可视化、家庭可及的尿酸预警检测方法提供了新思路、新方法（*Advanced Science*，2022，2104463）。

（二）新技术新方法助力中药功效科学内涵阐释

利用现代科学的新技术、新方法解读中药发挥功效的药效物质、生物学基础、作用机制等中医药学原理，对中医药的"守正创新"具有重要意义。2022年，中药新技术、新方法助力功效科学内涵阐释部分进展如下：

在解析作用机制方面，浙江大学范骁辉团队等以丹参、红景天等活血类中药为对象，针对系统解析中药治病科学原理的技术瓶颈开发了系列单细胞组学分析新工具；北京大学屠鹏飞团队通过靶点"钩钓"技术系统揭示了蟾酥、五味子、野马追等中药代表性成分的直接靶点蛋白及参与疾病相关进程的分子生物学机制，为诠释中药发挥"清热解毒、消肿利湿、补肾宁心"等传统功效提供了微观证据（详见本章第七节）。

在中药药效物质研究方面，大连医科大学马骁驰团队提出反向筛选等化学生物学新策略，诠释部分常用中药发挥抗炎功效的物质基础和潜在分子机制；博奥生物集团有限公司、北京博奥晶方生物科技有限公司研究团队利用"超大规模的中药分子功能基因表达谱数据库"，筛选出多种具有调节血脂、血糖功效的天然植物，并利用多组学技术系统分析出麻竹降血糖的作用机理和药效物质基础（详见本章第七节）。黑龙江中医药大学张洪财团队以多组学结合多维联用分析技术为核心方法学平台,基于大鼠抑郁症模型,建立药对体内多成分同时分析表征的方法,确定其治疗抑郁症的体内直接作用物质;基于代谢组学 UPLC/ESI-HDMS 技术建立柴胡—白芍药对治疗后的靶标代谢物组轮廓谱图,利用主成分分析、偏最小二乘判别分析等模式识别技术系统分析实验数据矩阵确定生物标记物,从不同层次阐明柴胡—白芍药对治疗抑郁症的药效物质基础和作用机制。

在新技术应用领域,李瀚旻等研制了 MSG-大鼠-肝再生模型,阐明了神经-内分泌-免疫-肝再生调控网络,为肝-脑共病的研究提供新动物模型,推动肝再生基础及其临床应用的深入研究,研发了中医药调控肝再生防治慢性乙型肝炎的技术,构建出评价中医药调控肝再生的诊疗标准。

(三) 中药经典名方、自拟方和创新中药基础研究持续发力

挖掘保护经典名方、加快中药经典名方研发上市,对于传承保护中医药文化、建立中医药文化自信具有积极影响。同时,大力发展自拟方和创新中药,对于中医药现代化和国际化具有重要意义。2022年,针对中药经典名方、自拟方和创新中药基础研究持续发力,为中药临床应用和开发提供了有益参考,促进了中药新药创制和产业化发展。

在经典名方方面,牛雯颖等利用高脂血症模型大鼠的红细胞膜和博来霉素复制的气虚血瘀动物模型等,进一步阐明了补阳还五汤在气虚血瘀症方面的保护机制[中药材,2022,45(10):2482-2486]。程为平等阐明了石甘散对戊四氮致痫大鼠海马神经元超微结构及离子通道的影响,进而解释其益智安神之功效;袁星星等在保元汤方的基础上进行加减用于治疗各组肝病及抗肝纤维化,均取得了较好的临床疗效,基础研究表明,该方可通过抑制 PI3K/Akt/mTOR 信号通路活化,进而促进肝纤维化大鼠肝窦内皮细胞自噬水平,达到抗肝纤维化的作用,推动了保元汤在肝病治疗领域的应用。六味地黄汤出自宋朝钱乙《小儿药证直诀·卷下诸方》,功效为滋阴补肾,研究表明该方可通过恢复肠道-脑轴微生物群的动态平衡来调节脂质代谢和氧化应激,从而改善衰老小鼠的认知功能(*Front Neurosci*,2022,16:949298)。

此外,暨南大学陈刚和南京中医药大学吴颢昕课题组联合研究发现,海马齿状回神经肽垂体腺苷酸环化酶激活多肽神经信号传导是快速抗抑郁作用的新靶标,而越鞠丸快速抗抑郁作用依赖于该靶标的激活,阐释了越鞠丸快速抗抑郁优势特征的特异性新靶标机制,并明确了该复方靶向协同成分。该研究实现了复方研究的重要突破,充实越鞠丸快速抗抑郁的现代科学内涵,为相关临床应用提供了重要的科学依据[*Br J Pharmacolo*,2022,179(16):4078-4091]。安徽中医药大学朱国旗团队揭示中医经典名方安神定志方防治创伤后应激

障碍（post-traumatic stress disorder，PTSD）的机理，同时也为阐明中医药防治PTSD等神志病的科学内涵奠定基础（详见本章第七节）。

在自拟方方面，虫草益肾方是宋立群治疗慢性肾脏病的经验方，该方在保护慢性肾脏病患者肾脏功能、延缓肾间质纤维化等方面疗效确切；基础研究表明，虫草益肾方抗纤维化过程中对microRNA具有协同增益作用，进一步推动了该方的临床应用。刘世举等基于浊毒理论，拟定推广化浊清肠方在治疗溃疡性结肠炎方面的应用，相关研究表明该方治疗溃疡性结肠炎疗效较好，可有效改善腹胀腹痛，黏液脓血便、大便质稀及里急后重症状，调节肠道菌群的平衡。

在创新中药方面，边宝林等开展地黄叶总苷治疗慢性肾小球肾炎作用机制研究，李元文等开展了青石止痒软膏的研发及抗炎止痒机理研究，冯利等开展了基于"扶正解毒"理论抗肿瘤中药新药研发转化与临床应用研究，刘清泉等开展了中医药救治新型冠状病毒感染研究与药物研发，赵杰等开展了基于蝎毒防治神经系统疾病的有效成分新药的关键技术及应用研究，殷军等开展了新配伍减毒理论指导下的伤科接骨片大品种开发和创新，中药创新药物基础研究取得了一系列重要进展。

此外，彭灿等实现灵芝孢子破壁提取技术的突破，成功申报一种具有增强免疫力功效的富硒酵母破壁灵芝孢子粉产品，同时建成GMP中试生产线；完成灵芝孢子油和孢子粉饮片2个新产品，并制定出4项企业标准；围绕灵芝三萜和多糖等化学成分进行提取纯化，同时对其功效等开展系统的应用基础研究。肖作为等致力于药食两用资源的研究，开展功能性食品、中医药膳的安全毒理学评价与功效研究，形成中医药药食同源治未病产品的开发与产业示范。江苏康缘药业股份有限公司和上海中医药大学共同承担的"'十三五'重大新药创制国家科技重大专项——基于中医典籍的经典名方研发（苓桂术甘汤）"在2022年也取得重要成果，国家药品监督管理局发布了苓桂术甘颗粒获批上市消息，成为我国首个获批的按古代经典名方目录管理的中药复方制剂。

（四）中药药效物质和质量控制研究与中药传统药性理论更加契合

如何系统表征中药多组分化学成分及其体内代谢产物，发现更符合中药传统药性理论和临床功效的药效成分，一直是深入阐明中药作用机制、提升中药质量标准、研制创新中药产品的重要基础性科学问题和技术瓶颈。2022年，相关领域研究更加关注中药多组分特点，综合运用中药化学、中药分析、药物代谢、中药药理学、分子生物学等多学科技术方法，积极探索、构建能系统阐明中药药效成分的研究策略，为中药药效成分和质量控制研究提供成套的研究技术和方法。

在化学物质表征研究方面,液相色谱-质谱联用等成分快速表征技术的广泛应用,极大促进了中药化学成分及其体内代谢产物系统表征能力的提升[中国科学:生命科学,2022,52(6):908-919]。龙红萍等采用液质联用技术对复方钩藤降压片的化学成分进行快速分析与鉴定,为其质量控制和临床应用提供了理论依据。王跃飞团队构建了补骨脂中香豆素、黄酮、单帖酚定量分析,并应用于不同生长时间、贮藏时间的补骨脂成分差异分析,揭示糖基转移酶和β-葡萄糖苷酶在生长和贮藏的不同阶段发挥了不同的作用,导致补骨脂苷、异补骨脂苷和补骨脂素、异补骨脂素在不同阶段存在的比例差异,对补骨脂的质量控制具有重要的借鉴意义(*Arab J Chem*,2022,15:103461)。叶敏团队引入全二维液相色谱-质谱联用技术,针对中药分析存在化学成分种类多、理化性质差异大、含量悬殊等困难,建立了全二维结合多中心切割正交色谱系统,分离能力明显提升,实现了40 min分析时间从葛根、葛根芩连汤等中分别检测到250~300个化合物,分析能力比常规方法提高5~10倍,从而发现大量的新成分。

此外,相较于传统的中药药效物质基础研究,近年来该领域的研究项目更具有结构或活性导向性,在药效物质发现和系统阐明的实验设计中,更关注中药本身的传统药性理论。徐宏喜团队针对中国藤黄属植物的活性成分及其药理作用机制开展了系统和深入的研究,取得了一系列原创性的成果,至今已经分离鉴定了400多个活性化合物,其中有250多个为新化合物,构建藤黄属植物两类药效物质成分(xanthones和PPAPs)的化合物数据库,揭示多个新型抗肿瘤和抗炎药物作用靶点,为发展和利用我国藤黄属植物的药用资源提供坚实的理论基础和科学依据[*Nat Prod Rep*,2022,39(9):1766-1802]。暨南大学费嘉运用现代生物学技术和中药活性成分的靶标"垂钓"分离分析方法、指纹图谱方法等,形成了基于系统生物学的中药活性成分发现关键技术,完成了参芎葡萄糖注射液二次开发药理学实验研究和抗妇炎胶囊的一种新适应证药效学评价与作用机制研究等,推动名优中成药二次开发。覃丽等基于"脂代谢"和"程序性细胞死亡"为靶点,开展了系列中药活性成分防治重大疾病基础研究,进一步阐明脂质代谢与疾病之间的分子机制,以及中药的干预作用,促进中药在相关疾病中的推广应用[*Cancers (Basel)*,2022,14(14):3487;*Molecules*,2022,27,8313]。杨炳友和刘艳团队建立了中药抗炎活性成分快速发现及作用机制探究关键技术,并将其应用到多种中药抗炎活性成分的发现,促进中药在炎症性疾病治疗领域的开发和应用(*Steroids*,2022,182:109010;*Phytochem Lett*,2022,48:72-76)。

在中药质量控制研究方面,何俊等建立了基于体内效应成分的中药质量评价体系,通过新型色谱材料,达到特定活性成分的筛选和定量分析,为中药药效成分质量控制研究提供参考[*Electrophoresis*，2022，43(11)：1148 - 1160]。程奕等研究建立了中药基于双波长覆盖融合指纹图谱的质量控制方法、基于 UPLC - Q - TOF - MS 技术结合主成分分析的化学物质轮廓谱的质量控制方法、基于 TLC - Scan 和 ICP - MS 的化学模式识别的有机物和无机物整体分析中药质量评价模式等系列技术，提供更多直观、简便、有效的中药质量评价技术及标准体系，完成了中药质量国内外标准的比对研究及华北地区道地药材（金银花、黄芩和知母）质量标准研究。

（五）新材料、新技术助力中药剂型不断创新

近年来，中药剂型的创新研究受到重视，其剂型的优良直接影响到药物稳定性、生物利用度、药代动力学及安全性等方面。伴随中药新药的开发，通过优化最佳中药剂型来提高药物疗效是中药新药研发不可或缺的重要步骤。

中药注射剂在临床危重症患者治疗中作用显著，但其安全性问题一直备受关注。张海燕等建立"五位一体"的筛选与评价方法，并自主研发产出高纯度的注射用吐温80，解决了中药注射剂中增溶性辅料的增溶性和安全性问题，对推动增溶性辅料研究与应用的合理化、规范化具有重要的现实意义。张艳军等构建了基于类过敏反应评价的制剂工艺优化、质控水平提升以及临床联合用药安全性研究策略，该项目技术与成果已应用于国内多个中药注射剂品种，并产生良好的经济与社会效益。在口服中药制剂方面，李浩杰等利用液质联用技术分析传统煎剂和中药配方颗粒化学成分，同步评价二者的临床疗效，揭示防己茯苓汤配方颗粒与传统汤剂的等效性。在有毒药物制剂方面，边宝林等联合安徽华润金蟾药业股份有限公司对源自有毒动物药的华蟾素系列制剂开展了品质提升关键技术及应用。

随着药物新材料及新技术不断涌现，促透剂、纳米粒、聚合物胶束等技术的应用提高中药制剂的生物利用度，提高中药产业内在竞争力，推动中药走向世界。北京中医药大学雷海民研究团队提出超分子组装体是黄连解毒汤等临床有效复方物质基础的重要组成部分，利用多学科技术解析中药超分子组装体的形成机制，及其独特的三维结构和生物材料学性质，揭示中药复方配伍机制，为中药复方传承创新研究提供新范式[*J Nanobiotechnology*，2022，20(1)：116]。邢志华等构建了具有靶向特性的载羟基喜树碱纳米粒，为临床上羟基喜树碱及其他抗肿瘤药物的肿瘤靶向治疗提供新的技术方案和理论依据。安徽中医药大学杨晔团队通过研究汤剂微粒对中药有效成分吸收与起效的影响，为中药制剂的开发提供理论与应用基础（详见本章第七节）。

在中药制剂质控方面，北京中医药大学吴志生团队联合2个国家重点实验室、3个国家工程中心，以银杏叶片、小儿消积止咳口服液、同仁牛黄清心丸为研究对象，研制了关键质量

属性可视化测量技术、多源数据融合技术、boosting 多单元信息流评估技术、端到端质量传递技术等集成关键技术,创新 3 种剂型智能制造的数据驱动工程框架。李文龙研究团队建立了基于近红外光谱技术的鲜竹沥口服液整体质量控制方法,不仅能够快速测定多种有效成分含量,还能鉴别以不同炮制工艺制备的鲜竹沥制得的产品,并应用于不同厂家产品的质量评价(*Ind Crops Prod*,2022,189:115862)。

(六)中药资源与民族药研究持续发力

2022 年,众多研究团队在中药绿色种植、新优品种培育、质量控制、基因组研究以及全产业链开发等领域,取得了一系列令人瞩目的研究成果。

濒危珍稀中药材的可持续开发利用一直是中药资源研究的痛点和难点。杭州师范大学谢恬团队创建了濒危珍稀中药铁皮石斛、霍山石斛的良种选育、人工繁育及高效生态栽培技术体系,选育新品种 4 个,年产种苗 4.5 亿株,生态种植 25 万多亩。构建"DNA-蛋白质-代谢产物"多层次的铁皮石斛、霍山石斛质量评价和控制技术,建立了全过程质量控制体系和 GAP 规程。在此研究基础上,该团队与产业界合作,创建了铁皮石斛有效成分高效循环提取技术,突破了濒危珍稀中药铁皮石斛、霍山石斛大健康产品开发和绿色制造的技术瓶颈,开发了具有增强免疫、抗疲劳、降血糖等功效的石斛超微粉、浸膏、颗粒、胶囊等系列大健康产品。

辽宁中医药大学康廷国团队长期致力于传统中药牛蒡子的基础研究和全产业链开发利用,对牛蒡子质量评价、规范种植及产品开发进行系统研究。在中医药理论的指导下,建立了反映牛蒡全息质量观的"性状学-化学-生物学"三维关联评价质量标志物(Q-marker)理论和技术,制定的牛蒡子质量标准纳入《中国药典》。牵头建立多源属性数据空间化表达的多维牛蒡生态适宜性及适宜产区区划技术,并培育 2 个优质的牛蒡新品种,建立冬播牛蒡的栽培技术,已列入国家农产品地理标志。在适宜产区直接推广牛蒡种植 1 万余亩,并通过绿色食品 A 级认证。在解决了优质药材来源的基础上,该团队成功开发了牛蒡菊糖、牛蒡酵素和牛蒡咀嚼片等 12 个产品,牛蒡苷元一类新药也已完成临床前研究,为来源于牛蒡子的中药新药研发奠定基础。西南大学李学刚团队围绕中药黄连落后产业链整体提升的重大需求,针对根腐病和连作障碍严重、产地加工活性成分丢失、核心功效与物质基础不明确、副产物综合利用率低等问题,开发微生物菌剂和专用有机复合肥、攻关产地加工新工艺和新设备。

以化学农业为基础的现代中药农业带来的中药材药性降低、外源污染物增加等质量安全及环境污染等严重问题,中国中医科学院中药研究所郭兰萍团队在全国率先提出"不向农田抢地,不与草虫为敌,不惧山高林密,不负山青水绿"的中药生态农业宣言,创建中药材生态种植理论体系,构建了中药材生态种植技术标准和服务体系,并在全国进行中药材生态种植服务及生产示范,取得了较好的经济和社会效益。安徽中医药大学彭代银团队在霍山石斛、多花黄精、灵芝等皖西道地特色中药种源鉴定、栽培技术、采收加工、质量检测等方面建立了多项安徽省地方标准,为皖西地区道地特色中药资源保护利用与产业化开发提供了强有力的科技支撑。兰州交通大学沈彤及其团队以传统中药材为原料,自主创新研发出一种集营养、防病、杀虫为一体的纯中药制剂植物源生物农药系列产品,改变了传统农业依赖化学合成农药治病防病的做法,有助于从源头上解决食品安全及环境污染问题。

除了中药绿色种植与新品种培育,现代合成生物学的发展给中药有效成分的工业制备提供了新的解决思路。金丝桃素是贯叶连翘的有效成分,具有抗肿瘤、抗病毒等活性,但因结构复杂、化学合成难、生物合成途径不详等原因,其来源保障问题至今无解。南京中医药大学谭仁祥团队提出了目标结构导向的微生物合成步骤重组策略,实现了金丝桃素的合成生物学制备方法。此法无需揭示成分在来源植物中的生物合成途径,提供了"超自然"的来源保障捷径,向中药成分的标准化生产目标迈出了坚实一步($Angew\ Chem\ Int\ Ed$,2022,61:e202114919)。为保障全球优质廉价的青蒿素原料供应,中国中医科学院中药研究所陈士林带领的本草基因组学研究团队构建并公布了黄花蒿首个染色体级别分型基因组图谱,为青蒿素生物合成及调控、黄花蒿优良品种选育提供了更加准确和全面的遗传背景[$Mol\ Plant$,2022,15(8):1310-1328]。成都中医药大学陈伟团队建立用于存储和分析药用植物基因组的综合数据库网站 TCMPG,目前存储有 160 种药用植物及对应的 195 个不同版本的基因组和相关的 255 种药材基本信息。TCMPG 的建立为药用植物基因组结构和功能研究提供了分析平台,对药用植物资源的开发具有重要现实意义和实用价值($Horti\ Res$,2022,9:uhac060)。

新颖药效物质发现也是中药资源研究的前沿课题。中国科学院昆明植物研究所黎胜红团队从化学生态学新视角出发,运用创新性的单细胞水平植物化学研究新技术等,系统开展云南特色药用植物功能物质及其形成机制研究,揭示 18 种药用植物腺毛的天然产物及其生物功能,解析了植物二倍半萜生物合成途径及其起源进化,促进植物化学研究向超微量、高精确度及多学科交叉方向发展。

此外,民族医药以其独特的理论体系、丰富的药物资源和特有的治疗方法,在少数民族群众预防、治疗和康复方面发挥着重要作用,是我国传统医药的重要组成部分。2022 年,民族医药研究领域获得系列研究进展。广西中医药大学朱华团队在中医药(壮医药)理论指导下,以壮药旱田草等22个药材为研究对象,形成"基于壮医药理论'四位一体'(品种、质量、药效、应用)壮药品种质量多维评价标准关键技术创新与应用"的成果,构建壮药质量标准科学体系,助推壮药现代化,促进民族地区经济与社会发展。土家族医药学是我国民族医药学的瑰宝,土家"七"药名称和功效独特,湖南中医药大学王炜团队提出了土家七药的"七气"学说,以典型土家药物血筒为研究对象,系统研究了其抗炎镇痛的药效物质基础,建立了HPLC-DAD及UPLC-Q-Exactive-Orbitrap HRMS法对血筒中有效组分进行研究。湖南医药学院蔡伟团队采用液相质谱联用技术从侗药马卡列丙中鉴定到40个化合物,均为从该植物中首次发现,为侗药马卡列丙的质量控制和药效物质研究奠定基础。福建中医药大学徐伟团队对畲药资源进行系统调查研究,全面收集出常用畲药的畲药名、通用名、土名与植物拉丁学名,并以药性将药物分为阳药、阴药及和药,对于畲医用药具有重要的指导作用。

(七)中药炮制与配伍的新理论、新方法、新技术不断开拓

中药在炮制、配伍过程中必然伴随复杂的化学物质变化,将中药传统的炮制理论与现代化学成分转化结合,利用宏观机体生物效应与微观细胞、分子、靶点、通路结合,并运用多学科交叉的现代化技术剖析中药炮制和配伍机制。2022年中药炮制、配伍解析技术取得长足进展,这些基础研究成果不仅为中药及其方剂的合理临床使用提供了有益指导,也有助于推动中药现代化进程。

1. 炮制前后化学成分表征技术建立

炮制前后功效变化的实质是化学成分的转化,但如何对其进行表征是中药炮制机制研究的重点。杜伟锋等采用Heracles NEO超快速气相电子鼻采集气味图谱,与Arochembase数据库对比得到气味成分信息,结合峰面积分析气味成分的变化规律并进行化学计量学分析,建立麸炒白术炮制全过程的定性判别模型,筛选出可以表征麸炒白术不同炮制程度的气味成分。钟凌云等通过多成分评价指标,利用层次分析法结合变异系数法计算各指标的权重,采用响应曲面法优化炆地黄,解释其炮制工艺的可行性,炆地黄化学成分与色泽度具有显著相关性,可预测分析色度值与成分含量之间的关系(中国中药杂志,2022,47:4927-4937)。陆兔林等采用CM-5型分光测色计(电子眼)及Heracles NEO超快速气相电子鼻技术,并通过判别分析、主成分分析、判别因子分析、风味热图等方法对获取数据进行处理分析建立新的科学炮制方法(中草药,2022,53:4285-4297)。王跃飞团队在"杀酶保苷"理论指导下,利用生熟黄芩在70%乙醇和25%乙醇两种不同提取溶剂中黄芩苷、汉黄芩苷与黄芩素、黄芩素之间的酶驱动的苷-苷元转化差异,成功构建了生熟黄芩判别的化学探针(*Arab J Chem*,2022,15:104216)。

2. 炮制工艺的研究及优化

中药炮制古法技艺系统存在科学原理不清、挖掘模式缺失、工艺粗放、装备落后等问题，所以质量控制难度相对较大。江西中医药大学杨明等聚焦三大科学问题，以"传承-创新-转化"思路，构建"古法-理论-原理-工艺-标准-装备"六位一体模式，围绕水飞、炆法等11类古法开展研究。针对古法炮制传承创新关键技术研究与应用，研发了26种新饮片和5套新装备，该成果的主要技术经济指标与国内外同类技术对比，达到领先水平，部分成果填补了行业空白，极大地推动了中药炮制领域的科技进步。中药复杂体系的有效性和安全性问题是世界难题，缺乏分析研究工具。在国家重大仪器专项资助下，贺浪冲等利用原创的细胞膜色谱（cell membrane chromatography，CMC）技术优势，结合生物工程技术和人工智能技术，研制"2D/CMC-中药分析仪"工程化样机，并在多家大型中药企业示范应用，为中药药效物质和过敏组分筛选发现提供工具和手段。

3. 炮制、配伍减毒增效的共性规律解析

炮制减毒主要是通过化学成分的改变而达到降低有毒中药毒副作用的目的，大量研究与实践提示共性毒性成分往往存在着共性的炮制方法及减毒规律。杨磊等系统探究了何首乌传统炮制工艺及肝毒性机制，优选何首乌"九蒸九晒"为最佳炮制工艺，细胞水平肝毒性大大降低。田蒋为等通过基于靶标循环放大策略的双色荧光传感体系探索何首乌"九蒸九晒"炮制过程中不同蒸制次数对肾细胞的减毒作用，采用所建立的双色荧光传感体系 nanoflare 测定肾细胞分泌的 miR-21 和 miR-200c 表达，探究以炮制后的制首乌为代表的中药材对肾细胞的毒性作用，旨在探索经炮制处理后中药材的毒性变化（中草药，2022，53：2383-2389）。商陆生品具有肝肾毒性，吴国清等采用代谢组学的方法研究发现商陆醋制后皂苷类成分含量下降，毒性显著降低，其机制可能与改善胆汁酸代谢紊乱密切相关。余成浩等采用中药资源学、中药化学、方剂学、中药药理学、分子生物学等研究技术方法，全面深入地开展川产蓬莪术品种选育及莪术三棱配伍干预子宫肌瘤的研究，为宫瘤消胶囊的深度开发与产业化提供了科学依据。甘草作为"和诸药，解百毒"药物，常与有毒中药配伍使用，但其中的配伍原理还未明确。颜苗等研究了甘草诱导机体防御通路调控代谢酶转运体的"配伍减毒"新机制，揭示了异甘草素经 Nrf2/ARE 通路调控对内源性胆汁酸代谢网络的影响，解析了减毒增效的潜在科学内涵。

第六节
中药制药工程研究进展

在国家制造强国战略引领和推动下，中药工业正通过装备工艺技术与新一代信息通信技术深度融合，加快向高端化、智能化和绿色化方向发展。在我国"十三五"期间和"十四五"初期，工业和信息化部通过开展医药工业智能制造试点示范、组织实施中药大品种先进制造技术标准验证及应用项目等，推动建设了一批中药智能化示范工厂。中药生产企业发展智能制造的内在动力在于产品质量可控，中华中医药学会发布的2022年度中医药重大产业技术难题中指出，如何从系统角度应对原料和过程波动，并制造出质量高度均一的制剂产品，仍是当前中药制剂制造过程面临的重要挑战。

传统的中药制造方式已经无法满足现代化的要求，中药制造业正朝着知识化和智能化的方向发展，以提高中药的质量和生产效率。中药制造过程中涉及多种药材的配方、炮制方法以及药材的质量控制等多个环节，同时需要控制温度、湿度、时间等多个参数，这些环节之间相互关联，相互影响，需要综合考虑。

为了解决这些问题，中药制造业正积极采用多信号和知识融合的方法，该方法可以解决中药制造过程中复杂性和系统性问题。通过采集和分析多种信号，可以实时监测中药制造过程中的各种参数，及时发现问题并进行调整。同时，通过知识融合，可以将传统的中药制造经验与现代科学知识相结合，形成一套更加科学、系统的中药制造方法。这将推动中药制造业的发展，满足人们对中药的需求，促进中药产业的繁荣和创新。本节综述了2022年度中药制药技术和设备的年度进展，主要描述中药制造理论创新、中药制药检测技术、过程建模技术、工艺信息集成与挖掘技术等方面的内容。

一、中药制造理论创新

（一）组分中药智能创制技术方法学

针对中药新药研发领域亟需破解的科技难题，秉持理法方药一致的中医药理念，汇聚人工智能、药物信息学、系统药理学与中药化学等学科智慧，程翼宇等首次提出组分中药智能创制技术方法学。以冠心宁片创研过程为范例，阐释组分中药智能创制原理，简要论述中药功效实体的组分配伍优化设计方法；通过多模态多尺度的系统性药效药理研究，探求"说清楚、讲明白"其临床治病的作用机制；着重示范基于生产全流程智能仿真的中试车间及工程化验证平台，并概述中药新药智造生产线设计原则。工业研究结果表明，自主创建的制药过程质量可控性评价方法以及智造生产线能够用于高质量生产冠心宁片。通过上述多学科跨界融合创新研究，开拓了现代中药创制新路［中国中医杂志，2022,47(14)：4545－4550］。

（二）中药制药连续制造

中药复方工艺对物料等输入性因素过度严格控制可能会造成适得其反的结果，中药连续制造技术体系需要考虑中药制剂的特点，包括中药的复杂组成、药效成分的多样性和易挥发性等。同时对工艺验证、稳健性、设施设备、过程控制、质量保证和清洁等方面具有一定要求，因此，建立符合中药特点的连续制造技术体系可从以下部分考虑：①工艺验证方面，部分单元操作在符合科学性的情况下可采用缩小模型验证，而部分工艺如外部振动机械助流需在最大规模或接近最大规模条件下进行性能测试；②工艺稳健性方面，物料处理系统需能长时间稳定运行，并与整个工艺流程相适应，生产期间应避免故障或性能损失，避免过量的噪声、振动、热积累等非预期情况，避免不适当的摩擦磨损或污染物产生；③设施设备方面，关注设施设备是否考虑到其接触物料表面的材质、粗糙度、倾斜角度，并是否通过测试进行评估，如果使用了连接和对接设备，可关注是否充分考虑到粉尘隔离、设备振动、接口尺寸和传输速率等因素；④过程控制方面，应尽可能采用过程分析技术等工具对工艺中不合格物料进行预防和监控，在全局取样计划方面，要关注其在统计上是否合理，以及检测持续时间是否考虑到过程停留时间以便及时反馈信息并及时做出操作决策；⑤质量保证方面，连续工艺不合格物料的发现、追溯和对产品质量的影响需要更深入分析，可能需要对物料性质、对应的表征方法以及停留时间分布等方面进行深入研究才能进行科学评估；⑥清洁方面，关注密封的确认验证是否全面考虑了所有组件和特性并应能避免污染和交叉污染，同时便于清洁；对操作人员潜在的职业暴露是否采取了预防措施，特别是在设备运行、配置和拆卸期间［中国医药工业杂志，2022,53(10)：1394－1401］。

二、中药制造过程质量检测技术

中药制药过程质量控制,是中药产品质量的保障。当前中药制药过程质量控制领域存在的不足包括:过程认知不足,缺乏过程检测技术对过程物料进行测量,未能充分辨识物料属性、过程参数和产品质量之间的关系。这些问题导致制药企业的过程控制策略以固化工艺参数为主,缺乏根据过程物料质量变化来调整工艺参数的灵活性,不能有效提升产品质量的批次一致性。中药制药过程分析技术,是中药先进制药关键技术之一,其目的就在于突破中药制药过程质量控制瓶颈问题。在药品全生命周期中应用该技术,有利于提高工艺性能、提高生产效率、提升产品质量、降低物耗能耗,并为智能制造、连续制造等先进制药方法提供过程控制和实时放行工具。

(一) 中药多成分同时检测

李文竹等基于 ^1H - qNMR 技术开发了一种丹红注射液中多类成分的定量方法,该方法可同时对丹红注射液中的 21 个化学成分进行含量测定,包括 6 种氨基酸、4 种小分子有机酸、5 种糖及其衍生物、1 种核苷和 5 种芳香化合物,其含量总和约占总固体质量分数 85%,体现出 ^1H - qNMR 在中药注射液分析中的较大优势。该研究开发的丹红注射液多类成分 ^1H - qNMR 方法操作简单、分析时间短、分析范围广,为中药注射液质量控制方法的开发提供借鉴[中国中药杂志,2022,47(23):6399 - 6408]。

瞿海斌等采用 ^1H - NMR 法同时测定参麦注射液中人参总皂苷、聚山梨酸 80 和 20 种主要代谢物的含量。结合多元统计分析,比较不同厂家样品间的差异。结果各组分的综合测量不确定度小于 1.61%,证明了该方法的可靠性。此外,该方法测定的组分占总固体含量的 92.64%,在参麦注射液的分析中取得了成功。最后,将该方法应用于参麦注射液 6 家生产厂家的质量比较。结果表明,六家厂商样品间的差异体现在多种成分类型上。证明了 ^1H - NMR 法在中药复方成分分析中的优越性,有利于提高参麦注射液的质量控制水平,可为中药注射液的质量安全研究提供参考[Phytochem Anal,2022,33(7):1045 - 1057]。

韩美欣等建立了 10 批次芪冬颐心口服液指纹图谱,采用"中药指纹图谱相似度评价系统(A 版)"进行相似度评价,方法学考察精密度、重复性、稳定性,同时应用 UPLC - Q - TOF - MS 方法对其成分进行鉴别和归属。结果显示 10 批次芪冬颐心口服液指纹图谱中有 7 个共有峰,指纹图谱相似度大于 0.99。同时应用 UPLC - Q - TOF - MS 方法,正离子质谱数据鉴定出 25 个成分,负离子质谱数据鉴定出 17 个成分,正、负离子质谱数据共同鉴定出 9 个成分,并对每个共有峰进行单味药材归属。说明 HPLC 指纹图谱结合 UPLC - Q - TOF -

MS方法准确可靠,重复性和稳定性较好,可为芪冬颐心口服液的质量控制提供参考[中草药,2022,53(24):7679-7685]。

(二) 中药一致性评价技术

滕凯旋等构建了由密度、pH、固含量、表面张力、接触角、平均粒径、电导率、动力黏度8个物理参数组成的物理指纹图谱,基于物理指纹图谱进行一致性评价,结合多元统计分析方法进行统计分析及异常样品判断。结果显示17批次养胃颗粒浸膏的物理指纹图谱存在差异,主要体现在平均粒径、电导率和动力黏度3个指标上;经主成分分析得出物理参数间的相关性关系,由DModX控制图诊断出1批异常样品,贡献图分析得到异常波动原因。构建的养胃颗粒浸膏的物理指纹图谱,展现了浸膏的物理质量属性及其差异,证明基于物理指纹图谱的养胃颗粒浸膏质量一致性评价方法的可行性[中草药,2022,53(3):712-719]。

赵芳等以丹参注射液为研究对象,建立基于^{1}H-NMR指纹图谱分区相似度的质量一致性评价方法。通过采集81批丹参注射液的^{1}H-NMR光谱,根据代谢物信号的分布规律,将光谱分为氨基酸区、糖类区和酚酸区,分别计算各区光谱的夹角余弦与标准化欧氏距离2种相似度指标,并评价丹参注射液批次质量一致性的性能,并与基于全^{1}H-NMR谱的相似度计算结果进行对比。基于^{1}H-NMR光谱分区相似度计算法可以更好地辨识不同类别成分的批间波动,较全谱相似度计算法更适用于丹参注射液的一致性评价,为进一步提升中药制剂的质量一致性提供参考[中草药,2022,53(17):5312-5320]。

冯慧敏等采用傅里叶变换近红外光谱与化学计量分析相结合的方法,建立了鲜竹沥口服液的快速质量评价方法。结合Hotelling T^2 和 DModX 统计,对不同厂家鲜竹沥口服液样品质量设定预警限和控制限。采用偏最小二乘判别分析(PLS-DA)、数据驱动的类比软独立建模(DD-SIMCA)和随机森林(RF)算法建立了基于近红外光谱的定性模型,在错误率和准确率方面都令人满意(*Ind Crops Prod*,2022,189:115862)。

(三) 中药饮片在线检测

薛启隆等开发了一种基于X射线无损质量评价技术的在线机器学习系统,用于胖大海内部缺陷检测。利用该检测系统首次获得了胖大海的X射线图像。基于X射线图像训练胖大海网(BSSNet)来识别缺陷胖大海;BSSNet的准确度、精密度、特异性和灵敏度分别为94.64%、93.51%、92.37%和96.64%。在同一数据集上训练VGG16、Resnet和Inception三种经典CNN模型,准确率分别为95.71%、94.29%和94.64%。与经典CNN模型相比,BSSNet在X射线图像分类中达到了相似或更高的精度[*J Food Sci*,2022,87(8):3386-3395]。

崔彭帝等提出利用微波透射技术对中药材进行快速水分定量检测方案,并以8种不同类型的中药材为例,分析了该方案对中药材整包药材含水率检测结果的可行性和可靠性。在实验中,对每种药材分别利用最小二乘法对其微波吸收率-含水率建立测量模型。测试结果显示,微波透射测量含水率的技术可以实现五味子、酸枣仁、茯苓、地龙、百合、黄芩和炒鸡内金药材含水率的高精度测量,其中酸枣仁测量模型准确度最高,验证集的 R^2 和误差均方根分别为 0.9515 和 0.15%。同时,该研究发现地龙和炒鸡内金这2种动物药与五味子等植物药相比,动物药的微波吸收强度要弱得多,但是微波吸收率与含水率之间也有较好的线性关系,这也证明了该方法的普适性。对于密度均匀、内部不含金属的药包,微波透射测量含水率的技术可以用于整包药材的水分检测,是一种有效的药材含水率检测的替代方法[中国中药杂志,2022,47(23):6417-6422]。

(四) 中药生产过程在线检测

李文龙等建立了银杏叶浸出过程中可见光和近红外光谱结合多元统计过程控制(MSPC)的在线监测方法。设计并进行了正常操作批次和异常操作批次的实验。开发并验证了用于洗脱过程的MSPC模型。通过主成分评分、Hotelling T^2 或 DModX 的控制图成功检测到异常。结果表明,所建立的方法可用于洗脱过程的在线监测和批次间一致性评价 [*Separations*, 2022, 9(11):378]。

瞿海斌等开发了一种用于液滴定量可视化的快速无损激光检测系统,该系统包括检测液滴的大小和计算滴丸在滴落过程中的重量。探讨了影响检测系统检测性能的几个因素以及检测系统定量药片重量的能力,对于关键工艺参数和关键材料属性的变化也具有鲁棒性。并将激光检测系统成功应用于银杏叶滴丸生产线,对滴丸重量进行监测。该激光检测系统能够对生产过程中的滴丸进行分析和监控,具有性能稳定、精度高、效率高的优点 [*Eng Life Sci*, 2022, 22(6):594-604]。

杜一平团队提出了基于近红外(NIR)和紫外-可见(UV-Vis)光谱的双光谱技术的选择,并将其应用于葛根中葛根素和总黄酮在线提取的定量监测。构建了在线监测系统,实现了双光谱在线监测。采用NIR、UV-Vis和双光谱数据建立偏最小二乘法模型对葛根素和总黄酮进行定量分析。结果表明,双谱在线监测系统操作简单、稳定、快速、预测准确。与单独的NIR或UV-Vis光谱相比,双光谱包含了更全面的信息,预测能力更强。该方法有望成为其他中药定量分析的有效工具(*Talanta*, 2022, 248:123608-123608)。

王小平等基于图像处理技术研究液滴在滴落过程中的形态和滴落行为,建立了一种由工业相机和光源组成的图像采集系统。研究了液滴图像的面积、形状长宽比、形状参数和接触角等4个指标来表征液滴的形貌。设计了图像索引的计算算法和滴落循环的分组算法。

研究了液滴形态与滴速、滴丸重量等滴下行为的关系。该方法适用于银杏叶滴丸的制备。结果表明,液滴的面积、形状长宽比和接触角的变化趋势可以有效地表征液滴的形态,反映滴丸重量的波动(*Expert Syst Appl*,2022,187:115897)。

三、中药制药过程建模和分析技术

(一)数据驱动建模技术

数据驱动建模技术,也称为统计学建模技术,是一种基于数据分析和统计学原理的建模方法。它通过对收集到的数据进行分析和建模,来揭示数据背后的规律和模式。数据驱动建模技术的核心思想是使用数据来推断和估计系统的性质和行为。它依赖于统计学的基本原理,如概率论、回归分析、假设检验等。通过对数据进行统计分析和建模,可以从大量的观测数据中挖掘出隐含的关联关系和规律,并将其转化为数学模型。

1. 单个生产单元建模

吴思俊等采用近红外光谱技术结合多元统计过程控制(MSPC)作为一种无需校准的方法,对黄柏柱色谱过程进行实时监测。采用主成分评分、Hotelling T^2 和 DModX 的距离三种不同的统计量来建立 MSPC 模型。统计数据的可接受范围来自 6 个正常操作条件(NOC)批次,用于监测另外 4 个 NOC 批次和 7 个异常操作条件(AOC)批次的洗脱过程。结果发现 11 批产品的运行状态均能准确检测且无误判[*New J Chem*,2022,46(22):10690-10699]。

李文龙等建立了一种基于近红外(NIR)光谱的在线定量方法,用于黄芪二次醇沉过程。采用 Box-Behnken 设计设计了 22 个标定实验。实验设计中考虑了原料、关键工艺参数和环境温度的变化。建立了两个独立的验证集进行方法评价。得到的偏最小二乘回归模型具有较低的复杂度和较好的预测性能。在相同验证集的基础上,对传统的化学计量学验证和基于精度曲线的验证进行了比较。采用常规的化学计量参数来获得所建立模型的整体预测能力;然而,这些参数不足以满足药品监管要求。根据 ICH Q2(R1)指南并使用准确度轮廓法对该方法进行了充分验证,该方法能够直观可靠地表示该分析方法的未来性能[*Separations*,2022,9(10):310]。

瞿海斌团队采用多元统计过程控制(MSPC)图和 ^{1}H-NMR 相结合的方法对中药回流提取过程进行了研究。为了较好地表征该过程并建立准确的模型,首先对核磁共振批数据预处理方法进行了详尽的筛选。然后将统计控制图(包括偏最小二乘因子得分、DModX 和 Hotelling T^2)联合作为批量轨迹监测工具进行故障监测。最后,通过 ^{1}H-NMR 谱中的特征信息,在综合代谢物水平上对回流提取过程进行表征。结果根据提取过程中代谢物浓度的变化,追踪了提取物中初级代谢物和次级代谢物的溶解、降解和转化过程[J Pharm Innov,2022,18(1):102-117]。

臧恒昌团队研究了流化床造粒过程反馈控制系统的稳定性。基于近红外传感器获取的在线湿度值和控制算法,建立了动态湿度控制(DMC)和静态湿度控制(SMC)两种策略。利用过程水分相似度分析和主成分分析对这些策略在质量一致性控制上的性能进行了检验。稳定的控湿性能和低批次间变异性表明,DMC造粒法明显优于其他造粒方法。此外,鲁棒性研究进一步表明,所实现的DMC方法可以通过改变工艺参数产生预定的目标水分值[AAPS PharmSciTech,2022,23(6):174]。

2. 多个生产单元建模

中药制剂的典型制药工艺包括多个生产单元,如乙醇沉淀、浓缩和水沉淀等。与传统的一个单元一个预测模型的做法相比,全局模型涵盖了来自不同背景或过程的样本的变化,并可用于从子步骤监测中间产物。瞿海斌团队采用紫外光谱法建立典型中药制剂丹红注射液的整体模型。测定丹红注射液各操作单元中丹参素、原儿茶醛、迷迭香酸、丹酚酸A、丹酚酸B、羟基红花黄A的浓度及总酚和总糖含量。通过混合不同中间体制备的新样品被引入校准集以覆盖更多的变化。从特异性、真实度、精密度、准确度、线性度和稳健性等方面对所建立的方法进行了验证。模型的5个组分均通过了所有验证测试,而总糖不适合用UV建模,也不适用于整个过程[Acupunct Herb Med,2022,2(2):118-129]。

吴志生团队提出了一个原始的端到端数据流工程框架,用于质量传递原理,以克服现实世界蜂蜜生产中的质量挑战。通过多种传感器对65批蜂蜜中间体的650个关键物理和化学质量属性数据点进行了表征,包括流变性、酸度、水分和糖。在此基础上,建立了超敏化TAS1R2@AuNPs/SPCE生物传感器,对蜂蜜的生物品质属性进行鉴定,发现蜂蜜中间体与TAS1R2受体具有很强的亲和性,并利用TAS1R2@AuNPs/SPCE生物传感器和多变量算法对异常批次的B2、B23和C23进行了诊断。最后成功建立了包含物理、化学和生物关键质量属性的端到端数据流,解释了蜂蜜生产过程中的质量传递原理,揭示了前端精炼过程相对不稳定,后端精炼过程对蜂蜜生产质量的影响可以忽略不计。该框架涵盖了质量管理、质量转移和生物传感器信息,有助于发现智能制造产业创新中的质量转移原理(Fundamental Research,2022,doi:10.1016/j.fmre.2022.09.029)。

(二)知识驱动建模技术

知识驱动的建模技术是一种基于领域知识和专家经验的建模方法,它利用已知的物理定律、专家知识和文献知识来构建数学模型,以解释和预测系统的行为。知识驱动的建模技术的优势包括解释性强、可靠性高、数据需求较少等。

Torres等建立了马铃薯片接触真空干燥过程的数学模型。在宏观模型中,水分保持的边界条件以水蒸气压的形式表示,并考虑了腔室中蒸汽压的动态变化。模拟预测了气体压力的演变和干燥动力学。当干燥发生时,由于水分含量的减少,被动状态延长。最大干燥速率为1.4^{-3} kg水/kg干燥固体,对应于75 ℃、20 mmHg的干燥条件,是最密集的干燥条件。预测值与实验值的比较表明两者吻合。模拟结果正确地反映了干燥动力学和干燥室内气体压力的变化(*Therm Sci Eng Prog*,2022,33:101382)。

湿颗粒在流化床干燥机中的干燥是制药片剂生产过程中的一个重要环节。流化床干燥机内部存在复杂的气固流动模式,干燥过程中会发生相间动量、传热和传质。Aziz等采用基于计算流体力学-离散元法的耦合方法对制药湿颗粒在流化床干燥机中的干燥过程进行了建模。该模型还考虑了颗粒表面水分的蒸发和颗粒之间由于液体桥的形成而产生的颗粒间的内聚力。通过将模型预测结果与文献中的实验数据进行比较,验证了模型的有效性。利用该模型对湿颗粒在流化床干燥机中的干燥动力学进行了研究。数值模拟结果表明,湿颗粒与干颗粒的动态和升温速率有较大差异。最后,利用该模型研究了入口风速和入口温度对干燥过程的影响。该模型预测干燥速率随入口风速和入口温度的增加而增加。该模型不仅有助于理解流化床干燥机中多相多组分的流动,而且有助于优化流化床干燥机的干燥过程[*AAPS PharmSciTech*,2022,23(1):59]。

王学成等以甘草浸膏为研究对象,探索浸膏超声辅助真空干燥强化传热传质机制,为新技术在中药浸膏干燥中的应用提供理论依据。基于过程模拟软件建立"超声场-温度场-压力场"多场耦合的甘草浸膏超声辅助真空干燥传热传质模型并求解。结果验证了建立的浸膏超声辅助真空干燥模型精度良好,在一定条件下能反映真实干燥过程。通过建立精度良好的甘草浸膏超声辅助真空干燥过程仿真模型,直观得到了浸膏内部超声场强分布及热质传递规律,为该技术用于中药浸膏高效干燥工艺开发和装备设计提供参考(江西中医药大学,2022)。

中药制药工业当前正处于数字化与智能化转型过程中,需要针对文献报道数据、中药制药生产过程中积累的海量历史数据信息和药工操作经验,建立智能化方法进行高效分析,挖掘并整理出有价值的过程信息。为此,亟需建立基于知识驱动的中药智能制造关键技术体系,推动中药制药技术智能化升级。薛启隆等提出了中药制药生产工艺知识库的构建方法,分别从文献挖掘、案例推理和实时预测3个层面,以中药带式干燥工艺为研究对象初步构建了中药制药工艺知识库。工艺知识库整合了深度学习、案例分析、仿真建模等技术,融合制药过程机制及大数据信息,实现了知识自动化与决策科学化,为中药制药工业从"经验制药"向"智慧制药"跨越提供示范[中国中药杂志,2022,47(12):3402-3408]。

(三) 数据与知识驱动融合建模技术

在线监测和过程控制是现代过程工程中保证高质量、低成本和有效利用资源的最有效技术。高温高压的操作条件使转化反应的过程控制具有挑战性。瞿海斌团队采用先进的过程控制方法对丹酚酸 A 化学转化过程中产生的主要物质的含量进行了监测和控制。首先,根据反应机理建立了动力学模型。其次,建立了基于近红外光谱复制的高精度偏最小二乘标定模型。最后,将数据驱动模型与机理模型相结合,实现了转化反应的实时控制。数据驱动模型得到的相关系数均>0.9,反应速率常数的拟合相关系数均>0.9。根据浓度-温度曲线,通过调节反应温度,将反应产物的浓度控制在限定范围内。将数据驱动模型与机理模型相结合,实现了对反应过程的实时控制(*Process Biochem*,2022,118:1-10)。

四、中药制药工艺信息集成与挖掘技术

随着工业化和信息化方法的出现,制造技术的发展也得到了迅速的发展。控制不同批次间整体质量(outgoing quality control, OQC)的一致性是中药产业化和信息化的关键任务之一,以保证其安全性和有效性。产业信息集成侧重于通过信息集成解决复杂问题,因此利用工业信息集成的新兴技术对中药产品进行评价,解决多批次生产过程中的 OQC 问题至关重要。

中药企业已经累积了大量的产品质量回顾数据,对回顾数据进行挖掘可以找出生产中隐藏的知识,有助于提升制药技术水平。然而当前对回顾数据进行挖掘的研究匮乏,企业缺乏相关的指导。张胜等提出了一种中药产品质量回顾数据挖掘方法,充分利用了中药工业生产过程中的产品质量相关数据。该方法包括 4 个功能模块:数据收集及预处理、变量风险分类、批次风险评估和质量回归分析。该研究以某中药大品种为研究对象开展了案例研究,阐述了该方法的应用及优势。案例研究中采集了 2019~2021 年共 398 批制剂过程的回顾数据,以过程性能为指标对 65 个过程变量进行风险分类,通过短期和长期评价全面分析各个批次的风险及引起风险的原因,并通过偏最小二乘方法辨析影响成品质量的关键变量。结果表明这些数据中存在 1 个高风险变量和 13 批风险批次,影响成品质量的关键变量为中间体的质量。该方法可以帮助企业更全面地挖掘回顾数据,从而增强对过程的理解,提升药品质量控制水平[中国中药杂志,2022,48(5):1264-1272]。

徐冰团队利用一个包含 30 种药用材料的文库,对高剪切湿法造粒和压片(HSWGT)过程中药性的变化规律进行了总结。用 19 个物理性质和 9 个压缩行为分类系统(CBCS)参数对每种粉末材料及其颗粒进行表征。采用主成分分析(PCA)对未制粒粉体和颗粒的物理性能和压缩性能进行了比较。提出了一个新的指标,即表性相对变化(CoTr)来量化表性变化,并证明了其相对于返工潜力的优势。在 CoTr 值的基础上,建立了可表性变化分类系统(TCCS)。结果发现,在材料库中,大约 40% 的材料呈现出表性丧失(即 Ⅰ 型),50% 的材料表性几乎没有变化(即 Ⅱ 型),10% 的材料表性增加(即 Ⅲ 型)。通过对粉末和颗粒进行拉伸强度(TS)与压缩压力曲线的帮助,采用数据融合方法和 PLS2 算法进一步识别直接压缩(DC)和 HSWGT 材料性能要求的差异。结果表明,提高原料的塑性或孔隙率有利于获得高 TS 的 HSWGT 片剂。综上所述,TCCS 为片剂配方设计中材料的初始风险评估提供了一种手段,数据建模方法有助于预测配方成分对片剂强度的影响[*Pharmaceutics*,2022,14(12):2631]。

中药制药智能化、知识化、系统化和集成化是中药制药领域未来的研究方向和发展趋势。利用人工智能、大数据和物联网等技术,开发智能化的生产控制系统,实现中药制药过程的自动化和智能化。构建药材质量评价的知识库,整合药材的化学成分、药理作用和临床应用等信息,建立药材质量评价的模型和方法。建立集成化的中药制药平台,整合中药资源、药材种植、药物研发和生产等环节,实现中药制药的全程可追溯和质量控制。通过信息化和物联网技术,实现中药制药的数字化管理和智能化生产。这些方向将为中药制药的发展提供科学支持和技术创新,推动中药行业向更高水平迈进。

第七节
中医药高水平研究成果

一、2022年度中医药十大学术进展

2023年2月25日,2022年度中医药十大学术进展发布。2022年度遴选工作坚持"四个面向",破除"四唯",突出解决临床问题、回答科学问题、引领行业发展,体现探索性与前瞻性、创新性与突破性,聚焦中医药基础研究和应用基础研究领域取得的新规律、新发现、新方法、新产品、新理论。经动态收集、初审、复审、终审等工作程序最终确定。

(一) 金花清感颗粒、疏风解毒胶囊、荆银固表方等中医药治疗新冠病毒感染临床研究取得新进展

首都医科大学附属北京中医医院刘清泉团队联合巴基斯坦卡拉奇大学、香港浸会大学等团队,在巴基斯坦开展了金花清感颗粒治疗新冠病毒感染的多中心、随机、双盲、安慰剂对照临床研究,证实金花清感颗粒治疗新冠病毒感染可显著提高临床有效率,降低转重风险,缩短单项症状缓解时间。研究论文2022年发表于 *Frontiers in Medicine*。

安徽中医药大学第一附属医院杨文明团队牵头开展疏风解毒胶囊治疗奥密克戎变异株感染临床研究,证实疏风解毒胶囊能显著改善奥密克戎感染的临床症状,有效缩短症状持续时间,降低转重率,提高治愈率,缩短核酸转阴时间。研究论文2022年发表于 *BioScience Trends*。

上海中医药大学附属曙光医院高月求团队开展荆银固表方改善新型冠状病毒感染轻症患者的随机双盲对照试验,证实荆银固表方可提高新型冠状病毒感染轻症患者的核酸转阴率,缩短核酸转阴时间及住院时间。研究论文2022年发表于 *International Journal of Biological Sciences*。

(二) 中法国际合作临床研究——黄葵胶囊治疗糖尿病肾病蛋白尿获得高质量证据

南京中医药大学附属医院（江苏省中医院）孙伟团队联合法国巴黎公立医院集团比提耶-萨勒伯特医院伊莎贝拉团队共同开展"黄葵胶囊治疗糖尿病肾病（diabetic kidney disease, DKD）蛋白尿的多中心、双盲双模拟、随机对照临床试验"，结果显示对于 DKD 患者 ACR 的疗效，黄葵胶囊与厄贝沙坦作用相当且更具优势，两者联合用药疗效更加显著，为 DKD 蛋白尿患者提供了一种新的治疗方案。研究论文 2022 年发表于 *Diabetes Care*。

(三) 循证方法支撑针灸临床研究取得新进展

中国中医科学院、中国中医科学院针灸研究所、中国中医药循证医学中心、北京中医药大学循证医学中心、广州中医药大学等国内研究团队，联合加拿大、瑞士、美国等 9 个国家 48 家单位的 109 位国内外中西医临床专家、循证医学专家、流行病与统计学专家、临床指南专家、卫生经济学和卫生政策专家共同参与，对目前针灸随机对照临床试验、系统评价、临床实践指南及卫生经济学研究的现状和质量进行评价，并提出方法学建议，形成专家共识。系列研究论文 2022 年以专辑形式发表于 *BMJ*。

北京中医药大学刘存志团队、上海中医药大学附属市中医医院徐世芬团队、成都中医药大学李瑛和郑晖团队分别开展针刺促进术后胃肠功能恢复、电针治疗抑郁症失眠、针刺治疗慢性紧张型头痛临床研究，获得高质量临床证据。相关研究论文 2022 年分别发表于 *eClinicalMedicine*、*JAMA Surgery*、*JAMA Network Open*、*Neurology*。

(四) 中医药治疗克罗恩病等慢性难治性疾病获得新证据

上海中医药大学吴焕淦和季光团队组织开展针灸、经方临床研究，证实针灸对药物不响应的轻中度活动性克罗恩病患者安全有效；证实低剂量苓桂术甘汤可显著改善肥胖型脂肪肝脾阳虚证患者的 HOMA-IR 并发现其药效物质基础；证实穴位埋线疗法减轻肥胖患者体重的有效性和安全性。相关研究论文 2022 年发表于 *eClinicalMedicine*、*Frontiers of Medicine*、*Frontiers in Endocrinology*。

(五) 单细胞组学、靶点"钩钓"等新技术助力中药功效科学内涵阐释

浙江大学范骁辉和王毅团队，以丹参、红景天等活血类中药为对象，针对系统解析中药治病科学原理的技术瓶颈开发了 SpaTalk、Bulk2Space 等系列单细胞组学分析新工具，发现免疫细胞对心梗后损伤修复过程的动态调控作用，诠释了丹参酮ⅡA调控免疫细胞亚群减少心肌梗死范围、红景天中草质素抑制 SGK1 抗心肌肥大的作用机制。研究论文 2022 年发表于 *Nature Communications*、*Advanced Science*、*Small Methods* 等，并获授权发明专利 3 项。

北京大学药学院曾克武和屠鹏飞团队以中药药效成分为工具探针,通过靶点"钩钓"技术系统揭示了蟾酥、五味子、野马追等中药代表性成分的直接靶点蛋白及参与疾病相关进程的分子生物学机制,为"清热解毒、补肾宁心、消肿利湿"等中药功效提供了微观证据,同时也提出了具备自主知识产权的免疫炎症、肿瘤、神经退行等重大疾病治疗新靶点。研究论文2022年发表于 *Science Advances*、*eBioMedicine* 等。

博奥生物集团有限公司、北京博奥晶方生物科技有限公司研究团队利用"超大规模的中药分子功能基因表达谱数据库",筛选出多种具有调节血脂、血糖功效的天然植物,并利用多组学技术系统分析出麻竹降血糖的作用机理和药效物质基础。研究论文2022年发表于 *Acta Pharmaceutica Sinica B*。

大连医科大学马骁驰团队提出分子拼接等化学生物学新策略,实现代谢酶、肠道菌等炎症代谢靶点的多维度实时、定量检测与识别,诠释部分常用中药发挥抗炎功效的药效物质和潜在分子机制,为阐明中医药科学内涵提供了有效的方法与工具。相关研究论文2022年发表于 *Signal Transduction and Targeted Therapy*、*PNAS*、*Gut*、*Angewandte Chemie International Edition*、*Natural Product Reports*、*Journal of Advanced Research*、*Acta Pharmaceutica Sinica B*、*ACS Sensors*、*Analytical Chemistry*,并获授权发明专利10项,开发6种检测试剂盒。

(六)青蒿原植物黄花蒿首个染色体级别基因组图谱破解

陈士林研究团队联合中国中医科学院、成都中医药大学、天津中医药大学、广东省中医院等团队,构建并公布了黄花蒿首个染色体级别分型基因组图谱。项目团队通过基因组分析揭示了青蒿素含量与紫穗槐二烯合酶基因拷贝数之间的相关性,为青蒿素生物合成及调控、黄花蒿优良品种选育提供了更加准确和全面的遗传背景,该发现有利于高青蒿素含量的黄花蒿选育。研究论文2022年发表于 *Molecular Plant*。

(七)首个按古代经典名方目录管理的中药(苓桂术甘颗粒)获批上市

2022年12月27日,首个按古代经典名方目录管理的中药复方制剂(即中药3.1类新药)苓桂术甘颗粒通过技术审评,获批上市。该药品处方来源于汉·张仲景《金匮要略》,已列入《古代经典名方目录(第一批)》。江苏康缘药业股份有限公司肖伟团队和上海中医药大学季光团队对苓桂术甘汤历代医籍、医案进行系统梳理,明确了关键信息;完成了药材基原、药用部位、饮片炮制、基准样品、制剂工艺等系统研究,建立了符合中药特点的全过程、多维度的质量控制体系,保障制剂质量稳定、可控。苓桂术甘颗粒的上市是深入发掘中医药宝库精华,推进古代经典名方向新药转化的一次生动实践。

(八)学术研究助力"三结合"中药注册审评证据体系构建

为推动中医药理论、人用经验和临床试验相结合的中药注册审评证据体系构建,在国家相关管理部门的整体统筹部署下,经充分凝聚学术共识,2022年相关部门发布了《中药注册专门规定(征求意见稿)》《基于人用经验的中药复方制剂新药临床研发指导原则(试行)》《基于"三结合"注册审评证据体系下的沟通交流指导原则(试行)》《基于人用经验的中药复方制剂新药药学研究技术指导原则》等文件和技术标准,基本形成了"三结合"中药注册审评证据体系。研究论文2022年发表于《中国中药杂志》等。

(九)首个中国大陆药物肝损伤不良反应调查报告发布

解放军总医院第五医学中心肖小河团队联合首都医科大学、国家药品不良反应监测中心等团队,基于国家药品不良反应监测大数据,结合药源性肝损伤因果关系评价"整合证据链法",完成了首个中国大陆药物性肝损伤不良反应调查报告,阐明了总体流行趋势,构建了"人口谱""药物谱"和"地域谱",为我国药物性肝损伤精准防控提供了翔实参考数据。结果显示,在全部药物性肝损伤不良反应中,化学药占94.5%、中草药占比4.5%、生物药和其他占1.0%,表明中草药不是中国大陆药物性肝损伤的首要原因。研究论文2022年发表于 Acta Pharmaceutica Sinica B。

(十)中药治疗糖尿病肾脏疾病优势特色及作用机制阐述取得新进展

中日友好医院李平团队前期通过多中心临床试验研究证实,糖肾方对糖尿病肾病患者具有肾脏保护作用,可以降低尿蛋白排泄,改善肾功能,尤其针对糖尿病肾病eGFR下降、肾功能衰竭具有明显的治疗作用,在eGFR<30 mL/(min·1.73 m^{-2})时仍然可以使用,弥补了西药在这方面的治疗不足。2022年北京市药品监督管理局批准其为医疗机构中药制剂。研究发现,糖肾方可减轻糖尿病大鼠结肠上皮损伤,从而抑制结肠炎症及炎症诱发的Cajal间质细胞凋亡;可减轻代谢产物的异常积累和肠道菌群的紊乱,通过上调吲哚衍生物等氨基酸活性代谢产物调节机体炎症和氧化应激,起到肾脏的保护作用,揭示了糖肾方多环节、多途径作用的新机制。研究论文2022年发表于 Frontiers in Pharmacology、Chinese Journal of Integrative Medicine 等。

二、年度高水平论文

(一)中药药理研究

1. 丹参酮ⅡA干预心肌梗死后单细胞水平动态修复机制

心肌梗死与心脏免疫的时间调节密切相关,然而,由于缺乏心肌梗死后免疫调节/抗炎靶点,目前的各种临床试验均以失败告终。浙江大学范骁辉、陆晓燕及天津中医药大学樊官伟团队合作研究,采用单细胞RNA测序技术,重点对心肌梗死模型以及丹参酮ⅡA给药干预后第3、7和14日小鼠心脏中的CD45+细胞进行细胞类型鉴定、数量变化研究、发育轨迹判断和细胞间相互作用关系推测等分析,阐明了各免疫细胞对心梗后损伤修复过程的动态调控作用。相关研究结果从免疫炎症调控环节不仅深入诠释了丹参酮ⅡA治疗心肌梗死的具体机制,也为其临床应用提供了科学数据[*Small Methods*. 2022,6(3):2100752]。

2. "肠-脑"对话抗抑郁的天然化学信使——巴戟天寡糖

巴戟天寡糖是2012年上市的我国第一个抗抑郁症的中药,临床疗效明确、安全性好。然而,巴戟天寡糖在人体内几乎零吸收,其影响中枢发挥抗抑郁作用背后的机制还不清楚。中国医学科学院、北京协和医学院药物研究所王琰、蒋建东团队和军事医学研究院钟武、李松团队合作,首次揭示了巴戟天寡糖可以通过肠道菌群正向调控色氨酸代谢途径,明确了其中的五糖能够调节肠道菌群增加外周5-羟色氨酸并透过血脑屏障后迅速代谢为5-羟色胺,使脑中5-羟色胺的含量增加从而发挥抗抑郁的作用,为诠释传统中药以"肠-脑"对话信号分子为药效物质而治疗中枢系统疾病提供了新的思路和全新路径(*Acta Pharm Sin B*. 2022,12:3298-3312)。

3. 透皮化学结合网络药理学解读了麝香追风止痛膏"抗风湿"的机制

成都中医药大学徐世军团队鉴定了麝香追风止痛膏主要透皮成分,研究发现AKT/mTOR/HIF为麝香追风止痛膏抗风湿炎症的关键,并确认了抑制AKT/mTOR/HIF通路是麝香追风止痛膏抗风湿的关键机制,为中药外用制剂研究提供了新的研究策略和方法,也为中医"内病外治"理论提供了科学依据(*Phytomedicine*. 2023,108:154507)。

4. 中医经典名方安神定志方防治神经精神疾病机理揭示

安徽中医药大学朱国旗团队揭示经方安神定志方防治创伤后应激障碍的机制,发现创伤应激小鼠海马雷帕霉素介导的海马突触功能显著增强,有利于新记忆的学习,从而对抗原有恐惧记忆。这些发现不仅很好地解释了《医学心悟》对于"有惊恐不安卧者,其人梦中惊跳怵惕是也,安神定志丸主之"的记载,同时也为阐明中医药防治PTSD等神志病的科学内涵奠定基础(*Phytomedicine*. 2022,101:154139;*Pharmacol Res*. 2022,176:106079)。

5. "痰瘀互结"型冠心病的中医药防治新策略和新靶点研究

"化痰宣痹,活血化瘀"是中医治疗"痰瘀互结"型冠心病的主要治法治则。受限于中医药特色模型与原创靶标的缺乏,以丹蒌片为代表的临床常用中药防治"痰瘀互结"型冠心病的作用机理仍不明确。暨南大学何蓉蓉团队在中医理论指导下,利用高脂饮食附加心肌缺血建立"痰瘀互结"型冠心病模型,研究发现高脂饮食中的不饱和脂肪酸会改变心肌细胞磷脂的构成,为磷脂氧化("痰")提供丰富底物,缺血("瘀")期诱导磷脂氧化关键酶 ALOX15 充当"燃烧点",二者结合加重心肌缺血/再灌注损伤。基于"痰瘀互结"生物学基础的阐明,该团队进一步揭示了以丹蒌片为代表的活血化瘀中药能抑制磷脂过氧化的堆积发挥显著的心肌保护作用,其活性成分黄豆苷元可以通过靶向抑制 ALOX15,降低心肌细胞的磷脂过氧化水平,进而阻止心肌缺血期发生"铁死亡"。该研究为心肌缺血/再灌注损伤的中医药早期干预提供了依据,并揭示了临床中药复方治疗冠心病的作用机理、作用靶标与活性成分(*Signal Transduct Target Ther*. 2022,7:288; *Phytomedicine*. 2023,114:154749)。

(二)中药化学基因组学研究

1. 小白及中 2 种葡甘露聚糖的结构及其抑制 NF‑κB 通路的炎症保护作用研究

白及属植物在中国有 4 种,分别是白及、小白及、黄花白及和华白及,属于药食同源植物,主要治疗咯血、吐血、外伤出血、疮疡肿毒、皮肤皲裂等。目前白及属植物多糖结构和生物活性的研究主要集中在白及植物,对小白及植物(bletilla formosana)研究甚少,尤其是关于小白及多糖化学结构与抗炎活性的研究尚未见报道。昆明理工大学食品科学与工程学院程桂广研究团队从小白及的干燥块茎中分离纯化出两种新的多糖分别为 BFP60 和 BFP80,并初步确定这两个多糖由 β‑D‑甘露糖、β‑D‑葡萄糖、2‑O‑乙酰基‑β‑D‑甘露糖以及 3‑O‑乙酰基‑β‑D‑甘露糖所组成。此外通过脂多糖诱导的 RAW264.7 细胞炎症模型进行活性评价,发现经 BFP60 和 BFP80 预处理后,能通过抑制促炎细胞因子(包括 NO、IL‑6、IL‑1β、TNF‑α 和 IFN‑γ)的释放。该研究首次揭示了小白及的多糖结构,并发现具有显著抗炎活性的新型葡甘露聚糖(*Carbohyd Polm*. 2022,292:119694)。

2. 桑黄中外泌体样纳米囊泡抑制紫外线诱导的皮肤衰老研究

早期研究表明,类外泌体纳米囊泡是许多药用植物的功能成分,然而关于菌类中药外泌体纳米囊泡(FELNVs)的研究较少。天津医科大学林婷婷联合南开大学刘慧娟以及齐茂美容皮肤科实验室程耀、朱海斌通过差速离心分离技术从桑黄(phellinus igniarius)菌体中获得特定粒径的桑黄外泌体样囊泡(FELNV),并通过提取 RNA 后对其进行 miRNA 测序从而鉴定出 FELNV 中含有 5 种新的 miRNA(miRCMs 1‑5)。此外,通过体内体外实验发现 miR‑CM1 对皮肤细胞具有抵抗紫外线诱导的皮肤衰老作用,并通过分子生物学实验发现 miR‑CM1 主要通过抑制 Mical2(一种单加氧酶)表达从而发挥作用。该研究揭示了 FELNV 抗皮肤紫外衰老的物质基础及分子机制,为皮肤抗紫外衰老治疗提供了一个新的活性分子(*J Nanobiotechnol*. 2022,20:455)。

3. 姜黄的外泌体样纳米囊泡用于治疗小鼠结肠炎的作用评价及机制研究

随着生活水平的提高和饮食结构的变化,我国炎症性肠病发病率有不断攀升的趋势,已逐渐成为我国消化科的常见病,然而当前炎症性肠病临床治疗效果欠佳。杭州医学院许秋然联合西安交通大学涂康生、张明真通过超速离心和梯度离心分离,从姜黄根茎中纯化获得了特定粒径的姜黄外泌体样纳米囊泡(TDNPs 2),并通过质谱和HPLC分析发现TDNPs 2中含有姜黄素以及大量脂质与蛋白质。此外通过体外实验发现TDNPs 2具有优异的抗炎、抗氧化活性。在DSS诱导的溃疡性结肠炎动物模型中,TDNPs 2能有效富集在结肠炎症部位,通过调控NF-κB信号通路,从而有效缓解DSS诱导的溃疡性结肠炎及促进炎症的消退。该研究揭示了TDNPs 2在小鼠结肠炎治疗中的作用及分子机制,为结肠炎的治疗提供了一种可能的新治疗方案(*J Nanobiotechnol*. 2022,20:206)。

4. 基于文献的草药成分和靶标数据库构建中药成分靶点平台HIT2.0的研究

中草药有效成分作为中草药发挥药效功能的物质基础,一直是新药开发的重要资源。近十年,随着草药成分及其靶点研究文献的快速增长,如何快速更新靶点与实验证据已成为新的挑战。复旦大学生命科学学院曹志伟研究团队在Herbal Ingredients' Targets(HIT)1.0的基础上,经过文本挖掘技术的筛选与严格的人工审核,建立了10 000多对中药成分-靶点相互作用关系的中药成分靶点平台HIT 2.0,其涵盖1 237种中药有效成分和2 208个基因/蛋白靶点。此外,通过分子靶点将HIT 2.0与西药靶点数据库TTD和FDA批准药物建立了直接链接,为中药有效成分提供了迄今为止最为丰富的实验靶点信息。科研人员可利用该平台跟踪最新文献以收集补充靶点。HIT 2.0平台将为中药作用机制研究、新药发现以及潜在新靶点发现提供有力支持(*Nucleic Acids Res*. 2022,50:D1238-D1243)。

5. 五加科植物龙牙楤木中三萜多样性的分子机制研究

五加科植物龙牙楤木中含有丰富多样的三萜皂苷,其结构多样性的分子机制备受国内外广泛关注。东北林业大学李玉花研究团队联合沈海龙研究团队采用PacBio三代测序技术及Hi-C技术构建了高质量的龙牙楤木基因组图谱,鉴定了导致三萜皂苷产生结构差异的关键基因,建立了五环三萜皂苷的代谢通路,并将生物合成基因导入酵母菌株从头合成了多种楤木皂苷。该研究揭示了五加科物种基因组进化和物种形成的机制,为阐明三萜类化合物生物合成的进化机制和为鉴定其他五加科类植物中新的糖基转移酶奠定基础(*Nat Commun*. 2022,13:2224)。

6. 伤害诱导龙血树防御反应形成树脂的机制研究

天门冬科龙血树属植物是单子叶常绿植物,是典型的伤害诱导型药用植物,具有很高的药用价值和观赏价值。然而,由于缺乏龙血树属植物基因组信息,限制了该属植物伤害诱导防御机制、长寿机制及其他重要性状相关机制的研究。中国医学科学院药用植物研究所魏建和研究团队首次组装了龙血树染色体水平的高质量基因组,在基因水平揭示了龙血树属植物长寿和缓慢生长的遗传机制,结合转录组和代谢组分析了伤害诱导龙血树防御反应形成树脂的分子机制,提出一个活性氧 ROS 作为龙血树适应性的特定调控信号的模型。该研究结果丰富了对龙血树属植物环境适应、资源保护和开发利用的认识,为该属植物的后续研究提供了重要的数据资源(*Plant Commun*. 2022,3:100456)。

7. 托品烷类生物碱可卡因中托品烷骨架形成的聚酮合酶研究

托品烷生物碱是一类由吡咯环和哌啶环骈合而成的托品烷骨架的生物碱,如抗胆碱药物莨菪碱、东莨菪碱和局部麻醉剂可卡因。莨菪碱和东莨菪碱主要分布茄科植物中,而可卡因则分布在古柯科植物中。中国科学院昆明植物研究所黄胜雄研究团队在前期已报道了负责莨菪碱托品烷骨架合成的Ⅲ型聚酮合酶 PYKS 研究基础上,从古柯植物中鉴定了 2 个参与合成可卡因中托品烷骨架的Ⅲ型聚酮合酶 EnPKS1 和 EnPKS2。并通过蛋白结晶、分子对接及氨基酸定点突变实验,进一步解析了 EnPKS1/2 的催化机制。通过系统发育树分析结合活性位点互换实验,提出Ⅲ型聚酮合酶在古柯科和茄科植物中是各自独立获得了催化生成 3-羰基戊二酸的活性。该研究解析了可卡因生物合成中托品烷骨架构建的一个重要催化环节,也揭示了可卡因和莨菪碱生物合成路径中Ⅲ型聚酮合酶基因趋同进化现象(*Nat Commun*. 2022,13:4994)。

8. 托品烷类生物碱可卡因生物合成途径及其生物合成从头构建的研究

可卡因是从古柯属植物中发现的托品烷型生物碱类化合物,人类使用可卡因及其衍生物已经有数千年的历史,而可卡因的生物合成途径仍不完全清楚。中国科学院昆明植物研究所黄胜雄研究团队在确定托品烷骨架形成的聚酮合酶基础上,综合利用转录组分析、分子生物学以及有机化学合成等手段,鉴定了负责可卡因托品烷骨架构建的氧化酶和甲基转移酶相关基因,明确了可卡因托品烷骨架的形成过程,进一步完善了可卡因的生物合成研究,并在烟草中实现了可卡因合成路径的从头构建。该研究不仅报道了近乎完整的可卡因的生物合成途径,纠正了长期存在但不正确的 MPOA 先甲基化后再氧化的猜想,并实现了可卡因的从头合成(*J Am Chem Soc*. 2022,144:22000-22007)。

9. SmbHLH60 和 SmMYC2 拮抗调节丹参中酚酸和花青素生物合成的研究

丹参是唇形科的一种著名药用植物,尤其对心脑血管疾病具有极高的药用价值。过去研究表明,茉莉酸信号通路在提升次生代谢物的生物合成中起重要作用,并且该过程受到

MYC2 转录因子的调节。然而关于 JA 信号调控丹参中次级代谢物质合成的机制尚不完全清楚。湖南大学生物学院郭新红研究团队联合浙江中医药大学药学院开国银研究团队在丹参中发现并鉴定了一种由茉莉酸甲酯介导的新型转录因子 SmbHLH60,该转录因子能够调控丹参中酚酸和花青素的生物合成。此外,研究团队还揭示了 SmbHLH60 可以和转录因子 SmMYC2 形成异二聚体,以拮抗的方式调节酚酸和花青素的生物合成。该研究结果为茉莉酸甲酯介导的丹参次生代谢物生物合成调控的分子机制提供了新的见解(*J Adv Res*. 2022,42:205-219)。

10. 茶毫发育和儿茶素合成协同调控机制的研究

茶毫是一种茶叶表皮毛,主要分布在幼嫩芽叶的背部,含有丰富多样的次生代谢物,不仅对茶叶品质非常重要,而且对茶树抵御外界病虫害、紫外胁迫等也具有重要作用。然而茶毫发育的调控机制目前还不清楚。安徽农业大学茶树生物学与资源利用国家重点实验室赵剑研究团队对 60 个栽培茶树基因表达和茶毫表型进行关联分析,结合进化树分析等手段筛选出一个与茶毫表型关系密切的候选基因 CsMYB1。该基因与儿茶素含量分布以及相关合成酶基因表达模式高度相关,调控茶树儿茶素的合成。此外,该研究还发现茶树从野生到栽培进化过程中茶毫的选择/驯化特征与 CsMYB1 基因变异也密切有关,揭示了 CsMYB1 在茶毫发育和儿茶素合成调控方面的双重功能,初步明确了该基因在茶树驯化过程中的作用机制,为培育优质茶树品种提供理论依据(*New Phytol*. 2022,234:902-917)。

11. 高产人参皂苷 Rg3 植物合成生物学体系的构建

人参皂苷 Rg3 的主要来源是栽培人参,但含量仅有万分之一,因此也被称为稀有人参皂苷。天津大学高文远研究团队从基因水平、蛋白水平和组织水平在人参植株底盘细胞上进行人参皂苷 Rg3 合成调控研究。该研究首先通过半理性设计提高了 Rg3 合成关键酶的催化效率。利用基因编辑方法抑制了 Rg3 的侧支途径合成。此外,通过上调木质素合成基因 PAL 表达促进木质部的增厚,从而扩大 Rg3 的合成区域,进而提升 Rg3 含量。基于上述创建的代谢调控途径,构建了高产 Rg3 人参根系,最终通过诱导刺激和酸水解使根系中 Rg3 产率达到 83.6 mg/L,为 Rg3 的高效和绿色合成提供了全新的合成生物学平台(*J Integr Plant Biol*. 2022,64:1739-1754)。

12. 高品质檀香挥发油细胞工厂的构建研究

檀香是资源严重稀缺的药用植物,其药效物质是挥发油,主要以药效分子群形式存在。目前只有 20~30 年树龄的印度檀香挥发油能达到优质标准,即药效指标成分 α-檀香醇和

β-檀香醇的含量比例分别为41%~55%和16%~24%。但由于过度采伐,印度檀香资源已经濒临枯竭。近期,中国医学科学院药物研究所天然药物活性物质与功能国家重点实验室訾佳辰研究团队联合中山大学巫瑞波研究团队通过QM/MM多尺度模拟阐明了催化杂泛性檀香烯合酶和催化专一性檀香烯合酶的催化机制,并鉴定了调控产物类型和比例的关键氨基酸。在此基础上,通过理性设计,得到产物比例最优的突变酶,并以此利用酵母构建了产生檀香烯/檀香醇的细胞工厂。通过系统的代谢工程优化,产量达到704.2 mg/L,并且药效成分比例与印度檀香挥发油一致,达到国际标准。该研究为建立中药药效分子群、植物药药效成分等高价值天然成分群的异源生物合成体系开拓了具有普适性的研究思路(*Nat Commun*. 2022,13:2508)。

13. 植物源三七素在微生物中的异源生物合成研究

三七素是一种重要的植物源天然产物,具有止血、抗炎、神经保护等多种药理作用,已有研究表明三七素是由L-2,3-二氨基丙酸和草酰辅酶A经酰基转移酶缩合而成,但2种直接前体的合成途径尚不清晰,导致通过微生物异源生产三七素具有一定难度。北京化工大学袁其朋与孙新晓研究团队利用逆向生物合成方法设计了三七素从头生物合成途径。首先,通过筛选有效的异源酶,实现了两种直接前体L-2,3-二氨基丙酸和草酰辅酶A的生物合成。其次,通过密码子优化,提高了酰基转移酶LsBAHD的溶解性。最后,通过降低内源性前体消耗,偶联乙醛酸氧化途径和草酰乙酸裂解途径,并对代谢网络进行优化设计,最终实现了三七素在微生物中的高效生物合成,三七素产量达到1.29 g/L。该研究利用合成生物学方法,实现了三七素在微生物中的从头生物合成,为三七素的规模化工业生产提供了重要的理论指导(*Nat Commun*. 2022,13:5492)。

14. 中药活性酚酸的微生物异源高效合成

阿魏酸等酚酸类化合物既是当归、川芎和升麻等中药的代表性活性成分,用于治疗心脑血管疾病,同时也是众多下游复杂活性木脂素类成分的关键前体。海军军医大学药学院张磊研究团队联合中国科学院大连化学物理研究所周雍进研究团队,利用合成生物学技术方法在酿酒酵母中重构酚酸合成途径,针对NADPH、FADH2和SAM三种辅因子定制工程策略,重新连接辅因子的生物合成、区室化和循环利用,从而实现微生物细胞工厂中咖啡酸(5.5 ± 0.2 g/L)和阿魏酸(3.8 ± 0.3 g/L)的高效合成,具有工业应用前景。本研究在酿酒酵母中实现中药活性酚酸成分(包括香豆酸、咖啡酸和阿魏酸)的异源高效合成,为中药活性成分的高效异源合成提供了可复制的辅因子驱动的工程策略,并为可持续中药资源的开发和利用提供了新思路(*Nat Chem Biol*. 2022,18:520-529)。

15. 高效准确鉴定植物体内糖基转移酶产物新方法的研究

植物 UGTs（UDP 糖基转移酶）能够利用不同的糖基供体，糖基化多种多样的植物小分子化合物，形成种类繁多的糖基化产物。而且，糖基化可以改变天然产物的药理活性和生物利用率等性质，是植物中一种重要的修饰方式。目前的研究多数集中在 UGTs 的体外生化功能的确定上，研究结果往往不能反映 UGTs 在植物体内的真实功能。中国科学院深圳先进技术研究院赵乔研究团队建立了一种特异针对糖基化合物的代谢组（glycosides-specific metabolomics, GSM）和同位素标记前体化合物示踪（precursor isotopic labeling, PIL）相结合的方法，可以高效、准确鉴定糖基转移酶在植物体内的产物，解析 UGTs 在特定代谢通路中的作用。通过 GSM-PIL 方法，研究人员不但鉴定到了已发表的两种木质素单体糖基化产物，还发现 UGT72E 家族参与植物苯丙烷通路中其他 15 种化合物的糖基修饰作用，展示了 GSM-PIL 方法的可靠性。相对于传统一对一"钓鱼"式地探索 UGTs 功能，GSM-PIL 方法可以"捕鱼"式地一网打尽 UGTs 的产物，鉴定未知的底物或糖基化产物，解析 UGTs 在植物中未知的生理功能，为植物糖基转移酶的功能解析提供了新手段（*Mol Plant*. 2022, 15:1517-1532）。

16. 黄芪皂苷糖基转移酶 AmGT8 的功能表征、定向改造及催化机制研究

黄芪皂苷是黄芪中一类以环黄芪醇为骨架的三萜皂苷，也是传统中药黄芪的主要药效成分，具有保肝、抗病毒、保护心血管和免疫调节等药理活性。但部分黄芪皂苷含量很低，药理活性研究有限。北京大学药学院叶敏与乔雪研究团队从黄芪中挖掘到首个环阿屯烷型三萜糖基转移酶 AmGT8。通过半理性设计，首次实现了三萜类糖基转移酶的位点选择性改造。通过单点突变，获得 3 种不同功能的突变体——A394D、A394F 和 T131V，并将其应用于黄芪皂苷的生物合成中，并对催化机制进行了阐释。研究还发现 A394D 位点可应用于改变其他植物三萜类糖基转移酶的位点选择性，具有一定的普适性，为植物糖基转移酶的催化功能改造及黄芪皂苷的酶催化合成提供了新的思路（*Angew Chem Int Ed*. 2022, 61: e202113587）。

17. 牛角瓜强心苷 3-O 糖基转移酶机制解析及工程化改造的研究

强心苷类化合物 C-3 位的糖基化，可以显著增强其溶解度、降低毒性并提高其生物活性，对强心苷药物的临床开发和应用具有重要意义。武汉大学药学院邓子新与龙凤研究团队从药用植物牛角瓜中鉴定了一个强心苷类 3-O 糖基转移酶 UGT74AN2，能够高效地催化不同结构的强心苷进行 C-3 位糖基化修饰，还能够催化如黄酮等其他类型的天然产物。研究团队还发现 UGT74AN2 同时具有糖受体和糖供体一定的宽泛性。通过解析了一系列

该酶与糖受体/糖供体/产物复合物的晶体结构,揭示了植物强心甾类糖基转移酶的底物识别和催化机制。在此基础上,对UGT74AN2进行了基于晶体结构的工程化改造,显著增强了其糖供体宽泛性。该项研究系统并深刻地解析了植物强心甾类糖基转移酶的催化机制,为新型强心甾类药物前体的开发提供了重要的生物催化剂(ACS Catal. 2022,12:2927-2937)。

(三)中药制剂研究

1. 雷公藤红素脂质体或可有效治疗严重COVID-19呼吸综合征

四川大学魏霞蔚团队开展植物提取物在新冠病毒药物方面研究。研究表明雷公藤红素脂质体是一种有效的COVID-19治疗药物,能够缓解严重急性呼吸综合征。他们利用两种新型冠状病毒感染重症模型的人ACE2转基因小鼠,分析了雷公藤红素脂质体对肺免疫应答的影响。结果显示雷公藤红素脂质体可抑制感染细胞和小鼠的SARS-CoV-2复制和过度炎症反应,具有开发前景[Signal Transduct Target Ther. 2022,7(1):399]。

2. 用于结直肠癌化学免疫治疗的人参皂苷Rg3和槲皮素共递送纳米制剂

吉林大学郭建锋、爱尔兰国立科克大学Caitriona M. O'Driscoll和上海中医药大学余卓团队设计研发了一种由叶酸靶向聚乙二醇修饰的两亲性环糊精纳米颗粒,用于实现人参皂苷Rg3和槲皮素的共递送。在原位结直肠癌小鼠模型中,研究者合成的纳米制剂显著延长了血液循环并增强了肿瘤靶向性。此外,与抗PD-L1联合使用显著延长了动物的存活时间,为结直肠癌的治疗提供了一种值得研究的内容[Acta Pharm Sin B. 2022,12(1):378-393]。

3. 自组装中药纳米药物调节肿瘤免疫抑制微环境用于结直肠癌免疫治疗

福建医科大学的吴明、刘小龙和福建中医药大学的林久茂团队开展中药成分在结直肠癌免疫疗法中应用的研究。研究表明通过将诱导免疫原性细胞死亡的熊果酸和促进树突状细胞成熟并将肿瘤相关巨噬细胞表型转化的香菇多糖结合起来,制备成自组装纳米药物——LNT-UA。LNT-UA可以实现结直肠癌的免疫治疗,通过重塑免疫抑制肿瘤微环境,并调动先天性和适应性免疫来抑制肿瘤进展,与抗CD47抗体可以实现促进垂死肿瘤细胞和肿瘤相关抗原的吞噬作用来增强抗肿瘤免疫力,在小鼠背部双侧结直肠癌肿瘤模型和化学诱导的结直肠癌肿瘤模型中得到验证[Theranostics. 2022,12(14):6088-6105]。

4. 构建温敏水凝胶包裹的人参皂苷Rg3增强阿霉素效果的共递送系统

南京中医药大学附属中西医结合医院霍介格研究团队发现人参皂苷Rg3具有调节肿瘤微环境的功能,可以极大程度提高阿霉素诱导的免疫原性死亡,增强其抗肿瘤效果,促进"冷肿瘤"向"热肿瘤"转变。团队使用壳聚糖和穿透肽共聚物包载人参皂苷 Rg3 制备纳米粒,提高其水溶性和靶向线粒体的能力。并且构建温敏水凝胶递药系统协同递送人参皂苷 Rg3 纳米粒、阿霉素和 PD-L1 抗体,呈现出良好的缓释效果、药物渗透能力、线粒体靶向性以及体内抗肿瘤效果[*Biomater Res*. 2022,26(1):77]。

5. 线粒体靶向聚合物-雷公藤红素键合物具有增强的抗癌功效

浙江大学申有青团队开展了一种基于氮氧聚合物的雷公藤红素递送系统的研究。该工作制备的氮氧聚合物-雷公藤红素键合物 OPDMA-Cela,显著改善了雷公藤红素的水溶性和血液清除率,并能被肿瘤细胞迅速内化,大量富集于线粒体,破坏线粒体膜的完整性;同时还可高效诱导免疫原性细胞死亡并下调 PD-L1 表达水平。在小鼠同种异体肿瘤模型中,OPDMA-Cela 表现出更有效的抗肿瘤效果和生物安全性(*J Control Release*. 2022,342:122-133)。

6. 丹酚酸 B 干粉吸入剂减轻肺纤维化的研究

天津中医药大学刘志东团队针对目前特发性肺纤维化治疗过程中使用的药物存在很多不良反应的问题,以丹酚酸 B(Sal B)为模型药物,以 L-亮氨酸为辅料制备出 Sal B 干粉吸入剂。Sal B 可减轻博来霉素诱导的过氧化应激损伤,调节相关的炎症因子以及纤维化细胞因子阻止或延缓肺纤维化的发生。干粉吸入剂解决了 Sal B 口服吸收差、注射给药患者依从性差的问题。团队通过一系列评价证明 Sal B 干粉吸入剂肺部给药治疗特发性肺纤维化的可行性与合理性[*Asian J Pharm Sci*. 2022,17(3):447-461]。

7. 构建负载藤黄酸抑制光热抗性的 B-PEG 乳腺癌综合给药系统

广州中医药大学王奇团队为解决近红外触发的光热疗法在治疗乳腺癌过程中,由于热休克蛋白上调产生的光热抗性治疗效率降低的问题,构建了聚乙二醇化的二维硼纳米片(B-PEG),添加了能抑制热休克蛋白 90 的藤黄酸。B-PEG 和 GA 的组合体系可以作为诊断和治疗乳腺癌的综合给药系统,可同时进行多模态成像和光热转换,用于乳腺癌化疗,并且避免了传统光热疗法的不良反应[*Asian J Pharm Sci*. 2022,17(5):728-740]。

8. 构建 iRGD 增强红细胞膜仿生的白藜芦醇纳米微球治疗结直肠癌

铁死亡是一种由铁依赖的脂质过氧化所推动的程序性细胞死亡形式。南方医科大学徐华娥团队研究发现,白藜芦醇(resveratrol, RSV)作为一种"多靶点,多机理"发挥疾病治疗的中药小分子单体,已被证明具有抗结直肠癌效果,但水溶性差、生物利用度低等问题限制了其在临床上的运用。基于细胞膜仿生技术的纳米药物递送系统由于具有良好的生物相容性以及低免疫原性等优点备受关注。团队因此构建了肿瘤靶向肽 iRGD 与红细胞膜仿生

RSV共递送的纳米递药体系,并首次发现了该体系可以通过铁死亡途径有效抑制结肠癌细胞的生长[*Asian J Pharm Sci*. 2022,17(5):751-766]。

9. 基于中药活性成分的硒纳米粒子调节抗氧化硒蛋白治疗脊髓损伤

广州中医药大学第二附属医院陈博来和暨南大学陈填烽团队开展了硒纳米粒子用于递药系统的研究。该研究合成了表面修饰黄芪多糖并负载丹参酮ⅡA的硒纳米粒子。该体系在脊髓损伤的抗氧化治疗中表现出良好的治疗效果,为通过纳米技术开发中药活性成分的协同作用以及建立与硒代谢和硒蛋白调节相关的氧化应激相关疾病的新治疗方法提供了借鉴[*J Nanobiotechnology*. 2022,20(1):27]。

10. 牛蒡苷增强抗氧化微载体拮抗骨关节炎

苏州大学附属第一医院杨惠林研究团队开展牛蒡苷潜在对抗骨关节炎的研究。体外实验发现牛蒡苷干预能有效逆转炎症环境下过度激活的细胞外基质降解活性,维持软骨细胞外基质代谢平衡。体内实验明确系统应用牛蒡苷可改善小鼠早期关节炎的软骨磨损和基质丢失。在机制方面,牛蒡苷介导的软骨保护作用依赖于激活核因子E2相关因子2相关的抗氧化途径。为进一步拓宽牛蒡苷的应用前景,该团队制备了基于结冷胶/环糊精体系的微载体用于实现药物的长效缓释。动物实验证实,关节内注射牛蒡苷微载体可有效减轻小鼠晚期关节炎的软骨退变和骨赘增生。研究还发现小分子化合物牛蒡苷具备强大的对抗骨关节炎作用,值得进一步研究[*J Nanobiotechnology*. 2022,20(1):303]。

11. 治疗三阴性乳腺癌的负载多烯紫杉醇的人参皂苷Rg3新型脂质体

复旦大学王建新团队利用人参皂苷Rg3替代胆固醇,开发出一种负载多烯紫杉醇(docetaxel,DTX)的新型多功能脂质体(Rg3-Lp/DTX)。实验证明,Rg3-Lp/DTX能被4T1细胞优先吸收,并通过脂质体表面的Rg3糖基与肿瘤细胞上过度表达的Glut1之间的相互作用,在肿瘤部位聚集。同时,增强了在肿瘤细胞中的穿透力,逆转免疫系统[*J Nanobiotechnology*. 2022,20(1):414]。

12. 双配体修饰盐酸阿霉素/丹酚酸A抗肿瘤和肾脏保护研究

天津中医药大学刘志东团队以盐酸阿霉素和丹酚酸A(DOX/Sal A)为模型药物,E-[c(RGDfK)2]和FA为特定配体,使用乳化固化的方法制备E-[c(RGDfK)2]/FA共修饰DOX/Sal A纳米结构脂质载体,将抗癌药物与肿瘤细胞所需的配体整合到一个大分子中,利用配体提高抗癌药物进入肿瘤细胞的效率。实验证明了双配体修饰DOX/Sal A纳米结构脂质载体治疗癌症的可行性与合理性,并验证了中药活性成分与传统化疗药物联用在乳腺癌治疗方面具有增效减毒的作用[*J Nanobiotechnology*. 2022,20(1):425]。

13. 天然小分子通过超分子自组装在 p53 突变的结直肠癌中实现有效的免疫治疗

天津大学高文远团队构建了一个 pH 触发的和厚朴酚(honokiol,HK)自组装纳米粒子给药系统(SA),表现出优异的肿瘤靶向能力。SA 被肿瘤细胞内吞后,在温和的酸性环境中,相互结合的 HK 分子被释放出来,恢复 TANK 结合蛋白激酶 1(TBK1)的活性,干扰突变型 p53(Mtp53)与 TBK1 的结合,并促进三聚体 TBK1 - STING - IRF3 复合物的形成,从而重新激活细胞自主和非细胞自主的肿瘤控制,最终恢复免疫细胞功能,有效抑制肿瘤生长。此外,SA 还具有良好的生物相容性和持久释放特性,几乎没有副作用。SA 介导的 Mtp53 下调还能显著增加顺铂、阿霉素和 5 - Fu 等抗癌药物在 HT - 29 细胞中的协同抗癌作用[*ACS Appl Mater Interfaces*. 2022,14(2):2464 - 2477]。

14. 一种含丹参-葛根复合物的新型双层敷料贴片用于加速糖尿病伤口愈合

青岛大学马建伟和山东大学凌沛学团队研究设计了一种由一层静电纺丝甲基丙烯酸明胶(MeGel)/聚 L-乳酸(PLLA)径向取向纳米纤维垫(RNMs)和一层丹参-葛根复合物负载 MeGel 水凝胶构成的新型双层多功能敷料贴片,以促进糖尿病伤口的闭合和愈合。与传统的静电纺丝 MeGel/PLLA 不规则取向纳米纤维垫(HNMs)和 MeGel/PLLA 单轴取向纳米纤维垫(UNMs)相比,该方法所制备的径向取向纳米纤维垫可有效引导人真皮成纤维细胞(HDFs)的迁移并促进其增殖。与 MeGel/PLLA HNMs 和 UNMs 相比,体内小鼠急性全层皮肤缺损模型也证实了 MeGel/PLLA RNMs 在提供细胞募集和调节能力的整个过程中可以显著促进细胞迁移并加快愈合速度,在治疗难愈合糖尿病伤口方面值得深入研究(*Applied Materials Today*. 2022,28:2352 - 9407)。

15. 中药汤剂微粒体系促活性成分吸收机制研究进展

安徽中医药大学杨晔团队研究发现,多种植物源中药材煎煮过程中多糖大分子溶出并自组装形成微纳米尺寸粒子,其在肠道运移过程中,通过动态调节肠道菌群和肠黏膜免疫细胞,实现对肠上皮细胞通透性的交互式动态调控,从而提高活性成分肠吸收。该研究是从汤剂多相分散体系与肠道微生态 2 个复杂系统的交互作用角度探讨汤剂微粒形成特点及其对中药有效成分吸收与起效的影响和作用机制,可为诠释中药汤剂的科学内涵提供思路(*Phytomedicine*. 2022,104:154322)。

(四) 中药资源研究

1. 青蒿原植物黄花蒿首个染色体级别基因组图谱破解

中国中医科学院陈士林、徐江联合天津中医药大学张伯礼团队率先在国际上公布了黄花蒿分型基因组。该研究团队采用 PacBio HiFi、Bionano 光学图谱、Hi - C 等测序技术对青蒿素含量相差10倍的2个黄花蒿株系进行基因组测序,成功获得4套单倍型染色体水平组装基因组。通过单倍型基因组比较发现,青蒿素生物合成途径基因普遍存在多拷贝现象,且拷贝数在不同单倍型上存在差异,串联复制是青蒿素生物合成途径基因多拷贝形成的重要方式。该研究还发现青蒿素合成关键限速酶紫穗槐二烯合酶的编码基因ADS的数量与青蒿素含量高度相关。推测ADS拷贝数提高了基因剂量,并最终获得更高的青蒿素含量。该工作从基因组水平上对半个世纪前困扰植物源青蒿素提取的黄花蒿种源问题予以阐释,为选育高品质黄花蒿品种奠定了重要基础[*Mol Plant*. 2022,15(8):1310-1328]。

2. 名贵濒危中药材沉香形成机制研究

北京中医药大学史社坡、北京大学屠鹏飞以及日本富山大学Hiroyuki Morita合作破解了沉香特有成分苯乙基色酮类的合成机制。沉香的形成实质上是防御性次生代谢产物苯乙基色酮类和倍半萜类成分在体内缓慢合成累积的过程。其中苯乙基色酮类成分是沉香的特有成分,也是其功效和独特香味的主要物质。研究团队构建了利用白木香悬浮细胞快速合成结构多样的苯乙基色酮的生物合成体系;克隆鉴定了合成苯乙基色酮的关键酶PECPS,通过将PECPS在本氏烟中瞬时表达、在白木香愈伤组织中敲低表达等实验,证明PECPS的体内生物学功能;制备并解析了PECPS及其4个关键突变体蛋白的晶体结构,阐明了PECPS独特的催化机制。研究结果突破了利用合成生物学手段组合合成沉香苯乙基色酮类成分和精准调控白木香结香的关键科学问题[*Nat Commun*. 2022,13(1):348]。

3. 青蒿腺毛发育负调控机制研究

上海中医药大学陈万生联合海军军医大学张磊、上海交通大学唐克轩共同发现青蒿腺毛发育的负调控机制。青蒿素是治疗疟疾的特效药,近年来发现其在肺结核、糖尿病、红斑狼疮及肿瘤治疗等方面具有应用潜力,需求量大幅增加。腺毛是青蒿素合成和贮存的场所,提高腺毛密度是增加青蒿素含量的有效途径。团队研究发现一个MYB转录因子TLR1能够和WOX类蛋白AaWOX1互作,同时也发现AaWOX1和一个LFY类转录因子Trichome Less Regulator 2 (TLR2)互作。TLR2也参与腺毛的发育,在腺毛发育过程中起负调控作用。通过验证3个蛋白间的关系,发现TLR1-AaWOX1-TLR2形成一个三元复合物共同调控腺毛发育。该研究揭示了负调控因子以形成复合体的方式,共同调控腺毛的发育的新机制,后期可通过基因编辑技术同时敲除多个腺毛负调控因子来获得高腺毛密度的青蒿植株,为提高青蒿素含量提供全新研究思路[*J Integr Plant Biol*. 2022,64(6):1212-1228]。

4. 甘草根"转录组-微生物群落-次生代谢产物"调控模式研究

华中科技大学宁康团队针对野生和栽培甘草根的基因表达、次生代谢产物含量及根系微生物群落分布展开了深入研究,提出了野生和栽培甘草基因表达-微生物群落-代谢产物调控模式。该研究选用乌拉尔甘草作为研究对象,重新定义了更为精准的乌拉尔甘草基因结构,鉴定的 40 091 个基因中包括数千个此前未见报道的基因,并完善了基因表达谱。利用代谢组学技术测定野生(WT)、栽培一年(C1)和栽培三年(C3)乌拉尔甘草根中甘草酸和甘草苷的含量,发现野生甘草较栽培甘草积累了更多的甘草酸和甘草苷。结合转录组数据分析鉴定甘草酸和甘草苷合成途径的关键基因,进一步发现 BAS、CYP72A154、CYP88D6 等关键基因在野生甘草中的表达量显著高于栽培甘草。此外,通过甘草转录谱、代谢产物、根际微生物群落的网络联合分析,发现甘草酸和甘草苷合成关键基因的表达与微生物群落中细菌的多样性及丰度谱高度相关。此外,分析表明,根系微生物 Lysobacter 的丰度与甘草酸和甘草苷合成途径中的关键基因(如 CYP72A154)的表达显著相关。最后,该研究提出了甘草生长过程的整体多组学调控模型,确认了根际微生物群落结构在甘草酸和甘草苷积累中的重要性[*Plant Biotechnol J*. 2022,20(10):1874 - 1887]。

5. 金银花种植加工过程典型农药残留行为机制研究

中国农业科学院戴小枫联合孔志强以及西班牙维戈大学 Jesus Simal-Gandara 团队,基于 LC - MS/MS 和 UHPLC - QTOF - MS 技术,系统研究了食药同源类中药材金银花中典型化学农药从田间到人体摄入过程残留行为机制。金银花极易发生病虫害,化学农药防治是最为有效的策略。该研究以金银花种植过程中常用的杀虫剂、杀菌剂和杀螨剂为研究对象,明确了不同产地金银花中化学农药降解半衰期;阐明了不同干燥方式及煎煮加工对农药迁移及转化行为的影响,发现日晒农药富集率显著低于阴干干燥和烘箱干燥;揭示了农药的辛醇-水分配系数、水溶性和熔点是决定金银花干燥及煎煮过程中农药残留转化关键影响因子,为后续金银花种植过程中化学农药选择提供了数据支撑。同时,基于高分辨质谱对加工后农药母体降解及转化产物进行定性分析,绘制了潜在的降解转化途径并基于毒性评估技术对降解产物毒性进行了预测,在此基础上进一步开展了金银花中供试农药及转化产物膳食风险评估。本研究结果将对中药材中农药残留膳食风险评估和化学农药合理使用等具有重要意义(*J Hazard Mater*. 2022,431:128519)。

6. 淫羊藿属物种分类与进化机制研究

中国中医科学院中药所陈士林联合中国医学科学院药用植物研究所庞晓慧团队根据淫羊藿属 32 个物种的 45 个叶绿体基因组,对该属的系统发育关系、属下分类评估、分歧时间和祖先性状演化进行了全面研究。研究发现淫羊藿属叶绿体基因组的长度为 156 635 bp～159 956 bp,平均 GC 含量约为 38.8%。基因总数为 112,包括 78 个蛋白编码基因、30 个

tRNA基因和4个rRNA基因。叶绿体基因组中没有重排现象，呈现出共线性关系。筛选到psbC-trnS-psbZ、ndhF-rpl32-trnL、accD-psaI和ndhD-psaC等4个区域具有较高的Pi值，可作为鉴定淫羊藿属物种的潜在DNA条形码。本研究从基因组水平阐释淫羊藿属物种分类与进化的机制，并筛选了该属物种的高变异区，为解决该属物种分类鉴定难题提供方法（*J Adv Res*. 2022,36:175-185）。

7. 叶绿体基因组综合数据库建立

中国中医科学院中药资源中心分子生药学创新团队联合中国科学院北京基因组研究所（国家生物信息中心）系统地进行了叶绿体基因组数据人工审编与分子标记开发，构建了叶绿体基因组综合数据库Chloroplast Genome Information Resource（CGIR，https://ngdc.cncb.ac.cn/cgir）。该数据库收录了来自11 946个物种的19 388条叶绿体基因组，数据整合了已发布的叶绿体基因组数据和利用全国第四次中药资源普查标本自测的718种未发表的叶绿体基因组，是迄今为止物种数量最多的叶绿体基因组数据库。为便于数据的共享应用，CGIR数据库包含了基因组（Genomes）、基因（Genes）、微卫星序列（SSRs）、DNA条形码（Barcodes）、DNA特征序列（DSSs）五个模块。该数据库对药用植物的系统发育、物种鉴定、叶绿体基因工程的发展均具有重要意义[*Plant Biotechnol J*. 2022,20(12):2239-2241]。

8. 广藿香单倍型基因组研究

广州中医药大学申妍婷和王宏斌团队发布广藿香单倍型基因组并阐释其独特的进化历程。该研究采用三代测序技术为主、二代为辅、Hi-C助力染色体定位的基因组组装策略，组装了染色体水平的广藿香单倍型基因组。以组装广藿香高质量基因组为基础，通过深入细致的基因组分析，揭示了广藿香是补偿性非整倍体的杂交四倍体物种，推测了其独特的进化历程，解释了广藿香无法进行有性生殖的原因。该研究为广藿香遗传育种、新品种改良开发提供了宝贵的路径和遗传资源[*Nat Commun*. 2022,13(1):3511]。

9. 药用鼠尾草基因组特征及丹参酮进化机制研究

中国科学院分子植物科学卓越创新中心、上海辰山植物园陈晓亚团队与其合作者经过测序、组装和注释了药用鼠尾草7条染色体的高质量基因组，大小为480 Mb。比较分析发现，药用鼠尾草中二萜合成基因簇上含有2套二萜合酶基因，分别在叶和根中表达，为地上与地下部分的松香烷二萜合成途径提供了骨架，而丹参基因组相应的位置仅保留了一套根特异的萜类合酶基因，它们与共表达的氧化修饰酶一起，塑造了2种鼠尾草属植物不同的二萜化合物种类和积累特征。该研究揭示了植物在进化过程中，化合物积累特征与环境相适应的微进化过程，并为解析丹参酮与丹酚酸等重要活性成分的合成途径提供了基础[*Cell*

Rep. 2022,40(7):111236]。

10. 五加科植物三萜皂苷多样性形成机制研究

东北林业大学李玉花联合沈海龙、张鹏以及福建农林大学刘仲健团队,发现由于达玛烯二醇合酶基因的缺失及三萜骨架位点特异性修饰酶的串联重复,导致五加科药食同源植物龙牙楤木中积累丰富多样的五环三萜皂苷的分子与进化机制。五加科植物能够产生各种类型的三萜和三萜皂苷,比如楤木属植物中的齐墩果烷型三萜以及人参属植物中的达玛烷型皂苷,这些萜类物质因其药用价值而备受重视。由于缺少人参属近缘植物的参考基因组,阻碍了对五加科植物中三萜皂苷分化的机制性研究。本研究以龙牙楤木为研究材料,采用PacBio三代测序技术及Hi-C技术构建了高质量的龙牙楤木基因组图谱。比较人参、三七等基因组,发现楤木中催化2,3环氧角鲨烯合成达玛烯二醇的达玛烯二醇合酶基因的外显子区大量缺失,可能是导致楤木不能合成达玛烷型四环三萜皂苷的原因。通过将人参的PgDDS基因在楤木愈伤组织细胞中过量表达,恢复了转基因楤木细胞合成达玛烷型四环三萜皂苷的能力。证明了达玛烯二醇合酶基因外显子缺失是导致龙牙楤木无法合成达玛烷型皂苷的原因。该研究还发现三萜生物合成基因的串联复制在楤木因组中很是常见,尤其是AeCYP72As、AeCSLMs和AeUGT73s基因,这些基因主要作为齐墩果烷型皂苷和楤木皂苷的剪裁酶发挥功能。通过在酿酒酵母中过表达这些基因,能够从头合成了13种以上的楤木皂苷。这项研究揭示了五加科植物三萜皂苷类化合物结构多样性形成的进化机制,为理解串联重复基因在植物次生代谢进化中的作用提供了重要的启示,也为五加科药用植物的比较基因组学、进化生物学等研究提供了高质量的基因组支撑[*Nat Commun.* 2022,13(1):2224]。

11. 雷公藤中二萜类化合物起源机制研究

首都医科大学研究团队对药用植物雷公藤中二萜类成分的起源进行了研究。雷公藤是治疗类风湿关节炎等疾病的传统中药,富含多种具有生物活性的二萜类化合物,但关于这些二萜类化合物的起源研究得较少。在雷公藤的17号和21号染色体上鉴定到3个含有串联重复的二萜合酶基因区域,并得到了11种不同功能的二萜合酶。进一步研究发现,这些二萜合酶在230万~2370万年前通过全基因组三倍化复制事件、串联复制等方式进行了复制和重排,出现功能分歧。同时证明了TwCPS3、TwCPS5和TwCPS6序列中的4个关键氨基酸在进化过程中发生了改变,是导致它们的功能分化的原因。同时还发现3个TwKSL的功能差异是由2个关键氨基酸的突变驱动的。最后,发现了雷公藤中miltiradiene synthases的进化和假基因化机制,并阐明了萜烯合成酶(TPS)-b亚家族在TwMS1/2中的新功能是由 WGT 事件后,多个氨基酸的渐进式变化引起的。本研究结果为雷公藤次生代谢物进化过程中多种二萜类化合物的形成提供了关键证据[*Acta Pharm Sin B*. 2022,12(6):2923-2933]。

12. 转录因子 AabZIP1 介导的青蒿素合成及抗旱性调控的分子机制研究

黄花蒿是重庆知名道地药材和国家地理标识产品。重庆夏天多高温伏旱,可能是造就重庆黄花蒿优良品质的重要环境因素之一。但关于黄花蒿抗干旱胁迫和干旱导致青蒿素高产的机制并不清楚。西南大学廖志华研究团队发现转录因子 AabZIP1 可直接转录激活黄花蒿重要调控因子 AaMYC2,由 AaMYC2 再转录激活青蒿素生物合成途径中的醛脱氢酶 1 基因,从而调控青蒿素的生物合成。此外,AabZIP1 还能够直接转录激活表皮蜡质生物合成基因 AaCER1 和 AaCYP86A1 来调控黄花蒿表皮蜡质合成,从而增强黄花蒿抗干旱胁迫能力。该研究解析了转录因子 AabZIP1 在调控青蒿素与表皮蜡质生物合成及黄花蒿抗干旱胁迫的分子机制,为选育青蒿素含量高且耐旱的黄花蒿品种提供了科学依据(*Acta Pharm Sin B*. 2022,12:1500-1513)。

(五)临床研究

1. 中医药临床研究

(1)黄葵胶囊治疗 2 型糖尿病肾病的多中心随机双盲平行对照临床试验。南京中医药大学附属医院孙伟团队与法国巴黎公立医院集团比提耶-萨勒伯特医院伊莎贝拉团队共同开展了黄葵胶囊治疗糖尿病肾病患者的大样本随机对照研究。该研究共纳入江苏省的 9 家医院,共计 413 名患者,随机分为 3 组:仅接受黄葵胶囊治疗、仅接受厄贝沙坦治疗和接受黄葵胶囊联合厄贝沙坦治疗,治疗周期均为 24 周。研究结果表明:与基线相比,黄葵胶囊组患者尿白蛋白/肌酐(albumin-to-creatinine ratio,ACR)下降 89.07±51.17 mg/g,厄贝沙坦组患者下降 46.06±45.52 mg/g,联合治疗组患者下降 262.31±39.08 mg/g,黄葵胶囊组与厄贝沙坦组相比,差异无统计学意义($P>0.05$),联合治疗组与厄贝沙坦组相比,ACR 下降具有统计学差异($P<0.01$)。在不良事件发生率方面 3 组无显著差异。此项临床研究为黄葵胶囊治疗糖尿病肾病的临床疗效提供了高质量证据,为糖尿病肾病患者提供了新的治疗方案[*Diabetes Care*. 2022,45(7):e113-e115]。

(2)复方鳖甲软肝片可进一步降低慢性乙型肝炎患肝癌风险的随机对照试验。中国人民解放军总医院第五医学中心杨永平团队开展了恩替卡韦加复方鳖甲软肝片对慢性乙型肝炎患者的肝细胞癌风险影响的双盲随机对照临床试验。该研究由解放军总医院第五医学中心肝病医学部研究团队牵头,中国人民解放军第 960 医院、重庆市中医院、首都医科大学中医学院、阜阳市第二人民医院、西南医科大学附属中医院等单位共同完成,共纳入1000例慢性肝炎患者并将其随机分配到干预组和对照组,干预组接受恩替卡韦加复方鳖甲软肝片治疗,对照组为接受恩替卡韦加安慰剂治疗。主要结局是肝细胞癌的发生率,次要结局是肝脏相关死亡、非肝细胞癌事件和非肝脏相关死亡。结果显示,恩替卡韦加复方鳖甲软肝片联合治疗可进一步降低慢性乙型肝炎合并晚期纤维化或肝硬化患者发生肝细胞癌和肝脏相关死亡的风险,为乙型肝炎患者的治疗和预防肝细胞癌提供了新的思路和方法(*J Hepatol*. 2022,77:1515-1524)。

(3) 四逆散联合帕罗西汀调节抑郁症的随机对照试验。陕西省中医院陈钧团队开展了一项随机对照试验,旨在证明四逆散可以通过调节抑郁症患者的昼夜节律发挥治疗作用。该研究为单中心研究,共计纳入了36名抑郁症患者,按照1∶1随机分为治疗组(四逆散联合帕罗西汀)和对照组(安慰剂联合帕罗西汀)进行为期4周的药物治疗,随后再进行6周的随访,主要通过汉密尔顿抑郁量表评估抑郁症的严重程度,通过唾液样本分析抑郁症患者的内源性昼夜节律水平(包括暗光褪黑素起效时间和相角差)。研究结果表明经过4周的治疗,与基线相比,治疗组和对照组均显著降低了暗光褪黑素起效时间($P<0.01$),但治疗组下降程度更大($P<0.05$),汉密尔顿抑郁量表评分程度随着时间的推移而变化,每周降低0.33,该研究结果支持了昼夜节律对抑郁症患者的影响,解释了四逆散作为抗抑郁药的可能机制,反映了中药在抑郁症治疗中的潜在优势[*J Pineal Res*. 2022,73(4):e12832]。

(4) 青藤碱治疗类风湿关节炎的随机双盲临床试验。广东省中医药科学院/省部共建中医湿证国家重点实验室刘良中西医诊疗融合创新团队与陆军军医大学西南医院方勇飞团队合作,开展了一项随机双盲临床试验旨在探讨青藤碱(sinomenine,SIN)治疗类风湿关节炎(RA)的有效性和安全性。该研究共纳入135名轻中度活动的RA患者,按照1∶1∶1随机分配接受SIN(120 mg,每日两次)、甲氨蝶呤(MTX)(每周10 mg)或SIN+MTX治疗,治疗周期为24周。主要结局指标为在24周时达到美国风湿病学会标准下患者的比例以及不良事件发生率。结果表明SIN与MTX单药疗效相当,SIN与MTX联用较SIN、MTX单用效果更好;在不良反应发生方面,SIN单药治疗组转氨酶升高的不良事件发生率远低于MTX组。研究结果为SIN治疗类风湿性关节炎的临床应用提供了高质量临床研究证据(*Engineering*. 2022,16:93-99)。

(5) 长期太极拳训练改善帕金森病患者运动症状的机制。上海交通大学医学院附属瑞金医院陈生弟团队完成了长期太极拳训练对帕金森病患者运动症状的影响及其机制的研究。研究共纳入32例早期帕金森病患者,随机分为太极、快走和不运动组。在一年干预期间内,所有参与者分别于基线、6个月和12个月,通过伯格平衡量表、统一帕金森病评分量表、定时上下行测试和三维步态分析、功能性磁共振成像、血浆细胞因子和代谢组学分析以及血液亨廷顿相互作用蛋白 mRNA 水平分析进行运动症状评估。研究结果表明长期太极拳训练可改善帕金森病患者的运动功能,尤其是步态和平衡,潜在的机制可能包括增强大脑网络功能,减少炎症,改善氨基酸代谢、能量代谢和神经递质代谢,以及降低多巴胺能变性的脆弱性[*Transl Neurodegener*. 2022,11(6):2-10]。

(6) 滋肾育胎丸改善 IVF/ICSI 新鲜胚胎移植周期妊娠结局获高质量临床研究证据。随着生育政策的调整,不孕不育的问题也愈发受到重视,IVF 被广泛用于不孕治疗,如何提高妊娠率是生殖医学界研究的热点、难点问题。滋肾育胎丸为名优中成药,临床上用于流产和不孕症的治疗,具有良好的临床应用基础。中山大学孙逸仙纪念医院杨冬梓团队通过前瞻性、随机、双盲、安慰剂平行对照多中心临床试验科学地验证了滋肾育胎丸可改善行体外受精/卵泡浆内单精子注射(IVF/ICSI)新鲜胚胎移植周期妇女的妊娠结局,提高活产率,为中医药在辅助生殖中的应用提供了高等级的循证医学证据,丰富了构建中西医结合辅助生殖技术助孕的联合辅治方案的思路[*Obstet Gynecol*. 2022,139(2):192-201]。

2. 新冠病毒感染的中医药临床研究

(1) 补肺活血胶囊治疗新冠病毒感染的随机对照试验。广州医科大学第一附属医院钟南山和王健坚团队开展了一项多中心、双盲的随机对照试验,以评价补肺活血胶囊治疗新冠病毒感染恢复期患者的有效性和安全性。研究纳入了全国 5 家医院的 131 名患者,随机接受补肺活血胶囊或者安慰剂治疗,为期 90 日。与安慰剂组相比,补肺活血胶囊组患者肺炎病灶显著减弱($P<0.05$),6 min 步行距离显著改善($P<0.01$),疲劳评估量表得分显著降低($P<0.05$),但补肺活血胶囊组的不良事件发生风险更高。研究结果提示,补肺活血胶囊具有加速新冠病毒感染患者康复的作用,并减轻疲劳提供耐力(*J Ethnopharmacol*. 2022, 284:114830)。

(2) 疏风解毒胶囊治疗奥密克戎变异株所致新冠病毒感染的随机对照试验。安徽中医药大学第一附属医院杨文明团队主持开展了一项开放标签的随机对照试验,以评估疏风解毒胶囊对奥密克戎变异株感染患者的有效性和安全性。共计纳入方舱医院 240 名患者,对照组患者接受支持治疗,试验组患者在支持治疗基础上加用疏风解毒胶囊,为期 7 日。与对照组相比,试验组患者咽痛、咳嗽、疲劳和发烧等症状显著减轻,病毒转阴时间明显缩短。研究结果表明接受疏风解毒胶囊治疗可以使得奥密克戎感染者获益[*Biosci Trends*. 2022,16(3):238-241]。

（3）荆银固表方治疗新型冠状病毒感染轻症患者的随机对照试验。上海中医药大学附属曙光医院高月求团队开展荆银固表方治疗885名新型冠状病毒感染轻症患者的前瞻性、双盲、随机、安慰剂对照试验。结果显示，治疗7日后，与对照组（服用中药安慰剂）相比，试验组患者（接受荆银固表方治疗）的核酸转阴率显著提高，核酸转阴时间和住院天数显著降低。研究结果提示对于新冠病毒感染患者，荆银固表方具有较好的治疗作用，能够提高转阴率，缩短转阴时间且耐受性良好[*Int J Biol Sci*. 2022,18(15):5641-5652]。

（4）紫锥菊预防新冠病毒感染的随机对照试验。保加利亚索非亚临床研究中心 Lilyana Mircheva 团队进行了一项随机、开放、对照、探索性临床研究，以评估紫锥菊在新冠病毒大流行期间的抗病毒作用。该研究共计纳入了120名患者，按照1∶1随机分为紫锥菊预防组和紫锥菊对照组，结果表明在呼吸道感染急性发作期间应用紫锥菊可以显著降低总病毒载量，减少发热天数，研究结果提示紫锥菊具有较好的抗病毒作用（*Front Pharmacol*. 2022,13:856410）。

（5）甘草酸加乳香酸联合治疗新冠病毒感染的随机对照试验。埃及艾斯尤特大学 Adel A. Gomaa 团队发表了甘草酸（glycyrrhizic acid，GR）加乳香酸（boswellic acid，BA）在新冠病毒治疗中潜在的治疗作用。该研究是在埃及苏哈格大学医院进行的一项双盲、随机对照临床试验，纳入了50名通过聚合酶链反应检测确诊的 SARS-CoV-2 或新冠病毒变异株感染者，将其随机分配至服用 GR 加 BA 胶囊组或安慰剂胶囊组，干预组患者于饭后服用60 mg GR 胶囊和200 mg BA 胶囊，每日两次，持续14日。主要结局是患者的死亡率和恢复时间。结果显示，安慰剂组有5例死亡，GR+BA 组无死亡；在恢复时间方面，与安慰剂组相比，GR+BA 胶囊组的恢复时间显著较短。该研究表明 GR+BA 的联合用药可考虑用于轻至中度的 SARS-CoV-2 或新冠病毒变异株感染（*Inflammopharmacology*. 2022,30:477-486）。

（6）清金益气颗粒治疗新冠病毒感染后遗症的随机临床试验。天津中医药大学张伯礼团队主持开展了一项随机、开放性的临床试验，以评价清金益气颗粒治疗新冠病毒感染后遗症的有效性和安全性。纳入两家医院388例轻型、普通型和重型新冠病毒感染后遗症患者，随机接受标准康复治疗（包括呼吸训练和每日2次的八段锦）或联合清金益气颗粒治疗，为期14日。两组患者都不给予任何除本研究用药外的其他草药。与对照组相比，治疗组的改良呼吸困难指数量表和呼吸困难评分量表均显著改善。但两组患者症状评分和6 min步行距离评分方面均未见明显差异（$P>0.05$）。两组患者均未观察到与治疗相关的不良事件。研究结果提示，清金益气颗粒主要可以显著改善新冠病毒感染康复期患者呼吸困难和疲劳症状[*J Evid Based Med*. 2022,15(1):30-38]。

（7）化湿败毒方对重症新冠病毒患者血氧饱和度影响的临床研究。化湿败毒方作为"三药三方"之一，是治疗新冠病毒疫毒闭肺证重型患者的推荐方。然而，目前尚不清楚化湿败毒方是否可以改善血氧饱和度，以及在何时与常规疗法联合使用。中国中医科学院黄璐琦团队开展一项基于真实世界数据的单中心回顾性分析，探讨了化湿败毒方治疗对血氧饱和度的影响。在纳入的111名重症新冠病毒患者中，有46.8%患者仅接受传统治疗（对照组），有53.2%患者在传统治疗的基础上增加了化湿败毒方治疗（治疗组）。与对照组相比，治疗组缓解血氧饱和度的中位时间缩短了4.09日（$P<0.01$）。经过14日治疗后，与对照组相比，治疗组血氧饱和度改善比率为1.20，表明化湿败毒方能有效缩短重症新冠病毒感染患者缓解血氧饱和度时间（*Phytomedicine*. 2022,95:153868）。

（8）含青蒿素的医疗产品ArtemiC口服喷雾剂对新冠患者影响的Ⅱ期前瞻性研究。ArtemiC口服喷雾剂由4种（青蒿素、姜黄素、乳香、维生素C）抗病毒、抗炎和具有免疫调节特性的天然成分组成。以色列拿撒勒E.M.M.S.医院Elias Hellou团队开展了Ⅱ期安慰剂对照、双盲、多中心前瞻性研究评估了ArtemiC口服喷雾剂在新冠患者中的有效性和安全性。此项研究纳入50名SARS-CoV-2感染并因新冠症状住院的成年患者，随机分为2组，除了标准护理治疗外，每日两次接受ArtemiC或安慰剂口服喷雾，连续15日或出院前进行健康监测。研究结果显示该医疗产品在新冠住院患者中是安全、有效、可耐受的，并且在肝脏、肾脏和血液学水平上没有引起不良事件，可能通过防止细胞因子风暴进展来抑制新冠病情恶化[*J Cell Mol Med*. 2022,26(11):3281-3289]。

（六）针刺研究

1. 针灸临床研究

（1）电针治疗抑郁症相关失眠的随机对照临床试验。上海中医药大学徐世芬和吴焕淦团队采用多中心、随机、盲法（针刺安慰剂对照）的临床试验方法，验证电针干预抑郁症相关失眠的有效性和安全性。该研究纳入270例抑郁症相关失眠患者，随机分为电针治疗、假针刺治疗和常规护理3组。受试者进行了为期8周的干预以及为期24周的随访，运用PSQI睡眠指数量表、睡眠严重指数量表、睡眠体动记录仪相关数据等评估睡眠情况，同时对患者的抑郁与焦虑状态进行评估。研究结果表明，抑郁症相关失眠患者每周电针三次，连续治疗8周，共计24次治疗后，患者睡眠质量明显改善，睡眠效率提高，患者抑郁与焦虑状态得以改善，电针治疗作用可以持续到32周，未发现不良反应。该研究为临床应用电针治疗抑郁症失眠提供了临床高级别证据[*JAMA Netw Open*. 2022,5(7):e2220563]。

(2) 针刺改善轻中度克罗恩病患者症状、肠道微生物和炎症的随机对照研究。上海中医药大学包春辉、吴焕淦研究团队筛选了 66 例轻中度活动性克罗恩病且药物治疗无效的患者，将其随机分到针灸组或假针灸组。针灸组采用针刺配合艾灸治疗，每周 3 次，疗程 12 周，随访 36 周。在第 12 周，针灸组的临床缓解率（主要结局）和临床有效率明显高于假针灸组，分别为 42.4% 和 45.5%，且治疗效应均维持到第 48 周。在第 12 周，针灸组的克罗恩病活性指数和 C 反应蛋白水平明显降低，并持续到 36 周的随访结束。针灸组克罗恩病内镜严重程度指数、组织病理学评分及 48 周复发率明显低于对照组。针灸后 12 周，肠道微生物 OTU 的数量、普拉梭菌和粪罗斯氏菌相对丰度增加，血浆二胺氧化酶、脂多糖、Th1/Th17 相关细胞因子浓度降低。研究结果为针灸治疗和缓解活动性克罗恩病患者的症状提供了高质量临床证据支持（*eClinicalMedicine*. 2022, 45:101300）。

(3) 针刺治疗慢性紧张性头痛的随机对照研究。针灸是临床治疗慢性头痛的常用手段，但针刺治疗慢性偏头痛和慢性紧张性头痛的高质量证据仍严重缺乏，尤其是针刺改善慢性紧张性头痛的疗效是否能够持续 6 个月以上一直处于研究空白。成都中医药大学李瑛和郑晖团队研究通过随机对照试验设计，将 218 例慢性紧张性头痛患者随机分为针刺得气组（TA）和浅刺不得气组（SA）。每组患者接受为期 8 周共 20 次的针刺治疗，每位患者均在治疗后继续随访 6 个月。研究发现，TA 组头痛缓解率显著优于 SA 组（68.2% 对比 50%），且 TA 组的每月头痛日数改善值显著优于 SA 组（-13.1 日对比-8.8 日）。研究结果提示针刺得气能显著缓解慢性紧张性头痛，为针刺经典理论"刺之要，气至而有效"提供了临床高质量证据支持[*Neurology*. 2022, 99(14):e1560-e1569]。

(4) 针刺治疗功能性消化不良个体化疗效预测模型初步构建。成都中医药大学曾芳团队基于机器学习算法和 745 例功能性消化不良患者的人口学和基线临床特征建立预测模型，实现对针刺治疗功能性消化不良短期和长期临床疗效的个体化、相对精准预测，并发现疾病亚型、患者性别、受教育程度等特征是准确预测针刺疗效的关键特征。该研究提供了一种前瞻性、个体化预判功能性消化不良患者针刺应答的新方法，将有助于针灸临床客观筛选针刺治疗适宜患者，促进针刺治疗功能性消化不良临床疗效的提升[*EPMA J*. 2022, 13(1):137-147]。

(5) 针刀联合超声波药物渗透治疗膝骨性关节炎的疗效研究。浙江省荣军医院张新根研究团队招募了 75 例膝骨性关节炎患者，并随机分成了针刀联合超声波药物渗透治疗组（41 例）和药物组（34 例）。针刀联合超声波药物渗透治疗组行膝关节局部针刀联合超声波中药渗透治疗 1 周 1 次，共进行 3 周；药物组则餐后口服葡萄糖胺盐酸盐胶囊（750 mg），每日2次,共6周。治疗结束后,针刀联合超声波药物渗透治疗组在缓解WOMAC评分上疗效显著优于药物组,两组有效率分别为86.4%和50%。本研究为针刀联合超声波药物渗透治疗膝骨性关节炎提供了临床观察证据(QJM. 2022:12-16)。

(6) 中医穴位热敷技术促进产后早期康复获得高质量临床研究证据。浙江大学医学院附属妇产科医院曲凡团队联合北京大学、英国伦敦南岸大学和韩国韩医学研究院等单位的研究发现,对经阴道分娩的初产妇分别于产后30 min(神阙、八髎、涌泉穴)、产后24 h(神阙穴)和产后48 h(神阙穴)给予4 h的45±2 ℃穴位热敷,可显著降低产后尿潴留的发生率、明显缓解宫缩疼痛、显著降低产后抑郁发生风险并增加乳汁分泌量,为具有悠久历史和丰富临床实践经验的中医产后康复技术提供了高质量的循证医学证据,为建立科学规范的中医产后干预体系提供了重要基础(JAMA Network Open. 2022,5:e2213261)。

(7) 中医推拿疗法显著改善非特异性颈痛。上海中医药大学房敏和姚斐课题组通过招募102例非特异性颈痛患者,随机分为中医推拿组、推拿结合易筋经功法组。受试者进行了为期8周的干预以及4周的随访,运用视觉模拟疼痛评分、颈椎功能障碍评分、焦虑自我评价量表、肌肉紧张度测试、关节活动度测试等,多维度评估非特异性颈痛临床疗效。研究结果表明,每周3次手法治疗结合易筋经功法锻炼,连续治疗8周后,非特异性颈痛患者颈痛明显减轻,颈部肌肉紧张度和活动度改善,颈部功能障碍和负性情绪症状也有不同程度的缓解,且疗效持续到12周,整个试验未发现不良反应。该研究为中医推拿手法结合易筋经功法治疗非特异性颈痛的有效性及安全性提供了有力证据,为中医非药物疗法国际化推广应用提供支撑[JAMA Netw Open. 2022,5(12):e2246538]。

2. 针灸前沿交叉研究

(1) 摩擦电纳米发电机驱动电针治疗脊髓损伤的研究。电针治疗作为一种特殊的电刺激治疗方法,在生物医学领域有广泛的应用。摩擦电纳米发电机(tribo-electric nanogenerators, TENG)因其高电输出和低成本,引起了人们的极大关注。其电信号可直接用于电刺激治疗。中国科学院北京纳米能源与系统研究所吴治峄、王中林团队和重庆医科大学附属第二医院殷樱团队合作,提出了一种借助TENG技术的电针疗法,通过针刺大鼠的大椎穴和命门穴,接通来自软接触独立旋转TENG(FR-TENG)的双向连续电流进行治疗。研究结果显示,TENG驱动的电针治疗可提高受伤后2周的大鼠步态表现以及Basso-Beattie-Bresnahan评分,并且此改善效果可持续到伤后4周。此外,TENG驱动的电针治疗提高了腹角神经元的存活率,抑制损伤部位的星形胶质细胞活化。因此,TENG驱动的电针治疗对大鼠脊髓损伤具有显著的神经保护作用。该研究不仅证明了TENG驱动的电针治疗创伤性中枢神经系统损伤的可能性,也为中医电针治疗脊髓损伤提供了实验依据(*Mater Today*. 2022,60:41-51)。

(2) 新型中国针灸运载水凝胶实现病灶定位治疗。病灶定位疗法在医疗实践中具有重要意义,然而其临床运用受到机体物理屏障的极大限制。上海交通大学医学院附属瑞金医院/上海市伤骨科研究所(上海市中西医结合防治骨与关节病损重点实验室)崔文国团队针对这一问题,创新性地构建了"水凝胶-中国针灸"体系,利用中国传统针灸的优势微创,精准突破体内物理屏障,将载有缓释药物的水凝胶递送至病灶,利用针灸尖端的螺纹结构成功将其留置于病灶内,实现靶向病灶的定位治疗。体外研究结果表明,螺旋针灸针能够穿透软骨的生理屏障进入骨下,其水凝胶转移效率(73.25%)明显高于传统针灸针(29.92%);体内研究表明,在骨关节炎大鼠模型中,螺纹针灸针能够精确定位至骨下,抑制异常的软骨下骨的重塑过程,减轻了软骨的退变和降解。该研究通过对传统中国针灸进行功能改造,使其具有递送药物、靶向病灶、定位治疗的效果,为克服机体物理屏障,实现病灶定位提供了新思路,也促进了中国针灸生物材料研究的新发展[*Adv Sci*. 2022,9(17):e2200079]。

第八节
中医药医疗科研平台建设

一、国家区域医疗中心

2022年国家发展和改革委员会、国家卫生健康委员会、国家中医药管理局、国务院医改领导小组秘书处组织专家对各地申报的第四批国家区域医疗中心项目建设方案进行了综合评估,公布第四批国家区域医疗中心项目名单,全国14个省份和新疆生产建设兵团的26家医院获批,其中中医类6家,见表3-20。

表3-20 第四批国家区域医疗中心项目名单(中医类)

序号	建设单位
1	北京中医药大学东方医院秦皇岛医院
2	上海中医药大学附属曙光医院安徽医院
3	上海中医药大学附属龙华医院江西医院
4	中国中医科学院广安门医院济南医院
5	广州中医药大学第一附属医院重庆医院
6	天津中医药大学第一附属医院青海医院

在优质医疗资源薄弱地区,坚持"按重点病种选医院、按需求选地区,院地合作、省部共建"的思路,通过建设高水平医院分中心、分支机构、"一院多区"等方式,定向放大国家顶级优质医疗资源。对纳入设置规划的国家区域医疗中心,重点加强业务用房建设、医学装备购置、信息化和科研平台建设,建立远程医疗和教育平台,加快诊疗装备智能化改造升级,使其具备作为输出医院所要求的技术水平、人才储备、临床教学和科研能力,发挥区域医疗卫生

服务体系"头雁"作用。

二、国家医学攻关产教融合创新平台

为深入贯彻落实习近平总书记关于人民健康的重要指示精神，加快建设健康中国、教育强国、科技强国，推动医学领域技术突破性进步和行业高质量发展，2022年8月国家发展改革委办公厅组织以"揭榜挂帅"方式开展国家医学攻关产教融合创新平台建设，设置疫苗研发、肿瘤等重大疾病治疗、医工结合及中医药和中西医结合4个"悬榜"攻关领域。

国家医学攻关产教融合创新平台是国家发展改革委和教育部共同支持，由高校、医院和企业协同开展医学攻关领域人才培养、学科建设、科技攻关的国家级综合性创新平台，促进医学攻关领域教育链、人才链与产业链、创新链有效对接，打造基础研究、应用开发、成果转移和产业化链条，推动相关高校成为加速医学攻关领域创新驱动发展、催化产业技术变革的重要策源地。平台建设的总体考虑是"技术攻关为核心、企业合作为基础、学科提升为保障、人才培养为支撑"，由高校牵头建设运行，企业深度参与，地方政府积极支持。同时，国家相关部门将通过招生计划倾斜、教学资源配置、金融服务、政府采购等多种方式予以统筹支持。

2022年，中医药和中西医结合领域共有4所高校获批，分别是北京中医药大学、上海中医药大学、广州中医药大学、天津中医药大学。

三、国家中医药传承创新中心

国家中医药传承创新中心是"十四五"时期党和国家深化医药卫生体制改革、推动中医药振兴发展的重要举措，重点提升中医药基础研究、优势病种诊疗、高层次人才培养、中医药装备和中药新药研发、科技成果转化等能力，打造"医产学研用"紧密结合的中医药传承创新高地。依托省级及以上中医医疗机构、中医药科研院所，揭榜挂帅、择优选拔。加强中医药研究型门诊和病房、基础医学研究中心、生物信息资源库、循证研究中心、古籍挖掘应用信息库、中药特色制剂研发与中药研究中心、产业创新协作平台、人才培养基地等业务用房建设，加强研究和信息化设备等配备，达到行业先进水平，攻克一批优势病种防治关键技术，转化一批中药新药和中医药特色装备，形成一批高级别专家共识、诊疗方案以及标准指南。

国家发展和改革委员会、国家中医药管理局共同开展国家中医药传承创新中心项目建设，根据《"十四五"优质高效医疗卫生服务体系建设实施方案》（发改社会〔2021〕893号）和

《关于开展国家中医药传承创新中心项目建设单位遴选申报工作的通知》,经综合评审,2022年,联合印发《关于国家中医药传承创新中心项目储备库和培育库的通知》(发改办社会〔2022〕366号),确定30家单位纳入国家中医药传承创新中心项目储备库、16家单位纳入国家中医药传承创新中心项目培育库,见表3-21、3-22。

表3-21 国家中医药传承创新中心项目储备库

序号	地区	单位名称
1	北京市	首都医科大学附属北京中医医院
2	辽宁省	辽宁中医药大学附属医院
3	吉林省	吉林省中医药科学院
4		长春中医药大学附属医院
5	上海市	上海中医药大学附属龙华医院
6		上海中医药大学附属曙光医院
7		上海中医药大学附属岳阳中西医结合医院
8	江苏省	江苏省中医院
9		江苏省中医药研究院
10	浙江省	浙江省中医药研究院
11		浙江中医药大学附属第二医院
12	安徽省	安徽中医药大学第一附属医院
13	福建省	福建中医药大学附属人民医院
14	江西省	江西中医药大学附属医院
15	山东省	山东中医药大学附属医院
16	河南省	河南中医药大学第一附属医院
17	湖北省	湖北省中医院
18	湖南省	湖南中医药大学第一附属医院
19	广东省	广东省中医院
20		广州中医药大学第一附属医院
21	广西壮族自治区	广西壮族自治区药用植物园
22		广西中医药大学第一附属医院
23	重庆市	重庆市中医院
24	四川省	成都中医药大学附属医院
25		四川省中医药科学院
26		西南医科大学附属中医医院
27	陕西省	陕西省中医药研究院
28	中央单位	中国中医科学院西苑医院
29		中国中医科学院广安门医院
30		北京中医药大学东直门医院

表 3-22　国家中医药传承创新中心项目培育库

序号	地区	单位名称
1	河北省	河北省中医院
2	山西省	山西省中医院
3	内蒙古自治区	内蒙古自治区国际蒙医医院
4	黑龙江省	黑龙江中医药大学附属第一医院
5	海南省	海南省中医院
6	贵州省	贵州中医药大学第一附属医院
7	云南省	云南省中医医院
8	西藏自治区	西藏自治区藏医院
9	陕西省	陕西中医药大学附属医院
10	甘肃省	甘肃省中医院
11	青海省	青海省中医院
12	宁夏回族自治区	宁夏回族自治区中医医院暨中医研究院
13	新疆维吾尔自治区	新疆维吾尔自治区中医医院
14	中央单位	中国中医科学院望京医院
15		中国中医科学院眼科医院
16		北京中医药大学东方医院

四、国家中医疫病防治基地

根据《"十四五"优质高效医疗卫生服务体系建设实施方案》(发改社会〔2021〕893号)，按照平战结合、专兼结合、协调联动、快速反应的总体要求，充分总结新冠病毒疫情防控救治工作经验，认真开展中医疫病防治能力建设，发挥中医药在应对新发突发传染病等重大公共卫生事件的独特作用，带动提升区域内中医疫病防治能力，国家发展和改革委员会、国家中医药管理局2022年审核确定31家建设单位纳入国家中医疫病防治基地项目储备库，见表3-23。

表 3-23　国家中医疫病防治基地项目储备库

序号	建设单位	序号	建设单位
1	首都医科大学附属北京中医医院	7	长春中医药大学附属医院
2	天津中医药大学第一附属医院	8	黑龙江省中医医院
3	河北省中医院	9	上海中医药大学附属曙光医院
4	山西省中医院	10	江苏省中医院
5	内蒙古自治区中医医院	11	浙江省中医院
6	辽宁中医药大学附属医院	12	安徽中医药大学第一附属医院

续 表

序号	建设单位	序号	建设单位
13	福建中医药大学附属人民医院	23	贵州中医药大学第一附属医院
14	山东中医药大学附属医院	24	云南省中医医院
15	河南中医药大学第一附属医院	25	西藏自治区藏医院
16	湖北省中医院	26	陕西中医药大学附属医院
17	湖南中医药大学第二附属医院	27	甘肃中医药大学附属医院
18	广东省中医院	28	青海省中医院
19	广西中医药大学附属瑞康医院	29	宁夏回族自治区中医医院暨中医研究院
20	海南省中医院	30	新疆维吾尔自治区维吾尔医院
21	重庆市中医院	31	新疆生产建设兵团奎屯中医院
22	成都中医药大学附属医院		

五、国家中医药管理局中药炮制技术传承基地

2022年国家中医药管理局批准74家中药炮制技术传承基地建设项目单位,分别围绕技术传承、文化传承、人才传承、转化应用等四个方面开展建设,见表3-24。

表3-24 2022年中药炮制技术传承基地建设单位名单

序号	省(区、市)	承担单位
1	中央单位	北京中医药大学
2		北京中医药大学东方医院
3		中国中医科学院中药研究所
4		中国中医科学院西苑医院
5		中国中医科学院广安门医院
6	北京	中国北京同仁堂(集团)有限责任公司
7		北京华邈中药工程技术中心
8		首都医科大学
9		北京市中医药研究院
10	天津	天津中医药大学
11	河北	河北中医学院
12	山西	山西中医药大学
13		太原侯丽萍风湿骨病中医医院有限公司
14	内蒙古	内蒙古自治区中医药研究所
15	辽宁	辽宁中医药大学
16	吉林	长春中医药大学
17	黑龙江	黑龙江中医药大学
18	上海	上海中医药大学

续 表

序号	省(区、市)	承担单位
19		南京中医药大学
20	江苏	江苏省中医院
21		常州市中医医院
22	浙江	浙江中医药大学附属第一医院
23		浙江省中医院研究院(浙江省立同德医院)
24		安徽中医药大学第一附属医院
25	安徽	安徽中医药大学
26		芜湖市中医药高等专科学校
27		安徽普仁中药饮片有限公司
28	福建	福建中医药大学
29	江西	江西中医药大学
30		江西中医药大学附属医院
31		山东中医药大学
32		山东中医药高等专科学校
33		山东省中医药研究院
34		山东中医药大学附属医院
35		济南市中医医院
36	山东	烟台市中医医院
37		日照市中医医院
38		平邑县中医医院
39		青岛市中医医院
40		山东建联盛嘉中药有限公司中药饮片厂
41		山东百味堂中药饮片有限公司
42		山东博康中药饮片有限公司
43		河南中医药大学第一附属医院
44	河南	河南中医药大学
45		南阳市中医医院
46		湖北中医药大学
47	湖北	湖北省中医院
48		武汉市中医医院
49		湖南中医药大学
50	湖南	湖南中医药大学第一附属医院
51		湖南省中医药研究院附属医院
52		衡阳市中医医院
53	广东	广州中医药大学
54		广东省中医院
55	广西	广西药用植物园
56		广西中医药大学

续 表

序号	省(区、市)	承担单位
57	海南	三亚市中医院
58		海南省中医院
59	重庆	重庆市中医院
60		重庆市北碚区中医院
61	四川	成都中医药大学
62	贵州	贵州中医药大学
63	云南	云南中医药大学
64	西藏	西藏自治区藏医院
65	陕西	陕西中医药大学
66	甘肃	甘肃中医药大学附属医院
67		甘肃中医药大学
68	青海	青海省藏医院
69	宁夏	宁夏回族自治区中医医院暨中医研究院
70		银川市中医医院
71	新疆	新疆维吾尔自治区中医医院
72		新疆维吾尔自治区维吾尔医医院
73		乌鲁木齐市中医医院
74		新疆维吾尔自治区药物研究所

2022
中医药发展报告

第四章
中医药行业产业发展情况

第一节
中医临床诊疗状况分析

一、门诊及住院服务量

(一) 中医类医疗服务总量

2022年全国中医类诊疗量①12.3亿人次,比上年增加0.2亿人次;中医类总诊疗量占全国总诊疗量的17.2%,较2021年增加0.3个百分点。其中中医类医疗机构9.0亿人次,其他医疗卫生机构中医类临床科室3.2亿人次(见表4-1、图4-1)。

2022年全国中医类出院人数3861.3万人,比上年增加60.2万人;中医出院人数占全国总出院人数比重为15.8%,较2021年增加0.4个百分点(见表4-1、图4-2)。

表4-1 全国中医类医疗服务量

	诊疗量(万人次)		出院人数(万人)	
	2022年	2021年	2022年	2021年
中医类医疗服务量	122 504.6	120 233.0	3 861.3	3 801.1
中医类医院	69 181.1	68 912.9	3 178.9	3 151.9
中医医院	59 937.2	59 667.8	2 782.8	2 756.4
中西医结合医院	7 717.2	7 790.1	318.9	315.5
民族医医院	1 526.7	1 455.0	77.2	79.9
中医类门诊部	3 508.4	3 505.9	0.4	0.8
中医门诊部	3 128.5	3 104.9	0.1	0.3
中西医结合门诊部	374.2	394.8	0.2	0.4
民族医门诊部	5.6	6.2	0.1	0.1

---

① 中医类诊疗量:包括中医类医疗机构诊疗量和其他医疗机构中医类临床科室门急诊人次数,不含村卫生室人次数。

续　表

	诊疗量(万人次)		出院人数(万人)	
	2022年	2021年	2022年	2021年
中医类诊所	17 704.5	16 875.7	—	—
中医诊所	13 320.0	13 256.9	—	—
中西医结合诊所	2 999.8	2 918.3	—	—
民族医诊所	102.6	122.0	—	—
中医诊所(备案)	1 282.2	578.5	—	—
其他医疗卫生机构中医类临床科室	32 110.7	30 938.4	681.9	648.4
中医类医疗服务量占医疗服务总量的百分比(%)	17.2	16.9	15.8	15.4

注:本表不含村卫生室数据

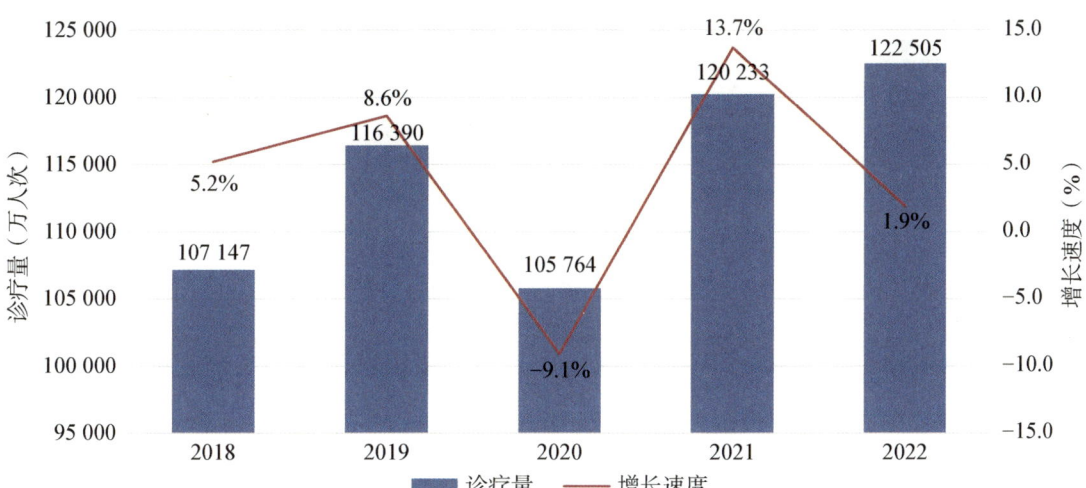

图4-1　全国中医类诊疗量及增速

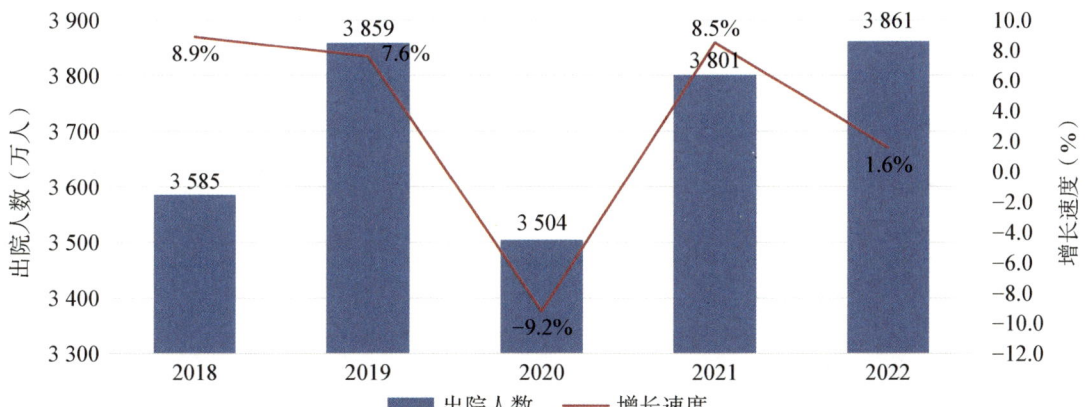

图4-2　全国中医类出院人数及增长速度

（二）中医类医疗机构服务量

1. 中医类医院诊疗量

2022年全国中医类医院诊疗量69 181.1万人次，比上年增加268.2万人次，中医类医院门急诊人次数中的诊疗服务人次占比情况见表4-2。

表4-2 2022年中医类医院诊疗服务人次占比情况

中医类医院诊疗服务情况	2022年	2021年
全国中医类医院诊疗量（万人次）	69 181.1	68 912.9
应用中药饮片诊疗人次占比（%）	30.3	29.7
中医非药物疗法诊疗人次数①占比（%）	16.1	16.2
门诊中医非药物疗法治疗人次数②占比（%）	53.3	49.3
专家门诊人次数占比（%）	29.4	29.6
特需门诊人次数占比（%）	1.5	—
互联网诊疗服务人次数占比（%）	1.3	1.4
发热门诊诊疗人次数占比（%）	2.5	1.3

实施中医临床路径管理的科室数占比90.0%，实施中医临床路径管理的病种数占比75.2%，门诊应执行中医临床路径的病例数占比73.6%，门诊执行中医临床路径实际入径病例数占比75.5%，门诊执行中医临床路径实际完成路径病例数占比75.5%。

2. 中医类医院出院人数

2022年全国中医类医院出院人数3 178.9万人，比上年增加27.0万人。特需病房出院人数占比0.7%，疑难危重病出院人数占比11.8%，急诊入院的出院人数占比12.0%，县域外出院人数占比16.7%。

3. 中医类医院中医住院服务情况

2022年中医类医院出院人数中，以中医为主治疗的出院人数占比30.99%，使用各种中医类服务的住院人数占比情况见表4-3。

---

① 指门诊接受中医非药物疗法诊疗的人次总数（以挂号人次计）。如门诊患者同日同科（一个号）接受两种以上中医医疗技术的，按1人次计算。
② 指采用中医非药物方法质量的门诊人次总数（以实际质量人次计）。如挂号1次，实际治疗10次，按10次计。

表 4-3 2022 年中医类医院出院中医类服务情况

中医类医院住院中医类服务情况	2022 年
以中医为主治疗的出院人数占比(%)	31.0
使用中药饮片的出院人数占比(%)	64.7
使用中医医疗技术的出院人数占比(%)	72.6
使用中医诊疗设备的出院人数占比(%)	58.8
使用医疗机构中药制剂的出院人数占比(%)	15.7
病房中医护理技术治疗人数(万人)	2 185.2

住院应执行中医临床路径的病例数占比 87.1%,住院执行中医临床路径实际入径病例数占比 87.1%,住院执行中医临床路径实际完成路径病例数占比 86.9%。

4. 住院患者手术治疗情况

中医参与手术治疗人数占比[①] 73.2%。三、四级手术治疗人数占比 44.3%,其中,中医参与三、四级手术治疗人数占比 81.4%。中医参与日间手术治疗人数占比 55.5%。

5. 重症监护服务及救治危重患者情况

重症监护病房中医参与治疗的患者数占比 73.2%,住院危重患者抢救成功人次数占比 86.1%。

(三) 非中医类机构服务量

2022 年,非中医类医疗卫生机构中医类临床科室门急诊人次总计 32 110.7 万人次,出院人数总计 681.9 万人。

1. 非中医类医院中医类临床科室服务量

2022 年,综合医院、专科医院中医类临床科室门急诊人次数分别为 10 106.8 万人次、843.8 万人次,占同类机构总诊疗量的 3.7%、2.1%。

2022 年,全国综合医院、专科医院中医类临床科室出院人数为 325.8 万人、40.1 万人。

2. 基层医疗卫生机构中医类临床科室服务量

2022 年,社区卫生服务中心(站)、乡镇卫生院中医类临床科室门急诊人次数分别为 8 526.0 万人次、10 904.3 万人次。其中,社区卫生服务中心、社区卫生服务站中医类临床科室诊疗量分别占同类机构总诊疗量的 10.2%、10.3%(其他医疗机构暂无占比数据)。

---

① 按出院病例统计,本年度所有住院后出院的手术患者中使用中药、中医非药物疗法的人数占本年度所有住院后出院的手术患者人数的比例。

2022年,各基层医疗卫生机构中医类临床科室中医诊疗人次数分别为:社区卫生服务中心20726.0万人次、乡镇卫生院32954.0万人次、社区卫生服务站4705.0万人次,具体诊疗情况占比见表4-4。各基层医疗卫生机构中医综合服务区诊疗人次数分别为:乡镇卫生院14024.4万人次、社区卫生服务中心9020.0万人次;中医综合服务区治未病诊疗人次数分别为:乡镇卫生院2279.0万人次、社区卫生服务中心1970.2万人次;应用中医非药物疗法诊疗人次数分别为:社区卫生服务中心4686.3万人次、乡镇卫生院5827.6万人次、社区卫生服务站1002.7万人次、村卫生室710.4万人次。

表4-4 2022年基层医疗卫生机构中医类临床科室中医诊疗情况

中医诊疗情况	社区卫生服务中心	社区卫生服务站	乡镇卫生院
中医诊疗人次数(万人次)	20726.0	4705.0	32954.0
应用中药饮片诊疗人次数占比(%)	17.3	26.0	22.0
应用中成药诊疗人次占比(%)	58.3	50.7	57.7
应用中医非药物疗法诊疗人次数占比(%)	22.6	21.3	17.7

2022年基层医疗卫生机构中医类临床科室门急诊处方数分别为:社区卫生服务中心57553.3万张、乡镇卫生院111928.8万张、社区卫生服务站12463.4万张,其中,中药饮片、中成药、中药制剂处方数占比见表4-5。

表4-5 2022年基层医疗卫生机构中医类临床科室门急诊处方情况

门急诊处方情况	社区卫生服务中心	社区卫生服务站	乡镇卫生院
门急诊处方数(万张)	57553.3	12463.4	111928.8
中药饮片处方数占比(%)	7.6	13.0	10.1
中成药处方数占比(%)	28.5	26.7	25.8
中药制剂处方数占比(%)	0.8	2.3	1.2

从服务内容看,2022年基层医疗卫生机构中医类临床科室上门中医药服务人次数分别为:社区卫生服务中心1050.1万人次、乡镇卫生院10757.1万人次、社区卫生服务站252.7万人次。

开展的各种中医药服务内容人数占比情况见表4-6。

表 4-6 2022 年基层医疗卫生机构中医类临床科室服务内容情况

中医类临床科室服务内容情况	社区卫生服务中心	社区卫生服务站	乡镇卫生院
上门中医药服务人次数(万人次)	1050.1	252.7	10 757.1
年末开展中医药健康管理服务项目 0—3 岁儿童中医调养人数占比(%)	77.7	63.6	74.7
年末开展中医药健康管理服务项目 65 岁以上老人中医体质辨识人数占比(%)	68.0	68.0	74.2
年末孕产妇早孕中医药管理人数占比(%)	51.9	57.1	52.6
年末高血压患者中医药管理人数占比(%)	60.7	68.2	64.5
年末糖尿病患者中医药管理人数占比(%)	61.4	68.3	63.5
年末有中医体质辨识的居民健康档案累计建档人数占比(%)	18.7	24.4	27.2

2022 年,社区卫生服务中心(站)、乡镇卫生院中医类临床科室出院人数人别为 30.4 万人、275.8 万人。

3. 村卫生室中医药服务量

2022 年村卫生室中医诊疗量达 56 105.7 万人次①,占村卫生室诊疗量的 43.8%(见表 4-7)。其中,应用中药饮片诊疗人次数占比 18.7%,应用中成药诊疗人次占比 62.9%,应用中医非药物疗法诊疗人次数占比 14.8%;门急诊中药饮片处方数占比 8.72%,中成药处方数占比 28.7%。

表 4-7 村卫生室中医药服务情况

中医药服务情况	2022 年	2021 年
中医诊疗量(万人次)	56 105.7	57 616.3
以中医为主的诊疗量(万人次)	3 902.5	4 164.0
以中西医结合为主的诊疗量(万人次)	52 155.4	53 403.0
以民族医为主的诊疗量(万人次)	47.7	49.3
中医占村卫生室诊疗量比重(%)	43.8	42.9

4. 基层医疗卫生机构家庭医生签约中医药服务情况

各类基层医疗卫生机构家庭医生签约中医药服务人次数占家庭医生签约服务人次数比例分别为:社区卫生服务中心 34.81%、乡镇卫生院 27.03%。

---

① 数据来源:国家卫生健康委员会。

二、中医药治未病、康复、养老服务情况

2022年开展治未病服务的中医类医院数3 117个,占比51.9%,治未病服务人次1 747.1万人次(见表4-8)。

2022年设置康复医学科的中医类医院数3 733个,占62.2%。

2022年设置老年病科的中医类医院数2 505个,占41.7%。

表4-8 中医药治未病、康复、养老服务情况

中医药诊疗类型	2022年	2021年
中医药治未病服务情况		
开展治未病服务的中医类医院数(个)	3 117	3 380
开展治未病服务的中医类医院数占比(%)	51.9	59.1
治未病服务人次数(万人次)	1 747.1	2 337.1
中医药康复服务情况		
设置康复医学科的中医类医院数(个)	3 733	2 645
设置康复医学科的中医类医院占比(%)	62.2	46.3
康复医学科实有床位数(万张)	—	7.4
康复医学科门急诊人次数(万人次)	—	1 169.6
康复医学科出院人数(万人)	—	127.3
中医药养老服务情况		
设置老年病科的中医类医院数(个)	2 505	1 457
设置老年病科的中医类医院占比(%)	41.7	25.5
老年病科实有床位数(万张)	—	3.9
老年病科门急诊人次数(万人次)	—	1 064.8
老年病科出院人数(万人)	—	92.7

第二节
中药工业运行分析

根据国家统计分类,中药工业包括中成药生产和中药饮片加工。2022年,中药工业营业收入为7542.8亿元,同比增长5.6%,其中,中成药生产营业收入为5313.6亿元,同比增长5.6%;中药饮片加工营业收入为2229.2亿元,同比增长5.5%。2022年,中药工业利润总额为949.3亿元,同比下降8.5%。其中,中成药生产利润总额为778.2亿元,同比下降1.1%;中药饮片加工利润总额为171.1亿元,同比下降31.9%。中药工业利润下降的主要原因是中药材涨价,不仅与新冠疫情防控相关的产品荆芥、连翘等价格大幅上涨,其他大宗药材、进口药材也出现较广泛的价格上涨,直接影响企业生产成本和利润水平。中药工业的经济指标也受到产品产量下降的影响。

根据国家药监局发布的《药品监督管理统计年度数据(2022年)》,截至2022年底,全国有效期内生产中成药的企业有2319家,占全国药品生产企业总数的29.1%,中药生产企业4569家(其中含中药饮片生产企业2250家),占全国药品生产企业总数的57.3%。专营中药材、中药饮片的药品经营企业486家,其中批发企业459家,零售连锁企业27家。根据《2022国家中药监管蓝皮书》,截至2022年12月31日,全国已完成上市备案的中药配方颗粒生产企业有73家。

一、中药工业营业收入增速高于医药工业

2022年,中药工业营业收入同比增速高于医药工业整体增速,中药工业营业收入在医药工业中的比重较2021年增加近2个百分点。2022年全年医药工业营业收入33633.7亿元,同比增长0.5%,增速较上年同期下降了18.2个百分点,低于全国规模以上工业企业营业收入同期增速5.4个百分点。医药工业九大子行业中,生物药品制品制造营业收入出现

负增长，中成药生产、中药饮片加工、化学药品制剂制造等子行业维持低速增长。

二、中药工业利润总额同比下降

2022年，中药工业利润总额同比下降，但表现仍优于医药工业整体，中药工业利润总额在医药工业中的比重较2021年增加约4.2个百分点。2022年全年医药工业实现利润5153.6亿元，同比下降26.3%，低于全国规模以上工业企业利润总额同期增速22.3个百分点。医药工业的利润总额下滑主要受疫苗需求下降影响，与2021年对新冠疫苗的暴发式增长相比，2022年生物药品制品制造利润总额同比下降显著。

三、中药工业顶层设计进一步完善

2022年政府工作任务中指出，坚持预防为主，加强健康教育和健康管理，深入推进健康中国行动。坚持中西医并重，加大中医药振兴发展支持力度。国务院办公厅印发《"十四五"中医药发展规划》，对"十四五"时期中医药工作进行全面部署。该规划明确，到2025年，中医药健康服务能力明显增强，中医药高质量发展政策和体系进一步完善，中医药振兴发展取得积极成效，在健康中国建设中的独特优势得到充分发挥。工业和信息化部、国家发展和改革委等九部门印发《"十四五"医药工业发展规划》，指出推进中药守正创新，开发与中药临床定位相适应、体现其作用特点和优势的中药新药。国家中医药管理局《"十四五"中医药信息化发展规划》提出，夯实中医药信息化发展基础，深化数字便民惠民服务，加强中医药数据资源治理，推进中医药数据资源创新应用等。

四、中药工业发展展望

国家层面和各省市不断推出支持中药工业发展的利好政策举措，中药工业发展前景向好。未来中药工业发展将体现在四个趋势：一是药材资源成为工业企业布局重点，主要体现在对中药材质量水平的提升、质量追溯和价格控制上，新版《中华人民共和国药典》的实施，促使企业提高了对中药材的质量要求。二是随着中药注册管理不断优化，中药新药创制将更为活跃，中药企业将加强新产品的研发与推广。三是中成药集采的推进影响国内市场格局和企业格局，也进一步净化行业环境。四是随着中医药养生保健服务有序发展，中医药与相关业态持续融合发展，中药企业的跨界合作也将更频繁。

第三节
中药上市企业年报分析

本节基于中国境内上市的 74 家中药企业 2022 年报数据开展统计分析。

74 家上市企业主营业务以中药工业为主,部分企业业务涉及化药、生物制品、医疗器械和药品流通等领域。2022 年,74 家上市中药企业总市值 1.04 万亿元(2022 年末),累计实现营收 3495.49 亿元,归母净利润合计 241.1 亿元,平均净利润率 6.9%,平均研发费用率 3.87%。

一、总体市值下降,个股逆势上扬

截至 2022 年末,74 家境内上市中药企业总市值 1.04 万亿元,较年初的 1.18 万亿下降 13.46%。其中,片仔癀以总市值 1740.33 亿元领跑中医药板块,以岭药业以总市值 500.54 亿元冲进前四。云南白药和同仁堂排名第二和第三,市值分别为 976.77 亿元、612.77 亿元。前十位中药企业总市值共达 5831.88 亿元,占全部中药企业市值的 56.32%,见表 4-9。其中以岭药业、华润三九、步长制药三家市值增长分别为 54.66%、39.77%、1.53%,另外 7 家公司均有不同程度下降。

根据《中国证券报》报道,2022 年末 A 股总市值较年初减少 16.21 万亿元,降幅达 13.63%,而生物医药板块总市值较年初下降 12.01%。

从生物医药板块细分行业来看,化药企业总市值下降 15.84%,生物制品企业总市值 10.07%,医疗服务企业总市值下降 19.25%,医疗器械总市值下降 8.25%,只有医药商业企业总市值上涨 7.85%。中药企业总市值变化与 A 股及生物医药板块总体变动幅度相当。

表 4-9　2022 年境内上市中药企业市值排名前 10 统计

企业	2022 年末市值（亿元）	2022 年初市值（亿元）	市值变化（亿元）	涨幅（%）
片仔癀	1740.33	2552.21	−811.88	−33.77
云南白药	976.77	1244.15	−267.38	−25.71
同仁堂	612.77	560.79	51.98	−0.07
以岭药业	500.54	307.41	193.13	54.66
白云山	463.99	491.71	−27.71	−10.94
华润三九	462.64	304.73	157.91	39.77
康美	305.01	407.60	−102.59	−28.80
东阿阿胶	266.19	299.28	−33.09	−14.99
济川药业	250.92	228.82	22.20	−1.10
步长制药	232.38	230.37	2.01	1.53

二、营收稳定增长，增速有所减缓

74 家上市中药企业营收总额 3 495.49 亿元，与 2021 年的 3 360.27 亿元相比，同比增长 4.02%，但与 2021 年相比增速明显放缓。其中实现正增长 51 家，占比 68.92%，负增长 23 家，占比 31.08%。全年营收增速超过 10% 的共有 23 家，超过 20% 的有 7 家，数量相较于 2021 年明显下降。营收增幅最高的是陇神戎发（＋43.58%）、江中药业（＋32.63%）和贵州三力（＋27.94%），见表 4-10。

表 4-10　2022 年境内上市中药企业营收增速排位前 10 统计

序号	企业名称	总营收（亿元）	营收增长率（%）
1	陇神戎发	4.13	43.58
2	江中药业	38.12	32.63
3	贵州三力	12.01	27.94
4	佛慈制药	10.19	24.65
5	吉林敖东	28.68	24.50
6	以岭药业	125.33	23.88
7	佐力药业	18.05	23.86
8	太龙药业	19.61	22.20
9	西藏药业	25.55	19.45
10	达仁堂	82.49	19.42

2022年,全年营收过百亿元的中药上市企业有7家,过10亿元的企业49家,数量与2021年相近。营收过百亿元的7家企业全年营收总额1823亿元,与2021年的1735亿元相比增长5.01%。除步长制药营收有所降低外,其余6家都为正增长,其中3家增长超过2位数,继续保持行业领先地位,见表4-11。

表4-11 2022年境内上市中药企业营收超百亿元企业统计

序号	企业名称	总营收(亿元)	营收增长率(%)
1	白云山	707.88	2.57
2	云南白药	364.88	0.31
3	华润三九	180.79	16.31
4	同仁堂	153.72	5.27
5	步长制药	149.51	−5.15
6	太极集团	140.51	15.65
7	以岭药业	125.33	23.88

三、成本影响显现,行业利润略降

74家境内上市中药企业中,有69家在年报中披露了利润数据。2022年,69家企业利润总额270.20亿元,与2021年的274.99亿元相比下降0.79%。74家企业利润增长的有60家,占比81.08%;同比下降的有14家,占比21.62%。74家企业营业收入增长超过4%,利润却同比下降近38%,表现为增收不增利。根据《中国医药工业运行情况》披露,2022年中成药生产、中药饮片加工2个子行业营业收入同比增长分别为5.6%、5.5%,是增长较快的2个子行业,但利润却分别同比下降1.1%、31.9%,下降的重要原因为中药材价格上涨,成本显著增加。

2022年利润超过10亿元的企业有8家,相较于2021年减少2家;8家净利润合计195.36亿元,同比2021年的169.53亿元增长15.24%。2022年利润排名前十的企业中,前三位名次未发生变化,白云山再次蝉联第一,全年利润总额为39.66亿元;云南白药仍为第二,全年利润总额为30.01亿元;片仔癀以全年利润总额25.23亿排行第三;华润三九相较于2021年第五位上升到第四位,全年利润总额24.49亿元;以岭药业上升到第五位,利润总额为23.61亿元;济川药业上升到第六位,全年利润总额为20.28亿元;吉林敖东位列第七,全年利润总额为17.80亿元;同仁堂上升到第八位,全年利润总额为14.25亿元;葵花药业、东阿阿胶排位第九、第十。排名前10企业全年利润均为正增长,利润增幅最高为东阿阿胶77.10%,最低为吉林敖东0.01%,见表4-12。

表 4-12　2022 年利润排位前 10 位中药企业统计

序号	企业名称	利润(亿元)	利润增长率(%)
1	白云山	39.67	6.63
2	云南白药	30.01	7.00
3	片仔癀	25.23	2.36
4	华润三九	24.49	19.16
5	以岭药业	23.62	75.75
6	济川药业	20.29	30.30
7	吉林敖东	17.81	0.01
8	同仁堂	14.26	16.17
9	葵花药业	8.67	23.05
10	东阿阿胶	7.80	77.10

2022 年 74 家境内上市中药企业有 60 家企业全年利润总额为正,14 家企业发生亏损。剔除 6 家未公布利润增长率企业,全年利润增幅最大企业为嘉应制药,增长率为 15 489.86%,其次为西藏药业和陇神戎发,见表 4-13。

表 4-13　2022 年利润增幅排位前 10 位中药企业统计

序号	企业名称	利润(亿元)	利润增长率(%)
1	嘉应制药	0.44	15 489.86
2	西藏药业	3.69	453.58
3	陇神戎发	0.18	206.98
4	康恩贝	4.83	205.39
5	东阿阿胶	7.80	77.10
6	以岭药业	23.62	75.75
7	方盛制药	1.07	69.03
8	佐力药业	3.24	45.80
9	珍宝岛药业	1.85	44.18
10	特一药业	1.78	40.41

四、研发费用总体增长,部分企业增幅较高

74 家上市中药企业 2022 年平均研发费用率为 3.87%,与 2021 年的 3.44% 相比有所增长;研发费用总额 100.5 亿元,较 2021 年增长 9.69%。研发费用增长的有 49 家,占比 66.22%,减少的有 25 家,占比 33.78%。研发投入过 10 亿元仅以岭药业,过亿企业有 25 家,但也有 8 家企业研发投入不足千万。74 家企业中,中药头部企业研发投入增长较快,

2022年研发投入前10企业研发费用55.36亿元,相较于2021年增长13.72%。其中,增幅较大的为天士力(+45.68%)、以岭药业(+30.28%)、康缘药业(+21.29%)和红日药业(+16.39%)。此外,太龙药业、同仁堂、羚锐制药、吉林敖东的研发费用涨幅超过3500万元。74家企业中研发费用率最高企业为龙津药业(20.29%),研发费用率超过10%的中药企业还有康缘药业(13.92%)、华森制药(11.88%)、桂林三金(11.07%),见表4-14、4-15。

表4-14 2022年研发费用超2亿元上市中药企业统计

序号	企业名称	研发经费(亿元)	研发经费增长率(%)	研发费用率(%)
1	以岭药业	10.32	30.28	8.23
2	天士力	8.44	45.68	9.82
3	白云山	8.19	6.32	1.16
4	康缘药业	6.06	21.29	13.92
5	华润三九	5.94	6.02	3.29
6	济川药业	5.53	5.70	6.15
7	云南白药	3.37	1.62	0.92
8	步长制药	2.84	−30.47	1.90
9	红日药业	2.37	16.39	3.56
10	片仔癀	2.30	15.30	2.65
11	同仁堂	2.17	23.59	1.41
12	桂林三金	2.17	7.20	11.07

表4-15 2022年研发费用率排名前10上市中药企业统计

排序	企业名称	总营收(亿元)	研发经费投入(亿元)	费用率(%)
1	龙津药业	1.23	0.25	20.29
2	康缘药业	43.51	6.06	13.92
3	华森制药	7.85	0.93	11.88
4	桂林三金	19.60	2.17	11.07
5	天士力	85.93	8.44	9.82
6	以岭药业	125.33	10.32	8.23
7	唯康药业	5.31	0.39	7.40
8	葫芦娃	15.15	1.06	6.97
9	济川药业	89.96	5.53	6.15
10	太龙药业	19.61	1.17	5.94

五、政策利好频出,企业集聚显现

近年来,国家大力支持中医药事业发展,利好政策频出,中药产业迎来了新的发展机遇期。特别是中医药在抗击新冠疫情方面发挥了重要作用,其防治疾病、维护健康的价值受到人民群众的广泛认可。

从营收、利润、研发费用三项指标来看,74家企业的头部企业,无论是规模、盈利能力和未来发展潜力都显示出更大的优势,在推动整个中药产业发展中起到引领示范作用。2022年年报数据显示,7家过百亿公司的营收占74家上市公司总营收的52.14%;全年利润超过10亿元的8家企业,净利润合计195.37亿元,占74家上市企业总利润的70.84%;研发费用投入前10家企业的总研发费用合计55.36亿元,占74家上市企业总研发费用的57.35%。此外,根据国家药品监督管理局药品审评中心(center for drug evaluation,CDE)审评中心公布的受理品种信息显示,2022年与中药新药临床试验申请(investigational new drug application,IND)、新药生产上市申请(new drug application,NDA)申请合计共65项,其中18项由上市公司单独发起或联合其他医药科技公司申请,占比27.69%,其中康缘药业囊括2项NDA及5项IND,以岭药业获批1项NDA及3项IND。

正如《大国底蕴,历久弥新:中国中药产业现代化发展新机遇》报告中指出"头部企业中国中药、白云山、华润三九、云南白药、片仔癀和同仁堂的总市场占有率约60%",呈现出一定的集聚效应,有利于培育国际医药市场竞争力的现代中药大企业。

第四节
中药新药审评审批

当前中医药事业发展迎来新的历史机遇,促进中医药传承创新发展是党中央做出的重大决策,中药监管工作正在全方位迈入新的历史发展阶段。2022年,中药传承创新发展继续深入,中药审评审批制度改革持续深化,中药标准体系日益健全,中药全生命周期监管体系不断完善,中药监管事业和中药产业发展都取得了显著成效。

一、中药新药审评审批制度改革

为贯彻落实《中共中央 国务院关于促进中医药传承创新发展的意见》,遵循中医药发展规律,突出中药特色,国家药监局组织起草了《中药注册管理专门规定(征求意见稿)》,并于2022年11月11日第二次公开征求意见。该文件的发布实施,将加快推进中医药理论、人用经验、临床试验"三结合"审评证据体系建设,建立完善以临床价值为导向的多元化中药评价技术标准和临床疗效评价方法。

2022年,药品监管部门深入贯彻习近平总书记关于药品安全监管、中医药工作的重要指示批示精神,扎实落实党中央、国务院决策部署,严格落实"四个最严"要求,深化中药审评审批制度改革,健全中药全链条、全生命周期监管体系,全力服务保障疫情防控大局,深入推进具有中国特色的中药监管科学体系建设,有力保障了人民群众用药安全有效,中药监管事业得到新发展。这一年,法规制度建设取得新进展,中药审评审批制度改革取得新成绩,中药在疫情防控中展现新作为,中药质量安全监管开创新局面,中药标准体系建设凸显新亮点,中药科学监管能力获得新提升,中药监管工作迈上新台阶。

二、中药新药获批情况分析

2022年批准10个(以受理号计)中药新药上市,其中创新药品种5个、按古代经典名方目录管理的中药复方制剂(即中药3.1类新药)1个、其他来源于古代经典名方的中药复方制剂(即中药3.2类新药)1个,见表4-16。

表4-16 2022年获批上市中药新药情况

序号	药品名称	功能主治	上市许可持有人	注册分类
1	参葛补肾胶囊	益气,养阴,补肾。用于轻、中度抑郁症中医辨证属气阴两虚、肾气不足证	新疆华春生物药业股份有限公司	1.1类
2	芪胶调经颗粒	益气补血,止血调经。用于上环所致经期延长中医辨证属气血两虚证	湖南安邦制药股份有限公司	原6.1类
3	淫羊藿素	/	山东珅诺基药业有限公司	1.2类
4	淫羊藿素软胶囊	用于不适合或患者拒绝接受标准治疗,且既往未接受过全身系统性治疗的、不可切除的肝细胞癌	北京珅诺基医药科技有限公司	1.2类
5	广金钱草总黄酮提取物	/	武汉光谷人福生物医药有限公司	1.2类
6	广金钱草总黄酮胶囊	用于输尿管结石中医辨证属湿热蕴结证患者的治疗	武汉光谷人福生物医药有限公司	1.2类
7	黄蜀葵花总黄酮提取物	/	杭州康恩贝制药有限公司	原5类
8	黄蜀葵花总黄酮口腔贴片	用于心脾积热所致轻型复发性口腔溃疡,症见口腔黏膜溃疡,局部红肿、灼热疼痛等	杭州康恩贝制药有限公司	原5类
9	苓桂术甘颗粒	温阳化饮,健脾利湿。该药品处方来源于汉代张仲景《金匮要略》,已列入《古代经典名方目录(第一批)》为温化水湿的代表方	江苏康缘药业股份有限公司	3.1类
10	散寒化湿颗粒	用于寒湿郁肺所致疫病	江苏康缘药业股份有限公司	3.2类

三、中药新药注册情况分析

新的审评审批机制下,中药企业创新活力得到初步释放,近年中药注册申请数量呈上升趋势。2022年,受理中药注册申请共1558件(以受理号计,下同)。以注册申请类别统计,受理中药新药临床试验申请57件(包括创新中药39件),新药上市许可申请14件(包括创新中药10件),同名同方药上市许可申请2件,补充申请344件,境外生产药品再注册申请4件,直接行政审批1137件[①]。2022年中药各类注册申请受理情况见图4-3。

---

① 引自《2022国家中药监管蓝皮书》。

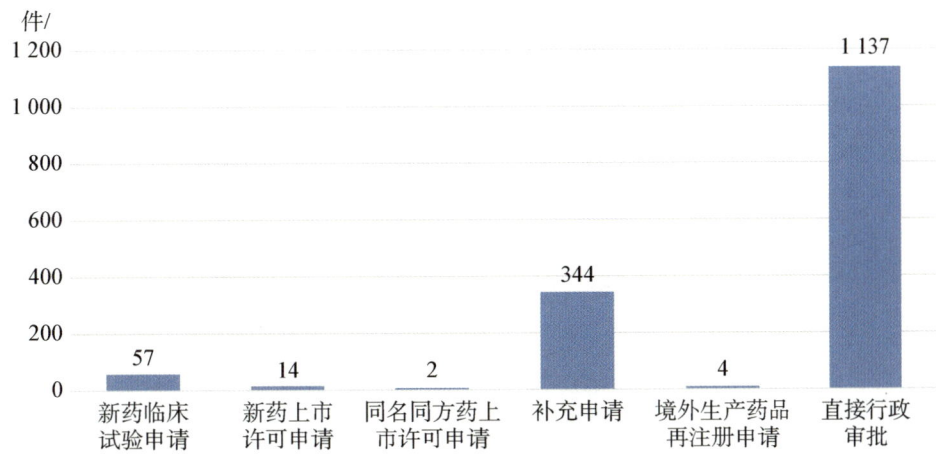

图 4-3 2022 年中药各类注册申请受理情况

临床试验的适应证方面,中药新药主要集中在精神、神经、呼吸、消化、心血管和妇科 6 个领域,约占中药新药注册总数的 70%。

2022 年完成中药新报任务审评受理号 347 个,见图 4-4,表 4-17。

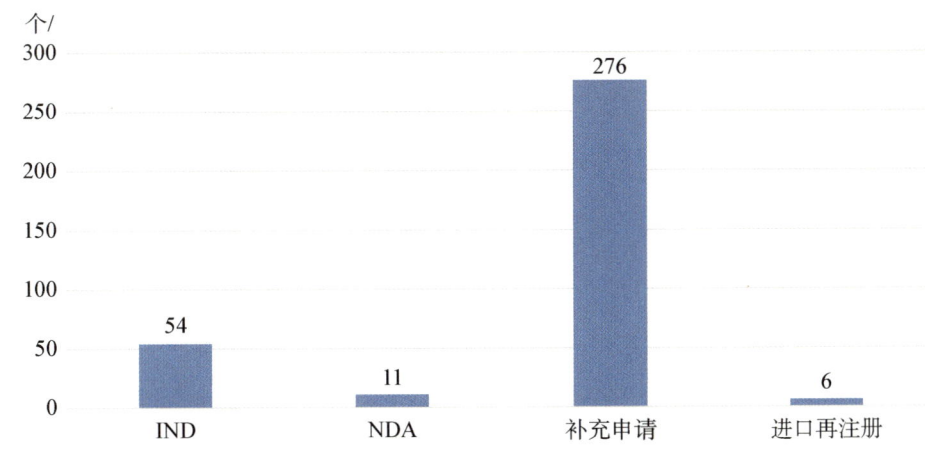

图 4-4 2022 年中药注册申请受理审评完成情况

表 4-17 2022 年中药新报任务各审批类型审评完成情况(以受理号计)

	发补数	审评完成数	发补率(%)
IND	/	54	/
NDA	7	11	63.64
补充申请	58	276	21.01
进口再注册	3	6	50.00
总计	68	347	19.60

截至2022年12月31日,中药配方颗粒上市备案15 718件,涉及中药配方颗粒生产厂家73家,中药配方颗粒种类(按中药配方颗粒名称统计)880个;跨省销售备案117 743件,涉及中药配方颗粒生产企业73家;汇集中药配方颗粒药品标准6 338个,其中国家药品标准248个,省级药品标准6 090个。各省(区、市)及新疆生产建设兵团中药配方颗粒上市备案数和跨省销售备案数见表4-18。

表4-18 各省(区、市)及新疆生产建设兵团中药配方颗粒备案情况

省(区、市)	中药配方颗粒上市备案数(件)	中药配方颗粒跨省销售备案(件)	省(区、市)	中药配方颗粒上市备案数(件)	中药配方颗粒跨省销售备案(件)
北京	859	4 264	湖北	1 370	3 422
天津	309	2 910	湖南	1 243	3 204
河北	941	5 169	广东	1 098	4 072
山西	0	4 495	广西	1 291	2 787
内蒙古	190	4 027	海南	0	4 820
辽宁	23	4 766	重庆	325	3 142
吉林	533	3 231	四川	684	4 021
黑龙江	10	5 311	贵州	700	4 290
上海	492	1 981	云南	711	4 810
江苏	912	2 538	西藏	0	2 590
浙江	443	1 150	陕西	93	5 460
安徽	947	4 932	甘肃	408	4 911
福建	0	5 376	青海	0	3 581
江西	708	1 826	宁夏	0	3 012
山东	843	6 275	新疆	0	2 301
河南	585	1 188	新疆生产建设兵团	0	1 881

截至2022年底,全国31个省(区、市)共有16 548个中药医疗机构制剂批准文号,13 434个按传统工艺备案的中药医疗机构制剂。各地中药医疗机构制剂批准文号和备案情况见图4-5、4-6和表4-19。

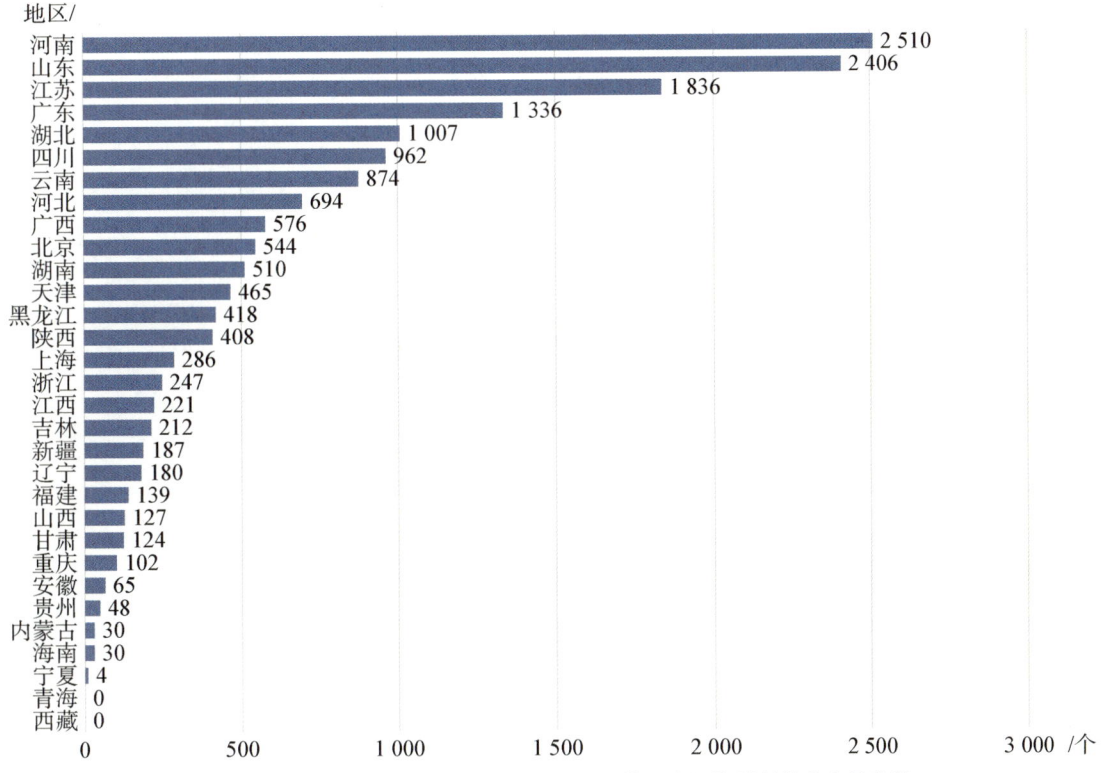

图 4-5 截至 2022 年底 31 个省(区、市)中药医疗机构制剂批准文号总数

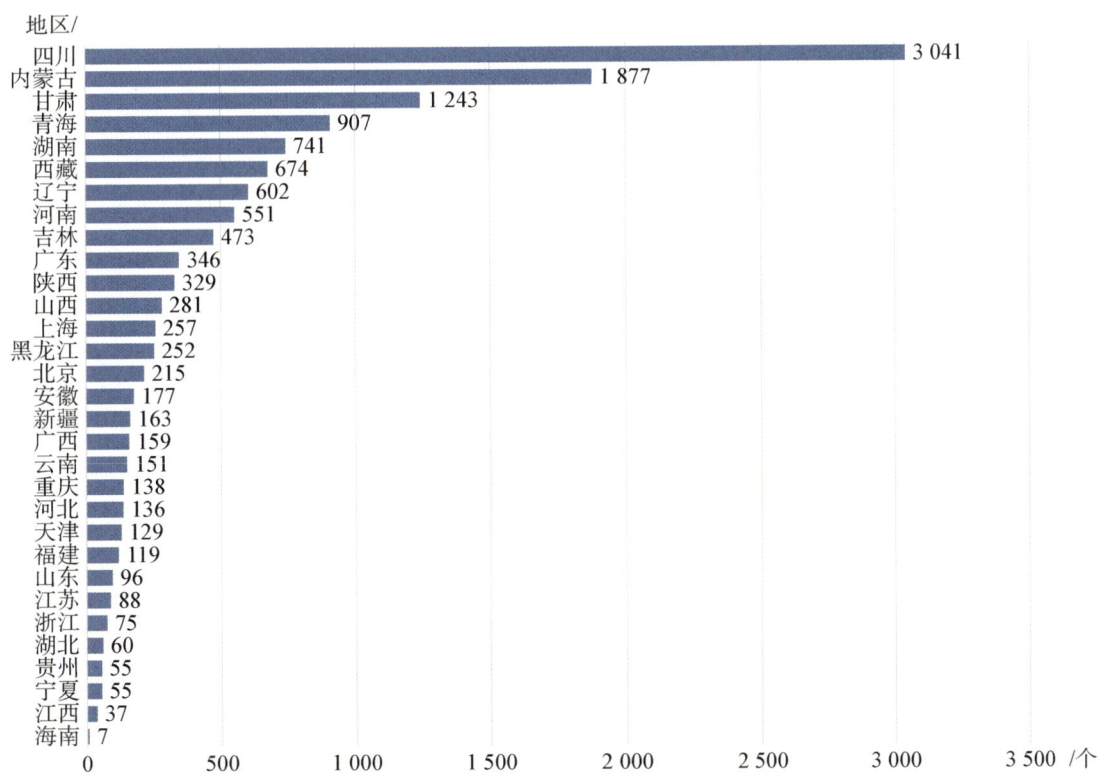

图 4-6 截至 2022 年底 31 个省(区、市)按照传统工艺备案的中医药机构制剂总数

表4-19 各地中药医疗机构制剂备案情况　　　　　　　　　　　　　　　单位：个

省(区、市)	2019年新备案	2020年新备案	2021年新备案	2022年新备案
北京	30	72	55	53
天津	9	80	29	127
河北	4	18	5	71
山西	102	29	119	31
内蒙古	239	1 684	365	33
辽宁	41	29	21	23
吉林	33	245	65	127
黑龙江	24	86	38	95
上海	75	71	80	18
江苏	10	12	27	28
浙江	11	42	6	16
安徽	29	25	59	48
福建	5	67	21	19
江西	1	12	6	17
山东	12	43	24	21
河南	66	145	152	147
湖北	0	19	21	26
湖南	66	74	123	128
广东	8	3	10	22
广西	87（含民族药3个）	31（含民族药6个）	22（含民族药8个）	21
海南	1	0	3	2
重庆	27	21	34	55
四川	381	1 274	826	517
贵州	0	7	4	17
云南	0	13	126（含藏药制剂注册转备案121个）	142
西藏	434	434	434	191
陕西	5	70	138	112
甘肃	400	215	593	31
青海	199	1 887	1 862	55
宁夏	0	32	10	10
新疆	50（含维吾尔药制剂35个）	65（含维吾尔药制剂51个）	18（含维吾尔药制剂4个）	14

四、中药新药研发及审评发展趋势

从近年来中药新药及中药创新药在审评以及获批数量来看,目前中药新药研发发展势头良好,已经步入转型期。《中药注册管理专门规定》的发布实施,将进一步加快推进完善"三结合"的中药审评证据体系,体现中药注册管理的新理念和改革举措,加强对中药研制的指导,激发中药创新的新活力。总体来看,中医药行业持续迎来政策利好,但中药新药研发也面临一些挑战和问题,需要持续加强创新研究,不断完善监管体系。

第五节
中药资源发展现状

中药资源是中医药高质量发展的前提和基础。资源的可持续发展和合理利用对于中医药产业发展具有重要意义。经过多年来的工作推进，我国中药资源家底逐渐清晰，总体资源蕴藏量、资源分布和动态发展情况有了基础数据，中药材规范化种植/养殖品种逐渐增加，品牌建设越来越得到各地重视，国家政策导向作用逐渐凸显。

一、我国中药资源与蕴藏总量概况

据初步分析，我国有药用资源1.6万余种，其中药用植物1.4万余种，药用动物2000余种，药用矿物百余种。目前记载的中国特有种中，药用植物特有种为3150种，分属于153科的785属。在地理分布上，特有种最丰富的是西南地区，其次是华中地区和西北地区，这些区域是药用资源综合开发和利用的重点区域，也是药用植物特有种保护的重点区域。

中国中医药报的数据显示，目前仍有70%左右的中药材品种来自野生资源，只有约30%为栽培和养殖的药材品种，但栽培和养殖的药材产量却占到了中药材供应量的70%以上。依托众多的中药材种植、养殖农户和各类中药材交易市场，分布在全国各地的各类中药材生产基地形成了全世界规模最大、体系最完整的中药农业体系，人工种植养殖的品种不断增加。

据初步统计，目前各省、自治区、直辖市药用资源种类及栽培中药材种类分布不均，见图4-7、4-8。初步估算可计算蕴藏量的种类数有1000多种，见图4-9。

基于"全国中药资源普查信息管理系统"中的数据，其中有7省16个县的中药资源种类超过1000种，包括浙江景宁畲族自治县、磐安县、淳安县，安徽黄山区，湖北竹溪县、南漳县、利川市，广西那坡县、凌云县、田林县、凤山县、环江毛南族自治县，重庆丰都县，贵州六枝特区、大方县、威宁彝族回族苗族自治县，云南禄劝彝族苗族自治县、永德县。

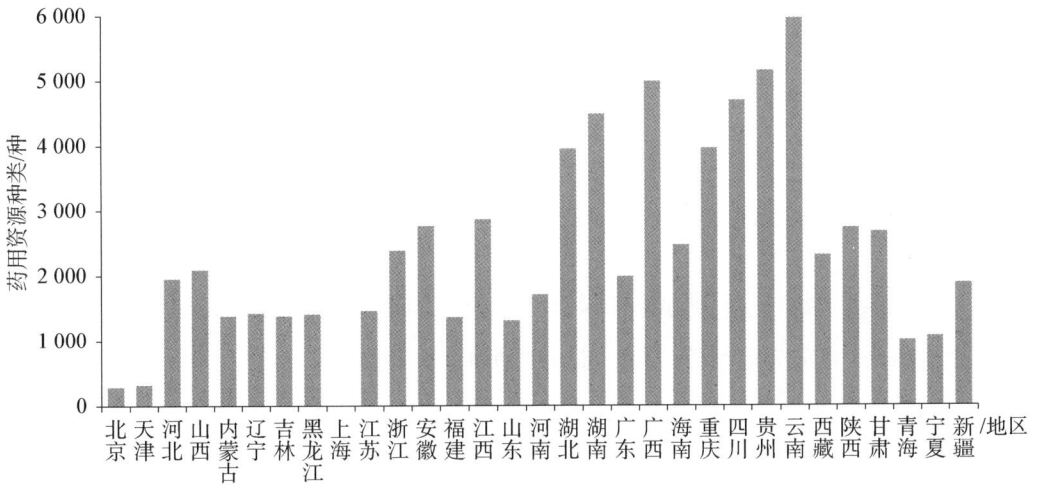

图 4-7　各地药用资源种类数

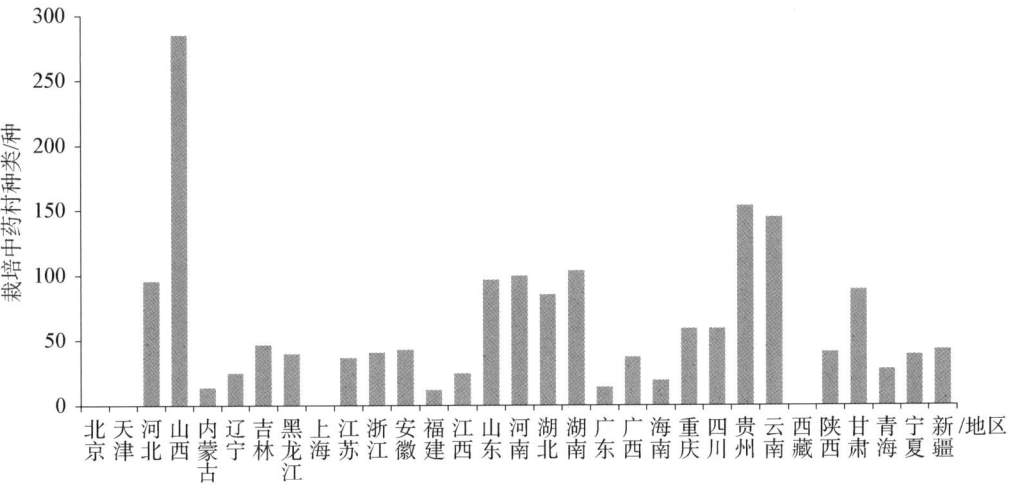

图 4-8　各地栽培中药材种类数

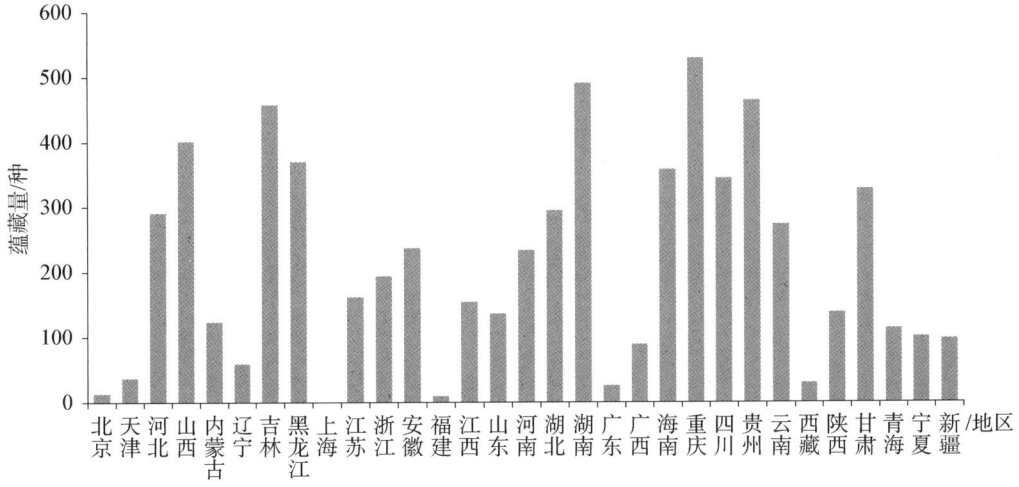

图 4-9　各地可计算蕴藏量的种类数

中药材多具有鲜明的地域特点,即道地性,这与我国幅员辽阔,地形复杂,气候多变,各地疾病谱异同,使用习惯,交通、经济、技术等多种自然与人为因素有关,因此,区域特色药材的使用情况不一。

二、常用中药材种植规模产量概况

近10年,国内中药材生产无论基地建设还是种植面积,都保持着高速增长,云、贵、渝、桂、甘是重点省份,政策扶持带来了中药材种植面积的高速增长。

十年来,随着需求以及政策的推动,中药材面积总体呈增加趋势,从2012年的3700万亩左右,发展到2022年的约6400万亩,为2012年的1.7倍多。2012年至2019年面积持续增加,2019年达到6100万亩的峰值,受部分中药材长期供大于需、药材价格下降的影响,导致2020年药农种植积极性受挫,种植面积有所下降,降至5800万亩左右,此后中药材行情有所回升,加之受扶贫政策的影响,拉动了中药材种植面积增长。中药材种植规模见图4-10。

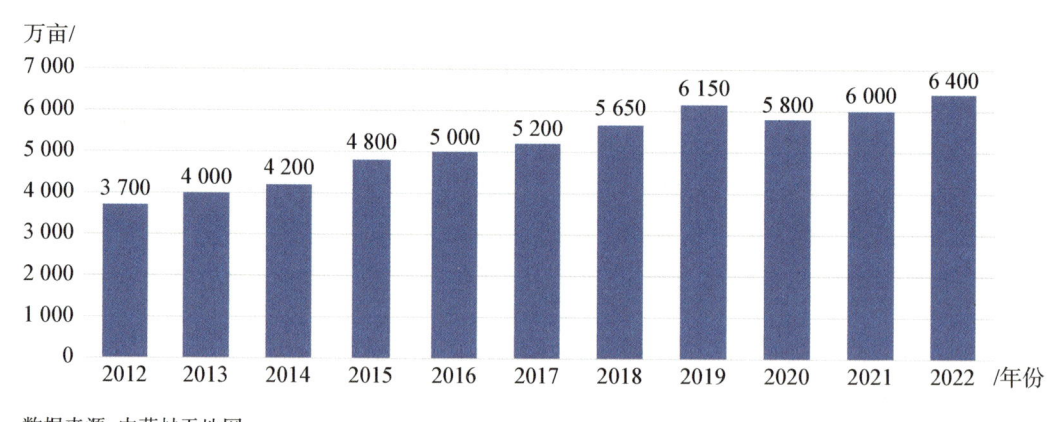

数据来源:中药材天地网

图4-10 常用中药材种植面积

三、全国部分区域中药材概况

目前,国家中药材标准化与质量评估创新联盟(简称联盟)在部分省、自治区、直辖市设立了联络站,基于联盟有关联络站收集的信息资料,对全国20个省、自治区和直辖市中药材规模作了统计,见表4-20。在统计的区域中,以云南种植规模最大,超900万亩,四川规模位列第二,超800万亩,广西以680万亩位居第三。河南、山西、湖北皆以超500万亩的规模分列4、5、6位。湖南、甘肃以超400万亩规模分列7、8位。山东、黑龙江、河北都超过300万亩。

表4-20 联盟部分联络站所在区域中药材面积统计

地区	年份	面积(万亩)	地区	年份	面积(万亩)
云南	2021	902	河北	2022	301
四川	2021	830	广东	2022	282
广西	2022	680	内蒙古	2022	230
河南	2021	550	宁夏	2022	186
山西	2022	516	福建	2022	92
湖北	2022	505	安徽	2022	90
湖南	2022	479	浙江	2022	87
甘肃	2022	448	吉林	2022	50
山东	2022	385	天津	2022	1.84
黑龙江	2022	351	海南	2022	—

四、中药材整体产需分析

从我国中药材整体供需方面分析,根据天地网提供的数据,近十年来,我国常用中药材品种的供给量与需求量总体水平在起伏中有增加的趋势。2012年出现供不应求的情况,此后产量逐年增加,涨幅超过需求量。

在供给方面,2021年,白芷、桔梗、北沙参等品种受多年价格较低、可采收面积下降影响造成减产;而地黄、山药、牛膝等品种产区受灾,也有减产情况。综合各个常用中药材2021年的产量结果来看,2021年常用中药材的总产量少于2020年,低于400万吨。进入2022年,因2021年中药材普遍涨价行情对农户下种积极性的刺激,地黄、枳实、佛手、茯苓、荆芥等品种出现了明显扩种的情况,综合各个常用中药材2022年的产量来看,2022年常用中药材的总产量多于2021年,初步估计已增长至430万吨左右。

在需求方面,近年来,常用中药材的整体需求处于持续上升通道,仅2020年有所滑落,2022年12月疫情防控政策调整后,大规模感染又带来了用药需求的激增。综合来看,初步估计2022年常用中药材的需求总量已经达到500万吨,见图4-11。

五、良种繁育

中药材良种繁育是中药材产业高质量发展的关键基础环节。药用植物遗传基础与生物学机制的持续深入解析,为药用植物从传统的驯化选育向现代育种发展提供了理论与技术支撑,以"高药效品质、高产量、高抗性"为目标的药用植物新品种选育与新种质创制将迎来

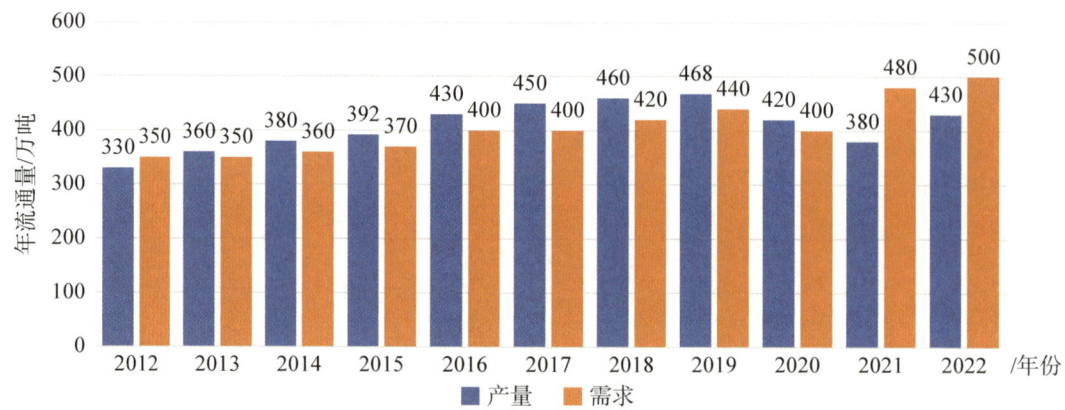

注：常用中药材指流通市场常见的年流通量千吨级中药材
数据来源：中药材天地网

图 4-11 常用中药材产需对比示意

快速发展。随着 2010 年世界上首个药用植物基因组框架图发布（丹参），中药资源研究进入了基因组学时代，截至 2022 年，超过 100 种药用植物已完成全基因组分析。丹参、甘草、黄芪、黄花蒿、人参、小蔓长春花、颠茄、玄参、毛地黄、曼地亚红豆杉、唐松草、苦荞等已建立了基因转化体系。分子标记辅助选择提高黄花蒿中青蒿素的含量、四阶式分子育种选择提高三七耐连作障碍等方面已取得较好进展。通过农杆菌介导法开展了黄芩的抗虫转基因研究，减少黄芩种植过程中的虫害，提高黄芩的产量。利用基因枪介导法转化获得了白术抗病新株系，缩短白术抗病品种的育种年限。采用 DNA 标记辅助育种结合系统选育，获得了首个三七抗病新品种"苗乡抗七 1 号"。

六、中药材品牌建设

近年来，国家高度重视中药材产业发展，持续出台了一系列纲领性文件，使我国中药材产业化呈现出良好发展态势。为了推动中药材产业发展水平再上新台阶，各省积极推进中药材品牌建设，培育一批历史悠久、品质独特的优势品种，打响一批中药材知名品牌，推动全省中医药全产业链发展。具体内容如表 4-21。

表 4-21 中药材区域品牌一览表

省份	品牌	代表品种
黑龙江	龙九味	刺五加、五味子、人参、西洋参、汉麻（火麻仁）、关防风、赤芍、板蓝根、鹿茸
吉林	吉林优势品种	人参、鹿茸、蛤蟆油、西洋参、五味子、平贝母、天麻、（北）苍术、细辛、淫羊藿

续 表

省份	品牌	代表品种
辽宁	辽药六宝	人参、鹿茸、辽五味、辽细辛、蛤蟆油、关龙胆
河北	十大冀药	酸枣、连翘、柴胡、金银花、黄芩、北苍术、苦杏仁、知母、防风、半夏
	八大祁药	祁紫菀、祁薏米、祁芥穗、祁白芷、祁菊花、祁花粉、祁沙参、祁山药
山西	十大晋药	黄芪、党参、连翘、远志、柴胡、黄芩、酸枣仁、苦参、山楂、桃仁
陕西	十大秦药	黄芪、柴胡、延胡索、丹参、附子、杜仲、天麻、猪苓、黄芩、山茱萸
甘肃	十大陇药	当归、党参、黄芪、大黄、甘草、枸杞子、板蓝根、柴胡、红芪、半夏
浙江	浙八味	浙贝母、白术、延胡索、玄参、杭白芍、杭白菊、浙麦冬、温郁金
	新浙八味	铁皮石斛、衢枳壳、乌药、三叶青、覆盆子、前胡、灵芝、西红花
福建	福九味	建莲子、太子参、金线莲、铁皮石斛、薏苡仁、巴戟天、黄精、灵芝、绞股蓝
湖南	湘九味	百合、玉竹、黄精、山银花、枳壳、博落回、茯苓、杜仲、湘莲
安徽	十大皖药	霍山石斛、灵芝、亳白芍、黄精、茯苓、宣木瓜、菊花、牡丹皮、断血流、桔梗
广西	桂十味	肉桂、罗汉果、八角茴香、广西莪术、龙眼肉、山豆根、鸡血藤、鸡骨草、两面针、广地龙
江西	赣十味	枳壳、车前子、江栀子、吴茱萸、信前胡、江香薷、蔓荆子、艾、泽泻、天然冰片
	赣食十味	白莲、粉葛、芡实、百合、泰和乌鸡、陈皮、铁皮石斛、覆盆子、黄精、栀楼子
云南	十大云药	三七、滇重楼、灯盏花、石斛、砂仁、天麻、云茯苓、云当归、云木香、滇龙胆
湖北	荆楚药材	包括获国家地理标志产品保护及特色品种：茯苓、玄参、白及、北柴胡、绞股蓝、莲子、百合、龟鳖甲、射干、白术、苍术、蕲艾、夏枯草、木瓜、桔梗、党参、厚朴、独活、金银花、麦冬、杜仲、薏苡仁、福白菊、银杏、半夏、黄连、山药、天麻、大黄、党参、黄柏、续断、湖北贝母、黄精、野菊花、金刚藤、山茱萸等
	鄂优十六味 十大楚药	蕲艾、半夏、天麻、黄连、茯苓、福白菊、苍术、龟鳖甲、银杏、紫油厚朴和黄精
	五大特色药材	资丘木瓜、野菊花、虎杖、金刚藤（菝葜）、马蹄大黄
贵州	"黔药"优势品种	天麻、钩藤、太子参、薏苡仁、半夏、黄精、白及、花椒、艾纳香、何首乌、党参、茯苓、头花蓼、金（山）银花、生姜
山东	鲁十味	金银花、阿胶、丹参、西洋参、全蝎、蟾酥、黄芩、北沙参、栝楼、山楂
	山东优势品种	金银花、丹参、西洋参、山楂、银杏叶、黄芩、阿胶、全蝎、蟾酥、水蛭等
宁夏	宁夏地域品牌	枸杞子、甘草、黄芪、银柴胡等

作为农业农村部指导下的产业联盟，于 2018 年提出了优质药材"三无一全"质量标准，其内涵为无硫黄加工、无黄曲霉毒素污染、无公害生产（无农残超标、无重金属超标、无使用生长调节剂促进采收器官的生长）、全过程可追溯。截至 2022 年，联盟审核通过品牌基地优质药材累计 56 个品种，69 家企业，面积达到 110 万亩以上，涉及 70 个以上的县，共有 128 个基地达到了"三无一全"标准。

2022 年发布的《中药材生产质量管理规范》（简称中药材 GAP）是保证中药材生产质量的法规性文件，"三无一全"品牌基地建设为实施中药材 GAP 奠定了良好基础。联盟鼓励优秀基地企业根据自身情况，对照中药材 GAP 要求，完善基地建设，提升管理水平，从优秀基地中遴选培育符合新版中药材 GAP 要求的基地。2022 年 4 月，联盟按照新版中药材 GAP

的标准,从符合"三无一全"标准的基地企业中,遴选与中药材 GAP 规范要求较为接近的企业,经沟通后,确定为联盟重点培育新版中药材 GAP 基地。对遴选企业进行专业指导、评估,打造符合新版中药材 GAP 要求的基地。首批选定 7 家企业 10 种药材:西红花、砂仁、重楼(2 个企业)、甘草、黄芪、枸杞、铁皮石斛、灵芝、当归。

七、政策变化

2022 年,国家药品监督管理局、农业农村部、国家林草局、国家中医药管理局四部委联合发布了《中药材生产质量管理规范》,内容涉及质量管理、人员与设备、基地选址、种子种苗、种植养殖、采收加工、包装储运、质量检验等中药材质量管理全流程,是中药材规范化生产和管理的基本准则。《中药材生产质量管理规范》将使中药材生产格局不断优化、中药材种植理论和方法不断完善,我国中药材质量持续向好,并呈现出稳步提升的发展态势。无论是全程追溯,还是自建产地、使用符合《中药材生产质量管理规范》要求的药材,都对中药企业提出了更高的要求。

2022 年国务院办公厅颁布了《"十四五"中医药发展规划》,在"推动中药产业高质量发展"中对未来五年中药材产业提出了明确要求:(1)加强中药资源保护与利用;(2)加强道地药材生产管理;(3)提升中药产业发展水平;(4)加强中药安全监管。上述要求,对中药材产业高质量发展指明了方向。

国家市场监督管理总局 2021 年 12 月发布了行业标准《道地药材评价通用要求》(RB/T 071-2021),并于 2022 年 1 月 1 日开始实施,该标准以道地药材质量特征为核心,充分考虑药材来源、历史沿革、道地产区生境特征及环境安全要求、生产及加工等道地药材质量特征形成的决定性因素,关注道地药材的特色传承、安全性,制定了道地药材评价通用要求。这将对道地药材良性发展产生积极影响。

中药材产地趁鲜加工或许是未来中药饮片开发的新方向,具有提高生产效率、降低生产成本、减少有效成分损失和便于仓储运输等优势。2021 年国家药监局综合司发布关于中药饮片生产企业采购产地加工(趁鲜切制)中药材有关问题的复函之后,各省(市)陆续发布了很多针对中药材趁鲜切制相关通告、工作文件和政策文件(包括征求意见和正式文件)。

2022 年 4 月,全国人大新修订的《中华人民共和国野生动物保护法》通过。其中,第四条:国家对野生动物实行保护优先、规范利用、严格监管的原则,鼓励开展野生动物科学研究,培育公民保护野生动物的意识,促进人与自然和谐发展。同年,国家林草局印发《罚没野生动植物及其制品保管处置管理办法(征求意见稿)》,办法提出:对于死体野生动植物及其制品，可以利用的，以公益捐赠、调配、公开拍卖、变卖等方式处置；禁止利用的，除用于公益性活动外，以保管封存或者无害化处理的方式处置。公益捐赠、调配的对象应当是国有单位，公益捐赠、调配的野生动植物及其制品仅限用于科学研究、种质资源保存、科普宣教、展示或者人工繁(培)育等公益性活动。自此国家对犀牛角、穿山甲、林麝等动物类中药材进行严格管控。

这些政策对保护珍稀濒危动物起到了积极作用，但对于具有特定疗效、临床亟需的动物药材临床推广应用具有一定限制，这些政策从另一方面，也促进了行业对相关珍稀濒危动物药材的深入研究，包括野生动物人工抚育驯化研究、替代品研究等。国家中药材标准化与质量评估创新联盟成立了动物药专委会，落实动物药高质量发展，坚持保护优先、可持续利用的基本原则，组织行业内的专家学者和企事业单位正在开展系列工作。

第六节
中医药大健康产业分析

目前,我国中医药大健康产业已形成了四大基本产业群:以医疗服务机构为主体的医疗服务产业;以药品、医疗器械以及其他医疗耗材产销为主体的医药产业;以保健食品、健康产品以及日化产品产销为主题的保健食品及日用品产业;以个性化健康检查、健康咨询、健康养老、调理康复等为主题的健康服务产业。

中医药大健康产业在调整产业结构、吸纳就业、促进消费、拉动内需、促进生态环境保护等方面具有综合优势,是具有巨大市场前景及重大发展机遇的新兴产业。中医药大健康服务行业是现代服务业的重要组成部分。目前,我国中药大健康产值仅占国内生产总值(GDP)的5%左右,而发达国家的健康服务业产值占GDP的10%以上,我国健康服务业的发展潜力巨大。

近年来,随着中医药养生保健知识的普及和我国居民健康意识的普遍提高,中药人健康产品越来越广泛地进入了消费者日常生活,中药大健康产业也迎来了迅速发展阶段,受到行业内外广泛关注。《"健康中国2030规划"纲要》实施以来,中药大健康产品行业一举成为资本角逐的重点领域之一,可促进消费、保障和改善民生、拉动内需增长、调整产业结构等,具有巨大市场前景。随着国家多重政策推进,目前包括中药工业、农业、商业以及食品、保健品、日化用品、中药装备等不同业态和产品的中药大健康产业快速发展,取得了突出的成绩。

本节重点介绍中药保健食品产业、中药日化产业、中兽药产业和中医药老年健康服务行业现状。

一、中药保健食品产业

我国保健食品市场规模由2018年的419亿元增长至2021年的627亿元,复合年均增长率达10.6%,2022年市场规模为671亿元,见图4-12,尤其是2022年末,"抗阳"及"阳康"需求一度引发抗疲劳、增强免疫力的产品热卖,民众保健意识大幅度提升,保健食品行业迎来更多发展机遇和空间,根据疫情后我国经济恢复及发展状况以及行业发展趋势,预计2023年中国保健食品行业市场规模将超过800亿元。

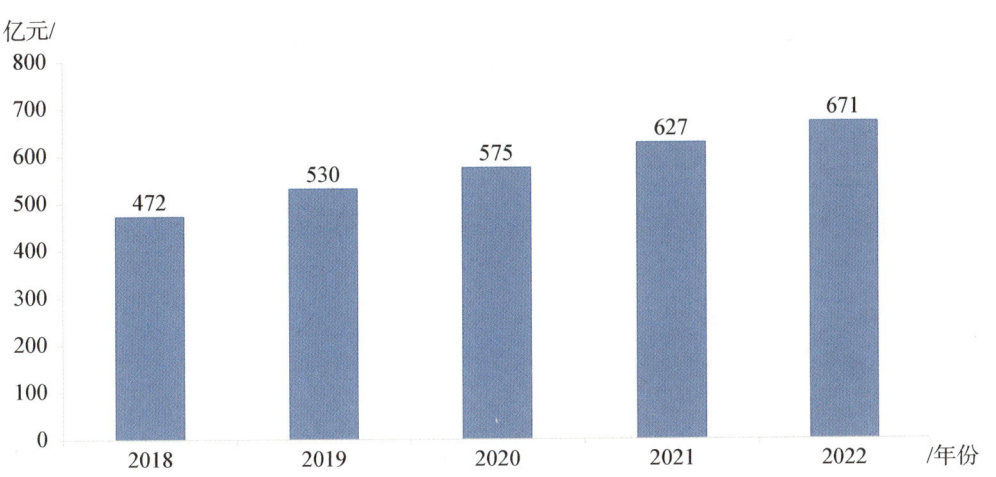

图4-12 2018—2022年中国保健食品市场规模

(一)中药保健食品

保健食品注册及备案产品总体数量增加,但注册类产品较去年有所下降,而备案类产品数量激增,从2022年1月至2022年12月,国产保健食品备案产品数量达3132个。2022年官方网站发布的保健食品批件数量为2309件,产品剂型主要以胶囊、片剂、冲剂、口服液、颗粒、茶、酒剂等剂型为主,产品功效主要以有助于增强免疫力、营养素补充剂、有助于维持血压血脂及血糖健康水平、缓解体力疲劳、有助于改善骨密度、有助于调节肠道菌群、耐缺氧及有助于抗氧化、有助于改善睡眠、缓解视疲劳、有助于改善黄褐斑及皮肤水分状况、辅助改善记忆、对化学性肝损伤有辅助保护作用、有助于控制体内脂肪、清咽润喉、改善缺铁性贫血为主,其中有助于增强免疫力、营养素补充剂、有助于维持血压、血脂及血糖健康水平、缓解体力疲劳、有助于改善骨密度这5项功效排在前5位,见图4-13、4-14。2022年发布的保健食品批件总数中,中药保健食品占有率为39.5%,整体趋势良好。

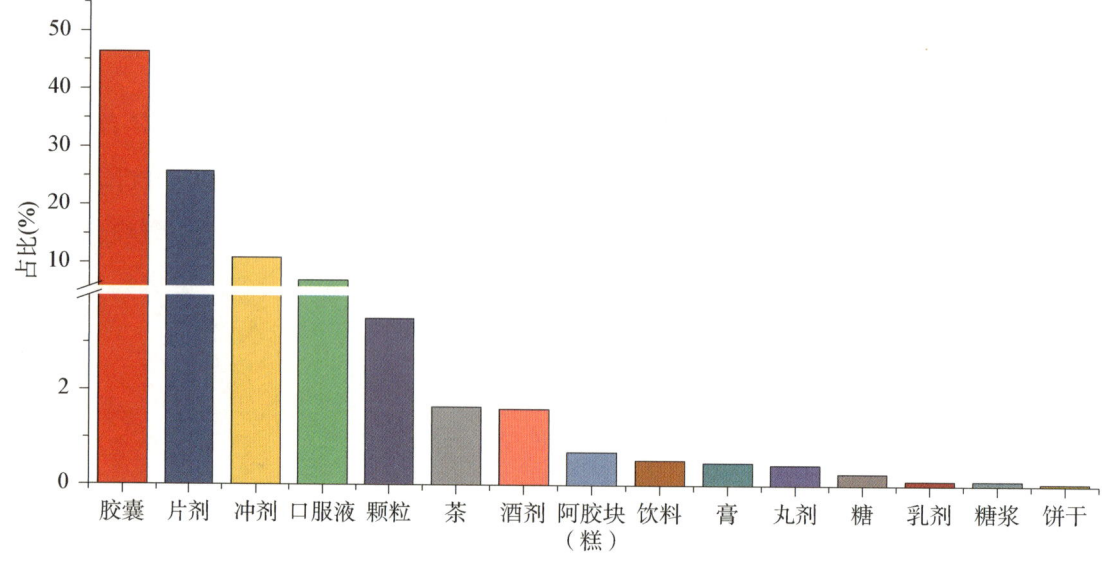

图 4-13 2022 年度国家市场监督管理总局批准的保健食品批件功效种类及比例

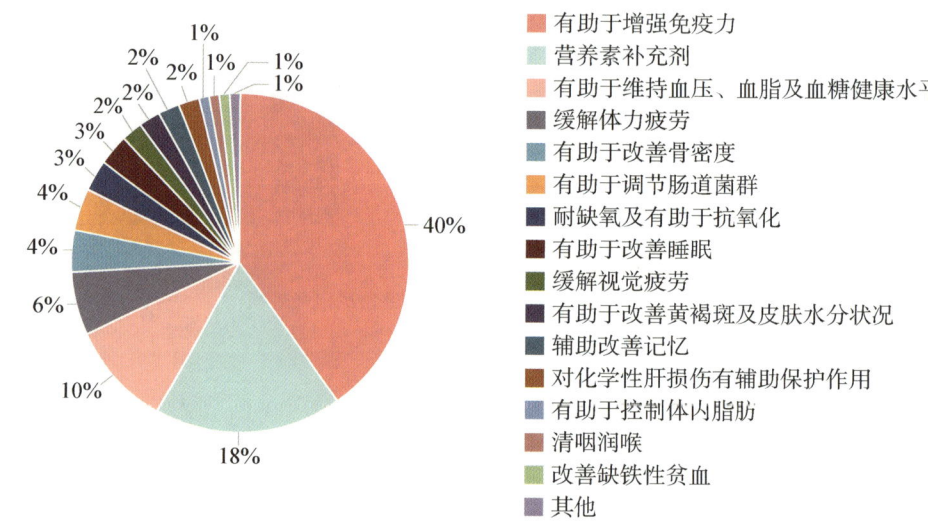

图 4-14 2022 年度国家市场监督管理总局批准的保健食品功效种类及比例

为整治保健食品行业乱象,国家对保健食品的原料目录、功能声称及产品命名等细则进行了更新,制定了一系列明晰的概念声称体系和标准,同时,为了进一步规范保健食品行业的发展,国家市场监管总局于2022年1月对《关于发布允许保健食品声称的保健功能目录非营养素补充剂(2022年版)及配套文件的公告(征求意见稿)》公开向社会征求意见,反映出国家为了保证人民健康消费需求及引导消费者正确认识国产保健食品所做出的努力,同时也体现了国家对保健食品行业监管日益严格,保健食品行业市场正朝着有序的规范化方向发展。

(二) 含有药食同源中药原料的食品

传统药食同源中药食品有着广泛的群众基础及深厚的文化底蕴,市场潜力巨大。2022年,药食同源产品进入了迅速增长期,各省市企业标准信息平台检索,备案企业标准的以药食同源为基原的食品已经破万余种,产品形式也出现了多样化,除了植物饮料、固体饮料、压片糖果产品形式外,市场上也出现了软糖、茶饮、即食等产品形式。"后疫情时代"年轻人养生意识不断提升,18～35 岁年轻消费人群占比高达 83.7%,他们不单单注重食品包装形式、药品形态以及口感,添加了药食同源成分的产品尤其受到当代青年人群的追捧。

2022 年的"双 11"数据分析体现了营养健康产品依然呈现出一片大好的态势。滋补类目中燕窝、黑芝麻、人参、枸杞等品类仍大受欢迎。根据魔镜市场报告分析,淘宝天猫药食同源市场近一年规模超 200 亿元,市场规模同比增长 22.3%。不论是初创公司,还是保健食品、药品及传统食品饮料企业,都将焦点关注在了药食同源。法规方面,我国已公布 110 种药食同源物质,见表 4-22,现在也已开发出了人参宴、天麻宴、桑葚酒、茯苓酸奶、枣夹核桃等成百上千种食品。2020 年初,卫生健康委发公告拟增加党参等 9 种药食同源,并在各地陆续开展试点工作。随着 9 种药食同源试点工作的结束,未来将有其他品种扩容进入药食同源目录。

表 4-22　110 种药食同源中药材目录

序号	中药材	序号	中药材	序号	中药材	序号	中药材
1	丁香	29	牡蛎	57	益智仁	85	薤白
2	八角茴香	30	芡实	58	荷叶	86	覆盆子
3	刀豆	31	花椒	59	莱菔子	87	藿香
4	小茴香	32	赤小豆	60	莲子	88	人参
5	小蓟	33	阿胶	61	高良姜	89	金银花
6	山药	34	鸡内金	62	淡竹叶	90	芫荽
7	山楂	35	麦芽	63	淡豆豉	91	玫瑰花
8	马齿苋	36	昆布	64	菊花	92	松花粉
9	乌梢蛇	37	枣(大枣、酸枣、黑枣)	65	菊苣	93	粉葛
10	乌梅	38	罗汉果	66	黄芥子	94	布渣叶
11	木瓜	39	郁李仁	67	黄精	95	夏枯草
12	火麻仁	40	金银花	68	紫苏	96	当归
13	代代花	41	青果	69	紫苏籽	97	山柰
14	玉竹	42	鱼腥草	70	葛根	98	西红花
15	甘草	43	姜(生姜、干姜)	71	黑芝麻	99	草果
16	白芷	44	枳椇子	72	黑胡椒	100	姜黄

续 表

序号	中药材	序号	中药材	序号	中药材	序号	中药材
17	白果	45	枸杞子	73	槐米	101	荜茇
18	白扁豆	46	栀子	74	槐花	102	党参*
19	白扁豆花	47	砂仁	75	蒲公英	103	肉苁蓉*
20	龙眼肉(桂圆)	48	胖大海	76	蜂蜜	104	铁皮石斛*
21	决明子	49	茯苓	77	榧子	105	西洋参*
22	百合	50	香橼	78	酸枣仁	106	黄芪*
23	肉豆蔻	51	香薷	79	鲜白茅根	107	灵芝*
24	肉桂	52	桃仁	80	鲜芦根	108	天麻*
25	余甘子	53	桑叶	81	蝮蛇	109	山茱萸*
26	佛手	54	桑葚	82	橘皮	110	杜仲叶*
27	杏仁(甜、苦)	55	橘红	83	薄荷		
28	沙棘	56	桔梗	84	薏苡仁		

注:* 为新增的试点新资源食品

2022年药食同源市场的热点品种包括人参、沙棘、阿胶、枸杞、黑芝麻等,主要产品类型包括养生丸、养生粉、药膳养生汤料、滋补营养糖、养生茶等,食品品种主要包括以单味药为基原的产品,包括人参蜜片、蜜制人参、沙棘原浆、枸杞原浆、阿胶饮、猴头菇饼干等;以经方验方为基础的产品,包括桃花姬、八珍固体饮料、王老吉凉茶、鸡内金软糖等;以药食同源为原料协同其他食品原料的产品,包括魔爪能量饮料、大魔王牛硫酸能量饮料等,均含有新资源食品原料人参;以人参、枸杞、阿胶等滋补类为主的药食同源类产品品种有极高的市场占有率。

2022年持续涌现一些以药食同源为原料的新品牌,例如 GENBEN 根本,开发了以枸杞、生姜等为主要原料的固体饮料,完成了种子轮投资;天宫趣,开发了以人参为主要原料养生茶;Buffx,开发了以人参、茯苓、莲子等为主要原料的冲调谷物制品,并且也得到了 A 轮融资;浮颗森,开发了人参速溶产品和鲜人参制品;截至2022年,以"药食同源"为原料的功能性食品市场产值已达5000亿元以上(欧睿数据预测)。根据中国社会科学院研究成果,"药食同源"食疗产品的安全有效使人们逐步由依赖药物转向食疗。随着国家政策持续发力,我国药食同源品种消费需求总量持续上涨,远高于非药食同源品种。药食同源产业规模尚有广阔增长空间。

二、中药日化产业

中药化妆品是把中药提取物以功能性原料的性质加入到化妆品中,赋予化妆品一些特殊功能,使化妆品具有舒缓、修复、美白、祛斑、抗皱等功能。中药化妆品是中药与化妆品的结合物,许多中药及其提取物均具有延缓皮肤衰老的功效,如中药中提取的熊果酸、沙棘油和霍霍巴油等均是药妆品的原料。目前国际上化妆品业界常用的药妆品原料大多从中国药用植物中提取。2022年,我国共备案42款药妆品新原料,其中植物原料有3款,分别是铁皮石斛原球茎、山芙蓉根/茎提取物和红藜提取物。

我国中药化妆品的原料药材使用也非常广泛,应用于化妆品的中药有200余种,美容药方有千余首。这些中药中,大多数都含有蛋白质、脂类、糖类、氨基酸、酚类、有机酸类、醌类、单宁、类固醇、挥发油类、磷脂以及微量元素和维生素等营养皮肤的成分。按使用频率计算得出,最常用作化妆品的中药依次有:白芷、麝香、白附子、川芎、杏仁、茯苓、防风、玉竹、细辛、白僵蚕、当归、白术、桃仁、天花粉、白瓜子、白及等。

2022年,在社会消费品零售总体下降的背景下,化妆品类的表现也不佳。国家统计局数据显示,化妆品类零售总额为3 936亿元,同比下降4.5%。据智研咨询统计,中药化妆品占我国化妆品行业规模比重呈增长态势,我国中药化妆品市场规模从2013年的170.6亿元增长至2022年的749.6亿元。2022年中药化妆品在整个化妆品行业表现不佳的情况下市场规模仍实现小幅度增长,见图4-15。

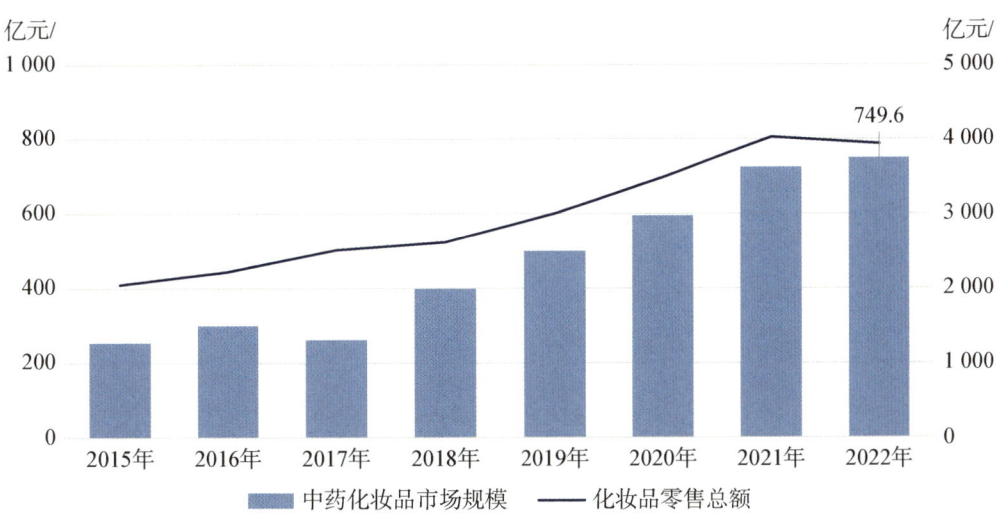

图4-15 2022年中药化妆品规模统计分析

在过去几年里,我国日化产业一直保持着快速增长趋势,截至2021年12月份我国化妆品类商品零售额达4 026亿元,同比增长18.4%。虽然2022年由于疫情导致全球市场出现负增长,但我国日化市场仍然表现出强大发展潜力。根据国家统计局公布的数据,2022年我国全年限额以上单位商品零售额中,化妆品类社会消费品零售总额下降4.5%,为3 936

亿元;同年服装、鞋帽、针纺织品类零售总额下降6.5%,餐饮收入下降6.3%。这显示虽然化妆品行业呈现负增长,但相对幅度降低较小,说明2022年我国日化市场弹性较大,发展潜力依然巨大,见图4-16。

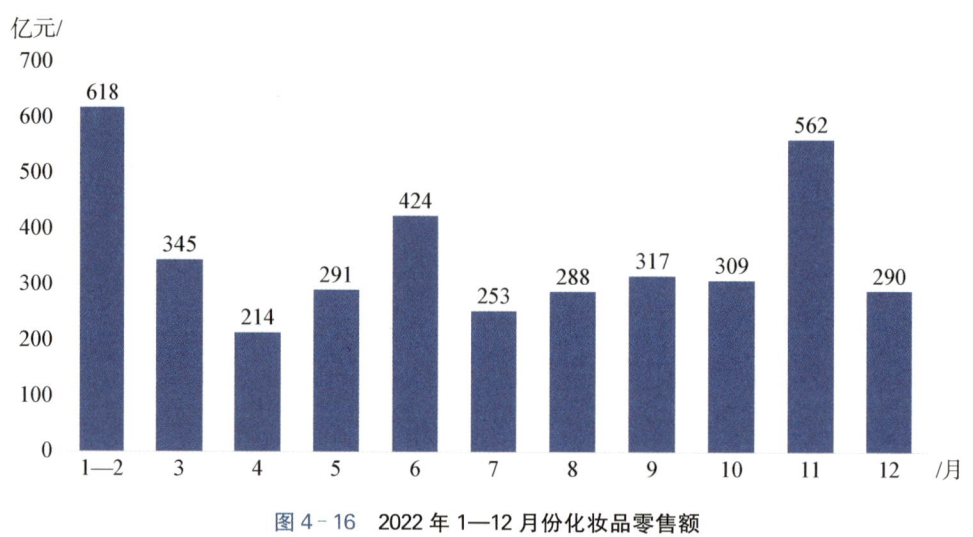

图4-16 2022年1—12月份化妆品零售额

随着媒体行业多元化发展及产品信息透明化加深,消费者人员结构及受教育程度提高,使得天然、绿色、使用历史悠久的中药为主要功效成分的日化产品成为消费者关注热点,"中药成分"一词也成为广泛关注的焦点。根据相关数据,2022年含"中药成分"化妆品市场规模达到545.7亿元人民币,预计未来5年内将翻倍至1000亿元人民币,到2029年中药化妆品市场规模将达到1400亿左右。同时,中药成分产品在线上渠道的平均单价为414.6元,与外资品牌的单价差距从2.5倍缩小至1.4倍。具有丰富营养价值和药用功效的中药成分,广泛应用于美白、保湿、抗皱、舒缓等多种功效型化妆品,尤其是在美白、舒缓、修复等功效方面,其温和、安全、有效的明显优势,使其在功效型化妆品中表现十分优异。人参、雪绒花、金盏花、当归、党参等传统中药原料依然是化妆品中热门使用原料,更多具有中医药使用历史的中药材得到了广泛开发,如姜黄、紫草以及中药复方等中药材。无疑,含有特色"中药成分"的化妆品成为目前化妆品市场的新兴增长点及驱动力。

"中药成分"在化妆品中的使用越来越受到关注,以中草药为主要成分的功效型化妆品原料市场需求不断扩大,产品更新迭代速度加快,大大推动了其产品研发投入的增加。为了进一步提高应用性、功效性及技术含量,大量不同领域技术在中药原料及其产品开发中得到应用,如某些产品通过超临界萃取、膜过滤等现代科技手段加以提纯和精制,使其具有更好的护肤作用和效果；微胶囊化技术使中药成分更好地赋形于产品中,提高稳定性；纳米及超分子技术可以增强中药成分的作用,提高美白、抗敏等效果；植物干细胞技术可以培育新的中药品种,丰富产品来源；发酵及生物合成技术可以提高目标产物产量,获得微量、高活性成分等。这些技术的应用为中药功效型化妆品原料及其产品带来更强的竞争优势,推动产业快速发展。

随着中药化妆品需求及市场规模日益增长,针对化妆品行业市场乱象,国家出台了一系列新规定以规范行业发展,其中就包括对中药化妆品的监管。

化妆品生产企业资质提高。根据《化妆品生产许可证管理办法》,化妆品生产企业资质由原来的三类提高到目前的四类,其中含有中草药成分的化妆品生产企业资质提高到二类以上。这有利于提高企业生产规模与质量管理水平,保证产品质量。

化妆品配方审核加强。《化妆品生产许可证管理办法》要求,化妆品生产企业申请生产许可证时,应提交某品配方及效果评价资料。国家已修订化妆品配方审查指南,加强对含中草药化妆品配方的审核,提高审核标准与力度。这有助于遏制化妆品市场上的劣质产品生产与流通,提高产品安全性。

药用中草药管理严格。《中华人民共和国药品管理法》对药用中草药管理提出更高要求,加强对质量标准和产地等的管理。这为中药化妆品提供了更高质量标准的中草药原料,有利于提高产品质量。

功效宣称管理加强。根据《化妆品标签管理规定》,化妆品不得有药品、疾病治疗功效的宣称。此外,国家已修订化妆品广告审查细则,加大对含中草药化妆品广告功效宣称的管理,这有助于规范行业广告行为,避免虚假宣传。

电子商务管理也逐步规范。国家修订《网络交易管理办法》等文件,加强对网络销售的监管。电子商务平台应对入驻商家资质及所售产品进行严格审核。这对网络销售中药化妆品起到规范作用,杜绝劣质产品流入市场。

三、中兽药产业

中兽药也称兽用中药,是近年来的新兴产业。由于兽药残留已成为影响畜牧业发展的重要障碍,而中兽药由于不会对食品安全构成威胁,未来有很大发展空间。根据主治病症或药效功能,可将中兽药分为免疫增强剂、激素样作用剂、抗应激剂等11类。

虽然近年来兽药行业企业数量有所下滑,但市场的销售额依然维持爬升。2022年中国兽药产品销售规模达770.93亿元,同比增长10.5%,预计2023年销售规模将达847亿元。

其中中兽药2022年销售额突破70亿元。

2022年农业农村部通过审批的新兽药产品共有78个,比2021年国内新兽药数量增加3个。其中一类新兽药5个、二类新兽药31个、三类新兽药33个、四类新兽药5个、五类新兽药4个。2022年中国新兽药类型中化学药品占比最多,达39.7%,见图4-17,其次分别为诊断制品,疫苗,抗体、血清和中兽药,占比分别为23.1%、23.1%、7.7%、6.4%。2022年获批的5个中兽药品种,涩肠止泻类药物2款,补气健脾类药物2款,还有一款是解毒镇痛抗炎药物,具体内容如表4-23所示。

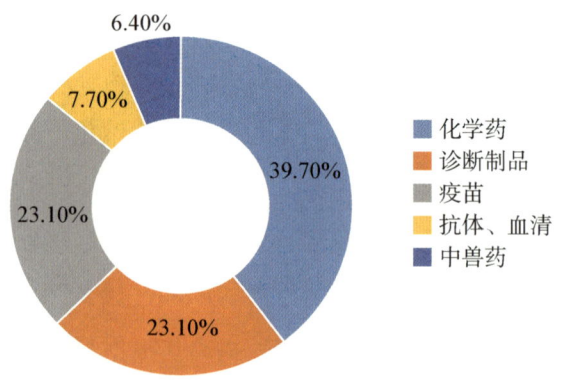

图4-17 2022年中国兽药类型占比情况

表4-23 2022年获批中兽药产品统计

中兽药名称	研制机构	类别	适应证	新兽药注册证书号	靶动物
苦白石颗粒	西安雨田农业科技股份有限公司、河南白云牧港生物科技有限公司、湖北武当动物药业有限责任公司、四川通达动物保健科技有限公司、河南牧业经济学院、济南亿民动物药业有限公司、山东中牧兽药有限公司	三类	清热燥湿,涩肠止泻	(2022)新兽药证字55号	猪
穿心莲内酯磺化物注射液	四川育强科技有限公司、广西英路维特药物有限公司、江西派尼生物药业有限公司、大理金明动物药业有限公司、四川鼎尖动物药业有限责任公司、成都宠天乐药业有限公司、北海牧年丰生物制药有限公司、河北远征禾木药业有限公司、瑞普(天津)生物药业有限公司、江西中医药大学、四川育强本草生物技术有限公司、四川百草精工生物科技有限公司、四川省兽药监察所	三类	解热、镇痛、抗炎	(2022)新兽药证字46号	猪
太子参须散	西南大学、福建贝迪药业有限公司、河南官渡生物工程有限公司、四川华蜀动物药业有限公司、河北征宇制药有限公司、福建宁德贝迪生物科技有限公司、山东华农生物制药有限公司	二类	补气健脾,增强机体免疫功能	(2022)新兽药证字45号	猪
太子参须	西南大学、福建贝迪药业有限公司、福建宁德贝迪生物科技有限公司、河南官渡生物工程有限公司、河北征宇制药有限公司	二类	补气健脾,生津润肺	(2022)新兽药证字44号	猪
双葛止泻颗粒	洛阳惠中药业有限公司、洛阳瑞华动物保健品有限公司、洛阳惠德生物工程有限公司、普莱柯生物工程股份有限公司、济南亿民动物药业有限公司	四类	清热解毒,燥湿止泻	(2022)新兽药证字05号	鸡

随着制药技术的大力发展,药物制剂的研发推动着中兽药行业的向现代化方向进步,兽药的中西结合也将越来越普遍,新版兽药GMP实施将会推动中兽药行业规范化发展,加速市场整合。

四、中医药老年健康服务行业现状

中医在疾病防治、养生治未病等方面均有其独特优势,大力发展中医药健康养老服务,将中医药优势融入健康养老,对于全方位、全周期保障人民群众生命健康和加快推进"健康中国"建设都具有重要意义。2022年国家卫生健康委等15个部门联合印发《"十四五"健康老龄化规划》,将中医药老年健康服务列为其中9项主要任务之一,明确提出到2025年,65岁及以上老年人中医药健康管理率达到75%以上,三级中医医院设置康复(医学)科的比例达到85%以上。随着中国老龄化程度的不断加深,中国老年健康服务行业规模也将不断扩大。

艾媒咨询(iiMedia Research)数据显示,2021年,中国总人口为141 260万人,65岁以上老龄人口达到20 056万人,占比14.2%,老年人口规模庞大,近年来老龄化速度明显加快。2021年中国养老产业市场规模达8.8万亿元,同比增长率高达22.3%。2022年中国养老产业市场规模有望达到10.3万亿元,同比增长16.7%。

中医药是我国独具特色的健康资源,在功能保健、日化用品、食品膳食等众多大健康领域的应用有诸多潜力。随着人口老龄化、消费不断升级带来的需求增长,大健康市场空间广阔。战略上看,"中药+健康"的中医药大健康产业正是一条全新的路径,通过不断创新研究与拓展经营,挖掘中医药特色优势的差异化所在,终将推动中医药大健康产业高质量发展。

第七节
中医药技术装备

中医药关键技术装备是指在中医药领域中,具有重要作用和影响的核心技术和设备。这些技术和装备有助于中医药的研究、诊断、治疗以及现代化发展。全国人大代表、中国工程院院士张伯礼认为:"回顾现代医学近百年飞速发展历程,很大程度上也是得益于诊断和治疗设备的更新换代。"新发展形势下,中医药发展应重点突破关键技术瓶颈,破解中医药规模化供给能力不足的难题,大力提升中医药科技创新能力,促进传统产业改造技术升级,推动中医药先进制造水平的提升,为健康中国和科技强国提供战略支撑。以中医诊断装备及中医治疗装备为研发突破口,同步发展共性技术支撑平台,共同促进中医药技术装备产业发展,见图4-18。

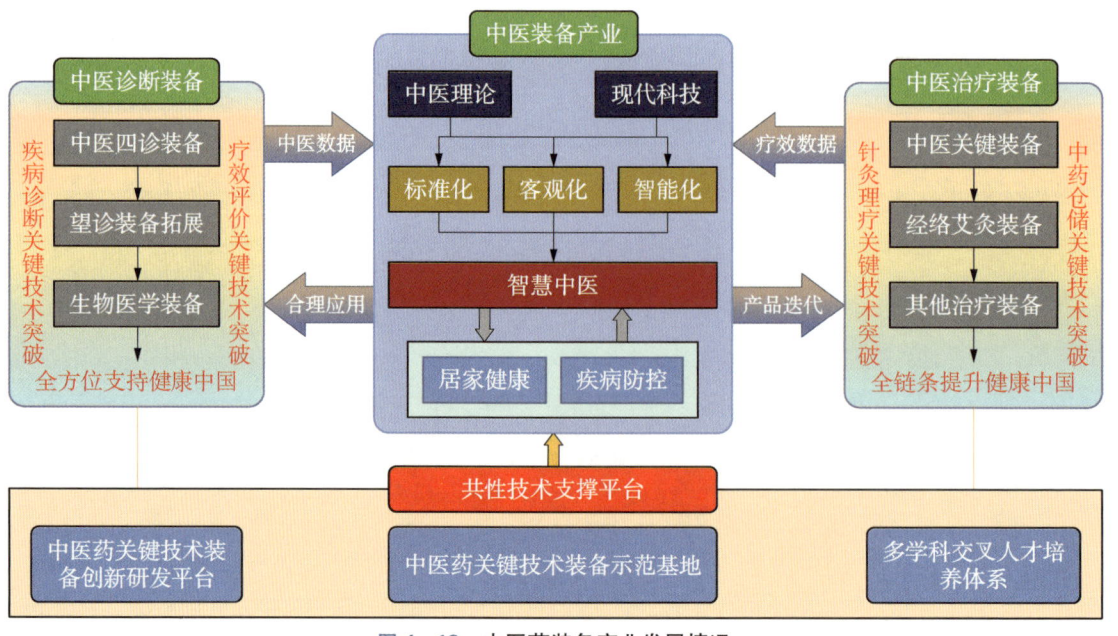

图4-18 中医药装备产业发展情况

一、中医药装备产业发展现状

根据中国中医医疗器械行业现状调研与市场前景分析报告和产业调研网数据,近年我国中医医疗器械行业总体规模保持增长。从供给来看,2018 年到 2022 年中医医疗器械行业的生产规模分别为 118.49 亿元、138.67 亿元、158.99 亿元、186.22 亿元、206.69 亿元,其中 2018 年到 2022 年间年均增长了 14.92%,见图 4-19;从需求来看,2018 年到 2022 年中医医疗器械行业的市场规模分别为 111.62 亿元、130.65 亿元、150.81 亿元、176.95 亿元、198.22 亿元,其中 2018 年到 2022 年间年均增长了 15.44%。

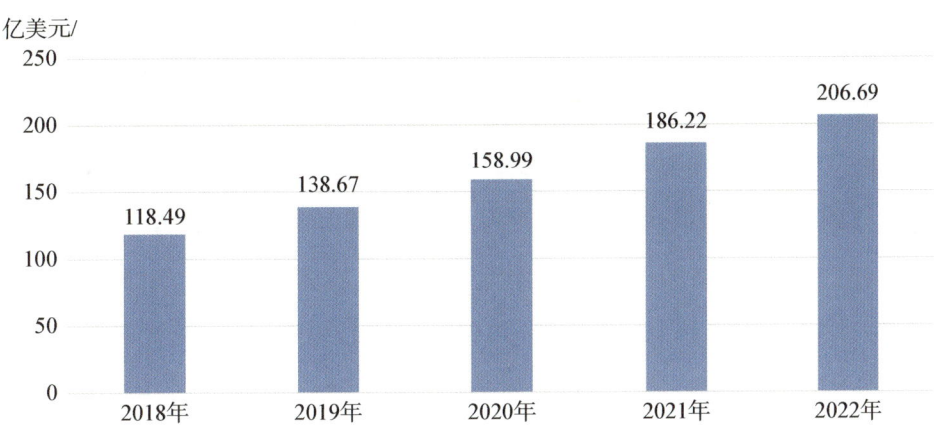

图 4-19　2018—2022 中国中医装备行业生产规模情况

(一) 2022 年中医装备产业蓬勃发展

国外对中医认知度的提升,推动着全球中医医疗器械行业规模的持续增长。根据中国中医医疗器械行业现状调研与市场前景分析报告和产业调研网数据,2018 年到 2022 年,全球中医医疗器械行业的市场规模分别为 39.83 亿美元、43.57 亿美元、46.84 亿美元、51.92 亿美元、54.77 亿美元,其中 2018 年到 2022 年间年均增长了 8.29%。就中医装备市场供给情况而言,2018 年至 2022 年我国中医装备生产规模稳步提升,行业区域供给结构特点见图 4-20。

据 MDCLOUD(医械数据云)统

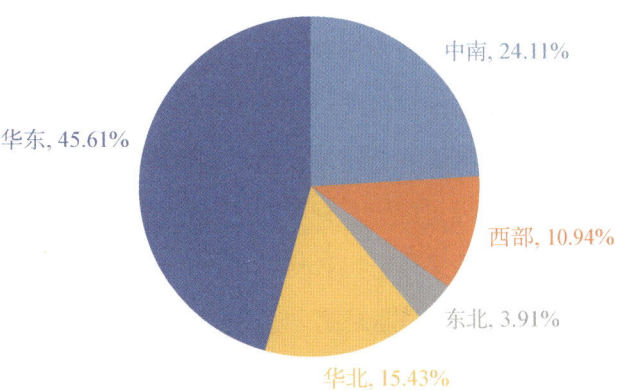

图 4-20　2022 中医装备行业区域供给结构情况

计,我国中医医疗器械产品的生产企业由2019年的791家上升至2022年的1791家,同2021年的1439家相比,增长24.5%。截至2022年底,我国可生产Ⅰ类中医医疗器械产品的企业1614家,可生产Ⅱ类产品的企业621家。截至2022年,中医医疗器械有效产品数量为3229件,相比2021年的2512件增长了717件,同比增长28.5%。其中Ⅰ类产品注册数2536件,Ⅱ类产品数693件,占比分别为78.5%、21.5%。

目前,中医装备主要包括诊断评估装备、干预治疗装备两类。诊断评估装备包括四诊装备、微循环检测设备、红外热像仪、生物电检测设备等;干预装备包括经络装备、中药装备等。

(二)诊断评估装备

包括四诊装备、微循环检测设备、红外热像仪、生物电检测设备等。

1. 四诊装备

四诊装备包括中医望、闻、问、切诊装备。

中医望诊是指医生运用视觉对人体外部情况进行观察,来了解人体的健康状况,测知病情的方法,包括望神色、形态等整体望诊,望头面、五官等局部望诊,望舌,望排出物,望小儿指纹等。当前市场望诊设备的检测内容以望舌、望面为主,实现对人体气血阴阳等的功能态检测,对应检测设备为舌诊仪、面诊/目诊仪。望诊设备技术原理大多是通过摄像头(CMOS/CCD传感器)采集舌、面、目的图像数据,采用ARM、FPGA或DSP芯片对采集的图像数据进行滤波、增强、裁剪、压缩、编码等操作,进一步对图像进行数据标注,在本地或云端服务器部署人工智能算法,完成对舌、面、目等图像的大数据分析。望诊设备关键技术分为两个方面,硬件关键技术在于对图像的预处理方法,通过降噪、滤波等方式去除采集环境、光源、硬件电路等噪声干扰,尽可能还原图像真实像素。软件关键技术在于舌、目、面象识别的人工智能算法,通过改进卷积神经网络等算法尽可能提高识别算法的准确率。

闻诊设备主要通过检测患者声音、口气对患者的疾病、体质进行定位或分析。闻诊设备检测内容分为声音检测和气味检测,实现对肺系疾病、肾脏等的功能态检测。全面准确地采集闻诊数据是闻诊客观化的前提条件,所以其关键技术在于闻诊传感器的研发。声音传感器主要分为电容式驻极体传感器和压电式传感器,气味传感器主要采用气体传感器阵列,其基本原理是通过组合多种不同的气味传感器,实现多角度感知气味。

中医问诊是了解患者病情,诊察疾病的重要方法,相较于其他3种诊断形式,问诊由于其能够最为便捷获取患者信息,已经成为临床四诊中医生使用最为频繁的诊断技术。中医问诊关键技术手段主要分为专科问诊量表及线上远程问诊2种形式。专科量表的研制,主要体现在心系和脾系,分别从饮食、睡眠、寒热、汗、头身胸腹、二便、情绪等多个方面进行问诊信息系统采集。结合现代计算机技术,可进一步研制问诊信息采集系统,通过大量医疗语料库,建立中医问诊智能化问答模型,以实现问诊信息的完整化、规范化及数字化。

中医切诊是中医最有特色的诊察方法之一,是医生用手指或手掌对患者的某些部位进行触、摸、按、压,从而诊察疾病的方法。切诊可检测人体气血虚实、脏腑盛衰等病情,从而探查出疾病的病因、病位、病性、病势。脉诊的智能化主要通过对桡动脉脉搏波的研究来研制脉诊仪。脉诊设备关键技术在于切诊传感器的研发。脉诊仪通过传感器采集脉象信息并进行分析、处理,得出客观定量指标,是描记脉象的主要仪器,其基本原理是把合适的传感器置于被测部位,通过传感器采集脉搏搏动并将其转换成电信号,再经信号放大,用记录仪将微弱的生理病理信号进行记录,或将电信号经模数转换后用计算机处理,之后进行脉搏波分析和诊断。现今的脉象仪使用的传感器按工作原理可分为机械式传感器、压力式传感器、光电式传感器、超声波传感器和传声器等类型。其中,应用机械式传感器的脉象仪最早面世,但由于其在自动控制方面的不足,在研究中也因此受限。机械式和压力传感器属于接触式传感器,光电式、超声波传感器以及传声器属于非接触式传感器。非接触式传感器的工作原理并不符合中医的指按切脉法,但也从侧面为脉诊的客观化研究提供了一种思路。另外,以纳米和石墨烯技术制成的传感器以及时空域脉搏信号检测方法也在近年开始出现。

2. 微循环检测设备

微循环检测设备主要检测气血循环状态、是对于人体经络检测系统的进一步延伸,通过检测人体络脉微循环探查气血运行状态。微循环设备可直观地观察到人体微循环状态的医疗设备,通过检测微血管流动速度、形态等参数,可以有效评估人体的微循环状态。微循环是人体最基本的生理现象之一,涉及身体的每一个细胞、组织、器官,是生命活动进行的基础。微循环的正常与否直接影响着营养物质的供应和代谢废物的排除,因此对人体健康至关重要。

3. 红外热成像仪

红外热成像仪是一种利用物体自然辐射的红外辐射能量进行热成像的设备。众所周知,所有的物体都会根据其温度向周围空间发射一定的红外辐射能量。红外热成像仪就是通过检测这些红外辐射,将其转换为视觉图像,用以表示物体的温度分布。近年来,红外热像仪广泛应用于医疗领域。

4. 生物电检测设备

生物电检测设备是一类用于测量和分析生物电活动的设备,主要通过在人体表面放置电极或通过其他非侵入式方法来检测和记录身体内的电信号。这些设备广泛应用于医疗诊断和科学研究。

(三) 干预治疗设备

1. 经络装备

中医经络检测设备是一种将现代科技与传统中医经络理论结合的仪器,主要用于检测和评估人体的经络状态。这种设备可以通过检测某个或某些特定穴位的生物电阻、电容等电学特性,分析人体的经络状况。中医经络检测设备一般包括电极、电流源、信号处理器、显示器等部分。其中,电极用于接触皮肤获取生物电信号,电流源为电极提供电流,信号处理器负责将电极采集的原始信号进行放大、过滤、转换等处理,显示器则用于显示处理后的经络检测结果。

2. 中药设备

(1) 中药材种植栽培机械化智能化装备。中药材种植栽培机械化技术重点发展种苗繁育的机械化装备,在充分吸收引进现代农业智能化、机械化经验的基础上,探索建立基于无人机、定点滴灌等技术的智能化种植设施,发展高效低毒的病虫害防治装备,针对根茎、果实、茎叶等不同类型中药材,研制自动化智能化采收装备。

(2) 中药饮片炮制加工装备。以饮片炮制加工过程全方位感知与智能控制为切入点,以规模化、自动化、智能化生产为目标,构建涵盖产地加工、净选、切、炒、炙、蒸等多种炮制工艺的饮片生产过程感知与智能控制技术,重点突破饮片生产关键工艺参数辨析技术,建立集过程监控、质量预测与精益管理等功能于一体的预测管控技术,建立充分体现传统炮制经验、符合现代监管要求的中药饮片智能化生产技术体系。在此基础上,研制高效、连续、稳定、低耗的中药饮片干燥及灭菌设备,发展饮片智能化生产线设计方法。

(3) 中药提取、浓缩、分离、干燥模块化及新型成套设备。中药材提取、浓缩、分离、干燥过程,直接影响到药材的质量,从而影响到制剂的安全、有效和可控性。根据中药制剂特点,将中药前处理关键技术工艺与装备有效融合,研发绿色、高效新设备,提升中药生产节能、降耗、控制标准;在保证产品的功效质量及成本的基础上,有效降低能耗、提高质量控制、增加生产效率,为中药绿色制造和智能制造提供坚实基础。

(4) 中药连续化生产装备。中药输送设备是中药生产过程中不可或缺的机械设备,传统的皮带输送设备能耗高、效率低下,且有极大的药材污染风险。开发出新型智能管道型真空输送设备可以提高传输效率,减少被污染的风险,并且能更好地与前后工序相结合,实现中药材、药粉以及药剂的管道真空传输功能。

(5) 中药智能仓储与物流技术及装备研发与应用。现代中药产业的发展离不开智能仓储物流系统的支撑,仓储物流的发展也对仓储物流技术和装备提出了新的要求,没有一流信息技术和硬件装备的支持智能仓储物流业发展艰难。研发新一代智能仓储与物流技术装备,为中药物流的发展提供技术支撑,快速有效地推动中药产业经济发展。

近年来,我国制药设备市场规模同样呈上涨趋势,市场规模由2021年的212.1亿元增长至2022年的358.7亿元,年均复合增长率14.04%。2022年我国主流制药设备产量达53 128台,中成药产量达227.7万吨,其中中药饮片加工相关机械及设备产量最大,占制药设备产量的41.57%。近年来,制药企业对于制药机械设备自动化、智能化的需求和要求逐渐提高。制药设备企业需要逐渐从单纯的产品供应商向能为用户提供专业化的制药装备解决方案供应商转型。从中医药企业区域分布来看,目前湖南以12 164家中医药相关企业数量高居全国第一,广东、江苏排名第二和第三,中医药相关企业数量分别为6 170家、6 098家。此外,山东、安徽、北京、辽宁、河南、四川、福建跻身前十,依次排名第4~10名。整体来看,中医药产业主要集中在湖南。

二、中医药装备部分企业介绍

(一)上海道生医疗科技有限公司

上海道生医疗科技有限公司,专注于"中医客观化、信息化、智能化"领域的技术创新与产品研发,拥有25项国际与国内专利,负责起草了中医客观诊断设备领域的3项行业标准、11项国际标准。道生医疗携手子公司岐黄科技在自主研发基础上,通过与中国中医科学院中医临床基础医学研究所、中国中医科学院中医基础理论研究所、中国中医科学院中医药信息研究所、国医大师刘敏如女科医系研究院等机构合作,成功研发了"道生智能四诊仪""智能云中医""岐黄数据AI工作站""中医智慧屏"4大产品,并实现了近4 000家医疗机构的应用落地,发展为"中医数据智能服务"领头羊。

公司被国家中医药管理局评选为"中医诊疗设备生产示范基地建设单位",承担"脉象仪触力传感器"ISO国际标准的研究和制订工作,致力于数字化中医诊断技术研究和产品开发。2022年,上海道生医疗科技有限公司依托持续创新的高科技产品、先进的自主知识产权技术以及巨大的市场潜力等核心优势,领跑中医大数据服务及智能应用行业,再度荣登"2022未来医疗100强·创新数字医疗榜TOP100",较"2021未来医疗100强"榜单,道生医疗排名上升11位。

(二)慧医谷中医药科技(天津)股份有限公司

慧医谷中医药科技(天津)股份有限公司(以下简称"慧医谷"),是国家级高新技术企业、国家中医药管理局中医师资格认证中心合作单位,教育部高等学校中医学类专业教学指导委员会合作单位。公司坐落于天津滨海高新区,是一家专注于中医领域医、教、研、普解决方案的科技型企业。慧医谷在自主研发创新的基础上,通过与国内外知名中医临床诊疗、科研机构、医学院校等合作,研发生产了一系列以中医理论为指导,符合临床实践、教育教学、中医科普需求的现代化中医临床智能辅助诊断设备、中医教学与中医科普产品。慧医谷以"让关心健康的人更健康"为愿景,用现代化技术手段为传统中医理论、望闻问切、辨证论治、人体经络等方向提供标准化、可视化、数据化的支持平台。未来,慧医谷将持续运用大数据工具深度挖掘中医健康信息,为全民中医治未病及健康管理进行服务,助力让中医惠及全球。2022年,慧医谷中医药科技股份有限公司获批"中医器械标准化技术归口单位"及天津市"专精特新"企业。

在智能中医诊断领域,首创多光源采集环境及动态舌面图采集、内置神经网络模型望诊特征识别,首创采用影像定位,实现脉诊自动化的产品,首创中医智能问诊、结合中医标准化数据的智能辨证系统。在中医教学培训领域,首创中医经络腧穴解剖教学产品,被评为天津市"专精特新"产品,处于国内领先地位。经过7年发展,慧医谷已经将涵盖中医智能诊断、中医理疗、中医示教、中医健康管理四大系列、20余种设备及应用软件产品推向市场,并取得了首张中医便携四诊设备、中医软件医疗器械注册证。医疗器械注册产品涉及中医舌诊、脉诊、四诊、经穴检测、经络检测、便携四诊、中频治疗等11种,数量种类位于行业之首。

(三)北京鹰之眼智能健康科技有限公司

北京鹰之眼智能健康科技有限公司(简称"鹰眼智慧中医")是一家致力于人工智能医学影像技术创新服务的科技企业,被中国科学院、互联网周刊评选为"2022年度智慧中医与大健康领军企业"。企业独创的"检诊疗评管"模式及软硬件智能系统,打破了中医推广缺乏人才、缺乏标准、缺乏工具的限制,通过快速部署医疗服务实体网点以及支撑县域医共体、医联体建设,构建完善的全民健康管理服务体系,让中医通过数字化的方式焕发生机,服务分级诊疗政策与健康中国2030战略。

鹰眼智慧中医围绕中医特色构建了一个开放平台系统及标准化服务模型,其基于中医多诊探测感知技术、AI辅助诊断技术及相关成果,集中医可视化、数字化、智能化、标准化及互联网信息化于一体。以红外热成像与中医问诊为核心,辅以舌诊、脉诊、经络诊断数据为补充,实现中医人体健康状态无创检测,将采集到的中医问诊、舌诊、脉诊等数据信息,通过智能红外系统进行辨识,并输出辨证结果,基于人体健康状态辨识结果,针对处于未病态、欲病态和已病态个体,进行健康状态干预,以数据为基础,对个体当下健康状态、调理前后状态变化、健康状态变化趋势进行动态可视化评测,为个体提供温馨体贴、科学精准的全生命周期健康状态的监测、干预、状态评估、管理服务。

(四) 河南翔宇医疗设备股份有限公司

河南翔宇医疗设备股份有限公司成立于2002年,深耕康复医疗器械领域20年,是具有综合性康复医疗器械研发生产能力的企业。公司致力于疼痛、神经、骨科、中医、产后、术后、心肺、医养结合等康复领域智能康复设备的自主研发、产销。翔宇医疗已取得医疗器械注册产品证及备案证明236个,省级科技成果76项,软件著作权115项,已获得授权专利1267件,部分产品通过了欧盟CE认证。

2022年2月,翔宇医疗研发中心被国家发改委认定为"国家企业技术中心"。公司作为高新技术企业,被河南省发改委认定为河南省智能康复设备工程实验室,并被河南省科技厅等机构认定为河南省智能康复设备工程技术研究中心、河南省康复设备重点实验室,被河南省工信厅认定为河南省智能康复设备创新中心、河南省工业设计中心;牵头成立了河南省智慧康养设备产业研究院;通过ISO9001质量管理体系和ISO13485康复器械质量管理体系、ISO14001环境管理体系、ISO45001职业健康安全管理体系和GBT/29490知识产权管理5个体系认证。

(五) 苏州好博医疗器械股份有限公司

苏州好博医疗器械股份有限公司是江苏省高新技术企业,集自主研发、生产、推广、销售、服务能力为一体。公司凭借核心研发技术优势与成熟的市场开发能力,秉持"持续创新,追求卓越"的企业理念,追求技术卓越,向智能化、便捷化、人性化发展,合作经销商数千家,服务全国各级医疗单位。好博医疗在太仓浏河镇西北工业园投资建设现代医疗产业化基地,包括研发中心、智能车间、恒温仓储、科技展厅等。

作为一家以创新驱动的高新技术企业,公司以用户需求为导向进行技术创新,基于现有的研发能力和技术优势,不断提升公司竞争力。近年来,公司先后获评江苏省民营科技企业、江苏省"专精特新"小巨人、高新技术企业、江苏省潜在独角兽企业、江苏省科技型中小企业、苏州市瞪羚计划入库企业、太仓市"科技小巨人"企业、太仓市科技进步二等奖、江苏省康复医学会优秀协作单位等荣誉称号,同时系中国康复医学会高级单位会员、中国康复辅助器具协会会员。

2022
中医药发展报告

第五章
中医药走向国际

第一节
中药进出口贸易

据海关统计数据，2022年，我国中药进出口延续2021年势头，继续保持两位数增长，外贸总额85.1亿美元，同比增长10.7%。其中，出口额56.5亿美元，同比增长14.1%；进口额为28.6亿美元，同比增长4.6%。

中药进出口贸易统计依据国际海关商品编码归类，口径与国内统计差异较大，进出口统计中的"植物提取物"不完全是中药提取物，中药材与饮片归为一类统计，同时有部分保健品纳入中药进出口贸易的统计之中。

一、中药出口贸易

（一）植物提取物出口放量增长

植物提取物一直是中药出口的大类商品，多年来保持较高的出口增速。其涉及的提取物品种已不仅仅是20年前的中药提取物简单概念，目前的植物提取物外延更为广泛，涵盖药品、膳食营养补充剂、食品等多个领域。从历史数据来看，植物提取物出口金额稳步增长，疫情以来保持两位数增长。2019年、2020年、2021年三年出口额分别是23.6亿美元、24.4亿美元和30.3亿美元。2022年，我国植物提取物出口10.7万吨，同比增长2.0%，出口总额35.3亿美元，同比增长16.5%。

2022年，植物提取物出口前十位的产品与以往变化不大，甜菊叶提取物、桉叶油、薄荷醇、万寿菊提取物、辣椒提取物、枳实提取物、越橘提取物、芦丁、银杏叶提取物、水飞蓟提取物等品种依旧是植物提取物出口大品种，出口额合计占总出口额50%以上。伴随疫情常态化，健康饮食、治未病的观念更加深入人心，终端膳食营养补充剂的销售增长拉动植物提取物出口放量，天然代糖、天然膳食纤维、替代蛋白等品类的新产品受到更多的市场关注。

(二) 中药材及饮片出口稳中有进

新冠疫情以来,中药材的海内外需求大幅提升,2022年,我国向114个国家和地区出口中药材24.2万吨,同比增长7.3%,出口总额13.6亿美元,同比增长4.2%,出口均价5.58美元/公斤,同比下降4%,出口均价下降与国内部分药材产能过剩和国际运费回落等因素紧密相关。总体来看,2022年,我国中药材出口量增价减,出口额基本稳定(图5-1)。中药材出口保持在中药整体的20%左右。

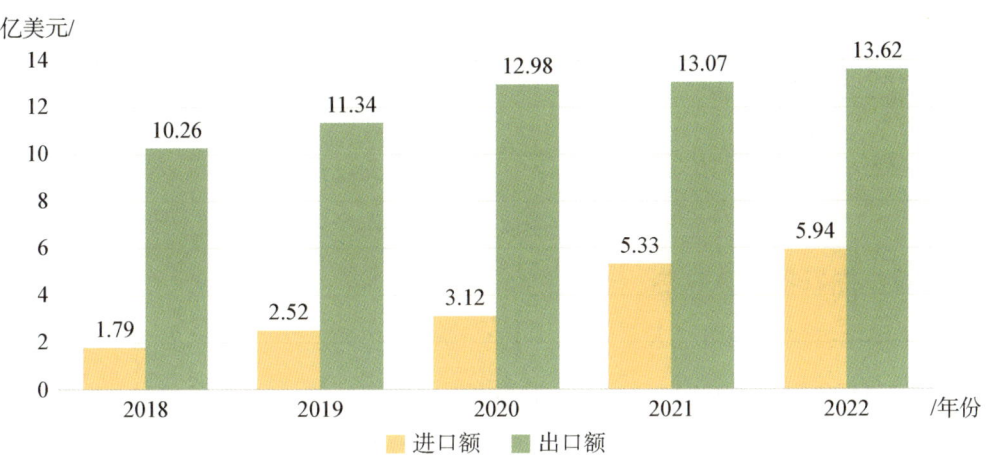

图5-1 2018~2022年中药材及饮片进出口趋势

由于不同国家文化和医药政策的差异,我国的中药材出口后,仅在少数国家和地区作为传统药原料使用(如日本、韩国等),在大多数国家和地区,中药材更多地被作为普通食品或膳食补充剂使用。所以,我国出口的中药材多数是药食两用的滋补性品种。2022年,我国出口中药材前十大品种(以出口金额计)为肉桂、枸杞、人参、茯苓、当归、黄芪、冬虫夏草、半夏、罂粟子、鹿茸。

(三) 中成药出口表现抢眼

中成药在中药产品整体出口额中占比不高,出口比例常年维持在7%左右,相对于原料类产品仍处于弱势地位。2022年,中成药出口额3.8亿美元,同比增长23.8%,出口量1.31万吨,同比增长12.6%。疫情以来,中药海外注册的步伐加快,也带动中成药的海外出口节节攀升。具体到单品种,中成药前三位出口品种分别为片仔癀、清凉油、安宫牛黄丸,出口金额在千万美元级别。此外,2022年连花清瘟胶囊(颗粒)和金花清感颗粒等新冠治疗中药的出口金额也在千万级别左右。

（四）保健品出口势头强劲

目前，保健品在海关统计系统中比较特殊，有单独编码的保健品主要是鱼油、鱼肝油、蜂王浆、蜂花粉、卵磷脂、燕窝等，维生素及矿物类制剂产品并未统计在内，另外不少保健品是以食品的形式出口，也未纳入保健品项下，本报告中有关保健品贸易的数据为不完全统计。

2022年，保健品出口额3.8亿美元，同比增长22.5%。其中，鱼油及鱼肝油类产品增长强劲，出口额2.7亿美元，同比增长36.7%；蜂产品类略有下降，出口额1.1亿美元，同比下降3.2%，除蜂蜡有所增长外，蜂王浆及蜂蜜、蜂花粉类出口额同比均有下降。

二、中药进口贸易

疫情常态化后，海外供给恢复，2021年中药类商品进口强势反弹，全年进口金额27.4亿美元，上涨24.1%。2022年，全年进口金额28.6亿美元，上涨4.6%。

（一）植物提取物进口

2022年植物提取物进口7.8亿美元，同比下降12.5%。进口植物提取物中，精油类原料占植物提取物的63%，由于精油产品的特殊性，进出口往往有大小年之分，因此对植物提取物的整体增长变动影响较大。2022年，精油类产品进口金额4.9亿美元，同比下降23.8%，是2022年植物提取物进口整体下降的主要原因。如果除去精油类的影响，2022年，植物提取物（不含精油）进口额2.9亿美元，同比下降7.8%，进口数量3.1万吨，同比下降仅0.1%。可以看出，2022年，植物提取物（不含精油）的国内市场需求变化不大，进口价格的下调，导致进口金额回调。

（二）中药材及饮片进口

2022年，中药材及饮片进口额5.9亿美元，同比增长11.4%。其中，进口中药材前十品种（以进口金额计）为西洋参、鹿茸、人参、姜黄、番红花、甘草、丁香、血竭、乳香、没药，前十品种进口额占我国药材进口总额的36%。2022年，我国进口药材的前十大货源国（以进口金额计）为印度尼西亚、缅甸、加拿大、新西兰、韩国、印度、泰国、越南、俄罗斯、美国，占我国中药材进口总数量的85%，进口总金额的87%。

（三）中成药进口

2022年，中成药进口4.3亿美元，同比增长18.7%。前两大进口市场（中国香港、德国）的进口额占全球的85%份额。主要进口市场表现良好是带动中成药进口的主要原因。中国香港的进口额2.2亿美元，同比增长9.8%，德国进口额1.5亿美元，同比增长41.7%。

（四）保健品进口

在国家扩大进口政策的引导下，近几年，保健品进口业绩亮眼，连续保持较高的进口增速。2022年进口额10.5亿美元，同比增长20.2%。其中，燕窝依旧是最受欢迎的保健品，2022年进口额6.5亿美元，同比增长20.0%，但是燕窝的进口均价下滑达13.5%，以价换量。根据历年来的燕窝进口数据分析，燕窝进口总量已有超过国内市场需求的迹象。从目前的情况看，2023年，燕窝进口可能会有较大的下调空间。

三、中药主要出口市场

（一）上海合作组织朋友圈扩大，促进各国传统医药交流互鉴

2022年9月16日，上海合作组织成员国元首理事会第二十二次会议在乌兹别克斯坦举行，会上签署了关于伊朗加入上合组织的备忘录，启动接收白俄罗斯为成员国的程序，批准埃及、沙特阿拉伯、卡塔尔、巴林、马尔代夫、阿联酋、科威特、缅甸为新的对话伙伴。上合组织大家庭的不断扩容，为上合组织间开展更广泛的交流合作提供平台。中国已在多个上合组织相关国家建立了海外中医药中心，推动中医药服务贸易和货物贸易协同发展。2022年，我国同上合组织相关国家的中药外贸总额为8.2亿美元，约占我国中药外贸的10%。

近年来，中国与上合组织相关国家在传统医学领域开展了广泛的、密切的交流与合作。2022年9月成立的上合组织传统医药产业联盟，是在上合组织框架下成立的非政府、非营利性、开放性的合作交流平台。联盟的工作内容以助力传统医药企业深化全球产业链合作为基础，通过加强产、学、研、医等多层面的交流、互动、合作，进一步推进上合组织国家间传统医学交流互鉴和传统医药产业发展。首批联盟成员机构50个，包括来自上合组织相关国家的11个行业组织、5家科研院所、3家医院、5家大学、26家龙头企业。

（二）抓住《区域全面经济伙伴关系协定》机遇，实现共享共赢

2022年1月1日，《区域全面经济伙伴关系协定》（RCEP）正式生效，文莱、柬埔寨、老挝、新加坡、泰国、越南6个东盟成员国和中国、日本、新西兰、澳大利亚4个非东盟成员国正式开始实施协定，2月1日在韩国生效实施，3月18日在马来西亚生效实施，5月1日在中国与缅甸之间生效实施；2023年1月2日在印度尼西亚生效实施，RCEP区域已成为全球体量最大的自由贸易区。

RCEP区域正是我国中药材及饮片和中成药重要的进出口贸易伙伴集中地。RCEP的实施将显著提升东亚区域经济一体化水平，促进区域产业链、供应链和价值链融合，有效地促进中药贸易往来和交流合作。

2022年,我国对RECP伙伴国中药类进出口贸易总额为33.6亿美元,同比增长17.0%,其中出口额为20.2亿美元,同比增长17.3%,出口中药类商品16.0万吨,同比增长5.0%;进口中药类产品13.4亿美元,同比增长16.6%,进口中药类产品18.3万吨,同比增长76.0%。

以马来西亚为例,粗略估计,马来西亚药用动植物资源约800多种,其中药用植物资源约700多种,如忧遁草、猫须草、黑面将军、东革阿里、石斛等。但是,目前中国允许从马来西亚进口的中药材仅11种,且多为植物源中药材,包括荜茇、槟榔、丁香、豆蔻、莪术、胡椒、姜(生姜、干姜)、鲜或干的沉香、鲜或干的菊花、鲜或干的木香、血竭。从中药材种类上看,进口品种数目较少,有利于推动传统医学在两国的传承创新发展与应用。

(三)"一带一路"倡议推动沿线地区中医药海外发展

2015年,"一带一路"倡议初始响应国家共65个。中国已经同151个国家和32个国际组织签署200余份共建"一带一路"合作文件。"一带一路"朋友圈进一步扩大。

从海关数据上看,2015年,我国同"一带一路"倡议初始65国的中药进出口总额12.5亿美元,占当年我国同全球中药外贸总量的5.3%。其中,出口额为9.5亿美元,同比增长12.4%;进口额为3.0亿美元,同比增长1.0%。2022年,我国同"一带一路"151国的中药进出口总额35.5亿美元,占当年我国同全球中药外贸总量的41.4%。其中,出口额为19.4亿美元,同比增长16.7%;进口额为16.1亿美元,同比增长18.8%。

"一带一路"倡议的实施,在关税、投资等多方面提供优惠政策,为我国中药"走出去""引进来"提供助力。随着"一带一路"朋友圈的进一步扩大,中医药的海外发展迎来新机遇。

第二节
中药国际注册

2022年,我国中药企业在积极推进中药国际化方面取得了显著进展。在美国、加拿大、欧洲、非洲、东南亚等多个国家和地区,以处方药、植物药、补充剂等多种方式获得了不同阶段的中药注册许可,为中药产业的全球传播和发展注入了新的动力,展现出我国中药产业的活力和创新能力。这一系列的成就不仅有力地推动了我国中药走向国际市场,也为中医药文化的传承与发展做出了重要贡献。

一、天士力医药集团股份有限公司

2022年,天士力医药集团股份有限公司13个中药产品开展了35项中药国际临床研究和国际注册申报项目,包括复方丹参滴丸(T89)、护心丹胶囊、养血清脑颗粒、安宫牛黄丸、荆花胃康胶丸等,获得4项国际药政批准,包括T89-ORESA-IND获得乌克兰卫生部批准;护心丹胶囊和养血清脑颗粒获得尼日利亚植物药批准;天士力医药集团股份公司获得加拿大场地认证SL更新批件。2022年度,荣获世界中医药学会联合会第七届(仲景杯)中医药国际贡献奖——团体奖,"中医药一带一路国际化注册路径与关键技术研究及应用"荣获中华中医药学会——科学技术奖·政策研究奖。

二、江苏康缘药业股份有限公司

2022年,江苏康缘药业股份有限公司生产的桂枝茯苓胶囊、天舒胶囊、逍遥丸3款产品获得乌兹别克斯坦药品注册证书。1月,金振颗粒获得美国FDA临床试验批件,随即在美国启动临床试验;天舒颗粒获得荷兰药物评价委员会科学咨询会回复意见。12月,桂枝茯苓胶囊、金振口服液两款产品向加拿大卫生部递交了天然健康产品注册申请。

三、兰州佛慈制药股份有限公司

2022年,兰州佛慈制药股份有限公司积极推进中药国际化,深度参与"一带一路"共建,重点在俄罗斯、中国香港地区、东盟国家等市场开展中成药的国际注册。2022年,共获得马来西亚、泰国、中国香港地区的产品注册批件47份,产品国外认证数、海外商标注册数、出口覆盖面、出口品种数继续位居同行业前列。

四、北京同仁堂股份有限责任公司

2022年,北京同仁堂股份有限责任公司着眼强化质量管理提升,持续推进质量管控中心建设,优化质量标准体系建设,生产的时疫清瘟丸等4个产品取得加拿大卫生部颁发的《加拿大天然健康产品注册许可证(一类)》。

五、山东步长制药股份有限公司

2022年,山东步长制药股份有限公司生产的"宣肺败毒颗粒"在加拿大符合天然健康产品标准注册上市,在哈萨克斯坦符合保健食品标准注册上市,在乌兹别克斯坦符合药物标准注册上市。

六、石家庄以岭药业股份有限公司

2022年,石家庄以岭药业股份有限公司的连花清瘟胶囊在越南、泰国、菲律宾开展了随机双盲国际多中心临床试验,评价连花清瘟胶囊对新冠患者的治疗效果。另外,中成药连花清瘟胶囊、通心络胶囊、八子补肾胶囊、连花清咳片、中药保健品酸枣仁油软胶囊、连花御屏颗粒,植物产品连花清肺润喉糖、连花清咽抑菌喷雾、连花清肺茶在白俄罗斯、意大利、新加坡、尼日利亚、马来西亚、加拿大、乌干达、巴基斯坦等国家和地区获得注册批文和进口许可。

七、上海和黄药业有限公司

2022年,上海和黄药业有限公司与加拿大进口商完成第一批胆宁片出口合同的签订,并协助进口商顺利获得品种关联Site Licence。10月14日,胆宁片在上海和黄药业奉浦研发生产基地举行装车发货仪式,胆宁片正式以药品身份、合法途径进入了国际主流药品市场,实现了中药国际化全过程的最后一步。6月,正气片正式提交加拿大卫生部天然药品Ⅲ类-传统申请注册。

八、安徽济人药业股份有限公司

2022年,安徽济人医药集团旗下的中成药产品港版疏风解毒胶囊"药信"进入港澳市场。9月,由国家中医药管理局批准的"中-德中药与植物药创新研发国际合作基地"在德国正式揭牌。安徽济人药业股份有限公司在德合资公司德国药信植物药有限公司作为重要的合作伙伴参与基地建设。

第三节
中医药国际标准

一、ISO/TC 249 国际标准制定情况

(一) ISO/TC 249 国际标准制定

中医药国际标准进入了新的发展时期,并在一些重点和难点上有了新的突破。截至2022年底,ISO中医药国际标准发布总数达93项,23项国际标准正在制定过程中。2022年度ISO/TC 249共发布中医药国际标准17项,见表5-1,中药类ISO标准9项,包含《中医药—党参(ISO 22585:2022)》《中医药—白芍(ISO 22586:2022)》等单味中药材和《中医药—中药材及中药制成品质量与安全:第三部分:污染物测定(ISO 19609-3:2022)》《中医药—中药材及中药制成品质量与安全:第四部分:防腐剂和有害物质测定(ISO 19609-4:2022)》等保障中药质量和安全的检测方法;《中医药—拔罐装置的安全控制(ISO 5227:2022)》等中医医疗设备ISO标准5项;《中医药—疾病分类的分类结构—第1部分:疾病(ISO/TS 6304:2022)》中医药术语信息ISO标准3项。

表 5-1 2022 年度国际标准化组织(ISO/TC 249)发布的中医药国际标准

序号	标准编号	发布日期	标准名称
1	ISO 19609-3:2022	2022年11月	Traditional Chinese medicine — Quality and safety of raw materials and finished products made with raw materials — Part 3: Testing for contaminants
2	ISO/19609-4:2022	2022年11月	Traditional Chinese medicine — Quality and safety of raw materials and finished products made with raw materials — Part 4: Testing for preservatives and unwanted compounds
3	ISO 4754:2022	2022年11月	Traditional Chinese medicine — Fermented cordyceps powder
4	ISO 5227:2022	2022年11月	Traditional Chinese medicine — Safety controls of cupping device

续 表

序号	标准编号	发布日期	标准名称
5	ISO 23964:2022	2022年8月	Traditional Chinese medicine — Saposhnikovia divaricata root and rhizome
6	ISO 23963-2:2022	2022年8月	Traditional Chinese medicine — Requirements for process traceability system of Chinese materia medica and decoction pieces — Part 2: electronic labelling
7	ISO 23963-1:2022	2022年7月	Traditional Chinese medicine — Requirements for process traceability system of Chinese materia medica and decoction pieces — Part 1: components
8	ISO 24571:2022	2022年6月	Traditional Chinese medicine — General requirements for the basic safety and essential performance of electro — acupuncture stimulator
9	ISO/TS 6304:2022	2022年5月	Traditional Chinese medicine — Categorial structure for classification of disease — Part 1: Disorders
10	ISO 23958-1:2022	2022年5月	Traditional Chinese medicine — Dermal needle for single use — Part 1: Tapping type
11	ISO 23958-2:2022	2022年5月	Traditional Chinese medicine — Dermal needle for single use — Part 2: Roller Type
12	ISO 4154:2022	2022年5月	Traditional Chinese medicine — Sinomenium acutum stem
13	ISO 22586:2022	2022年3月	Traditional Chinese medicine — Paeonia lactiflora root — White peony root
14	ISO 22585:2022	2022年3月	Traditional Chinese medicine — Codonopsis pilosula root
15	ISO 23965:2022	2022年3月	Traditional Chinese medicine — Bupleurum chinense and Bupleurum scorzonrifolium root
16	ISO 18665:2022	2022年2月	Traditional Chinese medicine — Herbal decoction apparatus
17	ISO 23956:2022	2022年2月	Traditional Chinese medicine — Determination of benzopyrene in processed natural products

《中医药—发酵冬虫夏草菌粉(ISO 4754:2022)》ISO 国际标准正式发布是现代高科技生物技术创新融入传统中药的首个 ISO 国际标准,开辟了国际标准背书下的新型中药国际使用范畴和流通领域拓展与应用的新篇章,为推动其国际市场的准入提供了标准技术储备与支撑。

2023年3月30日,国家市场监管总局(国家标准化管理委员会)公布了"2022年度中国标准创新贡献奖"获奖名单。中医药类2个标准项目,《中医药—脉象触力传感器(ISO 19614:2017)》和《中医药—中医临床术语系统分类框架(ISO 19465:2017)》获中国标准创新贡献奖三等奖。两项标准正式发布为中医四诊客观化、规范化及临床术语系统分类框架的构建提供了有力支撑,已被多个国家采用和推广,有助于加速中医在海外的传播与使用,为促进中医药走向世界发挥了积极作用。

2022年10月28日,上海市2022年"世界标准日"主题活动举行。会上宣布了首届上海市标准创新贡献奖名单,中医药国际标准化团队在此次主题活动中获得多项殊荣。ISO/TC 249 主席沈远东教授荣获个人奖,《中医药—丹参(ISO 21314:2019)》荣获标准项目奖二等奖,《中医药—板蓝根(ISO 21316:2019)》和《中医药—可计算的舌象图像分析系统 第二部

分　光源环境(ISO 20498-2:2017)》荣获标准项目奖三等奖。

(二) 中医药 ISO 国际标准的复审及采标或应用情况

ISO 国际标准正式发布5年(international standard, IS)或3年(technical specification, TS; publicly available specification, PAS)后需要进行系统审查(systematic review, SR),它是提供关于该标准的全球相关性的宝贵信息,并确保 ISO 标准的目录和内容是最新的。SR 也是目前唯一的 ISO 中央秘书处(ISO/CS)收集关于 ISO 标准使用情况及其不同成员体采标的一种重要方式。SR 审查结果有三种,即批准(confirmation)、修订(revision or amendment)和废止(withdrawal)。

2022 年,ISO/TC 249 平台共有 15 项 ISO 标准进行了系统审查,其中 13 项为批准(不做任何修改),2 项为修订,0 项为废止,详见表5-2。从 SR 结果可以看出,中医药 ISO 标准在多个国家或地区采标和应用,也充分体现了中医药 ISO 标准的全球相关性及贸易市场的需求性,也正逐步完善和促进中医药的国际标准化。

表5-2　2022 年度国际标准化组织(ISO/TC 249)发布 ISO 标准系统审查结果

序号	标准编号	发布日期	标准名称	采标或应用国家
1	ISO 18746:2016	2016年8月15日	Traditional Chinese medicine-Sterile intradermal acupuncture needles for single use	China; Korea; Australia; Italy; Japan; Kenya; Russian; Saudi Arabia; Spain; Thailand
2	ISO 18668-2:2017	2017年3月6日	Traditional Chinese medicine — Coding system for Chinese medicines — Part 2: Codes for decoction pieces	China; Ghana; Kenya; Thailand
3	ISO 18668-3:2017	2017年3月6日	Traditional Chinese medicine — Coding system for Chinese medicines — Part 3: Codes for Chinese Materia Medica	China; Ghana; Kenya; Thailand
4	ISO 18668-4:2017	2017年3月6日	Traditional Chinese medicine — Coding system for Chinese medicines — Part 4: Codes for granule forms of individual medicinals for prescriptions	China; Ghana; Kenya; Thailand; United Kingdom
5	ISO 19465:2017	2017年2月23日	Traditional Chinese medicine — Categories of traditional Chinese medicine (TCM) clinical terminological systems	China; Australia; Ghana; Kenya; Thailand; United Kingdom; Canada
6	ISO 19610:2017	2017年4月12日	Traditional Chinese medicine — General requirements for industrial manufacturing process of red ginseng (Panax ginseng C. A. Meyer)	Japan; Kenya; Korea; United Kingdom; Viet Nam

续表

序号	标准编号	发布日期	标准名称	采标或应用国家
7	ISO 19614:2017	2017年5月23日	Traditional Chinese medicine — Pulse graph force transducer	China; Ghana; United Kingdom; Viet Nam; Japan
8	ISO 19824:2017	2017年3月3日	Traditional Chinese medicine — *Schisandra chinensis*（Turcz.）Baill. seeds and seedlings	China; Ghana; Japan; Kenya; Thailand; United Kingdom; Canada
9	ISO 20308:2017	2017年5月19日	Traditional Chinese Medicine — Gua Sha Instruments	China; Ghana; Kenya; Saudi Arabia; United Kingdom; Viet Nam
10	ISO 20311:2017	2017年3月6日	Traditional Chinese medicine — *Salvia miltiorrhiza* seeds and seedlings	China; Ghana; Japan; Kenya; Thailand; United Kingdom; Canada
11	ISO 20408:2017	2017年1月16日	Traditional Chinese medicine — Panax notoginseng seeds and seedlings	China; Ghana; Japan; Kenya; Thailand; United Kingdom; Canada
12	ISO 20409:2017	2017年5月23日	Traditional Chinese medicine — Panax notoginseng root and rhizome	China; Ghana; Japan; Kenya; United King-dom; Viet Nam
13	ISO 20498-2:2017	2017年5月17日	Traditional Chinese medicine — Computerised tongue image analysis system — Part 2: Light environment	China; Ghana; Kenya; Korea Thailand; United Kingdom; Viet Nam; Japan
14	ISO 19611:2017	2017年5月23日	Traditional Chinese medicine — Air extraction cupping device	Kenya; Korea; Saudi Arabia; United Kingdom; Viet Nam
15	ISO 20759:2017	2017年12月12日	Traditional Chinese medicine — Artemisia argyi leaf	China; Ghana; Kenya

(三) ISO/TC 249 整体工作情况

2022年，ISO/TC 249召开了主席顾问团第九次联合会议并在线参加了ISO总部组织的导则新改版培训、ISO年度大会、ISO主席会议，进一步加强了国际组织的内涵建设和国际标准项目的管理能力。

ISO/TC 249第十二次全体成员大会于2022年6月1日至29日以网络会议的形式召开。尽管在会议筹备和举办期间面临着上海疫情的严峻考验，秘书处依然克服诸多困难挑战，顺利完成了所有大会议程并圆满结束。共有来自ISO总部、中国、日本、韩国、加拿大、德国、荷兰、意大利、西班牙、葡萄牙、匈牙利、俄罗斯、澳大利亚、泰国、越南、新加坡、沙特阿拉伯、阿根廷、肯尼亚、加纳19个成员国以及世界中医药学会联合会（World Federation of Chinese Medicine Societies，WFCMS，简称世界中联）、世界针灸学会联合会、国际标准化组织/老龄社会技术委员会(ISO/TC 314)3个联络组织的202位代表注册参会。ISO中央秘书处技术官员也受邀出席了开幕式。

在为期一个月的大会期间,共举办了8场工作组会议,涉及中药材、中药制成品、针灸、中医医疗器械、中医药术语和信息等各领域的25项新项目提案和26项在研国际标准项目。新提案中,来自中国方面的提案占80%(其中包括秘书处提案1项,世界中联提案2项)。在6月29日闭幕大会上,委员会就商业战略计划书改版、术语协调工作、下一届大会安排等重要议题和项目推进形成了25条大会决议。

二、世界中医药学会联合会国际标准制定情况

世界中医药学会联合会是总部设在中国的中医药国际学术组织,拥有来自74个国家和地区的286个团体会员,200余个分支机构,辐射到全球30多万中医药从业人员。世界中联与世界卫生组织建立了官方正式合作关系,是ISO/TC 249 A级联络组织,联合国教科文组织的咨询机构,2021年获得联合国经社理事会特别咨商地位。

为带给世界更规范、安全、有效的中医药服务,世界中联一直致力于推动中医药国际标准化。截至2022年12月31日,世界中联发布中医药国际标准总计129部,其中包括73部国际组织标准、54部分支机构标准、2部技术报告;累计成立44个专业技术标准审定委员会,见表5-3。2022年,世界中联发布各类标准4部,包括国际组织标准3部、分支机构标准1部;新立项标准16项,包括国际组织标准14项、分支机构标准2项;新成立专业技术标准审定委员会1个,3个专业技术标准审定委员会完成换届。为不断完善健全标准化管理制度,规范国际组织标准制定流程,SCM 1.1-2021《标准化工作导则 第1部分:标准制修订和发布》进入出版程序。

"中医药国际贡献奖"是2005年4月批准设立的中医药国际奖项,用于表彰在中医药领域做出突出贡献、在国际上产生深远影响的团体与个人。2022年在"中医药国际贡献奖"基础上首次增设"标准贡献奖",本次有5个标准项目的主要起草单位和主要起草人获奖。5个标准项目分别是欧盟药典标准《钩藤》、中国国家标准《针灸异常情况处理》、世界中联国际标准《国际中医临床实践指南 慢性阻塞性肺康复疾病》、ISO国际标准《中药方剂编码系统》以及ISO国际标准《中医药——脉象波形编码规则》。

与此同时,世界中联践行A级联络组织的职责,积极参与ISO/TC 249的各项活动。2022年,世界中联通过广泛公开征集,向ISO/TC 249秘书处上报新工作项目提案3项,完成ISO/TC 249世界中联注册专家的注册与管理,定期提交工作报告及新闻信件材料。世

界中联的注册专家积极参加 ISO/TC 249 第 12 次全体大会及各个工作组工作会议,深度参与国际标准研制工作。

表 5-3 世界中医药学会联合会已发布国际组织标准(73 部)

编号	标准编号	标准名称	标准英文
1	SCM 1-2009	标准制定和发布工作规范(已修订)	Working Regulation for Formulation and Publication of Standards
2	SCM 2-2007	中医基本名词术语中英对照国际标准	International Standard Chinese-English Basic Nomenclature of Chinese Medicine
3	SCM 3-2009	世界中医学本科(CMD前)教育标准	World Standard of Chinese Medicine Undergraduate (Pre-CMD) Education
4	SCM 4-2010	世界中医(含针灸)诊所设置与服务标准	World Standard of Establishment and Service CM (Incl. acupuncture) Clinic
5	SCM 5-2010	中医基本名词术语中法对照国际标准	International Standard Chinese-French Basic Nomenclature of Chinese Medicine
6	SCM 6-2010	中医基本名词术语中西对照国际标准	International Standard Chinese-Spanish Basic Nomenclature of Chinese Medicine
7	SCM 7-2010	中医基本名词术语中葡对照国际标准(已修订)	International Standard Chinese-Portuguese Basic Nomenclature of Chinese Medicine
8	SCM 8-2011	国际中医医师专业技术职称分级标准	World Classification Standard for Professional Titles of Chinese Medicine Doctors
9	SCM 9-2013	中医基本名词术语中意对照国际标准	International Standard Chinese-Italian Basic Nomenclature of Chinese Medicine
10	SCM 10-2012	世界中医学专业核心课程	World Core Courses of Chinese Medicine Specialty
11	SCM 11-2013	伦理审查平台评估标准(已修订)	Assessment Standard for Ethics Review of Biomedical Research with Human Participants
12	SCM 12-2014	国际中医医师测试与评审规范	Test and Assessment Procedures of International Chinese Medicine Doctors
13	SCM 13-2014	中医基本名词术语中俄对照国际标准	International Standard Chinese-Russian Basic Nomenclature of Chinese Medicine
14	SCM 14-2015	国际中医药学科体系类目	The International Catalogue of Chinese Medicine discipline
15	SCM 15-2015	中医基本名词术语中匈对照国际标准	International Standard Chinese-Hungarian Basic Nomenclature of Chinese Medicine
16	SCM 16-2015	中医药临床科研论文撰写基本要求	Basic Requirements for Chinese Medicine Clinical Research Paper Writing
17	SCM 17-2016	中医基本名词术语中德对照国际标准	International Standard Chinese-Germany Basic Nomenclature of Chinese Medicine
18	SCM 18-2017	国际中医药糖尿病诊疗指南	International Guideline for Diagnostic and Treatment Principles of Chinese Medicine in Diabetes

续 表

编号	标准编号	标准名称	标准英文
19	SCM 19-2017	中医基本名词术语中泰对照国际标准	International Standard Chinese-Thai Basic Nomenclature of Chinese Medicine
20	SCM 20-2017	中医药健康旅游服务基本要求	Basic Requirements of TCM Health Tourism Services
21	SCM 21-2017	中医整脊科医师专业技术职称分级标准	World Classification Standard for Professional of Chinese Medicine Orthopedics Doctors
22	SCM 22-2018	中医（中西医结合）临床实践指南制修订通则	Norms of development and revision of clinical practice guideline of Chinese medicine (and integrated Chinese and western medicine)
23	SCM 23-2018	热敏灸技术操作规范	Standardized Manipulations of Heat-sensitive Moxibustion Therapy
24	SCM 24-2018	标准化煎药中心基本要求	Basic Requirements of Standardized Decoction Center
25	SCM 11-2018	涉及人的生物医学研究伦理审查体系要求	Requirements for Ethics Review System of Biomedical Research Involving Human Participants
26	SCM 25-2019	中医基本名词术语中日对照国际标准	International Standard Chinese-Japanese Basic Nomenclature of Chinese Medicine
27	SCM 26-2019	浮针疗法技术操作规范	Normalized Manipulations of Fu's Subcutaneous Needling Therapy
28	SCM 27-2019	凉茶饮料	Liang Cha (Herbal Beverage)
29	SCM 7-2019	中医基本名词术语中葡对照国际标准	International Standard Chinese-Portuguese Basic Nomenclature of Chinese Medicine
30	SCM 28-2019	国际中医临床实践指南 小儿鼻鼽	International Clinical Practice Guideline of Chinese Medicine Allergic Rhinitis in Children
31	SCM 29-2019	国际中医临床实践指南 疳证	International Clinical Practice Guideline of Chinese Medicine Infantile Malnutrition
32	SCM 30-2019	国际中医临床实践指南 抽动障碍	International Clinical Practice Guideline of Chinese Medicine Tic Disorders
33	SCM 31-2019	国际中医临床实践指南 小儿神经性尿频	International Clinical Practice Guideline of Chinese Medicine Neurogenic Urination in Children
34	SCM 32-2019	国际中医临床实践指南 小儿遗尿症	International Clinical Practice Guideline of Chinese Medicine Enuresis in Children
35	SCM 33-2019	国际中医临床实践指南 崩漏	International Clinical Practice Guideline of Chinese Medicine Metrorrhagia and Metrostaxis
36	SCM 34-2019	国际中医临床实践指南 经期延长	International Clinical Practice Guideline of Chinese Medicine Prolonged Menstruation
37	SCM 35-2019	国际中医临床实践指南 月经过多	International Clinical Practice Guideline of Chinese Medicine Hypermenorrhea
38	SCM 36-2019	国际中医临床实践指南 月经先期	International Clinical Practice Guideline of Chinese Medicine Advanced Menstruation

续 表

编号	标准编号	标准名称	标准英文
39	SCM 37-2019	国际中医临床实践指南 脚湿气	International Clinical Practice Guideline of Chinese Medicine Foot dampness itch disorder
40	SCM 38-2019	国际中医临床实践指南 退变性腰椎管狭窄症	International Clinical Practice Guideline of Chinese Medicine joint and muscle system disorders Degenerative Lumbar Spinal Stenosis
41	SCM 39-2019	国际中医临床实践指南 病毒性心肌炎	International Clinical Practice Guideline of Chinese Medicine Viral myocarditis
42	SCM 40-2019	国际中医临床实践指南 类风湿关节炎	International Clinical Practice Guideline of Chinese Medicine Rheumatoid Arthritis based
43	SCM 41-2019	国际中医临床实践指南 腹痛	International Clinical Practice Guideline of Chinese Medicine Abdominal Pain
44	SCM 42-2019	国际中医临床实践指南 慢性阻塞性肺疾病	International Clinical Practice Guideline of Chinese Medicine Chronic Obstructive Pulmonary Disease
45	SCM 43-2019	国际中医临床实践指南 焦虑症	International Clinical Practice Guideline of Chinese Medicine Anxiety Disorders
46	SCM 44-2019	国际中医临床实践指南 更年期综合征	International Clinical Practice Guideline of Chinese Medicine Climacteric Syndrome
47	SCM 45-2019	国际中医临床实践指南 中医药单用/联合抗生素治疗社区获得性肺炎	International Clinical Practice Guideline of Chinese Medicine Community Acquired Pneumonia by Chinese Medicine or Antibiotic Combined Therapy
48	SCM 46-2019	国际中医临床实践指南 中医药单用/联合抗生素治疗急性扁桃体炎	International Clinical Practice Guideline of Chinese Medicine Acute Tonsillitis by Chinese Medicine or Antibiotic Combined Therapy
49	SCM 47-2019	国际中医临床实践指南 阿尔茨海默病	International Clinical Practice Guideline of Chinese Medicine Alzheimer
50	SCM 48-2019	国际中医临床实践指南 健忘	International Clinical Practice Guideline of Chinese Medicine Amnesia
51	SCM 49-2019	国际中医临床实践指南 首发抑郁症	International Clinical Practice Guideline of Chinese Medicine First-episode Depression
52	SCM 50-2019	国际中医远程教育服务规范	Specifications for International Chinese Medicine Distance Learning Service
53	SCM 51-2019	国际中医远程会诊服务规范	Specifications for International Chinese Medicine Telemedicine Service
54	SCM 52-2020	中药处方、调剂、给付与煎服要求——第1部分:中药处方书写要求	Requirements for prescription, dispensing, delivery, decoction and taking of Chinese medicine — Part 1: Requirements for Prescription of Chinese Medicine
55	SCM 53-2020	中药处方、调剂、给付与煎服要求——第2部分:中药调剂要求	Requirements for prescription, dispensing, delivery, decoction and taking of Chinese medicine — Part 2: Requirements for Dispensing of Chinese Medicine

续 表

编号	标准编号	标准名称	标准英文
56	SCM 54-2020	中药处方、调剂、给付与煎服要求——第3部分:中药给付要求	Requirements for prescription, dispensing, delivery, decoction and taking of Chinese medicine — Part 3: Requirements for Delivery of Chinese Medicine
57	SCM 55-2020	中药处方、调剂、给付与煎服要求——第4部分:中药煎服要求	Requirements for prescription, dispensing, delivery, decoction and taking of Chinese medicine — Part 4: Requirements for Decoction and Taking of Chinese medicine
58	SCM 56-2020	中药饮片内包装	Inner pack of decoction pieces of Chinese medicine
59	SCM 57-2020	国际中医临床实践指南 中风	International Clinical Practice Guideline of Chinese Medicine wind stroke
60	SCM 58-2020	国际中医临床实践指南 慢性非萎缩性胃炎	International Clinical Practice Guideline of Chinese Medicine Chronic Non-atrophic Gastritis
61	SCM 59-2021	国际中医临床实践指南 青少年特发性脊柱侧凸症	International Clinical Practice Guideline of Chinese Medicine Adolescent Idiopathic Scoliosis
62	SCM 60-2021	国际中医临床实践指南 腰椎滑脱症	International Clinical Practice Guideline of Chinese Medicine Lumbar Spondylolisthesis
63	SCM 61-2021	网络药理学评价方法指南	Network Pharmacology Evaluation Method Guidance
64	SCM 62-2021	国际中医临床实践指南 脑性瘫痪	International Clinical Practice Guideline of Chinese Medicine Cerebral Palsy
65	SCM 63-2021	国际中医临床实践指南 糖脂代谢病	International Clinical Practice Guideline of Chinese Medicine Glucolipid Metabolic Disorders
66	SCM 64-2021	国际中医临床实践指南 干眼	International Clinical Practice Guideline of Chinese Medicine Dry Eye
67	SCM 65-2021	国际中医临床实践指南 年龄相关性黄斑变性	International Clinical Practice Guideline of Chinese Medicine Age-related Macular Degeneration
68	SCM 66-2021	国际中医临床实践指南 视网膜静脉阻塞	International Clinical Practice Guideline of Chinese Medicine Retinal Vein Occlusion
69	SCM 67-2021	国际中医临床实践指南 原发性视网膜色素变性	International Clinical Practice Guideline of Chinese Medicine Retinitis Pigmentosa
70	SCM 68-2021	国际血瘀证诊断指南	Diagnostic guidelines for blood-stasis syndrome
71	SCM 69-2021	国际中医技术操作规范 醒脑开窍针刺法治疗中风	International Clinical Practice Guideline of Traditional Chinese Medicine Xingnao Kaiqiao Acupuncture Therapy for Stroke
72	SCM 1.1-2021	标准化工作导则 第1部分:标准制修订和发布	Directives for Standardization-Part 1: Procedures for Standard Development, Revision and Publication
73	SCM 70-2022	中医证候诊断标准研制指南	Guideline on Establishing Diagnostic Criteria of Chinese Medicine Syndromes
74	SCM 71-2022	森林康养基地建设基本要求	Basic requirements for Construction of Forest Therapy Base
75	SCM 72-2022	中药调剂职业教育规范	Specifications for Vocational Education of Chinese Medicine Dispensing

注:SCM 1 修改为 SCM 1.1,因而分别计数

表 5-4 世界中医药学会联合会已发布分支机构标准(54 部)

编号	标准编号	所属分支机构	标准名称	标准英文
1	SCM-C 0001-2012	伦理专业委员会	中医药临床研究伦理审查平台评估标准	Assessment Standard for Ethics Review of Biomedical Research with Human Participants
2	SCM-C 0002-2014	美容专业委员会	世界中医美容高等职业教育标准	World Standard of Higher Vocational Education of Chinese Medicine Beauty
3	SCM-C 0003-2014	肝病专业委员会	慢性乙型肝炎（ALT≥2×ULN）中医证候诊断标准	TCM syndrome diagnostic criteria of chronic hepatitis B (ALT≥2×ULN)
4	SCM-C 0004-2014	肝病专业委员会	慢性乙型肝炎（ALT≥2×ULN）中医证素诊断标准	TCM syndrome key factors diagnostic criteria of chronic hepatitis B (ALT≥2×ULN)
5	SCM-C 0005-2015	脉象研究专业委员会	中医脉诊特色技术教学基本要求	The basic requirements of pulse characteristics of technique teaching
6	SCM-C 0006-2016	美容专业委员会	埋线技术操作规范	Implant Acupuncture Techniques
7	SCM-C 0007-2016	热敏灸专业委员会	热敏灸技术操作标准	Standardized Manipulations of Heat-sensitive Moxibustion Therapy
8	SCM-C 0008-2017	诊疗仪器专业委员会	耳穴探测仪	Auricular Point Detector
9	SCM-C 0009-2017	诊疗仪器专业委员会	脉诊仪	Pulse Detector of Traditional Chinese Medicine
10	SCM-C 0010-2017	强筋健骨保健品产业联盟	牛胶原肽粉标准	Bovine Collagen peptides powder
11	SCM-C 0011-2018	亚健康专业委员会	睡眠亚健康的判定及中医证候辨识	Evaluation and Pattern differentiation for Sleep Sub-health
12	SCM-C 0012-2018	亚健康专业委员会	疲劳性亚健康的判定及中医证候辨识	Evaluation and Pattern differentiation for Fatigue-Prominent
13	SCM-C 0013-2018	国医堂馆专业委员会	中医堂（馆）服务基本要求	General Requirement of Service in Chinese Medicine Clinics
14	SCM-C 0014-2019	代谢病专业委员会	糖脂代谢病中西医结合诊疗技术规范	Specification of Diagnosis and treatment of Glucolipid Metabolic Disorders with Integrated Chinese and Western Medicine
15	SCM-C 0015-2019	肺康复专业委员会	慢性阻塞性肺疾病中医康复指南	Specification of Diagnosis and treatment of Glucolipid Metabolic Disorders with Integrated Chinese and Western Medicine
16	SCM-C 0016-2019	蜂针专业委员会	蜂针疗法技术操作规范	Guideline for Chinese Medicine Rehabilitation of Chronic Obstructive Pulmonary Disease
17	SCM-C 0017-2019	中药材流通产业发展分会	中药材流通规格等级导则	Circulation Specification & Grading of Chinese Meteria Medica — Guideline
18	SCM-C 0018-2019	中药材流通产业发展分会	中药材流通规格等级 亳白芍	Circulation Specification & Grading of Chinese Meteria Medica-Bo　Bai Shao

续 表

编号	标准编号	所属分支机构	标准名称	标准英文
19	SCM-C 0019-2019	中药材流通产业发展分会	中药材流通规格等级怀山药	Circulation Specification & Grading of Chinese Meteria Medica — Huai Shan Yao
20	SCM-C 0020-2019	中药材流通产业发展分会	中药材流通规格等级怀地黄	Circulation Specification & Grading of Chinese Meteria Medica — Huai Di Huang
21	SCM-C 0021-2019	中药材流通产业发展分会	中药材流通规格等级岷当归	Circulation Specification & Grading of Chinese Meteria Medica — Min Dang Gui
22	SCM-C 0022-2019	中药材流通产业发展分会	中药材流通规格等级浙白术	Circulation Specification & Grading of Chinese Meteria Medica — Zhe Bai Zhu
23	SCM-C 0023-2019	中药材流通产业发展分会	中药材流通规格等级粤巴戟天	Circulation Specification & Grading of Chinese Meteria Medica — Yue Ba Ji Tian
24	SCM-C 0024-2019	中药材流通产业发展分会	中药材流通规格等级北柴胡	Circulation Specification & Grading of Chinese Meteria Medica — Bei Chai Hu
25	SCM-C 0025-2019	中药材流通产业发展分会	中药材流通规格等级广藿香	Circulation Specification & Grading of Chinese Meteria Medica — Guang Huo Xiang
26	SCM-C 0026-2019	中药材流通产业发展分会	中药材流通规格等级德庆何首乌	Circulation Specification & Grading of Chinese Meteria Medica — De Qing He Shou Wu
27	SCM-C 0027-2019	中药材流通产业发展分会	中药材流通规格等级怀牛膝	Circulation Specification & Grading of Chinese Meteria Medica — Huai Niu Xi
28	SCM-C 0028-2019	中药材流通产业发展分会	中药材流通规格等级豫连翘	Circulation Specification & Grading of Chinese Meteria Medica — Yu Lian Qiao
29	SCM-C 0029-2019	中药材流通产业发展分会	中药材流通规格等级内蒙古黄芪	Circulation Specification & Grading of Chinese Meteria Medica — Nei Meng Gu Huang Qi
30	SCM-C 0030-2019	中药材流通产业发展分会	中药材流通规格等级豫全蝎	Circulation Specification & Grading of Chinese Meteria Medica — Yu Quan Xie
31	SCM-C 0031-2019	中药材流通产业发展分会	中药材流通规格等级粤肉桂	Circulation Specification & Grading of Chinese Mcteria Medica — Yue Rou Gui
32	SCM-C 0032-2019	中药材流通产业发展分会	中药材流通规格等级豫山茱萸	Circulation Specification & Grading of Chinese Meteria Medica — Yu Shan Zhu Yu
33	SCM-C 0033-2019	中药材流通产业发展分会	中药材流通规格等级黔太子参	Circulation Specification & Grading of Chinese Meteria Medica — Qian Tai Zi Shen
34	SCM-C 0034-2019	中药材流通产业发展分会	中药材流通规格等级豫西丹参	Circulation Specification & Grading of Chinese Meteria Medica — Yu Xi Dan Shen
35	SCM-C 0035-2019	中药材流通产业发展分会	中药材流通规格等级吉林生晒参	Circulation Specification & Grading of Chinese Meteria Medica — Ji Lin Sheng Shai Shen
36	SCM-C 0036-2019	中药材流通产业发展分会	中药材流通规格等级吉林西洋参	Circulation Specification & Grading of Chinese Meteria Medica — Ji Lin Xi Yang Shen
37	SCM-C 0037-2019	皮肤科专业委员会	特应性皮炎中医诊疗指南	Clinical Guidelines for Diagnosis and Treatment of Atopic Dermatitis
38	SCM-C 0038-2020	亚健康专业委员会	中医亚健康状态分类指南	Guideline for Classification of Yajiankang Status in Chinese Medicine

续表

编号	标准编号	所属分支机构	标准名称	标准英文
39	SCM-C 0039-2020	中医诊疗仪器专业委员会	温控红外灸疗垫	Thermo-controlled Infrared Moxibustion-like Pad
40	SCM-C 0040-2021	中药材流通产业发展分会	中药材流通规格等级 九华黄精	Circulation Specification & Grading of Chinese Meteria Medica — Jiu Hua Huang Jing
41	SCM-C 0041-2021	中药材流通产业发展分会	中药材流通规格等级 贡菊花	Circulation Specification & Grading of Chinese Meteria Medica — Gong Ju Hua
42	SCM-C 0042-2021	中药材流通产业发展分会	中药材流通规格等级 宣木瓜	Circulation Specification & Grading of Chinese Meteria Medica — Xuan Mu Gua
43	SCM-C 0043-2021	中药材流通产业发展分会	中药材流通规格等级 凤丹皮	Circulation Specification & Grading of Chinese Meteria Medica — Feng Dan Pi
44	SCM-C 0044-2021	中药材流通产业发展分会	中药材流通规格等级 中宁枸杞	Circulation Specification & Grading of Chinese Meteria Medica — Zhong Ning Gou Qi
45	SCM-C 0045-2021	中药材流通产业发展分会	中药材流通规格等级 甘肃黄芪	Circulation Specification & Grading of Chinese Meteria Medica — Gan Su Huang Qi
46	SCM-C 0046-2021	中药材流通产业发展分会	中药材流通规格等级 甘肃板蓝根	Circulation Specification & Grading of Chinese Meteria Medica — Gan Su Ban Lan Gen
47	SCM-C 0047-2021	中药材流通产业发展分会	中药材流通规格等级 纹党参	Circulation Specification & Grading of Chinese Meteria Medica — Wen Dang Shen
48	SCM-C 0048-2021	中药材流通产业发展分会	中药材流通规格等级 豫山楂	Circulation Specification & Grading of Chinese Meteria Medica — Yu Shan Zha
49	SCM-C 0049-2021	中药材流通产业发展分会	中药材流通规格等级 蒙肉苁蓉	Circulation Specification & Grading of Chinese Meteria Medica — Meng Rou Cong Rong
50	SCM-C 0050-2021	中药材流通产业发展分会	中药材流通规格等级 蕲春艾叶	Circulation Specification & Grading of Chinese Meteria Medica — Qi Chun Ai Ye
51	SCM-C 0051-2021	肺康复专业委员会	特发性肺纤维化中医康复指南	Guideline for Chinese Medicine Rehabilitation of Idiopathic Pulmonary Fibrosis
52	SCM-C 0052-2021	康养产业分会	智慧家庭医生服务规范	Specifications for Smart family Doctor Service
53	SCM-C 0053-2021	康养产业分会	中医药健康养老服务规范	Specifications for Chinese Medicine Health Care Service
54	SCM-C 0054-2022	内科专业委员会	慢性阻塞性肺疾病中西医结合诊疗指南	Clinical Guideline for Chronic Obstructive Pulmonary Disease with Integrated Chinese and Western Medicine

表5-5 世界中医药学会联合会已发布技术报告(2项)

序号	标准编号	标准名称	标准英文
1	SCM-TR 0001-2016	中医复杂干预临床研究指南	Guidelines for Clinical Research of TCM Complex Intervention
2	SCM-TR 0002-2020	刮痧治疗新型冠状病毒感染恢复期操作规范	Operation of Scraping Treatment for Convalescence Period of COVID-19

三、中药标准在国际主流药典的发展

(一)《美国药典》标准情况

《美国药典》(United States Pharmacopeia,USP)是关于药典标准的公开出版物,在美国和全球140多个国家都得到法律认可。USP中提供关于原料药和制剂的质量标准,关于食品补充剂质量标准在USP中以独立章节予以收载。中药标准在《美国药典》中主要列在食品补充剂章节。《美国药典》2022年已经出版3个版本,包括USP-NF 2022 Issue 2(2022年02月),Issue 3(2022年06月)和USP-NF 2023 Issue1(2022年11月)[美国药典从第43版起(2020年版)只提供互联网在线版,不再提供印刷版]。

《美国药典论坛》(Pharmacopeial Forum,PF)是双月刊在线杂志,目的是公示拟新增或修订进入美国药典的药品质量标准,同时接受公众的意见,以更好地评估该新增或修订药物标准,公示期一般90日。2022年共计出版6期,包括PF48(1)至(6)。中药标准在正式进入《美国药典》前,至少要在PF公示1次,有时甚至2次以上。如当归美国药典推荐标准曾在PF43(5)(2017年9月1日至11月30日)和PF47(3)(2021年5月3日至7月31日)进行2次公示,征询公众意见。2022年出版的6期PF中,共有22个新增植物药相关质量标准公示,其中中药质量标准有肉桂、化橘红和红曲(表5-6)。

表5-6 2022年《美国药典论坛》植物药质量标准公示情况汇总

编号	中文名	英文名	标准公示
1	芦荟叶干果汁	Aloe Vera Leaf Dry Juice	PF48(3)
2	芦荟叶汁	Aloe Vera Leaf Juice	PF48(3)
3	芦荟叶汁浓缩液	Aloe Vera Leaf Juice Concentrate	PF48(3)
4	肉桂	Cinnamomum Cassia Bark	PF48(3)
5	肉桂粉	Cinnamomum Cassia Bark Powder	PF48(3)
6	锡兰肉桂	Cinnamomum verum Bark	PF48(5)
7	锡兰肉桂粉	Cinnamomum verum Bark Powder	PF48(5)
8	蔓越莓汁	Cranberry Fruit Juice	PF48(6)
9	蔓越莓汁浓缩液	Cranberry Fruit Juice Concentrate	PF48(6)
10	蔓越莓汁提取物	Cranberry Fruit Juice Dry Extract	PF48(3)
11	蔓越莓粉	Cranberry Fruit Powder	PF48(5)
12	总状土木香	Indian Elecampane Root	PF48(5)
13	总状土木香粉	Indian Elecampane Root Powder	PF48(5)
14	总状土木香提取物	Indian Elecampane Root Dry Extract	PF48(5)
15	化橘红	Pummelo Peel	PF48(2)

续 表

编号	中文名	英文名	标准公示
16	化橘红提取物	Pummelo Peel Flavonoids Dry Extract	PF48(2)
17	化橘红粉	Pummelo Peel Powder	PF48(2)
18	诃子	Terminalia chebula Fruit	PF48(1)
19	诃子提取物	Terminalia chebula Fruit Dry Extract	PF48(1)
20	诃子粉	Terminalia chebula Fruit Powder	PF48(1)
21	红曲提取物	Red Yeast Dry Extract	PF48(6)
22	红曲粉	Red Yeast Rice Powder	PF48(6)

药品质量标准在《美国药典论坛》公示后，特定的专家委员会（Expert Committee）就会对收到的意见进行处理，并在《美国药典》当年每个版本公布前给出对该药品标准意见，包括："修订"（Revision）、"延迟"（Deferrals）、"取消"（Cancellations）和"评论"（Commentary）。其中"修订"表示该药品标准在 PF 公示后得到专家委员会认可，将出现在正式版本的《美国药典》，并同时对收到意见的品种会给出"评论"；"延迟"表示该药品标准在 PF 公示后还未得到专家委员会认可，还需要进一步补充信息或修改；"取消"表示该药品标准在 PF 公示后，不会进入投票阶段，需要重新提交。所有这些专家委员会意见都会在线发布（https://www.uspnf.com/official-text/proposal-statuscommentary）。对于中药标准审核的专家委员会主要是膳食补充剂/草药食品组（Dietary Supplements/Herbal Medicines Foods Collaborative Group）的植物膳食补充剂和草药组（Botanical Dietary Supplements and Herbal Medicines，BDSHM）中的东亚植物专家小组（Botanical East Asia Expert Panel）。2022 年 3 次专家委员会会议，川芎和当归质量标准均建议为延迟，需要补充信息；日本槐米进入 USP-NF 2022 Issue 2；防风和蔓越莓汁系列质量标准进入 USP-NF 2022 Issue 3；木橘系列质量标准进入 USP-NF 2023 Issue 1（表 5-7）。

表 5-7 2022 年 USP-NF 草药质量标准新增和修订进展

编号	中文名	英文名	专家委员会意见	标准收载情况
1	印度藏茴香	AJOWAN FRUIT	延迟*	PF46(5)
2	印度藏茴香油	AJOWAN FRUIT OIL	延迟	PF46(5)
3	印度藏茴香粉	AJOWAN FRUIT POWDER	延迟	PF46(5)
4	西兰花种子干提取物	BROCCOLI SEED DRY EXTRACT	延迟	PF46(3)

续 表

编号	中文名	英文名	专家委员会意见	标准收载情况
5	蔓越莓干果汁	CRANBERRY FRUIT DRY JUICE	延迟	PF47(2)
6	蔓越莓汁	CRANBERRY FRUIT JUICE	延迟	PF45(6)
7	蔓越莓汁浓缩液	CRANBERRY FRUIT JUICE CONCENTRAT	延迟	PF45(6)
8	蔓越莓汁提取物	CRANBERRY FRUIT JUICE DRY EXTRAC	延迟	PF45(6)
9	黑种草籽油	BLACK CUMIN SEED THYMOQUINONE OIL	延迟	PF46(5)
10	石榴皮提取物	POMEGRANATE FRUIT PEEL DRY EXTRACT	延迟	PF46(3)
11	川芎	SICHUAN LOVAGE RHIZOM	延迟	PF47(2)
12	川芎粉	SICHUAN LOVAGE RHIZOME POWDER	延迟	PF47(2)
13	防风	SILER ROOT	延迟	PF46(5)
14	防风提取物	SILER ROOT DRY EXTRACT	延迟	PF46(5)
15	防风粉	SILER ROOT POWDER	延迟	PF46(5)
16	芦荟叶干果汁	ALOE VERA LEAF DRY JUICE	取消	PF46(5)
17	芦荟叶汁	New ALOE VERA LEAF JUICE	取消	PF46(5)
18	芦荟叶汁浓缩液	ALOE VERA LEAF JUICE CONCENTRAT	取消	PF46(5)
19	日本槐米	JAPANESE SOPHORA FLOWER BUD	修订	USP－NF2022 Issue 2
20	日本槐米粉	APANESE SOPHORA FLOWER BUD POWDER	修订	USP－NF2022 Issue 2
21	木橘	BAEL TREE FRUIT	延迟**	PF47(3)
22	木橘提取物	BAEL TREE FRUIT DRY EXTRAC	延迟	PF47(3)
23	木橘粉	BAEL TREE FRUIT POWDER	延迟	PF47(3)
24	西兰花种子干提取物	BROCCOLI SEED DRY EXTRACT	延迟	PF46(3)
25	蔓越莓汁提取物胶囊	CRANBERRY FRUIT JUICE DRY EXTRACT CAPSULES	延迟	PF47(3)
26	黑种草籽油	BLACK CUMIN SEED THYMOQUINONE OIL	延迟	PF46(5)
27	当归	DONG QUAI ROOT	延迟	PF47(3)
28	当归粉	DONG QUAI ROOT POWDE	延迟	PF47(3)
29	石榴果提取物	POMEGRANATE FRUIT DRY EXTRACT	延迟	PF46(3)
30	川芎	SICHUAN LOVAGE RHIZOME	延迟	PF47(2)
31	川芎	SICHUAN LOVAGE RHIZOME POWDE	延迟	PF47(2)
32	印度藏茴香	AJOWAN FRUIT	取消	PF46(5)
33	印度藏茴香油	AJOWAN FRUIT OIL	取消	PF46(5)
34	印度藏茴香粉	AJOWAN FRUIT POWDER	取消	PF46(5)

续 表

编号	中文名	英文名	专家委员会意见	标准收载情况
35	蔓越莓汁提取物	CRANBERRY FRUIT JUICE DRY EXTRAC	取消	PF45(5)
36	蔓越莓干果汁	CRANBERRY FRUIT DRY JUICE	修订	USP-NF2022 Issue 3
37	蔓越莓汁	CRANBERRY FRUIT JUICE	修订/评论	USP-NF2022 Issue 3
38	蔓越莓汁浓缩液	CRANBERRY FRUIT JUICE CONCENTRAT	修订/评论	USP-NF2022 Issue 3
39	防风	SILER ROOT	修订	USP-NF2022 Issue 3
40	防风提取物	SILER ROOT DRY EXTRACT	修订	USP-NF2022 Issue 3
41	防风粉	SILER ROOT POWDER	修订	USP-NF2022 Issue 3
42	酸橙	BITTER ORANGE YOUNG FRUIT	延迟***	PF47(5)
43	酸橙粉	BITTER ORANGE YOUNG FRUIT POWDER	延迟	PF47(5)
44	西兰花种子干提取物	BROCCOLI SEED DRY EXTRACT	延迟	PF46(3)
45	蔓越莓汁提取物胶囊	CRANBERRY FRUIT JUICE DRY EXTRACT CAPSULES	延迟	PF47(3)
46	黑种草籽油	BLACK CUMIN SEED THYMOQUINONE OIL	延迟	PF46(5)
47	当归	DONG QUAI ROOT	延迟	PF47(3)
48	当归粉	DONG QUAI ROOT POWDER	延迟	PF47(3)
49	小白菊	FEVERFEW LEAF	延迟	PF47(6)
50	小白菊粉	FEVERFEW LEAF POWDER	延迟	PF47(6)
51	苦楝叶	NEEM LEAF	延迟	PF47(5)
52	苦楝叶提取物	NEEM LEAF DRY EXTRACT	延迟	PF47(5)
53	苦楝叶粉	NEEM LEAF POWDER	延迟	PF47(5)
54	川芎	SICHUAN LOVAGE RHIZOME	延迟	PF47(2)
55	川芎粉	SICHUAN LOVAGE RHIZOME POWDER	延迟	PF47(2)
56	芦荟	ALOE	修订	USP-NF2023 Issue 1
57	木橘	BAEL TREE FRUIT	修订	USP-NF2023 Issue 1
58	木橘提取物	BAEL TREE FRUIT DRY EXTRACT	修订	USP-NF2023 Issue 1
59	木橘粉	BAEL TREE FRUIT POWDER	修订	USP-NF2023 Issue 1

注：*:2021年11月19日公示；**:2022年4月29日公示；***:2022年10月04日公示

(二)《欧洲药典》标准情况

《欧洲药典》(European Pharmacopoeia，EP)是全球最具影响力的药典之一，由欧洲药品质量管理局(European Directorate for the Quality of Medicines & HealthCare，EDQM)

起草、出版，是39个欧盟成员国共同执行的法定药品标准。《欧洲药典》2022年已发行至第11版，第11版累计有8个非累积增补本(11.1～11.8)。《欧洲药典》标准包括草药及其制剂（提取物、成药、药茶），如缬草根，除了植物本身之外，还包括相关的缬草水提取物、醇提取物，以及缬草根切片、缬草根酊剂。正文项下主要包括定义、鉴别、检查项和含量测定4个方面，其中检查项根据项目的不同有所不同，包括外来杂质、干燥失重、总灰分、酸不溶性灰分等内容。

为了加速《欧洲药典》的更新，欧洲药典委员会每年举行三届会议，讨论决定在欧洲药典中增加或修订的内容。2022年欧洲药典委员会分别在3月、6月和11月举行了三届工作会议(172nd session of the European Pharmacopoeia Commission, March 2022、173rd session of the European Pharmacopoeia Commission, June 2022、174th session of the European Pharmacopoeia Commission, November 2022)，新增白头翁等12个中草药标准，具体见表5-8。

表5-8 2022年《欧洲药典》新增中草药品种

编号	2022年《欧洲药典》新增中草药品种
1	小檗茎 Berberis aristata stem (2851)
2	标准大黄干浸膏 Rhubarb dry extract, standardised (1845)
3	防风 Saposhnikovia root (2728)*
4	白头翁 Pulsatilla root (2972)*
5	南瓜籽 Pumpkin seed (2941)
6	墨旱莲根 Eclipta prostrata (2852)
7	沙生蜡菊花 Helichrysi flos (3089)
8	七叶树皮 Horse-chestnut bark (2945)
9	牛蒡根 Burdock root (2943)
10	鸭嘴花叶 Adhatoda vasica leaf (2738)
11	金银花 Lonicera japonica flower (3159)*
12	菊花 Chrysanthemum flower (3162)*

注：*为中国科学院上海药物研究所果德安团队制定的标准

(三)《英国药典》标准情况

英国有着悠久的草药应用历史，《英国药典》(British Pharmacopoeia, BP)诞生于1864

年,有100多个国家采用。《英国药典》2007年首次在正文品种中收载了甘草,从而迈出了对在英联邦内使用的中药进行质量控制的重要一步。此后逐年递增,除了本国使用品种以外,还引入《欧洲药典》品种。并于2009年开始正式将草药与草药制剂作为单独一项列出,2001年改为草药、草药制剂和草药产品项。其中,一些品种逐渐被《欧洲药典》标准替代。

2022版《英国药典》法定生效时间为2022年1月1日,其在草药、草药制剂和草药产品(herbal drugs, herbal drug preparations and herbal medicinal products)的专论里新增巴戟天等6个品种,修订辣椒萃取物等4个品种,具体见表5-9、5-10。

表5-9　2022年《英国药典》新增草药品种

编号	2022年《英国药典》新增草药品种
1	木瓜(Chaenomeles Fruit)*
2	川牛膝(Cyathula Root)*
3	连翘果(Forsythia Fruit)*
4	灵芝(Ganoderma)*
5	巴戟天(Morinda Root)*
6	宽根藤(Tinospora Stem)

注:*表示新增专论来源于《欧洲药典》

表5-10　2022年《英国药典》修订草药品种

编号	2022年《英国药典》新修订草药品种	修订内容
1	辣椒萃取物(capsicum tincture)	含量测定(assay)
2	山楂叶和花流浸膏(Hawthorn Leaf and Flower liquid extract)	标题更改[BP2021:定量山楂叶和花流浸膏(quantified Hawthorn Leaf and Flower liquid extract)]
3	西番莲(Passionflower Herb)	标题更改[BP2021:西番莲花(Passion Flower)]
4	西番莲干浸膏(Passionflower Herb dry extract)	标题更改[BP2021:西番莲花干浸膏(Passion Flower dry extract)]

2022
中医药发展报告

第六章
中医药标准与专利

第一节
中医药国内标准

2021年10月,中共中央、国务院印发《国家标准化发展纲要》(以下简称《纲要》),《纲要》指出标准是经济活动和社会发展的技术支撑,是国家基础性制度的重要方面。2022年7月,国家市场监管总局等16个部委联合印发《贯彻实施〈国家标准化发展纲要〉行动计划》,明确要加强婴幼儿和老年人等重点人群健康标准研制,健全中医药标准体系,提升公共卫生健康标准化水平。在国家中医药管理局、国家标准化管理委员会的领导下,以补短板、提质量、重推广为方针,努力推动中医药标准化建设,中医药标准化专业人才队伍不断壮大,中医药标准化能力和水平得到显著提升。

一、基本情况

中医药发展需要标准化作为技术支撑,在国家中医药管理局、国家标准化管理委员会领导下,中医药行业紧密围绕中医药政策文件要求,积极推进中医药标准化工作,以中医药标准为引领,促进中医药事业传承创新和产业高质量发展。当前,我国已发布一系列中医药相关标准,包括国家标准、行业标准、团体标准、地方标准,初步构建了中医药标准体系。

(一) 中医药国家标准

在中医药国家标准方面,强制性国家标准主要集中于中药管理领域,包括《中国药典》《国家药品标准》等,已形成相对成熟、完善的中药相关标准管理体系,如国家药品监督管理局发布中药配方颗粒国家药品标准196项。推荐性国家标准方面,截至2021年,中医药领域发布推荐性国家标准71项(已废止10项),其中中医方向24项,针灸方向42项,中药方向4项,种子种苗1项(表6-1)。

表 6-1　1995~2021 年中医药领域推荐性国家标准发布情况

类别	标准号	标准中文名称	发布日期	状态
针灸	GB 12346-1990	经穴部位	1990年6月7日	废止
针灸	GB/T 13734-1992	耳穴名称与部位	1992年10月16日	废止
中医	GB/T 15657-1995	中医病证分类与代码	1995年7月25日	废止
中医	GB/T 16751.1-1997	中医临床诊疗术语　疾病部分	1997年3月4日	废止
中医	GB/T 16751.2-1997	中医临床诊疗术语　证候部分	1997年3月4日	废止
中医	GB/T 16751.3-1997	中医临床诊疗术语　治法部分	1997年3月4日	废止
中药	GB/T 19618-2004	甘草	2004年12月28日	现行
中医	GB/T 20348-2006	中医基础理论术语	2006年5月25日	现行
针灸	GB/T 12346-2006	腧穴名称与定位	2006年9月18日	废止
针灸	GB/T 21709.10-2008	针灸技术操作规范　第10部分　穴位埋线	2008年4月23日	现行
针灸	GB/T 21709.7-2008	针灸技术操作规范　第7部分　皮肤针	2008年4月23日	现行
针灸	GB/T 13734-2008	耳穴名称与定位	2008年4月23日	现行
针灸	GB/T 21709.9-2008	针灸技术操作规范　第9部分　穴位贴敷	2008年4月23日	现行
针灸	GB/T 21709.1-2008	针灸技术操作规范　第1部分　艾灸	2008年4月23日	现行
针灸	GB/T 21709.5-2008	针灸技术操作规范　第5部分　拔罐	2008年4月23日	现行
针灸	GB/T 21709.8-2008	针灸技术操作规范　第8部分　皮内针	2008年4月23日	现行
针灸	GB/T 21709.6-2008	针灸技术操作规范　第6部分　穴位注射	2008年4月23日	现行
针灸	GB/T 21709.4-2008	针灸技术操作规范　第4部分　三棱针	2008年4月23日	现行
针灸	GB/T 21709.3-2008	针灸技术操作规范　第3部分　耳针	2008年4月23日	废止
针灸	GB/T 21709.2-2008	针灸技术操作规范　第2部分　头针	2008年4月23日	废止
针灸	GB/T 22163-2008	腧穴定位图	2008年7月2日	现行
针灸	GB/T 21709.17-2009	针灸技术操作规范　第17部分:鼻针	2009年2月6日	现行
针灸	GB/T 21709.19-2009	针灸技术操作规范　第19部分:腕踝针	2009年2月6日	现行
针灸	GB/T 21709.12-2009	针灸技术操作规范　第12部分:火针	2009年2月6日	现行
针灸	GB/T 23237-2009	腧穴定位人体测量方法	2009年2月6日	现行
针灸	GB/T 21709.20-2009	针灸技术操作规范　第20部分:毫针基本刺法	2009年2月6日	现行
针灸	GB/T 21709.11-2009	针灸技术操作规范　第11部分:电针	2009年2月6日	现行
针灸	GB/T 21709.14-2009	针灸技术操作规范　第14部分:鍉针	2009年2月6日	现行
针灸	GB/T 21709.18-2009	针灸技术操作规范　第18部分:口唇针	2009年2月6日	现行
针灸	GB/T 21709.15-2009	针灸技术操作规范　第15部分:眼针	2009年2月6日	废止

续 表

类别	标准号	标准中文名称	发布日期	状态
针灸	GB/T 21709.21-2013	针灸技术操作规范 第21部分:毫针基本手法	2013年12月31日	现行
针灸	GB/T 30233-2013	腧穴主治	2013年12月31日	现行
针灸	GB/T 30232-2013	针灸学通用术语	2013年12月31日	现行
针灸	GB/T 21709.13-2013	针灸技术操作规范 第13部分:芒针	2013年12月31日	现行
针灸	GB/T 21709.22-2013	针灸技术操作规范 第22部分:刮痧	2013年12月31日	现行
针灸	GB/T 21709.16-2013	针灸技术操作规范 第16部分:腹针	2013年12月31日	现行
中药	GB/T 31774-2015	中药编码规则及编码	2015年5月29日	现行
中药	GB/T 31773-2015	中药方剂编码规则及编码	2015年5月29日	现行
中药	GB/T 31775-2015	中药在供应链管理中的编码与表示	2015年5月29日	现行
针灸	GB/T 33414-2016	穴位贴敷用药规范	2016年12月30日	现行
针灸	GB/T 33416-2016	针灸技术操作规范 编写通则	2016年12月30日	现行
针灸	GB/T 33415-2016	针灸异常情况处理	2016年12月30日	现行
中医	GB/T 15657-2021	中医病证分类与代码	2021年10月11日	现行
中医	GB/T 40670-2021	中医药学主题词表编制规则	2021年10月11日	现行
中医	GB/Z 40669-2021	中医技术操作规范 外科 挂线法	2021年10月11日	现行
中医	GB/Z 40671-2021	中医技术操作规范 外科 结扎法	2021年10月11日	现行
中医	GB/Z 40668-2021	中医技术操作规范 皮肤科 中药面膜	2021年10月11日	现行
中医	GB/Z 40666-2021	中医技术操作规范 皮肤科 中药蒸气浴	2021年10月11日	现行
中医	GB/Z 40667-2021	中医技术操作规范 皮肤科 中药离子喷雾	2021年10月11日	现行
中医	GB/T 40665.1-2021	中医四诊操作规范 第1部分:望诊	2021年11月26日	现行
中医	GB/T 40665.2-2021	中医四诊操作规范 第2部分:闻诊	2021年11月26日	现行
中医	GB/T 40665.3-2021	中医四诊操作规范 第3部分:问诊	2021年11月26日	现行
中医	GB/T 40665.4-2021	中医四诊操作规范 第4部分:切诊	2021年11月26日	现行
中医	GB/T 16751.2-2021	中医临床诊疗术语 第2部分:证候	2021年11月26日	现行
中医	GB/Z 40893.1-2021	中医技术操作规范 儿科 第1部分:小儿内治给药方法	2021年11月26日	现行
中医	GB/Z 40893.2-2021	中医技术操作规范 儿科 第2部分:小儿常用外治法	2021年11月26日	现行
中医	GB/Z 40893.3-2021	中医技术操作规范 儿科 第3部分:小儿针灸疗法	2021年11月26日	现行
中医	GB/Z 40893.4-2021	中医技术操作规范 儿科 第4部分:小儿推拿疗法	2021年11月26日	现行
中医	GB/Z 40893.5-2021	中医技术操作规范 儿科 第5部分:小儿拔罐疗法	2021年11月26日	现行

续表

类别	标准号	标准中文名称	发布日期	状态
中医	GB/Z 40893.6-2021	中医技术操作规范 儿科 第6部分:小儿灯火燋法	2021年11月26日	现行
中医	GB/Z 40902-2021	中医技术操作规范 皮肤科 中药药浴	2021年11月26日	现行
针灸	GB/T 12346-2021	经穴名称与定位	2021年11月26日	现行
针灸	GB/T 40997-2021	经外奇穴名称与定位	2021年11月26日	现行
针灸	GB/T 40976-2021	灸用艾绒	2021年11月26日	现行
针灸	GB/T 40975-2021	清艾条	2021年11月26日	现行
针灸	GB/T 40972-2021	针灸临床实践指南制定及其评估规范	2021年11月26日	现行
针灸	GB/T 21709.3-2021	针灸技术操作规范 第3部分:耳针	2021年11月26日	现行
针灸	GB/T 40973-2021	针灸门诊基本服务规范	2021年11月26日	现行
针灸	GB/T 21709.2-2021	针灸技术操作规范 第2部分:头针	2021年11月26日	现行
针灸	GB/T 21709.15-2021	针灸技术操作规范 第15部分:眼针	2021年12月31日	现行
中药材种子（种苗）	GB/T 41221-2021	中药材种子检验规程	2021年12月31日	现行

（二）中医药行业标准

中医药行业标准，由国家中医药管理局及有关主管部门组织制定和发布。截至2021年，国家中医药管理局发布的中医药行业标准主要集中在中医领域，已发布行业标准9项。另外，商务部用于国内贸易、工业和信息化部用于机械制造、国家认证认可监督管理委员会用于出入境检验检疫、农业农村部用于农业生产等发布中药有关行业标准30余项。

（三）中医药地方标准

中医药地方标准，由各省（区、市）中医药标准化主管部门制定，涉及中医、中药领域。目前广东省、吉林省、北京市、江西省、山东省、安徽省、海南省、河北省、江苏省、广西壮族自治区、山西省、湖北省、内蒙古自治区、云南省、浙江省等地区制定了中医药相关地方标准。

（四）中医药团体标准

中医药团体标准，主要由中医药各社会团体组织制定。2017年，团体标准作为新的标准形式纳入《中华人民共和国标准化法》。团体标准是依法成立的社会团体为满足市场和创新需要，协调相关市场主体共同制定的标准，具有快速响应需求、填补标准空白、组织形式灵活、制定周期较短等特点，近年来发展迅速，较快地弥补中医药标准需求，已成为中医药标准化体系的重要组成部分。在全国中医药学术团体中，中华中医药学会是中医药行业成立最早、规模最大的全国性学术团体,汇集全国中医药各领域的权威专家和学者,公信力影响力较高。结合全国团体标准信息平台已公开数据,截至2021年底,中华中医药学会已发布团体标准828项,中国针灸学会发布团体标准29项,中国中西医结合学会已发布团体标准27项,中国中药协会发布团体标准24项,中国中医药信息学会发布团体标准109项,中国民族医药学会发布团体标准13项,中国中医药研究促进会发布团体标准4项,中国药膳研究会发布团体标准3项。

二、2022年度中医药标准化工作进展

在全国中医标准化技术委员会2022年年会上,全国中医标准化技术委员会主任委员、中国工程院院士张伯礼指出,要做好标准化工作,加强顶层设计,以科学完善的框架体系引领制修订;建设好一批通用式基础标准;做好标准化工作人才的培养;加强标准的学习、推广、应用。全国中医标准化技术委员会联合5家中医药领域国家级标准化技术委员会和7家各省中医药标准化技术委员会共同发布了《团结协作,共同推动中医药标准化发展倡议书》。

(一)国家标准

2022年,共有8项国家标准发布,11项国家标准计划完成报批。中医药标准化体系得以完善,医、药标准化进程均衡发展。8项新发布国家标准主要集中在中药材种子(种苗)领域,见表6-2。11项国家标准计划主要为中医基础术语,见表6-3。另外,经国家药品监督管理局批准,《广藿香配方颗粒》等4个第三批中药配方颗粒国家药品标准正式颁布。

表6-2 2022年中医药领域推荐性国家标准发布情况

类别	标准号	标准中文名称	发布日期	状态
中药材种子(种苗)	GB/T 41364-2022	中药材种子(种苗) 平贝母	2022年3月9日	现行
中药材种子(种苗)	GB/T 41363-2022	中药材种子(种苗) 丹参	2022年3月9日	现行
中药材种子(种苗)	GB/T 41365-2022	中药材种子(种苗) 白术	2022年3月9日	现行
中药材种子(种苗)	GB/T 41362-2022	中药材种子(种苗) 明党参	2022年3月9日	现行
中药材种子(种苗)	GB/T 41360-2022	中药材种子(种苗) 菘蓝	2022年3月9日	现行
中药材种子(种苗)	GB/T 41361-2022	中药材种子(种苗) 金莲花	2022年3月9日	现行
中药材种子(种苗)	GB/T 41277-2022	中药材(植物药)新品种评价技术规范	2022年3月9日	现行
中药材种子(种苗)	GB/T 41624-2022	中药材种子(种苗) 三七	2022年7月11日	现行

表 6-3　2022 年中医药领域推荐性国家标准计划项目情况

类别	计划编号	标准计划名称	制修订
1	20214266-T-468	中医临床名词术语　第 1 部分:内科学	制定
2	20214265-T-468	中医临床名词术语　第 2 部分:外科学	制定
3	20214267-T-468	中医临床名词术语　第 3 部分:皮肤科学	制定
4	20214269-T-468	中医临床名词术语　第 4 部分:肛肠科学	制定
5	20214274-T-468	中医临床名词术语　第 5 部分:骨伤科学	制定
6	20214268-T-468	中医临床名词术语　第 6 部分:妇科学	制定
7	20214272-T-468	中医临床名词术语　第 7 部分:儿科学	制定
8	20214270-T-468	中医临床名词术语　第 8 部分:眼科学	制定
9	20214277-T-468	中医临床名词术语　第 9 部分:耳鼻喉科学	制定
10	20214275-T-468	中医临床诊疗术语　第 1 部分:疾病	修订
11	20214271-T-468	中医临床诊疗术语　第 3 部分:治法	修订

(二) 团体标准

2022 年 2 月,国家标准化管理委员会等 17 部门联合印发《关于促进团体标准规范优质发展的意见》,指出要建立以需求为导向的团体标准制定模式,团体标准组织要找准团体标准的制定需求,紧密围绕新技术、新产业、新业态、新模式,制定原创性、高质量的团体标准,填补标准空白。中华中医药学会、中国中西医结合学会等社会组织在国家中医药管理局、国家标准化管理委员会的领导下,积极推进中医药团体标准制定工作。中华中医药学会组织制定中医治未病干预指南,中国中西医结合学会、中华中医药学会、中华医学会联合组织制定中西医结合诊疗指南工作。2022 年,中华中医药学会发布团体标准 86 项,中国中医药研究促进会发布团体标准 2 项,见表 6-4。

表 6-4　2022 年中医药领域团体标准发布情况(全国级社会团体)

序号	标准号	标准中文名称	发布日期
1	T/CACM 1377-2022	青藤碱治疗类风湿关节炎临床用药指南	2022 年 1 月 5 日
2	T/CACM 1378.1-2022	临床急危重症常用中成药调剂技术规范　第 1 部分:通则	2022 年 1 月 11 日
3	T/CACM 1378.2-2022	临床急危重症常用中成药调剂技术规范　第 2 部分:注射剂	2022 年 1 月 11 日
4	T/CACM 1378.3-2022	临床急危重症常用中成药调剂技术规范　第 3 部分:外用膏剂	2022 年 1 月 11 日
5	T/CACM 1378.4-2022	临床急危重症常用中成药调剂技术规范　第 4 部分:胶囊剂	2022 年 1 月 11 日
6	T/CACM 1378.5-2022	临床急危重症常用中成药调剂技术规范　第 5 部分:颗粒剂	2022 年 1 月 11 日

续 表

序号	标准号	标准中文名称	发布日期
7	T/CACM 1378.6-2022	临床急危重症常用中成药调剂技术规范 第6部分：口服液	2022年1月11日
8	T/CACM 1378.7-2022	临床急危重症常用中成药调剂技术规范 第7部分：片剂	2022年1月11日
9	T/CACM 1378.8-2022	临床急危重症常用中成药调剂技术规范 第8部分：气雾剂	2022年1月11日
10	T/CACM 1378.9-2022	临床急危重症常用中成药调剂技术规范 第9部分：散剂	2022年1月11日
11	T/CACM 1378.10-2022	临床急危重症常用中成药调剂技术规范 第10部分：丸剂	2022年1月11日
12	T/CACM 1379-2022	中药注射剂超滤工艺技术规范	2022年1月11日
13	T/CACM 1380-2022	外伤性视神经病变中医诊疗指南	2022年1月17日
14	T/CACM 1235-2022	冻伤中医诊疗指南	2022年1月27日
15	T/CACM 1381-2022	静脉用中药注射剂类过敏反应检测技术规范	2022年3月16日
16	T/CACM 1382-2022	穴位埋线治疗非酒精性脂肪性肝病中医实践指南	2022年4月6日
17	T/CACM 1383-2022	非酒精性脂肪性肝炎中医诊疗指南	2022年4月6日
18	T/CACM 1384-2022	冠状动脉粥样硬化性心脏病热结血脉证诊断标准	2022年4月6日
19	T/CACM 1385-2022	慢性前列腺炎湿热瘀滞证诊断标准	2022年4月6日
20	T/CACM 1386-2022	雷公藤栽培技术规范	2022年4月6日
21	T/CACM 1387-2022	小儿积滞病诊断标准	2022年4月22日
22	T/CACM 1388-2022	湿证评估操作规程	2022年4月22日
23	T/CACM 1389-2022	脑出血中医健康管理指南	2022年4月26日
24	T/CACM 1390-2022	脑梗死中医健康管理指南	2022年4月26日
25	T/CACM 1391-2022	稳定型心绞痛中医健康管理指南	2022年4月26日
26	T/CACM 1392-2022	心肌梗死中医健康管理指南	2022年4月26日
27	T/CACM 1393-2022	心力衰竭中医健康管理指南	2022年4月26日
28	T/CACM 1394-2022	肩袖损伤中医诊疗指南	2022年5月23日
29	T/CACM 1395-2022	2型糖尿病湿热证诊断标准	2022年5月23日
30	T/CACM 1396-2022	糖尿病型冠心病湿热证诊断标	2022年5月23日
31	T/CACM 1397-2022	儿童青少年近视防控中医适宜技术临床实践指南	2022年6月2日
32	T/CACM 1398-2022	病理性近视眼底病变黄斑出血中医诊疗指南	2022年6月2日
33	T/CACM 1399-2022	糖尿病足中医药防治循证实践指南	2022年6月20日
34	T/CACM 1400-2022	糖尿病性周围血管病变中医诊疗指南	2022年6月20日
35	T/CACM 1401-2022	糖尿病足肌腱暴露疮面中医干预指南	2022年6月20日
36	T/CACM 1402-2022	糖尿病足非溃疡期中医干预指南	2022年6月20日

续 表

序号	标准号	标准中文名称	发布日期
37	T/CACM 1403-2022	中成药上市后临床有效性研究指南	2022年7月11日
38	T/CACM 1404-2022	中成药上市后临床安全性研究指南	2022年7月11日
39	T/CACM 1405-2022	中成药上市后经济学评价指南	2022年7月11日
40	T/CACM 1406-2022	Ⅰ—Ⅲ期结直肠癌西医常规治疗后中医干预指南	2022年7月27日
41	T/CACM 1407-2022	结直肠癌化疗期中医诊疗指南	2022年7月27日
42	T/CACM 1408-2022	结直肠癌加速康复外科中西医结合干预指南	2022年7月27日
43	T/CACM 1409-2022	早中期结直肠癌根治术后中西医结合心理康复干预指南	2022年7月27日
44	T/CACM 1410-2022	转移性结直肠癌中医诊疗指南	2022年7月27日
45	T/CACM 1411-2022	糖尿病基层中医防治管理指南	2022年8月30日
46	T/CACM 1412-2022	便携式中医健康相关数据采集分析设备电气规范	2022年9月26日
47	T/CACM 1413-2022	智能中药房建设规范	2022年9月26日
48	T/CACM 1414-2022	中医真实世界研究数据采集技术规范	2022年10月8日
49	T/CACM 1415-2022	中医真实世界研究医学术语应用技术规范	2022年10月8日
50	T/CACM 1054.122-2022	福鼎栀子栽培与产地加工技术规范	2022年10月19日
51	T/CACM 1416-2022	肩关节周围炎中医诊疗指南(修订)	2022年11月14日
52	T/CACM 1417-2022	骨质疏松性骨折中医诊疗指南	2022年11月14日
53	T/CACM 1418-2022	慢性心力衰竭中医诊疗指南	2022年11月14日
54	T/CACM 1419-2022	临界性高血压中医诊疗指南	2022年11月14日
55	T/CACM 1420-2022	中成药安慰剂模拟效果评价规范	2022年11月14日
56	T/CACM 1421-2022	精准经方质量规范通则	2022年11月14日
57	T/CACM 1422.1-2022	精准经方质量规范 大柴胡汤 第1部分:精准药材	2022年11月14日
58	T/CACM 1422.2-2022	精准经方质量规范 大柴胡汤 第2部分:精准饮片	2022年11月14日
59	T/CACM 1422.3-2022	精准经方质量规范 大柴胡汤 第3部分:精准煎煮	2022年11月14日
60	T/CACM 1423.1-2022	精准经方质量规范 桃红四物汤 第1部分:精准药材	2022年11月14日
61	T/CACM 1423.2-2022	精准经方质量规范 桃红四物汤 第2部分:精准饮片	2022年11月14日
62	T/CACM 1423.3-2022	精准经方质量规范 桃红四物汤 第3部分:精准煎煮	2022年11月14日
63	T/CACM 1424.1-2022	精准经方质量规范 开心散 第1部分:精准药材	2022年11月14日
64	T/CACM 1424.2-2022	精准经方质量规范 开心散 第2部分:精准饮片	2022年11月14日
65	T/CACM 1424.3-2022	精准经方质量规范 开心散 第3部分:精准制散	2022年11月14日
66	T/CACM 1425.1-2022	精准经方质量规范 当归六黄汤 第1部分:精准药材	2022年11月14日

续表

序号	标准号	标准中文名称	发布日期
67	T/CACM 1425.2-2022	精准经方质量规范 当归六黄汤 第2部分:精准饮片	2022年11月14日
68	T/CACM 1425.3-2022	精准经方质量规范 当归六黄汤 第3部分:精准煎煮	2022年11月14日
69	T/CACM 1426.1-2022	精准经方质量规范 济川煎 第1部分:精准药材	2022年11月14日
70	T/CACM 1426.2-2022	精准经方质量规范 济川煎 第2部分:精准饮片	2022年11月14日
71	T/CACM 1426.3-2022	精准经方质量规范 济川煎 第3部分:精准煎煮	2022年11月14日
72	T/CACM 1427.1-2022	精准经方质量规范 半夏白术天麻汤 第1部分:精准药材	2022年11月14日
73	T/CACM 1427.2-2022	精准经方质量规范 半夏白术天麻汤 第2部分:精准饮片	2022年11月14日
74	T/CACM 1427.3-2022	精准经方质量规范 半夏白术天麻汤 第3部分:精准煎煮	2022年11月14日
75	T/CACM 1428.1-2022	精准经方质量规范 藿朴夏苓汤 第1部分:精准药材	2022年11月14日
76	T/CACM 1428.2-2022	精准经方质量规范 藿朴夏苓汤 第2部分:精准饮片	2022年11月14日
77	T/CACM 1428.3-2022	精准经方质量规范 藿朴夏苓汤 第3部分:精准煎煮	2022年11月14日
78	T/CACM 1429.1-2022	精准经方质量规范 半夏泻心汤 第1部分:精准药材	2022年11月14日
79	T/CACM 1429.2-2022	精准经方质量规范 半夏泻心汤 第2部分:精准饮片	2022年11月14日
80	T/CACM 1429.3-2022	精准经方质量规范 半夏泻心汤 第3部分:精准煎煮	2022年11月14日
81	T/CACM 1430.1-2022	精准经方质量规范 温胆汤 第1部分:精准药材	2022年11月14日
82	T/CACM 1430.2-2022	精准经方质量规范 温胆汤 第2部分:精准饮片	2022年11月14日
83	T/CACM 1430.3-2022	精准经方质量规范 温胆汤 第3部分:精准煎煮	2022年11月14日
84	T/CACM 1431.1-2022	精准经方质量规范 天麻钩藤饮 第1部分:精准药材	2022年11月14日
85	T/CACM 1431.2-2022	精准经方质量规范 天麻钩藤饮 第2部分:精准饮片	2022年11月14日
86	T/CACM 1431.3-2022	精准经方质量规范 天麻钩藤饮 第3部分:精准煎煮	2022年11月14日
87	T/CRACM 0007-2022	预防保健师职业评价规范	2022年1月14日
88	T/CRACM 0008-2022	中医技术 热沙治疗 操作规范	2022年5月7日

第二节
中医药国内外专利

随着专利制度在我国的普及推进,中医药领域的技术发明创造不断涌现,中医药技术领域的知识产权主要是专利权、商标权和著作权。中药创新药物领域的知识产权保护有多种形式,包括专利权、商标权、植物新品种和著作权。随着中药领域的技术发明创造不断涌现,专利权成为中药主要知识产权形式,包括产品专利、方法专利和用途专利等类型。中药专利已经取得长足进步,专利申请的数量不断增加,中药专利申请在递交、审查、授权等流程方面,已经完全和国际接轨,专利申请撰写质量和授权率显著提升,中药专利侵权基本得到法律的有效制止,中药专利保护的市场价值得以体现。中药领域的专利运用价值在大部分专利产品中都得到体现,包括专利许可、转让、融资、并购等方面。

一、数据基础

(一) 专利分析检索策略

专利技术科学、严谨、深入的分析必须基于国内外所有相关的专利数据,为了确保专利数据的完整性和准确性,尽量避免减少误差,因此采用如下检索策略。

(1) 以 innojoy 为原始数据库,同时以各局官网数据为辅助及验证;数据的时间范围为申请日 2022 年 1 月 1 日至 2022 年 12 月 31 日;

(2) 检索式为(((SIC=(A61K36％orA61K35％orA61P9％orA61P1％orG01N30％orG01N1％orB01D11％orA61P3％orA61H39％orA61K48％orA61H33％orA61K9％orG16H20％orG06V40％orA23L1％orA61K8％orA61J3％orA23F3％orC12G3％orA61K31％orA23L2％)))andDESCR=(中药 or 中医药 or 中草药 or 药用植物 or 道地药材 or 药材 or 穴位 or 经络 or 针灸 or 刺络 or 中药贴剂 or 舌诊 or 舌象))or(TI, ABST, CLM+=中医 orTI, ABST,

CLM+=中药 orTI,ABST,CLM+=药材 orTI,ABST,CLM+=草药 orTI, CLM+=针灸 orTI,ABST,CLM+=推拿 orTI,ABST,CLM+=经络 orTI,ABST, CLM+=穴位 orTI,ABST,CLM+=经穴 orTI,ABST,CLM+=君药 orTI,ABST, CLM+=臣药 orTI,ABST,CLM+=佐药 orTI,ABST,CLM+=舌诊 orTI,ABST, CLM+=舌象 orTI,ABST,CLM+=刺络 orTI,ABST,CLM+=君臣佐使 orTI, ABST,CLM+=证候 orTI,ABST,CLM+=方剂 orTI,ABST,CLM+=中药材 orTI, ABST,CLM+=中草药 orTI,ABST,CLM+=中成药 orTI,ABST,CLM+=地道药材 orTI,ABST,CLM+=药用植物 orTI,ABST,CLM+=刺血疗法 orTI,ABST,CLM+ =砭法 orTI,ABST,CLM+=梅花针 orTI,ABST,CLM+=腧穴 orTI,ABST,CLM+ =手捻针 orTI,ABST,CLM+=舌针 orTI,ABST,CLM+=刺络放血 orTI,ABST, CLM+=拔罐 orTI,ABST,CLM+=眼针 orTI,ABST,CLM+=头皮针 orTI,ABST, CLM+=点刺 orTI,ABST,CLM+=留针 orTI,ABST,CLM+=辨病论治 orTI, ABST,CLM+=炮制 orTI,ABST,CLM+=取穴 orTI,ABST,CLM+=推拿)) notCLM=(药柜 or 洗碗机 or 害虫 or 氧化锆 or 药物重定位 or 天然气炸药 or 药品销售 or 泄漏检查 or 建筑工程 or 跳伞 or 藤编相框 or 混凝土 or 权益管理 or 防水卷材 or 库房 or 宠物 or 农残净化 or 桥梁 or 消音棉 or 缝纫)andADY='2022'

在上述检索式基础上,对其结果进行浏览并剔除无关信息,得到2022年中医药类专利申请总数为32 860条,合并申请后为30 823条申请,较2021年2.5万余项有了显著增长。

(二) 数据说明

由于专利信息公开以及申请实质审查制度等因素,其中法律状态只代表检索时的各项申请法律状态;另外检索结果中未将中医药在动物领域中的应用成果纳入其中。

二、2022年国内专利概况

(一) 专利类型

2022年专利类型分布如表6-5所示,发明专利19 082项占据主导,占比为61.9%,实用新型10 464项占比34.0%,其余为4.1%的外观设计专利。发明专利占据2022年申请的主导,说明中医药领域对于技术研发及成果保护的意识和观念在逐步提高。

表6-5　2022年专利类型及数量

专利类型	专利数量(项)
发明	19 082
新型	10 464
外观	1 277

（二）法律状态

2022年专利法律状态如图6-1所示，2022年专利申请中授权量占比44.96%，发明专利实审阶段为47.40%，申请公开阶段为3%，无效申请包括撤回以及驳回的为4.64%。

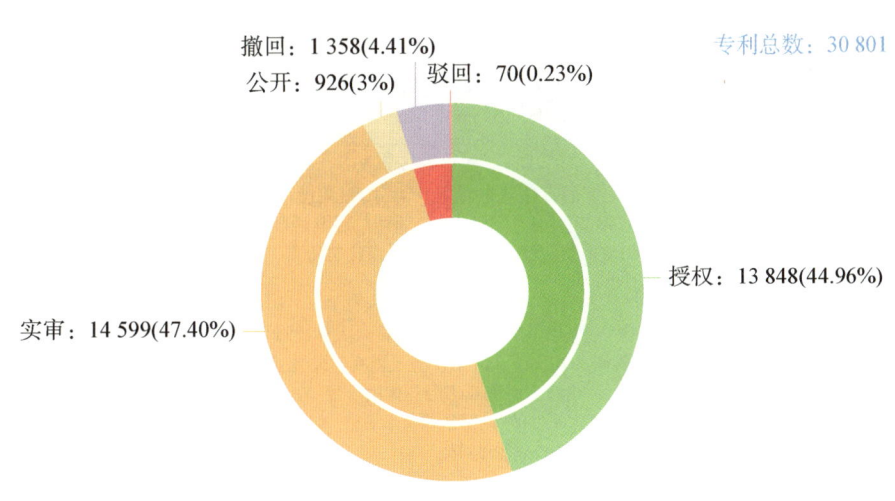

图6-1　法律状态及数量占比

（三）地域分布

2022年专利申请量排名前十的省市如表6-6所示，广东省遥遥领先，比第二名江苏省多1000余项申请，第三名山东省至第十名湖北省之间则呈现小幅度下降的梯度。综合前十名的地域分布，依然为南强北弱的态势。

表6-6　申请量排名前十的省市及数量

省(区、市)	专利数量(项)	省(区、市)	专利数量(项)
广东	3 715	北京	1 708
江苏	2 691	四川	1 608
山东	2 255	安徽	1 397
浙江	2 079	上海	1 319
河南	1 833	湖北	1 278

(四) 技术分类

如表 6-7 所示,2022 年的专利申请技术 IPC 分类小类最多的是 A61K,数量为 9 996 余项,占据申请总数的 32.4%,第二是 A61P 领域 8 910 项,占据申请总数的 28.9%,前两大技术领域覆盖申请总量的六成。

表 6-7　2022 年专利技术分类小类及数量

小类	IPC 释义	专利数量(项)
A61K	A:人类生活必需 A61;医学或兽医学;卫生学 A61K:医用、牙科用或梳妆用的配制品{专门适用于将药品制成特殊的物理或服用形式的装置或方法 A61J3/00;空气除臭,消毒或灭菌,或者绷带、敷料、吸收垫或外科用品的化学方面,或材料的使用入 A61L;肥皂组合物入 C11D}	9 996
A61P	A:人类生活必需 A61;医学或兽医学;卫生学 A61P:化合物或药物制剂的特定治疗活性	8 910
A61H	A:人类生活必需 A61;医学或兽医学;卫生学 A61H:理疗装置,例如用于寻找或刺激体内反射点的装置;人工呼吸;按摩;用于特殊治疗或保健目的或人体特殊部位的洗浴装置{电疗法、磁疗法、放射疗法、超声疗法入 A61N}	3 453
B01D	B:作业;运输 B01:一般的物理或化学的方法或装置 B01D:分离{用湿法从固体中分离固体入 B03B、B03D,用风力跳汰机或摇床入 B03B,用其他干法入 B07;固体物料从固体物料或流体中的磁或静电分离,利用高压电场的分离入 B03C;离心机、涡旋装置入 B04B;涡旋装置入 B04C;用于从含液物料中挤出液体的压力机本身入 B30B9/02}	1 790
A61M	A:人类生活必需 A61;医学或兽医学;卫生学 A61M:将介质输入人体内或输到人体上的器械{将介质输入动物体内或输入到动物体上的器械入 A61D7/00;用于插入棉塞的装置入 A61F13/26;喂饲食物或口服药物用的器具入 A61J;用于收集、贮存或输注血液或医用液体的容器 AA61J1/05};为转移人体介质或为从人体内取出介质的器械{外科用的入 A61B,外科用品的化学方面 AA61L;将磁性元件放入体内进行磁疗的入 A61N2/10};用于产生或结束睡眠或昏迷的器械	1 678
G01N	G:物理 G01:测量;测试 G01N:借助于测定材料的化学或物理性质来测试或分析材料{除免疫测定法以外包括酶或微生物的测量或试验入 C12M,C12Q}	1 664
A23L	A:人类生活必需 A23:其他类不包含的食品或食料;及其处理 A23L:不包含在 A21D 或 A23B 至 A23J 小类中的食品、食料或非酒精饮料;它们的制备或处理,例如烹调、营养品质的改进、物理处理{不能为本小类完全包含的成型或加工入 A23P};食品或食料的一般保存{用于烘焙的面粉或面团的保存入 A21D}	1 599
A61J	A:人类生活必需 A61;医学或兽医学;卫生学 A61J:专用于医学或医药目的的容器;专用于把药品制成特殊的物理或服用形式的装置或方法;喂饲食物或口服药物的器具;婴儿橡皮奶头;收集唾液的器具	1 586
A61Q	A:人类生活必需 A61;医学或兽医学;卫生学 A61Q 化妆品或类似梳妆用配置品的特定用途	1 400
B02C	B:作业;运输 B02:破碎、磨粉或粉碎;谷物碾磨的预处理 B02C:一般破碎、研磨或粉碎;碾磨谷物{用破碎、磨碎或碾磨方法制取金属粉末入 B22F9/04}	1 147

(五) 申请人分析

2022 年中医药类专利申请人类型,企业申请人占据主导地位,申请数量为 20 303 项 (64.36%),其次为院校申请人 5 910 项(18.73%),第三是个人申请 4 799 项(15.21%),最后是组织 531 项(1.68%)。可以看出,企业更加重视专利的申请。

如图 6-2、6-3 和表 6-8 所示,2022 年排名前十的申请人,高等院校占据前 5 名的位置,前 20 名中院校申请人共 12 个,其技术分类也以 A61K 为主,在 A61K 领域中中国药科大学具有技术优势,G01N 领域中广东一方制药有限公司则掌握更多核心技术。

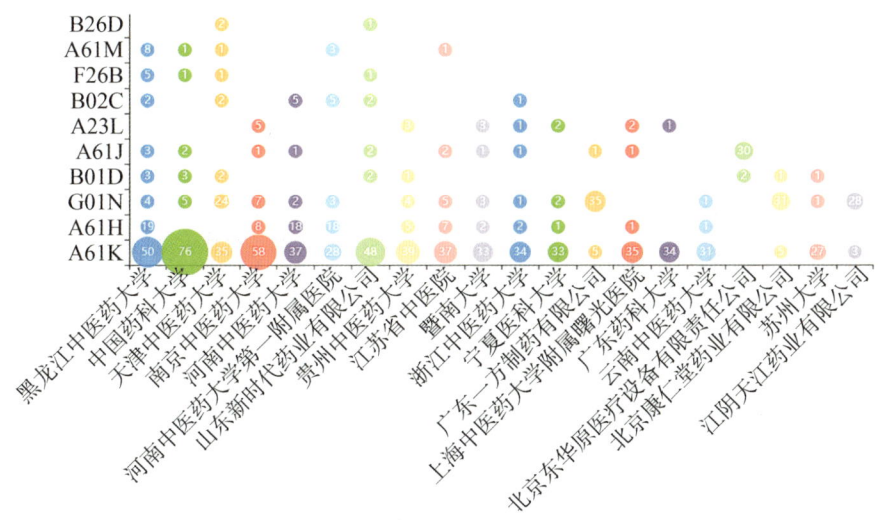

图 6-2 2022 年排名前 20 的申请人专利技术主分类小类分布

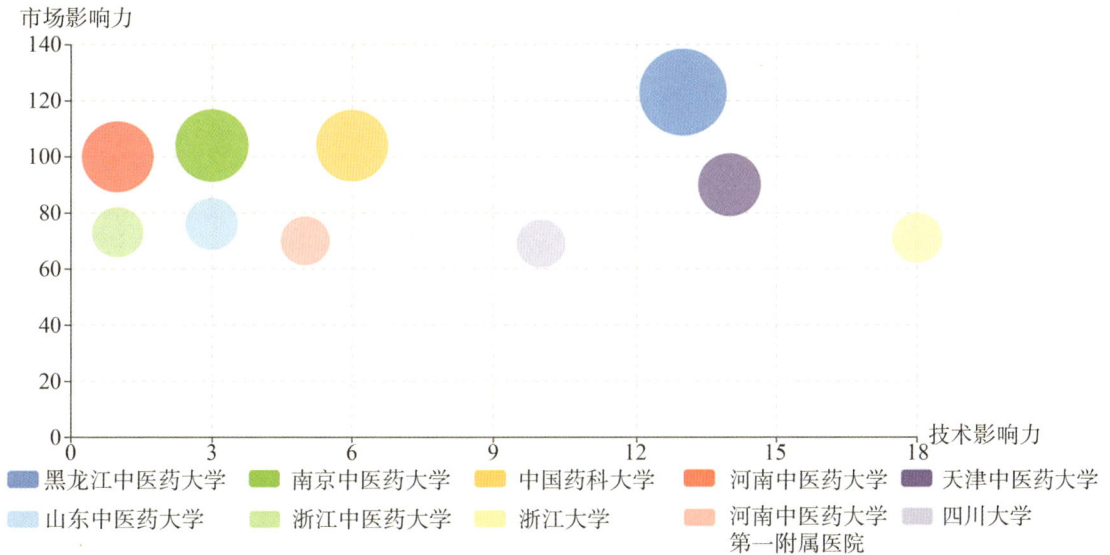

图 6-3 2022 年排名前十的申请人竞争力分析

根据技术影响力(基于专利被引证的计算,专利被其他专利引用的次数越多,技术影响力越高)和市场影响力(基于专利家族规模的计算,同族专利数量越多,市场竞争力越强)二者因素进行分析,具有明显技术影响力的申请人为浙江大学,其技术被引证次数为 18 次,而市场影响力最突出的申请人是黑龙江中医药大学,其在技术保护布局上优势明显。

表 6-8 排名前十申请人竞争力分析

申请人	被引证次数(次)	同族数量(项)	专利数量(项)
黑龙江中医药大学	13	123	123
南京中医药大学	3	104	103
中国药科大学	6	104	102
河南中医药大学	1	100	100
天津中医药大学	14	90	89
山东中医药大学	3	76	74
浙江中医药大学	1	73	72
浙江大学	18	71	71
河南中医药大学第一附属医院	5	70	70
四川大学	10	69	69

三、2022年中国境外中医药类专利概况

根据上述检索式,在中国境外范围内检索中医药相关专利,得到2022年申请共1647项,合并申请后1586项。

(一)受理局申请量

如表6-9所示,2022年中国境外受理局申请量排名,第一是美国,接收中医药类专利申请共1188项,第二是韩国,共有203项申请,另外WO接收到102项申请,EP欧专局接收22项申请。

表 6-9 2022年中国境外专利受理局排名前十及数量

受理局	专利数量(项)	受理局	专利数量(项)
US-美国	1188	DE-德国	39
KR-韩国	203	EP-欧专局	22
WO-世界知识产权组织	102	GB-英国	7
JP-日本	85	FR-法国	1

(二)申请人分析

中国境外中医药类专利申请人最多的为Beta Bionics,它是美国一家致力于主要服务于1型糖尿病(T1D)患者社区群体的公益性医疗器械公司,为糖尿病或其他血糖失调疾病人群提供健康管理解决方案。前10名申请人中美国企业占据6席,河北以岭医药研究院有限公司出现在第5名,见表6-10。

表 6-10 2022 年中国境外排名前十申请人及数量

申请人	简介	专利数量(项)
BETA BIONICS INC	Beta Bionics 是美国一家致力于主要服务于 1 型糖尿病(T1D)患者社区群体的公益性医疗器械公司	19
EXPRESS STRATEGIC DEV INC	ESI 集团,全称为 Express Scripts(快捷药方公司),是全美最大的独立 PBM(药品福利管理)公司	13
NICOVENTURES TRADING LTD	Nicoventures 贸易销售公司,英国公司	11
SOMERSET THERAPEUTICS LLC	美国无菌制药公司,生产和销售注射和眼科药物	8
HEBEI YILING MEDICINE RES INSTITUTE CO LTD	河北以岭医药研究院有限公司在石家庄市工商局高新区分局登记成立	8
UNIV CALIFORNIA	加利福尼亚大学	7
TERUMO KABUSHIKI KAISHA	泰尔茂株式会社	7
LABORATORIOS LEON FARMA SA	西班牙公司,提供化学、生物和药物研究服务	6
PURDUE RESEARCH FOUNDATION	普渡大学研究基金会	6
CARE FUSION 303 INC	护理联合 303 公司,美国医疗器械,商标为 NAC	5

(三) 技术类型

由图 6-4、表 6-11 可知,2022 年中国境外中医药类专利申请技术领域,前三位分别为 A61K31、A61K9 和 A61K36。前三类技术领域的申请量共计 432 项,占中国境外申请总量的 26.2%。

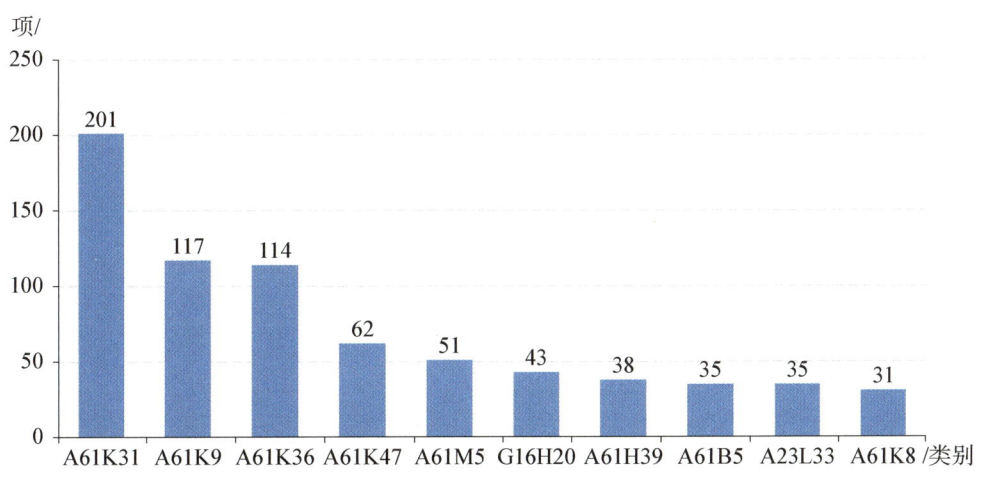

图 6-4 2022 年中国境外专利申请技术主分类大组及数量

表 6-11 2022 年中国境外专利申请技术类型

主分类大组	IPC 释义	专利数量（项）
A61K31	A：人类生活必需 A61：医学或兽医学；卫生学 A61K：医用、牙科用或梳妆用的配制品（专门适用于将药品制成特殊的物理或服用形式的装置或方法 A61J3/00；空气除臭，消毒或灭菌，或者绷带、敷料、吸收垫或外科用品的化学方面，或材料的使用入 A61L；肥皂组合物入 C11D） A61K31/00：含有机有效成分的医药配制品	201
A61K9	A：人类生活必需 A61：医学或兽医学；卫生学 A61K：医用、牙科用或梳妆用的配制品（专门适用于将药品制成特殊的物理或服用形式的装置或方法 A61J3/00；空气除臭，消毒或灭菌，或者绷带、敷料、吸收垫或外科用品的化学方面，或材料的使用入 A61L；肥皂组合物入 C11D） A61K9/00：以特殊物理形状为特征的医药配制品	117
A61K36	A：人类生活必需 A61：医学或兽医学；卫生学 A61K：医用、牙科用或梳妆用的配制品（专门适用于将药品制成特殊的物理或服用形式的装置或方法 A61J3/00；空气除臭，消毒或灭菌，或者绷带、敷料、吸收垫或外科用品的化学方面，或材料的使用入 A61L；肥皂组合物入 C11D） A61K36/00：含有来自藻类、苔藓、真菌或植物或其派生物，例如传统草药的未确定结构的药物制剂	114
A61K47	A：人类生活必需 A61：医学或兽医学；卫生学 A61K：医用、牙科用或梳妆用的配制品（专门适用于将药品制成特殊的物理或服用形式的装置或方法 A61J3/00；空气除臭，消毒或灭菌，或者绷带、敷料、吸收垫或外科用品的化学方面，或材料的使用入 A61L；肥皂组合物入 C11D） A61K47/00：以所用的非有效成分为特征的医用配制品，例如载体或惰性添加剂；化学键合到有效成分的靶向剂或改性剂	62
A61M5	A：人类生活必需 A61：医学或兽医学；卫生学 A61M：将介质输入人体内或输到人体上的器械（将介质输入动物体内或输入到动物体上的器械入 A61D7/00；用于插入棉塞的装置入 A61F13/26；喂饲食物或口服药物用的器具入 A61J；用于收集、贮存或输注血液或医用液体的容器入 A61J1/05；为转移人体介质或为从人体内取出介质的器械（外科用的入 A61B，外科用品的化学方面入 A61L；将磁性元件放入体内进行磁疗的入 A61N2/10）；用于产生或结束睡眠或昏迷的器械 A61M5/00：以皮下注射、静脉注射或肌内注射的方式将介质引入体内的器械；其附件，例如充填或清洁器、靠手（专门适用于医用的联接管、耦合器、阀或分流元件入 A61M39/00；专门适用于医用或药用的容器入 A61J1/00）	51
G16H20	G：物理 G16：特别适用于特定应用领域的信息通信技术[ICT] G16H：医疗保健信息学，即专门用于处置或处理医疗或健康数据的信息和通信技术[ICT] G16H20/00：特别适用于治疗或健康改善计划的 ICT，例如用于处理处方，用于引导治疗或监测患者对医嘱的执行	43

续 表

主分类大组	IPC 释义	专利数量(项)
A61H39	A：人类生活必需 A61：医学或兽医学；卫生学 A61H：理疗装置，例如用于寻找或刺激体内反射点的装置；人工呼吸；按摩；用于特殊治疗或保健目的或人体特殊部位的洗浴装置（电疗法、磁疗法、放射疗法、超声疗法入 A61N） A61H39/00：理疗用的定位或刺激人体特定反射点的仪器，例如针刺（通过采用电流或磁场的方法定位入 A61B5/05；通过检测生物电信号的方法定位入 A61B5/24）	38
A61B5	A：人类生活必需 A61：医学或兽医学；卫生学 A61B：诊断；外科；鉴定（分析生物材料入 G01N，如 G01N33/48） A61B5/00：用于诊断目的的测量（放射诊断入 A61B6/00；超声波、声波或次声波诊断入 A61B8/00）；人的辨识	35
A23L33	A：人类生活必需 A23：其他类不包含的食品或食料；及其处理 A23L：不包含在 A21D 或 A23B 至 A23J 小类中的食品、食料或非酒精饮料；它们的制备或处理，例如烹调、营养品质的改进、物理处理（不能为本小类完全包含的成型或加工入 A23P）；食品或食料的一般保存（用于烘焙的面粉或面团的保存入 A21D） A23L33/00：改变食品的营养性质；营养制品；其制备或处理	35
A61K8	A：人类生活必需 A61：医学或兽医学；卫生学 A61K：医用、牙科用或梳妆用的配制品（专门适用于将药品制成特殊的物理或服用形式的装置或方法 A61J3/00；空气除臭，消毒或灭菌，或者绷带、敷料、吸收垫或外科用品的化学方面，或材料的使用入 A61L；肥皂组合物入 C11D） A61K8/00：化妆品或类似的梳妆用配制品	31

2022 中医药发展报告

第七章
中医药科技抗击新冠疫情三年回顾

  面对新冠病毒感染疫情,在早期没有疫苗、没有有效抗病毒药物情况下,中医药全过程、全方位深度介入预防、治疗和康复等各个防治环节,在改善临床症状、缩短住院时间、降低总体死亡率、提高生活质量、调节免疫功能、降低病毒核酸检测阳性率等多个方面发挥了重要作用。在转段阶段,中医药可及性优势得到彰显,为广大人民群众用药提供了保障,为平稳转段做出贡献。本章对3年抗疫的历程中科技抗疫成果,进行分类整理,以供参阅。

第一节
中医药抗疫成果及贡献获国内外认可

一、国家诊疗方案中医内容

新冠疫情三年多来,国家卫生健康委办公厅、国家中医药管理局办公室(综合司)联合印发的第三版至第十版国家诊疗方案中均包含中医药防治的内容,推动了中医药全方位介入新冠疫情防控,使中医药的疗效优势得以彰显,也为中国特色疫情防控方案的形成做出了重要贡献。

2020年1月22日发布的《新型冠状病毒感染的肺炎诊疗方案(试行第三版)》首次提出中医诊疗方案,明确新型冠状病毒感染的肺炎属于中医疫病范畴,病因为感受疫戾之气,病位在肺,基本病机特点为"湿、热、毒、瘀";将新型冠状病毒感染的肺炎分为湿邪郁肺、邪热壅肺、邪毒闭肺、内闭外脱四类中医证型,并分别推荐中药处方。

2020年1月27日发布的《新型冠状病毒感染的肺炎诊疗方案(试行第四版)》增加了对疾病全过程的分期,覆盖居家医学观察患者、发热门诊患者、急诊留观患者及住院患者;中医诊疗方案调整为医学观察期和临床治疗期两个部分,针对不同的分期和临床特点推荐中药处方和中成药,并在临床治疗期中首次明确提出了恢复期的诊疗方案。

2020年2月4日发布的《新型冠状病毒感染的肺炎诊疗方案(试行第五版)》和2020年2月8日发布的《新型冠状病毒感染的肺炎诊疗方案(试行第五版 修正版)》延续前版方案的中医诊疗内容。

2020年2月18日发布的《新型冠状病毒肺炎诊疗方案(试行第六版)》延续前版方案对疾病过程的分期,将中医治疗分为医学观察期和临床治疗期(确诊病例),并将临床治疗期分为轻型、普通型、重型、危重型和恢复期。医学观察期推荐使用中成药干预;临床治疗期推荐了通用方剂"清肺排毒汤",并分别对轻型、普通型、重型、危重型和恢复期的不同证候分型从临床表现、推荐处方及剂量、服用方法三个方面进行介绍,各期的治疗方案更为实用和完善。同时,增加了适用于重型、危重型的中成药(包括中药注射剂)的具体用法。

2020年3月3日发布的《新型冠状病毒肺炎诊疗方案(试行第七版)》中,中医治疗重型患者部分补充了"化湿败毒方"名称;增加了危重型患者的处方加减方案,完善了重型和危重型患者中药注射剂推荐用法,以适应不同临床表现患者的中药治疗需求。

2020年8月18日发布的《新型冠状病毒肺炎诊疗方案(试行第八版)》中,中医治疗普通型患者部分补充了"宣肺败毒方"名称;首次提出重视恢复期患者早期康复介入,尽最大可能恢复体能、体质和免疫能力。

2021年4月14日发布的《新型冠状病毒肺炎诊疗方案(试行第八版 修订版)》延续前版中医诊疗内容。

2022年3月14日发布的《新型冠状病毒肺炎诊疗方案(试行第九版)》结合各地临床救治经验,加强中医非药物疗法应用,增加了针灸治疗内容;结合儿童患者特点,补充了儿童病例治疗的相关内容,中医治疗内容得到了进一步完善。

2023年1月5日发布的《新型冠状病毒感染诊疗方案(试行第十版)》加强了对重型、危重型病例的中医药救治指导,增加随症用药方法,更加贴合临床。进一步完善恢复期和儿童病例的中医药治疗方案,增加针灸、推拿等外治法,提供了更为全面的中医治疗措施。

二、关于中医药抗击新冠疫情的重要发布会

国务院联防联控机制全称为国务院应对新型冠状病毒感染的肺炎疫情联防联控工作机制,是我国政府为应对2020年初突发的新冠肺炎疫情而启动的中央人民政府层面的多部委协调工作机制平台。其定期就疫情防控重要内容进行发布会,具有较高的权威性,通过梳理重要发布会内容,可以发现关于中医药的内容逐渐增加,国家卫生健康委联合国家中医药管理局颁布的各种传染病指南和诊疗方案中,中医药内容增多,临床疗效证据也越来越丰富。

2020年2月20日国务院新闻办就中央赴湖北指导组组织开展疫情防控工作情况举行新闻发布会介绍中医药救治有关情况:一是组织全系统力量,迅速开展救治工作。二是坚持关口前移,中西医结合,分类施治,提升救治效果。中医药参与疫情防控取得阶段性进展,参与救治的广度和深度不断提高,中西医密切协作、联合攻关,发现了一批有效方药和中成药,在治疗新冠病毒感染中取得了较好疗效。

2020年2月21日国务院联防联控机制举行发布会:这次新冠病毒感染疫情防控中,中

医药积极参与,主动作为,国家中医药管理局和28个省(市、区)630多家中医医院总共派出近3200名医务人员支援湖北。在湖北中医药参与救治的比例超过三分之二。国家和各地医疗救治专家组的中西医专家协同攻关,着力推动在新冠病毒感染防治中建立健全中西医协作机制,督促落实中西医联合会诊制度,努力提升临床的治疗效果。中医药和西医药可以优势互补、相互促进,共同维护和增进民众健康,这已经成为中国特色医药卫生和健康事业的重要特征和优势。

2020年3月6日国务院联防联控机制发布会:中医药和中西医结合在临床救治中发挥了重要作用。在武汉地区包括在整个湖北全省应用中医药进行救治的患者已经达到90%以上,同时临床数据还显示中西医结合、中西药并重治疗效果更好。下一步科研攻关组将进一步精准聚焦临床需求,加强中西医结合、中西药并重,同时将抗病毒治疗和免疫调节治疗结合在一起,将前期成果形成组合方案用于临床诊疗,让更多患者能够得以治愈。

2020年3月6日国务院新闻办公室举行新闻发布会:中医药防治瘟疫有着独特的理论和实践。鉴于早期防治新冠病毒感染没有特效药和疫苗,运用中医药防治瘟疫的实践经验和技术方法,发挥中医药整体调节、提高免疫的作用,激发自身的抗病能力和康复能力,是一种有效的治疗方法。中西医结合与单纯使用中药和西药相比,能较快地改善发热、咳嗽、乏力等症状,缩短住院天数,提高核酸转阴率,有效减少轻型和普通型向重型、重型向危重型的发展,提高治愈率、减少病亡率。要坚持中西医并重、中西医结合、中西药并用,愿意分享治疗新冠病毒感染的"中国经验""中国方案",让更多国家了解中医药、理解中医药,使用中医药。

2020年3月17日国务院联防联控机制新闻发布会:在抗击疫情中,中医药发挥的作用有目共睹。国家中医药管理局先后派出5批近800人的专业队伍驰援武汉,全国支援武汉的医疗队里有近5000人来自中医药系统,全国有97个中医医疗机构作为定点医院参与了救治工作。全国除湖北以外的地区,中医药参与救治的病例占累计确诊病例的96.37%,在湖北地区中医药的参与率也达到了91.05%。在阻止轻型、普通型的患者向重型、危重型发展方面,中医药发挥了重要的作用。

2020年3月23日国务院新闻办公室发布会,介绍中医药开展的工作:调集精锐力量。从全国调来4900余名中医药人员驰援湖北,约占援鄂医护人员总数的13%,其中有院士3人,数百名专家。这次中医药援助队伍规模之大、力量之强,是前所未有的。同时推动科技攻关,对已经纳入第五、第六、第七版诊疗方案的中成药和方剂,进行了临床疗效的同步观察,已筛选出金花清感颗粒、连花清瘟胶囊、血必净注射液和清肺排毒汤、化湿败毒方、宣肺败毒方等有明显疗效的"三药三方"。全国新冠病毒感染确诊病例中,有 74 187 人使用了中医药,占 91.5%,其中湖北省有 61 449 人使用了中医药,占 90.6%。临床疗效观察显示,中医药总有效率达到了 90% 以上。中医药能够有效缓解症状,能够减少轻型、普通型向重型发展,能够提高治愈率、降低病亡率,能够促进恢复期人群机体康复。

2020 年 3 月 24 日国务院联防联控机制新闻发布会:康复期治疗是中医的传统也是中医特色,经过前一段救治工作,大约 7 万多患者已经进入康复期。通过对这些患者的调研,比如乏力、纳差、不想吃饭、心慌、气短、失眠、抑郁等,这些症状的彻底解决需要中医药的帮助,中医药治疗疾病是整体调治,在这方面积累了几千年的经验和行之有效的方药、中医技术,这些中医技术不仅在中医院应用,在一些西医院的康复科和康复医院都广为应用,疗效确切。

2020 年 3 月 26 日国务院新闻办公室发布会:中国科技界在这次抗击疫情过程中,围绕有效药物研发和临床救治做了大量工作,初步形成了一套相对完整的方案。在控制轻型、普通型治疗方面,研发的系列中医药和治疗方案,能够有效缓解症状,显著提升治愈率。其中有一个方舱医院,456 位轻型患者,通过中医药治疗,无一例外都没有转为重型,效果明显。

2020 年 4 月 2 日国务院新闻办公室新闻发布会:全球战"疫"正在全面展开,中国方案和经验越发受到关注与肯定。其中,中医药发挥了重要作用,成为疫情防控的一大亮点。此次新冠病毒感染疫情在早期没有特效药、没有疫苗的情况下,总结中医药治疗病毒性传染病规律和经验,深入发掘古代经典名方,结合临床实践,形成了中医药和中西医结合治疗新冠病毒感染的诊疗方案,筛选了以"三药三方"为代表的一批有效方药,成为中国方案的重要特色和优势。及时主动同世界卫生组织合作,分享中医药参与疫情防控的有关情况,把中国最新版本的新冠病毒感染中医药诊疗方案翻译成英文。还通过远程视频交流,提供技术方案等,向日本、韩国、意大利、伊朗、新加坡等国家分享救治经验。同时,中国有关组织和机构已经向意大利、法国和港澳地区等十几个国家和地区捐赠了中成药、饮片、针灸针等药品和器械。

2020 年 4 月 14 日国务院联防联控机制召开新闻发布会:中医药在抗击疫情过程中发挥了重要作用。国务院应对新冠病毒感染联防联控机制科研攻关组下专门设立了中医药专班,统筹推进中医药疫情防治重点科研攻关工作和中长期中西医结合传染病防控机制的建立。

2020 年 4 月 17 日国务院联防联控机制发布会:中医药专家制定了三版重症、危重症的诊疗方案,并且推荐了 4 个方剂和 8 个中药注射剂。中医药治疗方法能减缓、阻止重症向危重症的转化,促使危重症转为普通症,从而提高了治愈率,降低了病亡率。

2020年5月11日国务院联防联控机制就北京市疫情防控管理举行发布会:北京还采取了特别的规范诊疗体系。每个人的病情不一样,基础疾病不一样,因此北京采取一人一策。实施中西医结合的治疗策略,无论是地坛医院还是佑安医院,中医药参与的治疗都超过了90%,北京采用中西医结合治疗有效率达92%以上。

2020年7月5日北京市疫情防控机制新闻发布会:新发地聚集性疫情发生以来,截至7月4日24时,首都医科大学附属北京地坛医院共收确诊病例334例,所有病例在入院的第一时间都进行了中医诊疗,确定了中西医并重治疗方案。救治专家组制定了无症状感染者、轻型、普通型以中医药治疗为主,重型、危重型采取中西医协同进行救治的基本原则。

2020年9月29日国务院联防联控机制新闻发布会:在国家卫生健康委联合国家中医药管理局颁布的各种传染病指南和诊疗方案中,中医药内容越来越丰富,临床疗效证据也越来越丰富。中医药在治疗流感方面的效果体现在:退热时间较快、较稳、较持久。对咽喉疼痛、关节酸痛等一些流感症状的解除有非常好的效果。对减轻感冒后出现咳嗽症状有很好的效果。对于一些重症和危重症,中西医联合救治可减少抗菌素、呼吸机的使用,降低病死率。中医药治疗呼吸道传染病以及流感的理论和技术都很丰富,既有有效的中药汤剂、中成药,同时针灸、推拿等中医非药物疗法也有非常好的疗效。在《全国流行性感冒防控工作方案(2020年版)》中,强化了中医药防控流感工作。继续要求各地引导群众利用中医药防治好流感。

2021年1月6日北京市疫情防控新闻发布会:坚持中西医并重开展救治。对所有病例的救治,按照集中患者、集中专家、集中资源、集中救治的原则。在北京市医管中心的统筹下,组织专家和护理团队,集中到隔离收治区域共同参与诊治,包括感染、重症、中医、影像、检验等多学科专家组,每天巡诊患者、集体会诊会商,坚持中西医并重,中医100%参与救治,精准研究制定一人一方和一人一策的个体化治疗方案,确保救治效果。

2021年11月13日国务院联防联控机制新闻发布会:这次新冠病毒感染患者的救治工作中,中医药发挥了非常重要的作用。在这个过程中,中医专家边救治边总结,筛选出了一批有效的方药,既有通用方,也有针对不同病情、不同症型的方剂,同时还有中成药。在治疗过程中,体现了辨病辨证的统一。从预防到轻症的治疗、重症的救治以及康复整个全过程,坚持中西医结合、中西药并用。

2021年11月20日国务院联防联控机制新闻发布会:在整个疾病治疗过程中一直坚持中西医结合、中西药并用的原则,使中医药的治疗能够贯穿于疾病预防、治疗和康复全过程,为患者提供全程的中药服务,中西医结合为患者提供最佳的服务效果。

2021年12月16日国家中医药管理局就中医药参与新冠病毒感染疫情防控救治有关情况举行新闻发布会：疫情发生后，各地坚持"中西医并重、中西医结合、中西药并用"，第一时间组织开展中医药防控救治。国家中医药管理局按照国务院联防联控机制总体部署和当地需要，派出工作人员和中医专家赴疫情发生地，支持中医药防治工作，推动中医药早期干预、全程使用、全面覆盖。各地中医药主管部门在当地应急指挥部统一领导下，统筹协调本地中医力量，形成"第一时间启动中医药参与的应急防控指挥和救治工作机制，第一时间应用中医药防控救治方案，第一时间有中医药专家团队，第一时间用上中药"的经验模式。中医药深度介入治疗全过程，各地依据国家诊疗方案，规范化、同质化开展中医治疗。将中医药纳入"四早"，充分发挥中医治未病作用，指导各地结合当地气候和人群体质特点，制定中医药预防方案。中医药系统认真贯彻落实习近平总书记系列重要批示精神和党中央国务院决策部署，"坚持向科学要答案、要方法"，坚持临床科研一体化，充分发挥院士、国医大师以及各级专家组力量，筛选有效方药，制定诊疗方案，为临床救治提供了有力支撑。我国在总结国内疫情防控救治经验的基础上，积极推动中医药参与全球疫情防控，积极同国际社会分享中医药抗疫经验，支持开展学术交流，为提振全球抗疫信心，推进国际抗疫合作贡献中医药力量。

2022年2月19日国务院联防联控机制召开新闻发布会，介绍疫情防控与疫苗接种工作有关情况。会议介绍，针对奥密克戎感染病例，救治中坚持医疗救治关口前移和中西医结合，同时制定个体化诊疗方案。

2022年8月2日国家卫生健康委举行"一切为了人民健康——我们这十年"系列新闻发布会第十三场，介绍党的十八大以来中医药政策体系完善和服务能力提升有关情况。中国工程院院士、国医大师张伯礼介绍了中医药在抗击新冠病毒感染疫情中发挥的作用。在新冠病毒感染疫情中，中医药系统全面贯彻落实党中央、国务院的部署，推动中医药早期干预、全程使用、全面覆盖，特别是形成了"有团队、有机制、有措施、有成效"的中西医结合、中西药并用的医疗模式。国家中医药管理局与国家卫生健康委组建了聚集性疫情处置常备工作组，在国务院联防联控机制的统一领导之下，第一时间对各地聚集性疫情防治中医药防疫工作进行指导。通过抗疫实践，对疫病理论的认识有所提升，借助现代科技手段，包括代谢组学的手段，快速筛选包括"三药三方"在内的一批方药，供给临床使用，助推了中医药传承创新发展。

2022年12月7日，国务院联防联控机制就进一步优化落实疫情防控措施召开新闻发布会：中药在病毒性感染治疗过程当中有着独特的优势，现有一些很好的中医中药也可以作为治疗非常好的选择。

2022年12月9日在国务院联防联控机制就中西医结合医疗服务保障举行的新闻发布会：国家中医药管理局医政司司长贾忠武对当前疫情防控下，如何发挥中医药特色优势做了介绍。经过近三年的努力，中医药行业增强了防控本领，也总结了一些很好的经验，做到了'四有'——有机制、有体系、有队伍、有药物，为中医药更好地发挥特色优势提供了坚实的保障。

有机制，就是健全了中西医协同疫情防治机制。近三年的疫情防控充分说明，坚持中西医结合、中西药并用是行之有效的、十分重要的宝贵经验。2021年国务院办公厅印发的《关于加快中医药特色发展的若干政策措施》中，也部署了"健全中西医协同疫病防治机制"，强调中医药系统人员第一时间全面参与公共卫生应急处置，中医药防治举措全面融入应急预案和技术方案。

有体系，就是构建了新冠病毒感染的分类救治体系。建设了35个国家中医疫病防治基地，全面加强中医医疗机构发热门诊感染性疾病科、肺病科等重点科室的建设，一些综合实力强的医院，也提升了"平战结合"的能力，二级以上的中医院也都开设了新冠病毒感染中医康复门诊，依托医联体，向社区卫生服务中心和乡镇卫生院的中医馆派出中医医师，培训指导基层运用中医药治疗新冠病毒感染。

有队伍，就是锤炼了一支中西医兼通的防治疫病的队伍。已经建立了35个国家中医疫病防治队伍和33个国家中医紧急医学救援队伍，成立了中医疫病防治和紧急医学救援专家委员会，在疫情大战大考中，锤炼了一支高水平的中医疫病防治专家队伍。在中医药系统中强化了重大传染病防控理论技术方法和相关现代医学技术培训。

有药物，就是不断优化方案，并推出有效的方药。在减轻发热、咳嗽、咽痛、乏力、气喘等症状方面，中医药有丰富的经验，也有很好的疗效。对于老年人、儿童等重点人群，也形成了有针对性的中医药治疗方案。不少地方也结合当地的气候特点、人群特点，制定发布了当地的新冠病毒感染者居家隔离中医药使用指南。同时，将组织专家，普及科学用药知识，帮助有需求的群众更好更正确地选择中成药。

三、中医药参与国际抗击新冠疫情的贡献和评价

国务院应对新冠病毒感染联防联控机制科研攻关组下专门设立了中医药专班，总结推出了以清肺排毒汤、宣肺败毒方、化湿败毒方为代表的中医药的有效方剂"三药三方"，在临床救治中发挥了重要的作用。如宣肺败毒颗粒在乌兹别克斯坦以药品成功注册上市，在加

拿大以保健品注册上市,正在美国开展二期临床研究。依托中意中医药联合实验室,天津中医药大学与意大利国立卫生院、英国牛津大学等合作,牵头研制新冠病毒感染临床试验核心指标集(COS-COVID),是全球首个新冠病毒感染临床疗效评价指标体系,明确了"转重率"为核心指标,得到广泛认可,为新冠病毒感染相关研究提供借鉴。

我国也积极分享中医药抗疫经验,据不完全统计,我国已经举办110余场中医药抗疫专家视频交流和直播活动,向150多个国家和地区介绍中医药诊疗方案,向10多个有需求的国家和地区提供中医药产品,选派中医专家赴28个国家和地区帮助指导抗疫。

2022年2月28日至3月2日,世界卫生组织召开中医药治疗新冠病毒感染专家评估会,对中医药救治新冠病毒感染进行评估并在随后发布了会议报告。报告指出,中药能有效治疗新冠病毒感染,减少轻型、普通型病例转为重症,缩短病毒清除时间,改善轻型和普通型患者的临床预后,且具有良好的安全性。报告同时鼓励成员国考虑中国形成并应用的整合医学模式(中西医结合模式);有效管理当前疫情并对未来可能发生的大流行做好准备。这份报告明确肯定了中医药救治新冠病毒感染的安全性和有效性,充分肯定了中医药抗击新冠病毒感染疫情的重要贡献,有助于推动包括中医药在内的世界传统医学更深入地参与新冠疫情防控,更好保护世界各国人民健康。

疫情后中医药获得更广泛的国际认可,也推动着中医药领域的中外科技合作更加深入。《推进中医药高质量融入共建"一带一路"发展规划(2021—2025年)》中提出,"十四五"时期,中方将与共建"一带一路"国家合作建设30个高质量中医药海外中心,向共建"一带一路"国家民众等提供优质中医药服务,中医药在抗疫国际合作中走向更广阔世界。

第二节
中医药全方位参与新型冠状病毒感染救治

自新冠疫情暴发以来,中医药全方位参与到疫情救治工作中,为新冠病毒感染的防、治、康提供有效干预方案。中医药在抗疫过程中始终坚持临床科研一体推进,深入发掘历代瘟疫防治经验,开展临床救治的同时,在临床、机理、新药研发等多个环节推进中医药抗疫科研攻关,促进抗疫成果转化。疫情暴发初期,依托国家科技部、国家中医药管理局、国家自然科学基金委员会等部委共设立了4类专项113项应急专项,投入中央财政经费8880万元;各省市在支持中医药防治新冠病毒感染科研工作中投入约18500万元[引自《中医药防治COVID-19科学研究阶段报告(2022年2月)》]。在国务院联防联控机制科研攻关组支持和指导下,中国工程院和国家中医药管理局牵头成立中医药专班,结合临床救治实际快速筛选有效方药,为新冠救治提供中医药治疗方案。

一、新型冠状病毒感染的预防

2020年1月23日,国家卫健委发布了《医疗机构内新型冠状病毒感染预防与控制技术指南(第一版)》,该指南针对有效降低新型冠状病毒在医疗机构内的传播风险,保障医疗质量和医疗安全方面进行规范,并迭代更新十次,始终坚持"预防为主、防治结合、依法科学、分级分类"的原则,坚持常态化防控和疫情流行期间应急处置相结合,压实"四方责任",提高监测预警灵敏性,强化重点人群保护,实现"保健康、防重症"的工作目标。

中医药预防新冠病毒感染的主要体现在各版本《新型冠状病毒肺炎诊疗方案》(以下简称国家版诊疗方案)中对处于医学观察期患者的药物推荐及各省(区、市)出台的具有地方特点的中医药预防方案中。在第四版至第九版国家版诊疗方案中,针对医学观察期的患者推荐采用藿香正气胶囊、疏风解毒颗粒等中成药防治,以缓解疫情救治压力。

本着中医"未病先防"的预防理念，参照国家版诊疗方案，全国各省（区、市）根据地方疫情特点出台中医药预防方案，通过汇总发现这些诊疗方案中共涉及代茶饮方、汤剂、成药、灸法、熏蒸、溻渍、香囊、刮痧、食疗、穴位贴敷等多种中医适宜技术。中医预防新冠肺炎体现了三因制宜的原则。首先，因时制宜原则：武汉在12月下旬以后降雨增多，1月份气温高而湿度大，气候凸显阴冷湿寒特点，针对这一现象，专家团队均推荐使用藿香正气软胶囊（水）；天津市根据气候特点推出了春、夏、秋、冬四款"清感饮"系列代茶饮制剂。其次，因人制宜原则：北京、天津、山东、陕西、甘肃、山西、河南、武汉、云南等多个地区区分了普通人群、特殊人群、接触风险等级等人员分类原则，制定不同预防方案。最后，因地制宜原则：各地区用药除都重视扶助正气外，南方地区预防新冠病毒感染处方以解毒、行气、化湿为主，北方地区预防新冠病毒感染处方以宣肺、润肺、疏风、解毒为主，少数民族地区结合当地民族医药特色制定方案。

全国共31个省（区、市）发布指南，指导新冠感染预防。其中北京市共发布3款成人预防处方及1款儿童预防处方；上海市推出2款成人预防方、1款儿童预防方、中成药、推拿、香囊等外治法；天津市实行"疫苗＋中药预防"的预防策略，根据人群制定中药汤剂，推出院内制剂"清感饮"系列，并推荐穴位贴敷、经络推拿、艾灸等中医适宜技术；重庆市结合气候特点推荐1款成人预防处方和1款儿童预防处方，并推荐儿童采用推拿、香囊为预防方式；安徽省发布3款适用于不同人群的中药处方；福建省根据人群接触风险等级发布3款中药方剂及推荐1款中成药；甘肃省推行"疫苗＋中医预防"策略，推荐2款食疗方、岐黄避瘟方、中成药以及避瘟香囊和避瘟丹；广东省发布"粤抗2号"作为中药预防方案；贵州省结合地域、气候及人群体质等特点制定7款不同体质人群预防方、1款通用预防方和1款代茶饮处方；海南省根据当地时令变化发布口服防感汤，并推荐香囊作为预防方法；河北省根据人群制定了密接人员、普通人员、老年人、儿童等5款预防处方；河南省根据当地气候特点发布2款预防推荐药方；黑龙江省根据地理、饮食及病机特征发布6款方剂及熏蒸和香囊处方；湖北省依据人群分类发布了普通人群、隔离人群、儿童预防处方；湖南省根据人群特点发布1款普通方剂及1款儿童预防方；吉林省根据人群特点发布代茶饮、中药复方以及中成药作为预防措施；江苏省推荐4款中成药及2款预防处方；江西省发布2款代茶饮处方及2款预防方，并推荐闻艾香、施艾灸、艾泡脚作为外用预防方法；辽宁省发布2款临床观察期处方及3款普通中药预防处方及香囊、艾灸、足浴及功法等中医适宜技术；青海省根据季节特点及人群体质特征发布3款河湟预防方，及外用香囊和熏蒸方；山东省根据人群特点，发布2款普通人群预防方、3款特殊人群预防方及6款基础病预防处方，并设计保健按摩、香囊和足浴等非药物疗法;山西省结合当地实际情况,发布4款预防方剂及5款代茶饮处方,并推荐香囊、推拿等外治法干预;陕西省发布成人及儿童中医药预防方案,外治香囊及艾灸方案,食疗方法等措施;四川省根据人群发布3款预防处方;云南省根据"辨体施防"的原则发布4款预防处方;浙江省根据人群接触风险等级发布2款中药复方及1款儿童预防方;广西壮族自治区根据气候特点及体质特征发布3款处方及中成药;内蒙古自治区结合当地地理气候条件,饮食习惯发布蒙医学防疫三法及中药分期防治处方;宁夏回族自治区结合地理环境及气候条件制定1款预防处方,并研制固本避瘟颗粒;西藏自治区发布藏医药预防药物、中医药干预药物以及外用香囊和燃香等;新疆维吾尔自治区根据地域和气候特点,发布1款预防方药及2款中成药,见表7-1。

表7-1 各省市自治区新型冠状病毒感染中医药预防方案

省(区、市)	指南或共识全称	汤剂	代茶饮	其他中医适宜技术	发布日期
北京市	北京市新型冠状病毒感染的肺炎防治方案(试用第一版)	1	3	无	2020年1月23日
上海市	2022年上海市新型冠状病毒肺炎中医药防治方案(第一版)	1	2	耳穴、推拿、香囊	2022年7月26日
天津市	天津市新冠肺炎中医药防治方案(试行第六版)	0	5	穴位贴敷、推拿、艾灸	2022年1月24日
重庆市	重庆市新冠肺炎中医药防治推荐方案(试行第四版)	2	0	保健推拿、香囊预防	2022年11月17日
安徽省	安徽省新型冠状病毒感染中医药防治推荐方案(2022年第二版)	3	0	无	2022年12月13日
福建省	福建省中医药防治新型冠状病毒肺炎专家共识(2022年10月修订版)	3	0	无	2022年11月3日
甘肃省	甘肃省新型冠状病毒肺炎中医药防治方案(第四版)	1	0	避瘟香囊、避瘟丹	2022年12月20日
广东省	广东省新冠肺炎中医药防治方案	1	0	无	2022年12月9日
贵州省	贵州省新型冠状病毒肺炎中医药防治参考方案(第三版)	8	1	食疗调护、中药熏洗、香佩疗法、健身功法、群体防疫	2021年8月10日
海南省	海南省新型冠状病毒肺炎中医药预防建议方案(试行第三版)	1	0	穴位贴敷、艾灸、按摩	2022年8月9日
河北省	河北省新型冠状病毒感染中医药诊疗方案(试行第七版)	2	3	穴位保健按摩	2023年1月19日
河南省	河南省新冠肺炎集中隔离点中医药预防工作方案	2	0	无	2021年8月5日

续 表

省(区、市)	指南或共识全称	汤剂	代茶饮	其他中医适宜技术	发布日期
黑龙江省	黑龙江省"德尔塔"变异毒株新型冠状病毒肺炎中药预防方案(2021版)	3	5	药物熏蒸、香囊	2021年8月24日
湖北省	湖北省新冠肺炎中医药诊疗方案(2021年版)	3	0	穴位按摩	2021年8月5日
湖南省	湖南省新冠肺炎中医药防治方案(2022年第二版)	2	0	无	2022年12月2日
吉林省	吉林省新冠病毒肺炎中医预防及治疗方案	2	2	无	2021年1月19日
江苏省	江苏省新型冠状病毒肺炎中医辨治方案(试行第三版)	2	0	无	2020年2月19日
江西省	江西省新型冠状病毒肺炎中医药防治方案(试行第四版)	2	2	艾灸、热敏灸	2021年8月9日
辽宁省	辽宁省新型冠状病毒肺炎中医药防治方案(试行第四版)	5	0	中药熏蒸、香囊、足浴、传统功法	2022年5月30日
青海省	青海省新型冠状病毒肺炎中医药防治方案(试行第二版)	3	0	无	2020年2月24日
山东省	山东省新型冠状病毒肺炎中医药防治方案(2022优化版)	11	0	穴位保健按摩、中药辟瘟香囊、中药足浴	2022年12月13日
山西省	山西省新型冠状病毒肺炎中医药防治方案	4	5	穴位按摩、起居调摄、养生保健操锻炼	2022年12月15日
陕西省	陕西省新型冠状病毒肺炎中医药预防方案(修订版)	2	0	香囊、艾灸	2021年12月20日
四川省	四川省新型冠状病毒肺炎中医药防控技术指南(第十一版)	3	0	中药熏蒸、香囊、穴位保健	2022年11月23日
云南省	云南省新型冠状病毒肺炎中医药防治方案(试行第五版)	4	0	熏蒸、香囊	2022年12月7日
浙江省	浙江省新型冠状病毒肺炎中医药防治推荐方案(试行第五版)	2	1	无	2021年8月11日
广西壮族自治区	广西壮族自治区2021年新型冠状病毒肺炎中医药预防方案(试行)	3	0	无	2021年8月13日
内蒙古自治区	内蒙古自治区新型冠状病毒肺炎中医药防治方案(试行第三版)	2	0	蒙医防疫三法	2021年2月19日
宁夏回族自治区	宁夏回族自治区新型冠状病毒感染的肺炎中医药防治方案(试行)	1	0	香囊	2020年1月28日
西藏自治区	西藏自治区新型冠状病毒肺炎中(藏)医药防治方案(试行第四版)	10	0	香囊、燃香	2022年8月16日
新疆维吾尔自治区	新疆维吾尔自治区2022年秋冬季新冠肺炎中医药防治方案	1	0	无	2022年11月3日

二、新型冠状病毒感染的治疗

中医认为新冠病毒感染属于中医学"疫病"范畴,主要病因为"湿毒",核心病机是湿毒袭肺、肺气郁闭,主要证候特征是"湿、热、毒、瘀、虚",在危重症中也可有"闭、脱"的证候特征。病位主要在肺,其次在脾、胃,重者累及心、肾。新冠病毒传染力强,具有隐匿性,大部分病例起病发展速度较慢,存在较长的潜伏周期,症状表现比较温和,主要表现为湿邪重浊黏滞,病情缠绵;部分病例有可能出现邪毒闭肺、痰瘀壅肺、内闭外脱等重证。

疫疠之气致病具有地域性、季节性、社会性,在不同地域、气候和社会条件下其致病能力和表现形式有所差别。中医治病强调"因时因地制宜",注重结合当地气候特点进行辨证论治。疫情初期从我国各省(区、市)公开发布的新型冠状病毒感染防治方案分析,各地新冠病毒感染患者中医证候表现,在湿毒为主的基础上,呈现出明显的地域特点,如岭南地区多兼夹湿热,江浙一带可见湿温并重,四川则兼夹风热,新疆、宁夏等西北地区兼燥邪,吉林等东北地区多兼夹寒症,武汉地区秋冬多阴雨,兼夹寒湿。所以,湿毒是贯穿本次疫病始终的重要因素。

2021年11月26日,世界卫生组织将奥密克戎变异毒株定义为第五种"关切变异株",指出奥密克戎变异毒株成为主要流行株。从中医角度看,奥密克戎变异毒株感染仍属于"湿毒疫"范畴,主要病因仍为"湿毒",病机是湿毒郁肺,兼夹风热,呈现"风、热、湿、毒"的证候属性。初期多有发热、咽干、咽痛、咳嗽,伴鼻塞、流涕、头痛等上呼吸道感染症状,和以往新冠病毒感染初始症状相比,喘憋不重,消化道症状也不明显,总体病情较轻,但寒热转化快,多见舌红、苔薄黄腻,治疗以疏风宣肺、清热解毒为主。中期表邪化热入里、邪在气分、湿毒蕴肺,可见发热、咳嗽、咯痰、痰黏色黄等,舌偏红、苔腻或黄腻,治疗以清热宣肺、化湿败毒为主。后期余邪未尽、气阴两伤,可见乏力、倦怠、心悸、干咳等,舌红少津,治疗以清金健脾、益气养阴为主。

治疗方面,在早期没有特效药、没有疫苗的情况下,总结中医药治疗病毒性传染病规律和经验,深入发掘古代经典名方,结合临床实践,形成了中医药治疗新冠病毒感染的诊疗方案和中西医结合的"中国方案",通过国家版诊疗方案推荐应用,逐步形成了以"三药三方"为代表的覆盖新冠病毒感染发病始末及不同病情的中医药特色方药,同时各地出台相应地方特色中医药诊疗方案,参与救治新冠病毒感染患者,见表7-2。

表 7-2 "三药三方"情况简介

药物名称	组成	主要功效	适应证	推荐指南
金花清感颗粒	金银花、石膏、蜜麻黄、炒苦杏仁、黄芩、连翘、浙贝母、知母、牛蒡子、青蒿、薄荷、甘草	疏风宣肺，清热解毒	用于单纯型流行性感冒轻症，中医辨证属风热犯肺证者，症见发热，头痛，全身酸痛，咽痛，咳嗽，恶风或恶寒，鼻塞流涕，舌质红，舌苔薄黄，脉数。在新型冠状病毒感染肺炎的常规治疗中，可用于轻型、普通型引起的发热、咳嗽、乏力	第四、五、六、七、八、九、十版国家版诊疗方案
连花清瘟胶囊（颗粒）	连翘、金银花、炙麻黄、炒苦杏仁、石膏、板蓝根、绵马贯众、鱼腥草、广藿香、大黄、红景天、薄荷脑、甘草	清瘟解毒，宣肺泄热	用于治疗流行性感冒属热毒袭肺证，症见发热或高热，恶寒，肌肉酸痛，鼻塞流涕，咳嗽，头痛，咽干咽痛，舌偏红，苔黄或黄腻等。在新型冠状病毒感染肺炎的常规治疗中，可用于轻型、普通型引起的发热、咳嗽、乏力	第四、五、六、七、八、九、十版国家版诊疗方案
血必净注射液	红花、赤芍、川芎、丹参、当归	化瘀解毒	用于温热类疾病，症见发热，喘促，心悸，烦躁等瘀毒互结证；适用于因感染诱发的全身炎症反应综合征；也可配合治疗多器官功能失常综合征的脏器功能受损期。新型冠状病毒感染肺炎重型、危重型的全身炎症反应综合征或/和多脏器功能衰竭	第四、五、六、七、八、九、十版国家版诊疗方案
清肺排毒汤	麻黄、炙甘草、杏仁、生石膏（先煎）、桂枝、泽泻、猪苓、白术、茯苓、柴胡、黄芩、姜半夏、生姜、紫菀、冬花、射干、细辛、山药、枳实、陈皮、藿香	宣肺透邪，清热化湿，健脾化饮	结合多地医生临床观察，适用于轻型、普通型、重型患者，在危重型患者救治中可结合患者实际情况合理使用	第六、七、八、九、十版国家版诊疗方案
化湿败毒方	麻黄、广藿香、石膏、炒苦杏仁、法半夏、厚朴、麸炒苍术、炒草果仁、茯苓、黄芪、赤芍、葶苈子、大黄、甘草	化湿解毒，宣肺泄热	用于湿毒侵肺所致的疫病，症见发热，咳嗽，乏力，胸闷，恶心，肌肉酸痛，咽干咽痛，食欲减退，口中黏腻不爽等	第七、八、九、十版国家版诊疗方案
宣肺败毒方	麻黄、石膏、麸炒苍术、广藿香、青蒿、虎杖、马鞭草、薏苡仁、芦根、葶苈子、燀苦杏仁、化橘红、甘草	宣肺化湿，清热透邪，泻肺解毒	用于湿毒郁肺所致的疫病。症见发热，咳嗽，咽部不适，喘促气短，乏力，纳呆，大便不畅；舌质暗红，苔黄腻或黄燥，脉滑数或弦滑	第六、七、八、九、十版国家版诊疗方案

（一）金花清感颗粒

金花清感颗粒是 2009 年甲流暴发后，北京市政府聚集中医药领域专家制定的用于防治甲流的有效中药方剂，该药物于 2016 年 9 月获得新药证书及药品注册批件，随后获得日本、泰国、中国香港特别行政区等上市许可。本次新冠疫情暴发后，根据疾病特点，将金花清感颗粒再次纳入诊疗方案，用于新冠病毒感染医学观察期存在乏力伴发热等临床表现的患者。

新冠疫情暴发至今,共有14篇中文论文及9篇英文论文发表,涉及化学成分鉴定、药理研究以及临床试验。

多项网络药理学与分子对接技术预测研究发现该药物中的芒柄花黄素、豆甾醇、β-谷甾醇、去甲脱水淫羊藿黄素、3-甲氧基光甘草定、粗毛甘草素C、甘草查尔酮B等为潜在的抗新冠病毒感染活性成分,高亲和力结合SARS-CoV-2 3CL水解酶和人ACE2蛋白,并可作用于PTGS2、HSP90AB1和HSP90AA1等靶点,调节多条信号通路。河南中医药大学贾永艳和刘雅琳团队证实金花清感颗粒经TLR4/MyD88/NF-κB通路抑制炎症,降低趋化因子及MPO活性,促进caspase-3/7活性,促进中性粒细胞经线粒体途径凋亡,达到缓解急性肺损伤的作用,补充了金花清感颗粒抗炎及抗损伤的内在作用机制。

多项国内临床试验证实,金花清感颗粒具有减轻轻型新冠病毒感染患者的发热、咳嗽、乏力、咳痰临床症状,缓解患者心理焦虑,缩短病毒核酸转阴时间,促进肺炎炎性渗出液吸收的作用。首都医科大学附属北京中医医院刘清泉团队联合巴基斯坦卡拉奇大学等团队,在巴基斯坦开展了金花清感颗粒治疗新冠病毒感染的多中心、随机、双盲、安慰剂对照临床研究,同样证实金花清感颗粒具有缓解症状,促进核酸转阴,显著提高新型冠状病毒感染的临床有效率。

(二)连花清瘟胶囊(颗粒)

连花清瘟胶囊(颗粒)诞生于2003年严重急性呼吸综合征(传染性非典型性肺炎)流行时,是由银翘散合麻杏石甘汤化裁而来,常用于流行性感冒热毒袭肺型,该药物在2003年即获得临床上市批准,并于2022年4月获批新增新冠病毒感染治疗功能。本次新冠疫情,连花清瘟再次进入抗疫国家版诊疗方案,推荐用于新型冠状病毒感染肺炎医学观察期存在乏力伴发热等临床表现的患者。新冠疫情暴发至今,共有182篇中文论文及50篇英文论文对其进行研究报道,涉及化学成分鉴定、药理研究以及临床试验。

经网络药理学分析可知连花清瘟胶囊(颗粒)治疗新冠病毒感染涵盖靶点55个,其作用机制与广谱抗病毒、抑菌退热、止咳化痰、调节免疫等作用有关。钟南山院士团队对其抗病毒能力及机制进行初探,结果显示连花清瘟虽然对SARS-CoV-2抑制作用较弱(IC50=411.2 mg/L),但能够显著降低促炎因子TNF-α、IL-6、CCL-2/MCP-1和CXCL-10/IP-10的mRNA水平,起到抗SARS-CoV-2引起的肺部炎症的作用。

在得到相关实验证据支撑后,连花清瘟胶囊(颗粒)便被广泛应用在新冠治疗中。国内多项临床研究结果提示连花清瘟可改善新冠疑似病例及确诊患者发热、咳嗽、乏力、气促等临床症状,降低普通型转重型的发生率,促进病毒核酸转阴。特别是全国9省份23家医院共同完成的连花清瘟胶囊治疗新冠病毒感染的前瞻性、随机、对照、多中心的临床研究,纳入284名患者,随机分为治疗组(连花清瘟或连花清瘟联合常规治疗)和对照组(常规治疗)各142例。结果发现治疗组患者缓解率增高;发烧、疲劳和咳嗽的症状恢复期分别缩短了1、3和3天;肺部CT影像改善率提高;总体临床治愈率达78.9%。提示连花清瘟胶囊可改善新冠病毒感染患者临床症状,且安全性良好。

(三)血必净注射液

血必净注射液由红花、赤芍、川芎、丹参、当归5味中药提取物组成,是基于我国著名中西医结合急救专家王今达教授的"四证四法"中医治则及"菌毒炎并治"理论研制而成,该药物于2004年获批上市,于2020年4月批准增加"可用于新型冠状病毒感染的肺炎重型、危重型的全身炎症反应综合征或/和多脏器功能衰竭"的功效。国家版诊疗方案推荐用于全身炎症反应综合征或/和多器官功能障碍综合征患者。新冠疫情暴发至今,共有73篇中文论文及14篇英文论文对其进行研究报道,涉及化学成分鉴定、药理研究以及临床试验。

血必净注射液可通过"多成分-多靶点-多通路"作用机制发挥抗炎、调节凝血、血管内皮保护、免疫调节等作用。广州呼吸健康研究院杨子峰课题组观察血必净注射液对新冠病毒SARS-CoV-2体外抗病毒药效,初步发现血必净注射液具有一定的体外抗病毒作用,能显著抑制SARS-CoV-2诱导的炎症因子IL-1β、IL-6、MCP-1 mRNA的过度表达,并呈剂量依赖关系,与此同时,现有结果显示血必净注射液能够参与调控病毒复制相关免疫反应,并起到了靶器官保护的作用。复旦大学附属中山医院宋元林团队证实血必净注射液通过下调肺泡上皮细胞促炎细胞因子的产生,抑制胃泌素E介导的肺泡上皮细胞凋亡,减轻脂多糖诱导的急性肺损伤。

血必净注射液治疗新冠病毒感染的临床研究已有多项,例如一项纳入44例普通型新型冠状病毒肺炎患者的回顾性研究,分为血必净联合常规抗病毒治疗的治疗组22例和常规抗病毒治疗的对照组22例。发现常规抗病毒治疗基础上,联合应用血必净注射液能够促进新冠病毒感染普通型患者肺部病灶吸收并提高疗效,减少重症病例的发生,但在改善炎症指标及促进病毒核酸转阴方面的疗效并不明显。另外,一项Meta分析纳入了2072例新冠病毒感染患者,结果提示血必净可以显著降低血清C反应蛋白、白细胞、降钙素原、D-二聚体、IL-6等相关炎症指标,并且无不良反应发生。

(四)清肺排毒汤

清肺排毒汤是由中国中医科学院特聘研究员葛又文根据新冠病毒感染的核心病机,结合《伤寒杂病论》中的方剂创新化裁而成。国家版诊疗方案推荐该方用于新冠病毒感染各型的治疗,在2021年3月获批上市。新冠疫情暴发至今,共有108篇中文论文及33篇英文论文对其进行研究报道,涉及化学成分鉴定、药理机制以及临床评价。

网络药理学分析发现,清肺排毒汤有217个中药成分靶点,51个与新冠病毒感染相关靶点,可通过对TNF信号通路、IL-17信号通路、NF-κB信号通路及Th17细胞分化等30多条信号通路进行调控,抑制炎症反应,调节免疫功能,减轻肺损伤,保护神经功能,从而起到治疗新冠病毒感染的作用。通过实验研究,北京协和医学院王清华团队证实了清肺排毒汤能够降低促炎细胞因子的表达,抑制NF-κB信号通路的激活,并减弱THP-1来源的巨噬细胞的胞饮活性,为清肺排毒汤的临床应用提供了药理依据。

中国医学科学院阜外医院李静团队通过一项全国性回顾性注册研究,对新冠病毒感染住院患者服用清肺排毒汤与死亡率的相关性进行了调查。结果表明,纳入的8 939例患者中,28.7%的患者使用了清肺排毒汤,使用清肺排毒汤治疗的患者新冠病毒感染相关死亡率为1.2%,未接受清肺排毒汤治疗的患者的死亡率为4.8%,并且使用清肺排毒汤可使住院期间新冠病毒感染相关死亡率降低50%,说明在新冠病毒感染患者中,清肺排毒汤的使用与住院死亡风险显著降低有关,并且安全性较好。

(五)化湿败毒方

化湿败毒方是由国家中医医疗队在早期国家诊疗方案推荐使用方剂基础上,结合武汉市金银潭医院临床实践,总结凝练出的核心方。国家版诊疗方案推荐该方用于新冠病毒感染重型病例疫毒闭肺证的治疗。2020年3月18日,该方获得国家药品监督管理局新药临床试验批件,成为首个治疗新冠病毒感染的重要临床批件,在2021年3月获批上市。新冠疫情暴发至今,共有15篇中文论文及14篇英文论文对其进行研究报道,涉及化学成分鉴定、药理机制以及临床评价。

中国中医科学院黄璐琦团队运用化湿败毒方治疗冠状病毒感染的实验小鼠,发现其能降低肺部病毒载量30%,后经动物实验表明,化湿败毒方能保护肺组织免受脂多糖诱导的损伤,并能抑制血清中IL-1β、GM-CSF、IFN-γ和TNF-α等炎性细胞因子的水平,抑制肺组织中IL-1β、IL-5、IL-6、IL-18、GM-CSF、IFN-γ和TNF-α等炎性细胞因子的水平,下调TLR4/NF-κB的表达,上调PI3K/Akt的表达。表明化湿败毒方对脓毒血症诱导的急性肺损伤的治疗机制主要是通过调节TLR4/NF-κB和PI3K/Akt的表达来抑制细胞因子风暴和缓解炎症症状。该项研究为化湿败毒方治疗脓毒血症和新冠病毒感染的机制研究和临床应用提供了科学依据。

经国家版诊疗方案推荐,该药物先后在武汉金银潭医院、武昌区中医院、宜昌市第三人民医院、潍坊市中医院、上海中医药大学附属曙光医院等多家医院应用。曙光医院高月求团队设计了化湿败毒颗粒联合奈玛特韦/利托那韦治疗新冠病毒感染高危患者的多臂单中心、随机对照试验。结果表明,化湿败毒颗粒和奈玛特韦/利托那韦的疗效无统计学差异,而联合治疗比单独治疗更有效。在7日内出院率方面,联合治疗比化湿败毒颗粒或奈玛特韦/利托那韦单药治疗显著增加。在试验中,联合治疗和单药治疗没有发生严重的不良事件。对于新冠病毒感染高危患者,化湿败毒颗粒的疗效与奈玛特韦/利托那韦相似,而联合治疗比单一治疗更能提高疗效,严重不良事件较少,为化湿败毒方的临床应用提供证据。

(六) 宣肺败毒方

宣肺败毒方是由中国工程院院士张伯礼和首都医科大学刘清泉带领团队在武汉前线的临床救治过程中,通过经典文献研究、临床经验和现代组分优化筛选总结出来的有效方剂。国家版诊疗方案推荐该方用于新冠病毒感染普通型病例湿毒郁肺证的治疗,在2021年3月获批上市。新冠疫情暴发至今,共有12篇中文论文及22篇英文论文对其进行研究报道,涉及化学成分鉴定、药理机制以及临床评价。

经网络药理学预测,宣肺败毒方13味中药有10味归肺经,其主要化学成分的1 224个潜在靶标中有326个与新冠病毒感染相关,其中109个重要靶标富集在病毒感染和肺部损伤相关的疾病通路。这些重要靶标调控的主要通路涉及病毒感染、能量代谢、免疫炎症、细菌感染等方面。天津中医药大学组分中药国家重点实验室张晗和浙江大学药学院王毅团队从多角度对宣肺败毒方药理机制进行研究。首先,宣肺败毒方可以抑制病毒复制,这与其主要成分毛蕊花糖苷干预新冠病毒Mpro蛋白相关;其次,宣肺败毒方可通过抑制巨噬细胞、中性粒细胞浸润,以及经炎症小体相关通路抑制LPS或免疫复合物引起的炎症反应;最后,宣肺败毒方经IL-6/STAT3信号通路起到抗肺组织损伤及纤维化的作用;另外,该药物对环磷酰胺诱导的免疫抑制小鼠具有显著保护作用。

宣肺败毒方在武汉市中医院、湖北省中西医结合医院、武汉大花山方舱医院、天津中医药大学附属医院、河北省中医院等多家单位开展了临床研究,结果证实宣肺败毒方在改善轻型、普通型新冠病毒感染患者乏力、咳嗽、发热、食欲不振等临床症状,抑制中性粒细胞浸润,调节免疫平衡,改善肺部影像学表现,降低转重率等方面具有一定优势。2022年12月10日,《宣肺败毒颗粒临床应用专家共识》在第二十三届呼吸病学术年会上发布,并于2023年3月在 *Acupuncture and Herbal Medicine* 杂志发表。

（七）其他药物

除了上述"三药三方"，还有一些方药临床应用广泛，并开展科学研究，在国内外期刊中发表多篇论文。下面介绍国家版诊疗方案中推荐的部分其他中成药的科研成果。

寒湿疫方（散寒化湿颗粒）是仝小林基于早期新冠病毒感染核心病机，制定的可用于新冠病毒感染疑似病例及轻型、普通型确诊病例的通治方。国家版诊疗方案推荐该方用于新冠病毒感染轻型病例寒湿郁肺证的治疗，于2022年10月获批上市。新冠疫情暴发至今，共有3篇中文论文及2篇英文论文对其进行研究报道。中国中医科学院广安门医院仝小林团队开展了寒湿疫方治疗轻型普通型新冠肺炎患者临床队列研究，该研究共纳入721名患者，分为寒湿疫方用药组和对照组，结果提示对照组有19名患者进展为重症，而寒湿疫方用药组患者均未进展为重症。另外一篇治疗社区隔离人员的研究也证实寒湿疫方可有效控制疾病进展，且无明显不良反应，为其在疫情救治中发挥作用提供证据。

疏风解毒胶囊具有广谱抗病毒作用，药理研究证实，疏风解毒胶囊通过抑制NF-κB表达及促进A2AAR活性发挥抗炎和肺组织细胞凋亡作用，以此达到缓解肺损伤的作用。安徽中医药大学第一附属医院杨文明团队开展疏风解毒胶囊治疗奥密克戎变异株感染临床研究，证实了疏风解毒胶囊能显著改善奥密克戎感染者的临床症状，有效缩短症状持续时间，降低转重率，提高治愈率，缩短核酸转阴时间。

喜炎平注射液在国家版诊疗方案中推荐用于重型、危重型患者，其抗病毒效果明确，可能的机制主要体现在：①占据病毒复制DNA与蛋白质结合位点，阻止蛋白质对DNA片段的包裹，从而使病毒不能正常复制；②抑制病毒包膜表面糖基蛋白荧光肽的裂解，阻止病毒入侵细胞；③影响病毒诱导的视黄酸诱导基因Ⅰ样受体（RLRs）信号通路。在临床应用中，喜炎平注射液对改善小儿支气管肺炎出现的咳嗽、气促、发热、啰音等症状均有显著效果，南昌大学第二附属医院叶小群通过多中心、前瞻性、开放的临床随机对照试验证实喜炎平注射液治疗新型冠状病毒感染的有效性及安全性，可有效促进轻型普通型患者的康复。

热毒宁注射液在国家版诊疗方案中推荐用于重型、危重型患者。网络药理学及分子对接方法探索热毒宁注射液治疗新型冠状病毒肺炎的活性化合物与潜在作用机制，发现热毒宁注射液中有50种活性成分、231个作用靶点，与新型冠状病毒肺炎重合的靶点有43个，主要涉及炎症、细菌感染、病毒感染等。杨子峰与刘清泉团队经研究证实了热毒宁注射液可以抑制病毒复制和炎症风暴，缓解新冠患者症状，缩短核酸转阴时间及出院时间。

痰热清注射液在国家版诊疗方案中推荐用于重型、危重型患者，经网络药理学和分子对接方法研究痰热清注射液治疗新型冠状病毒肺炎的潜在作用机制，筛选得到痰热清注射液中的 54 个类药性良好的活性成分，对应 287 个靶点，提示痰热清注射液的核心化合物可通过与 SARS-CoV-2 3CL 水解酶结合，发挥抗病毒作用。上海中医药大学曙光医院陈麒团队经回顾性队列研究发现痰热清缩短核酸转阴时间，有益于轻型普通型新冠肺炎患者治疗，同时证实此作用与提高 $CD3^+$ T 细胞水平有关。

三、新型冠状病毒感染的康复

新冠病毒感染以后，多数患者的症状经积极治疗会逐渐消失，核酸会转阴性，然而仍存在一部分患者残留不同程度的呼吸功能、躯体功能、免疫功能、心理及社会功能等异常。世卫组织对"新冠后症状"（长新冠）的定义是指可能或确诊感染新冠的个人在感染 3 个月后还有症状，症状至少持续 2 个月，且没有其他的明显诱因。常见症状包括疲劳、呼吸急促、认知障碍及其他症状，影响日常生活。所以，采取恰当的康复干预，将有利于促进患者心肺功能和体能的恢复，减少后遗症发生率。为此，在新冠病毒感染发生早期，张伯礼和王辰等联合武汉一线专家，组织编写了《新型冠状病毒肺炎恢复期中西医结合康复指南（第一版）》，该方案明确了新冠康复的目标，即改善呼吸困难症状和功能障碍，减少并发症，缓解焦虑抑郁情绪，降低致残率，最大程度恢复日常生活活动能力、提高生活质量。方案中提到了应用八段锦、太极拳、呼吸六字诀等传统中医功法增强体质；根据患者证型，基于相应处方，制定了个体化中药制剂的康复方案；其次，利用穴位贴敷、艾灸、针灸、耳穴压豆、推拿等传统中医外治法辅助临床患者康复；情志方面，方案建议使用五行音乐疗法、移情易性法等，调畅情志，避免不良情绪。

在国家版诊疗方案中，康复内容也逐渐增多，中医药康复得到重视。2020 年 1 月 27 日，《新型冠状病毒感染的肺炎诊疗方案（试行第四版）》发布，首次增加了恢复期患者的中药治疗指导，指出恢复期辨证属于肺脾气虚证，治以益气健脾，中药以法半夏、陈皮、党参、黄芪、茯苓、藿香、砂仁治疗。《新型冠状病毒感染的肺炎诊疗方案（试行第五版）》延续第四版恢复期治疗方案。《新型冠状病毒肺炎诊疗方案（试行第六版）》中恢复期增加气阴两虚证，治以益气养阴之生脉饮合竹叶石膏汤加减。2020 年 3 月 3 日，《新型冠状病毒肺炎诊疗方案（试行第七版）》发布，延续恢复期治疗方案。2020 年 8 月 18 日，《新型冠状病毒肺炎诊疗方案（试行第八版）》发布，除了延续恢复期治疗方案外，增加早期康复干预内容，指出应重视患者早期康复介入，针对新冠病毒感染患者呼吸功能、躯体功能以及心理障碍，积极开展康复训练和干预，尽最大可能恢复体能、体质和免疫能力。《新型冠状病毒肺炎诊疗方案（试行第九版)》延续第八版恢复期及早期康复治疗方案,增加针灸治疗推荐穴位。2023年1月5日,《新型冠状病毒感染诊疗方案(试行第十版)》发布,在第九版恢复期治疗中增加寒饮郁肺证中药处方,并延续早期康复治疗方案。

2023年1月17日,天津中医药大学牵头,张伯礼、晁恩祥为主要起草人,组织各省市的22家单位、52位中医药专家共同制定的《中医药治疗新型冠状病毒感染核酸/抗原转阴后常见症专家共识》,由中华中医药学会发布。共识提出了新型冠状病毒感染核酸/抗原转阴后常见症的概念、病因病机、临床表现、中医治疗及注意事项等内容,明确清金益气方为该病通治方,突出推荐方药的有效性、安全性、实用性和可及性,旨在进一步规范相关诊疗行为,保障临床疗效,指导临床实践,充分发挥中医药在"保健康、防重症"方面的特色优势。其中清金益气方被河北、天津、上海等地康复指南方案推荐为新冠恢复期用药,并广泛应用于临床,在促进新冠感染恢复期患者的康复方面发挥了重要作用。

2023年1月20日,世界中医药学会联合会医养结合专业委员会与中国中西医结合学会养生专业委员会组织国内外专家编制的《新型冠状病毒感染者恢复期中西医结合康复方案专家共识》(第一版)完成并发布,该方案由恢复期标准与临床表现、临床辨证分型、对症治疗、常见慢性病治疗与康复、中医康复指导、生活起居指导、重点人群健康指导等七个部分组成,针对恢复期的六大证型、九个常见症状、十种慢性疾病,以及老年人、孕妇、儿童等特殊群体进行科学精准调理与康复。

2023年3月6日,由新黄埔中医药联合创新研究院、天津中医药大学、广州中医药大学第一附属医院、中国中医科学院西苑医院牵头,胡镜清、张俊华、杨忠奇、高蕊为主要起草人,组织各省市的14家单位、33位中医药专家共同编制了《新型冠状病毒感染核酸/抗原转阴后常见症中医诊断与疗效评价专家共识》并通过中华中医药学会发布。共识提出了新冠感染转阴后常见症的中医临床诊断标准和原则,以及疗效评价方法和核心指标,适用于新型冠状病毒感染核酸/抗原转阴后常见症的中医诊断与临床疗效评价,对于指导临床实践与研究开展、提高中医药治疗本病的临床疗效具有重要意义。

2023年4月11日,《新型冠状病毒感染后长期症状中医诊疗专家共识》通过中华中医药学会发布。共识明确了新型冠状病毒感染后长期症状的定义、病因病机、诊断标准、中医治疗及注意事项等,突出推荐方案的有效性、安全性、实用性和可及性,适用于新型冠状病毒感染后长期症状中医诊疗,有利于规范新型冠状病毒感染后长期症状中医诊疗方案以指导临床实践,提高临床诊疗水平,提高临床疗效,更快促进患者康复。

北京、上海、天津、重庆等地也相继发布了地方版康复方案,见表7-3。

表7-3 各省市自治区新型冠状病毒感染中医药预防方案

发布地区	方案名称	发布时间
北京市	新型冠状病毒感染恢复期中医药综合干预方案(试行第二版)	2023年1月19日
上海市	河北省新型冠状病毒肺炎患者中西医结合康复方案	2021年1月30日
天津市	天津市新型冠状病毒肺炎恢复期中西医结合康复方案(试行)	2022年1月6日
重庆市	上海市新型冠状病毒感染恢复期中医康复方案(2022年第二版)	2022年5月7日
甘肃省	甘肃省新型冠状病毒肺炎恢复期患者功能康复方案(试行版)	2021年11月13日
广东省	广东治疗新冠病毒感染康复期协定处方	2023年1月6日
贵州省	贵州省新型冠状病毒肺炎恢复期中医康复方案	2020年3月13日
河北省	河北省新型冠状病毒肺炎患者中西医结合康复方案	2021年1月30日
河南省	河南省新型冠状病毒感染者核酸/抗原转阴后常见症状中医治疗专家共识	2023年3月10日
湖北省	湖北省中医院新冠肺炎恢复期中医康复指引(试行第一版)	2020年2月28日
湖南省	湖南省新冠肺炎患者恢复期中医药康复诊疗方案(试行)	2020年3月2日
吉林省	吉林省新冠病毒感染恢复期中医药专家健康指引	2022年12月30日
江苏省	新冠病毒感染后居家康复专家指南	2022年12月31日
辽宁省	辽宁省新型冠状病毒肺炎中医药防治方案(试行第四版)	2022年5月30日
陕西省	陕西省新型冠状病毒感染者康复指导手册(第一版)	2023年1月2日
广西壮族自治区	广西壮族自治区新型冠状病毒感染者恢复期中医药干预方案(试行)	2023年1月19日

2022
中医药发展报告

附 录

附录一
"十四五"中医药发展规划

为贯彻落实党中央、国务院关于中医药工作的决策部署,明确"十四五"时期中医药发展目标任务和重点措施,依据《中华人民共和国国民经济和社会发展第十四个五年规划和2035年远景目标纲要》,制定本规划。

一、规划背景

"十三五"期间,中医药发展顶层设计加快完善,政策环境持续优化,支持力度不断加大。2017年,中医药法施行。2019年,中共中央、国务院印发《关于促进中医药传承创新发展的意见》,国务院召开全国中医药大会。中医药服务体系进一步健全,截至2020年底,全国中医医院达到5 482家,每千人口公立中医医院床位数达到0.68张,每千人口卫生机构中医类别执业(助理)医师数达到0.48人,99%的社区卫生服务中心、98%的乡镇卫生院、90.6%的社区卫生服务站、74.5%的村卫生室能够提供中医药服务,设置中医临床科室的二级以上公立综合医院占比达到86.75%,备案中医诊所达到2.6万家。中医药传承发展能力不断增强,中医药防控心脑血管疾病、糖尿病等重大慢病及重大传染性疾病临床研究取得积极进展,屠呦呦研究员获得国家最高科学技术奖,中医药人才培养体系持续完善,中成药和中药饮片产品标准化建设扎实推进,第四次全国中药资源普查基本完成,公民中医药健康文化素养水平达20.69%。中医药开放发展取得积极成效,已传播到196个国家和地区,中药类商品进出口贸易总额大幅增长。特别是新冠病毒疫情发生以来,坚持中西医结合、中西药并用,中医药全面参与疫情防控救治,作出了重要贡献。

当前,全球新冠病毒疫情仍处于大流行状态,新发传染病不断出现,我国慢性病发病率总体呈上升趋势,传统传染病防控形势仍然严峻。随着经济社会发展和生活水平提高,人民群众更加重视生命安全和健康质量,健康需求不断增长,并呈现多样化、差异化特点。有效应对多种健康挑战、更好满足人民群众健康需求,迫切需要加快推进中医药事业发展,更好发挥其在健康中国建设中的独特优势。同时也应看到,中医药发展不平衡不充分问题仍然突出,中医药优质医疗服务资源总体不足,基层中医药服务能力仍较薄弱,中西医协同作用发挥不够,中医药参与公共卫生和应急救治机制有待完善,传承创新能力有待持续增强,中药材质量良莠不齐,中医药特色人才培养质量仍需提升,符合中医药特点的政策体系需进一步健全。

二、总体要求

(一)指导思想。以习近平新时代中国特色社会主义思想为指导,深入贯彻党的十九大和十九届历次全会精神,统筹推进"五位一体"总体布局,协调推进"四个全面"战略布局,认真落实党中央、国务院决策部署,坚持稳中求进工作总基调,立足新发展阶段,完整、准确、全面贯彻新发展理念,构建新发展格局,坚持中西医并重,传承精华、守正创新,实施中医药振兴发展重大工程,补短板、强弱项、扬优势、激活力,推进中医药和现代科学相结合,推动中医药和西医药相互补充、协调发展,推进中医药现代化、产业化,推动中医药高质量发展和走向世界,为全面推进健康中国建设、更好保障人民健康提供有力支撑。

(二)基本原则

坚持以人民为中心。 把人民群众生命安全和身体健康放在第一位,加强服务体系和人才队伍建设,提升中医药服务能力,充分发挥中医药在治未病、重大疾病治疗、疾病康复中的重要作用,全方位全周期保障人民健康。

坚持遵循发展规律。 正确把握继承与创新的关系,坚持中医药原创思维,坚持创造性转化、创新性发展,注重利用现代科学技术和方法,深入发掘中医药精华,在创新中形成新特色新优势,促进中医药特色发展。

坚持深化改革创新。 破除体制机制和政策障碍,完善政策举措和评价标准体系,持续推进中医药领域改革创新,建立符合中医药特点的服务体系、服务模式、管理模式、人才培养模式,推动中医药事业和产业高质量发展。

坚持统筹协调推进。 坚持中西医并重,提升中西医结合能力,促进优势互补,共同维护人民健康。统筹谋划推进中医药服务、人才、传承创新、产业、文化、开放发展、深化改革等工作,形成促进中医药事业发展的合力。

(三) 发展目标

到 2025 年,中医药健康服务能力明显增强,中医药高质量发展政策和体系进一步完善,中医药振兴发展取得积极成效,在健康中国建设中的独特优势得到充分发挥。

——中医药服务体系进一步健全。融预防保健、疾病治疗和康复于一体的中医药服务体系逐步健全,中医药基层服务能力持续提升,中西医结合服务水平不断提高,中医药参与新发突发传染病防治和公共卫生事件应急处置能力显著增强。

——中医药特色人才建设加快推进。中医药教育改革深入推进,具有中医药特色的人才培养模式逐步完善,人才成长途径和队伍结构持续优化,队伍素质不断提升,基层中医药人才数量和质量进一步提高。

——中医药传承创新能力持续增强。中医药传承创新体系进一步健全,有利于传承创新的政策机制逐步完善,基础理论和重大疾病防治研究取得积极进展,临床与科研结合更为紧密,多学科融合创新持续推进。

——中医药产业和健康服务业高质量发展取得积极成效。中药材质量水平持续提升,供应保障能力逐步提高,中药注册管理不断优化,中药新药创制活力增强。中医药养生保健服务有序发展,中医药与相关业态持续融合发展。

——中医药文化大力弘扬。中医药文化产品和服务供给更为优质丰富,中医药博物馆事业加快发展,文化传播覆盖面进一步拓宽,公民中医药健康文化素养水平持续提高,中医药文化影响力进一步提升。

——中医药开放发展积极推进。中医药积极参与重大传染病防控国际合作,助力构建人类卫生健康共同体的作用更加显著。中医药高质量融入"一带一路"建设,国际交流不断深化,服务贸易积极发展。

——中医药治理水平进一步提升。中医药领域改革持续深化,遵循中医药发展规律的治理体系逐步完善,中医药信息化、综合统计、法治、监管等支撑保障不断加强,中医药治理水平持续提升。

主要发展指标

主要指标	2020 年	2025 年	指标性质
1. 中医医疗机构数(万个)	7.23	9.50	预期性
2. 中医医院数(个)	5 482	6 300	预期性
3. 每千人口公立中医医院床位数(张)	0.68	0.85	预期性

续　表

主要指标	2020年	2025年	指标性质
4. 每千人口中医类别执业（助理）医师数（人）	0.48	0.62	预期性
5. 每万人口中医类别全科医生数（人）	0.66	0.79	预期性
6. 二级以上公立中医医院中医类别执业（助理）医师比例（%）	51.58	60	预期性
7. 二级以上中医医院设置康复（医学）科的比例（%）	59.43	70	预期性
8. 三级公立中医医院和中西医结合医院（不含中医专科医院）设置发热门诊的比例（%）	—	100	约束性
9. 二级以上公立中医医院设置老年病科的比例（%）	36.57	60	预期性
10. 县办中医医疗机构（医院、门诊部、诊所）覆盖率（%）	85.86	100	预期性
11. 公立综合医院中医床位数（万张）	6.75	8.43	预期性
12. 二级以上公立综合医院设置中医临床科室的比例（%）	86.75	90	预期性
13. 二级妇幼保健院设置中医临床科室的比例（%）	43.56	70	预期性
14. 社区卫生服务中心和乡镇卫生院设置中医馆的比例（%）	81.29	力争到2022年全部设置	预期性
15. 公民中医药健康文化素养水平（%）	20.69	25	预期性

注：1. 中医医疗机构包括中医医院（含中西医结合医院、民族医医院）、中医门诊部（含中西医结合门诊部、民族医门诊部）、中医诊所（含中西医结合诊所、民族医诊所）
　　2. 二级以上公立中医医院中医类别执业（助理）医师比例统计范围不含中西医结合医院和民族医医院

三、主要任务

（一）建设优质高效中医药服务体系

1. 做强龙头中医医院。 依托综合实力强、管理水平高的中医医院，建设一批国家中医医学中心，在疑难危重症诊断与治疗、高层次中医药人才培养、高水平研究与创新转化、解决重大公共卫生问题、现代医院管理、传统医学国际交流等方面代表全国一流水平。将全国高水平中医医院作为输出医院，推进国家区域医疗中心建设项目，在优质中医药资源短缺或患者转外就医多的省份设置分中心、分支机构，促进优质中医医疗资源扩容和均衡布局。

2. 做优骨干中医医院。 加强各级各类中医医院建设，强化以中医药服务为主的办院模式和服务功能，规范科室设置，推进执行建设标准，补齐资源配置不平衡的短板，优化就医环境,持续改善基础设施条件。建设一批中医特色重点医院。提升地市级中医医院综合服务能力。支持中医医院牵头组建医疗联合体。

3. 做实基层中医药服务网络。 实施基层中医药服务能力提升工程"十四五"行动计划,全面提升基层中医药在治未病、疾病治疗、康复、公共卫生、健康宣教等领域的服务能力。持续加强县办中医医疗机构建设,基本实现县办中医医疗机构全覆盖。加强基层医疗卫生机构中医药科室建设,力争实现全部社区卫生服务中心和乡镇卫生院设置中医馆、配备中医医师,100%的社区卫生服务站和80%以上的村卫生室能够提供中医药服务。实施名医堂工程,打造一批名医团队运营的精品中医机构。鼓励有资质的中医专业技术人员特别是名老中医开办中医诊所。鼓励有条件的中医诊所组建家庭医生团队开展签约服务。推动中医门诊部和诊所提升管理水平。

4. 健全其他医疗机构中医药科室。 强化综合医院、专科医院和妇幼保健机构中医临床科室、中药房建设,有条件的二级以上公立综合医院设立中医病区和中医综合治疗区。鼓励社会办医疗机构设置中医药科室。

专栏1 高质量中医药服务体系建设

1. 国家中医医学中心建设。依托综合实力强、管理水平高的中医医院建设国家中医医学中心,推动解决重大问题,引领国家中医学术发展方向。

2. 国家区域医疗中心建设。将优质医疗资源富集地区的全国高水平中医医院作为输出医院,实施国家区域医疗中心建设项目,促进优质中医医疗资源均衡布局。

3. 中医特色重点医院建设。以地市级中医医院为重点,建设130个左右中医特色突出、临床疗效显著、示范带动作用明显的中医特色重点医院。

4. 县级中医医院建设。加强县级中医医院能力建设。支持脱贫地区、"三区三州"、原中央苏区、易地扶贫搬迁安置地区县级中医医院基础设施建设。

5. 名医堂工程。按照品牌化、优质化、规范化、标准化的要求,分层级规划布局建设一批名医堂,创新机制,打造可推广、可复制、可持续的示范性名医堂运营模式。

6. 基层中医馆建设。加强基层医疗卫生机构中医馆建设。鼓励有条件的地方完成15%的社区卫生服务中心和乡镇卫生院中医馆服务内涵建设;在10%的社区卫生服务站和村卫生室开展"中医阁"建设。

（二）提升中医药健康服务能力

1. 彰显中医药在健康服务中的特色优势

提升疾病预防能力。 实施中医药健康促进行动，推进中医治未病健康工程升级。开展儿童青少年近视、脊柱侧弯、肥胖等中医适宜技术防治。规范二级以上中医医院治未病科室建设。在各级妇幼保健机构推广中医治未病理念和方法。继续实施癌症中西医结合防治行动，加快构建癌症中医药防治网络。推广一批中医治未病干预方案，制定中西医结合的基层糖尿病、高血压防治指南。在国家基本公共卫生服务项目中优化中医药健康管理服务，鼓励家庭医生提供中医治未病签约服务。持续开展0～36个月儿童、65岁以上老年人等重点人群的中医药健康管理，逐步提高覆盖率。

增强疾病治疗能力。 开展国家中医优势专科建设，以满足重大疑难疾病防治临床需求为导向，做优做强骨伤、肛肠、儿科、皮肤科、妇科、针灸、推拿及脾胃病、心脑血管病、肾病、肿瘤、周围血管病等中医优势专科专病，巩固扩大优势，带动特色发展。制定完善并推广实施一批中医优势病种诊疗方案和临床路径，逐步提高重大疑难疾病诊疗能力和疗效水平。加强中药药事管理，落实处方专项点评制度，促进合理使用中药。鼓励依托现有资源建设中医医疗技术中心，挖掘整理并推广应用安全有效的中医医疗技术。大力发展中医非药物疗法，充分发挥其在常见病、多发病和慢性病防治中的独特作用。加强护理人员中医药知识与技能培训，开展中医护理门诊试点。

强化特色康复能力。 实施中医药康复服务能力提升工程。依托现有资源布局一批中医康复中心，二级以上中医医院加强康复（医学）科建设，康复医院全部设置传统康复治疗室，其他提供康复服务的医疗机构普遍能够提供中医药服务。探索有利于发挥中医药优势的康复服务模式。促进中医药、中华传统体育与现代康复技术融合，发展中国特色康复医学。针对心脑血管病、糖尿病、尘肺病等慢性病和伤残等，制定推广中医康复方案，推动研发中医康复器具。大力开展培训，推动中医康复技术进社区、进家庭、进机构。

专栏2　中医药服务"扬优强弱补短"建设

1. 国家中医优势专科建设。建设一批国家中医优势专科，强化设备配置，优化完善中医诊疗方案，提升中医临床疗效。

2. 地市级中医医院综合服务能力建设。推动地市级中医医院加强专科和中医综合治疗区建设,全面提升医院综合服务能力。

3. 基层中医药服务能力提升。推动县级中医医院加强特色优势专科建设,将县级中医医院建设成县域中医适宜技术推广中心。实施对口支援提升项目,提高被支援单位综合诊疗能力。加强三级中医医院对口帮扶国家乡村振兴重点帮扶县中医医院工作,推动30万人口以上国家乡村振兴重点帮扶县的中医医院达到二级甲等水平。开展国家中医医疗队巡回医疗。

4. 中医治未病服务能力建设。针对重点人群和重大疾病,制定并推广20个中医治未病干预方案。

5. 重点人群中医药健康促进项目。开展儿童青少年近视防治中医适宜技术试点,推广运用中医适宜技术干预儿童青少年近视。依托现有资源,推动省级老年人中医药健康中心建设,推广应用老年期常见疾病中医诊疗方案和技术。针对妇女围绝经期、孕育调养、产后康复、亚健康状态和儿童生长发育、脊柱侧弯、肥胖等,开展中医药适宜技术和方法试点。

6. 中医药康复服务能力提升工程。依托现有资源布局一批中医康复中心。加强中医医院康复(医学)科和康复医院中医科室建设。

2. 提升中医药参与新发突发传染病防治和公共卫生事件应急处置能力

完善中医药参与应急管理的制度。在传染病防治法、突发公共卫生事件应对法等法律法规制修订中,研究纳入坚持中西医并重以及中西医结合、中西药并用、加强中医救治能力建设等相关内容,推动建立有效机制,促进中医药在新发突发传染病防治和公共卫生事件应急处置中发挥更大作用。

加强中医药应急救治能力建设。依托高水平三级甲等中医医院,建设覆盖所有省份的国家中医疫病防治基地,依托基地组建中医疫病防治队伍,提升中医紧急医学救援能力。三级公立中医医院和中西医结合医院(不含中医专科医院)全部设置发热门诊,加强感染性疾病、急诊、重症、呼吸、检验等相关科室建设,提升服务能力。

强化中医药应急救治支撑保障。加强中医药应急科研平台建设,合理布局生物安全三级水平实验室。加大国家中医药应对重大公共卫生事件和疫病防治骨干人才培养力度,形成人员充足、结构合理、动态调整的人才库,提高中医药公共卫生应急和重症救治能力。完善中药应急物资保障供应机制。

> **专栏 3　中医药应急服务能力建设**
>
> 1. 国家中医疫病防治基地建设。建设 35 个左右国家中医疫病防治基地，提升中医药应急服务能力。
> 2. 中医医院应急救治能力建设。推动三级中医医院提高感染性疾病科、呼吸科、重症医学科服务能力，建成生物安全二级以上水平实验室。二级中医医院设置感染性疾病科、急诊科、呼吸科等。开展人员培训，加强院感防控管理，按照要求配备管控人员，提升新发突发传染病防治和公共卫生事件应急处置能力。

3. 发展民族医药

加强民族医医疗机构建设，提高民族地区基层医疗卫生机构民族医药服务能力。改善民族医医院基础设施条件，加强民族医医院专科能力、制剂能力和信息化能力建设。建立符合民族医医疗机构自身特点和发展规律的绩效评价指标体系。加大民族医药防治重大疾病和优势病种研究力度，有效传承特色诊疗技术和方法。鼓励和扶持民族医药院校教育、师承教育和继续教育。加大对民族医药的传承保护力度，持续开展民族医药文献抢救整理工作，推动理论创新和技术创新。

> **专栏 4　民族医医院能力建设项目**
>
> 民族医医院能力建设。推动建设一批民族医重点专科，提高民族医医院制剂能力。推动地市级以上民族医医院信息化能力建设。在部分民族医医院开展以双语电子病历为核心的信息化能力建设。

4. 提高中西医结合水平

推动综合医院中西医协同发展。在综合医院推广"有机制、有团队、有措施、有成效"的中西医结合医疗模式，将中医纳入多学科会诊体系，加强中西医协作和协同攻关，制定实施"宜中则中、宜西则西"的中西医结合诊疗方案。将中西医协同发展工作纳入医院评审和公立医院绩效考核。推动三级综合医院全部设置中医临床科室，设立中医门诊和中医病床。打造一批中西医协同"旗舰"医院、"旗舰"科室，开展重大疑难疾病、传染病、慢性病等中西医联合攻关。

加强中西医结合医院服务能力建设。建立符合中西医结合医院特点和规律的绩效评价指标体系,修订中西医结合医院工作指南。加强中西医结合医院业务用房等基础设施建设,强化设备配置。开展中西医结合学科和专科建设,促进中西医联合诊疗模式改革创新。

提升相关医疗机构中医药服务水平。引导专科医院、传染病医院、妇幼保健机构规范建设中医临床科室、中药房,普遍开展中医药服务,创新中医药服务模式,加强相关领域中医优势专科建设。优化妇幼中医药服务网络,提升妇女儿童中医药预防保健和疾病诊疗服务能力。

专栏 5　中西医结合能力提升项目

1. 中西医协同"旗舰"医院、"旗舰"科室建设。支持建设 50 个左右中西医协同"旗舰"医院,建设一批中西医协同"旗舰"科室,加强基础设施建设和设备配置。

2. 中西医临床协作能力建设。持续开展中西医临床协作,围绕重大疑难疾病、传染病和慢性病等进行中西医联合攻关,逐步建立中西医结合临床疗效评价标准,遴选形成优势病种目录,形成 100 个左右中西医结合诊疗方案或专家共识。

---

5. 优化中医医疗服务模式

完善以患者为中心的服务功能,优化服务流程和方式,总结推广中医综合诊疗模式、多专业一体化诊疗模式和集预防、治疗、康复于一体的全链条服务模式。推进智慧医疗、智慧服务、智慧管理"三位一体"的智慧中医医院建设。建设中医互联网医院,发展远程医疗和互联网诊疗。持续推进"互联网+医疗健康""五个一"服务行动。构建覆盖诊前、诊中、诊后的线上线下一体化中医医疗服务模式,让患者享有更加便捷、高效的中医药服务。

(三)建设高素质中医药人才队伍

1. 深化中医药院校教育改革。深化医教协同,进一步推动中医药教育改革与高质量发展。建立以中医药课程为主线、先中后西的中医药类专业课程体系,优化专业设置、课程设置和教材组织,增设中医疫病课程,增加经典课程内容,开展中医药经典能力等级考试。强化中医思维培养,建立早跟师、早临床学习制度,将师承教育贯穿临床实践教学全过程。加大对省(部)局共建中医药院校改革发展的支持力度,推动建设 100 个左右中医药类一流本科专业建设点。加强中医临床教学能力建设,提升高校附属医院和中医医师规范化培训基地教学能力。实施卓越中医药师资培训计划。依托现有资源,支持建设一批中医药高水平高等职业学校和专业(群)。

2. 强化中医药特色人才队伍建设。实施中医药特色人才培养工程(岐黄工程)。打造岐黄学者品牌,持续开展岐黄学者培养、全国中医临床优秀人才研修等项目,做强领军人才、优秀人才、骨干人才梯次衔接的高层次人才队伍。建设一批高水平中医药重点学科。构建符合中医药特点的人才培养模式,发展中医药师承教育,建立高年资中医医师带徒制度,与职称评审、评优评先等挂钩,持续推进全国名老中医药专家传承工作室、全国基层名老中医药专家传承工作室建设。将综合医院、妇幼保健院等医疗机构中医药人才纳入各类中医药人才培养项目。按照"下得去、留得住、用得上"的要求,加强基层中医药人才队伍建设,根据需求合理确定中医专业农村订单定向免费培养医学生规模,在全科医生特岗计划中积极招收中医医师。推广中医药人员"县管乡用",探索推进轮岗制与职称评审相衔接。适当放宽长期服务基层的中医医师职称晋升条件,表彰奖励评优向基层一线和艰苦地区倾斜,引导中医药人才向基层流动。

3. 完善落实西医学习中医制度。开展九年制中西医结合教育试点。增加临床医学类专业中医药课程学时,将中医药课程列为本科临床医学类专业必修课和毕业实习内容,在临床类别医师资格考试中增加中医知识。落实允许攻读中医专业学位的临床医学类专业学生参加中西医结合医师资格考试和中医医师规范化培训的政策要求。在高职临床医学类专业中开设中医基础与适宜技术必修课程。临床、口腔、公共卫生类别医师接受必要的中医药继续教育,综合医院对临床医师开展中医药专业知识轮训,使其具备本科室专业领域的常规中医诊疗能力。加强中西医结合学科建设,培育一批中西医结合多学科交叉创新团队。实施西医学习中医人才专项,培养一批中西医结合人才。

专栏6 中医药特色人才培养工程(岐黄工程)

1. 高层次人才计划。

"国医大师"和"全国名中医"表彰奖励项目。表彰30名国医大师和100名全国名中医。

中医药领军人才支持项目。遴选50名岐黄学者和200名青年岐黄学者,遴选组建10个左右国家中医药多学科交叉创新团队和一批国家中医药传承创新团队。

中医药优秀人才研修项目。培养1200名中医临床、民族医药、西医学习中医等优秀人才。

中医药骨干人才培养项目。持续开展全国老中医药专家学术经验继承工作,遴选指导老师,培养一批继承人。为二级以上中医医疗机构培养一批骨干师资及中药、护理、康复、管理等骨干人才。支持一批中医医师开展规范化培训。

综合医院中医药高层次人才支持项目。面向省级以上综合医院、妇幼保健院等医疗机构,开展西医学习中医高级人才培养和全国老中医药专家学术经验继承工作,建设一批传承工作室,培养一批中医药骨干人才。

2. 基层人才计划。

基层中医药人才培训项目。招录一定数量的中医专业农村订单定向免费培养医学生。支持一批中医类别全科医生开展规范化培训、转岗培训。支持一批中医医师开展中医助理全科医生培训。为中医馆培训一批骨干人才。

革命老区等中医药人才振兴项目。在革命老区、国家乡村振兴重点帮扶县等地区,加大中医专业农村订单定向免费培养医学生支持力度;支持建设一批全国基层名老中医药专家传承工作室。

3. 人才平台建设计划。

高水平中医药重点学科建设项目。重点建设一批中医基础类、经典类、疫病防治类、中药类和多学科交叉重点学科,加强学科内涵建设,培养一批学科团队和学科带头人。

中医临床教学基地能力建设。支持一批中医医师规范化培训基地加强培训能力建设,遴选若干个标准化规范化培训实践技能考核基地。

传承工作室建设。新增建设一批国医大师、全国名中医及全国名老中医药专家传承工作室。新增建设一批全国基层名老中医药专家传承工作室,覆盖二级以上中医医院。启动建设一批老药工传承工作室。

(四)建设高水平中医药传承保护与科技创新体系

1. 加强中医药传承保护。 实施中医药古籍文献和特色技术传承专项,编纂出版《中华医藏》,建立国家中医药古籍和传统知识数字图书馆。加强对名老中医学术经验、老药工传统技艺等的活态传承,支持中医学术流派发展。推动出台中医药传统知识保护条例,建立中医药传统知识数据库、保护名录和保护制度。

2. 加强重点领域攻关。 在科技创新2030—重大项目、重点研发计划等国家科技计划中加大对中医药科技创新的支持力度。深化中医原创理论、中药作用机理等重大科学问题研究。开展中医药防治重大、难治、罕见疾病和新发突发传染病等诊疗规律与临床研究。加强中医药临床疗效评价研究。加强开展基于古代经典名方、名老中医经验方、有效成分或组分等的中药新药研发。支持儿童用中成药创新研发。推动设立中医药关键技术装备项目。

3. 建设高层次科技平台。 依托现有资源,建设一批国家级中医药研究平台,研究布局全国重点实验室、国家临床医学研究中心、国家工程研究中心和国家技术创新中心;推进国家中医药传承创新中心、国家中医临床研究基地和中国中医药循证医学中心建设。发挥中国中医科学院"国家队"作用,实施中医药科技创新工程。

4. 促进科技成果转化。 建设一批中医药科技成果孵化转化基地。支持中医医院与企业、科研机构、高等院校等加强协作、共享资源。鼓励高等院校、科研院所、医疗机构建立专业化技术转移机构,在成果转化收益分配、团队组建等方面赋予科研单位和科研人员更大自主权。

专栏7 国家中医药传承创新平台工程

1. 培养和建设国家重大科技创新平台。

全国重点实验室。支持在中医理论、中药资源、中药创新、中医药疗效评价等重要领域方向建设多学科交叉融合的全国重点实验室或全国重点实验室培育基地。

国家临床医学研究中心。围绕心血管疾病、神经系统疾病、恶性肿瘤、代谢性疾病等重大慢性病,妇科、骨伤、免疫等优势病种,以及针灸、其他非药物疗法等特色疗法,建设一批中医类国家临床医学研究中心及其协同创新网络。

深化建设国家工程研究中心。对已建的中医药国家工程研究中心和国家工程实验室明确功能定位,优化运行,符合条件的纳入国家工程研究中心序列管理。围绕制约中医药发展的关键技术和核心装备,在中医药标准化、中医药临床疗效与安全性评价、中药质量控制等方向深化研究。

培育国家技术创新中心。围绕中药现代化重大共性技术突破、产品研发和成果转化应用示范,培育建设一批中医药国家技术创新中心。

2. 国家中医药传承创新中心。建设30个左右国家中医药传承创新中心。

3. 做大做强中国中医科学院专项工程。实施中国中医科学院中医药科技创新工程，做强一批在国内外有影响力的优势学科，加强科技创新平台建设，打造成为中医药科技创新核心基地和创新人才高地。

4. 国家中医药局重点实验室。优化整合国家中医药局重点研究室、三级实验室，建设一批国家中医药局重点实验室，形成相关领域关键科学问题研究链。

5. 中医药活态传承工程。开展当代名老中医药专家学术经验、技术方法和临床方药挖掘整理和应用推广。开展老药工鉴定、炮制、制药技术传承。开展民间中医药技术方法整理和利用。开展中医理论、技术、方法原态保护和存续。

6. 中医药科技研究项目。实施中医药现代化研究重点专项，开展中医药循证评价研究，推进中医药理论创新。开展经典名方类中药复方制剂研发、应用。推动设立中医药关键技术装备项目。

（五）推动中药产业高质量发展

1. 加强中药资源保护与利用。 支持珍稀濒危中药材人工繁育。公布实施中药材种子管理办法。制定中药材采收、产地加工、野生抚育及仿野生栽培技术规范和标准。完成第四次全国中药资源普查，建立全国中药资源共享数据集和实物库，并利用实物样本建立中药材质量数据库，编纂中国中药资源大典。

2. 加强道地药材生产管理。 制定发布全国道地药材目录，构建中药材良种繁育体系。加强道地药材良种繁育基地和生产基地建设，鼓励利用山地、林地推行中药材生态种植，优化生产区域布局和产品结构，开展道地药材产地和品质快速检测技术研发，集成创新、示范推广一批以稳定提升中药材质量为目标的绿色生产技术和种植模式，制定技术规范，形成全国道地药材生产技术服务网络，加强对道地药材的地理标志保护，培育一批道地药材知名品牌。

3. 提升中药产业发展水平。 健全中药材种植养殖、仓储、物流、初加工规范标准体系。鼓励中药材产业化、商品化和适度规模化发展，推进中药材规范化种植、养殖。鼓励创建以中药材为主的优势特色产业集群和以中药材为主导的农业产业强镇。制定实施全国中药饮片炮制规范，继续推进中药炮制技术传承基地建设，探索将具有独特炮制方法的中药饮片纳入中药品种保护范围。加强中药材第三方质量检测平台建设。研究推进中药材、中药饮片信息化追溯体系建设,强化多部门协同监管。加快中药制造业数字化、网络化、智能化建设,加强技术集成和工艺创新,提升中药装备制造水平,加速中药生产工艺、流程的标准化和现代化。

4. 加强中药安全监管。提升药品检验机构的中药质量评价能力,建立健全中药质量全链条安全监管机制,建设中药外源性有害残留物监测体系。加强中药饮片源头监管,严厉打击生产销售假劣中药饮片、中成药等违法违规行为。建立中成药监测、预警、应急、召回、撤市、淘汰的风险管理长效机制。加强中药说明书和标签管理,提升说明书临床使用指导效果。

专栏8　中药质量提升工程

1. 全国中药资源普查成果转化。完善全国中药资源普查数据库及中药资源动态监测数据,建设重点区域常态化管理机制。

2. 中药材种质资源保护和发展。支持国家药用植物种质资源库建设。加强道地药材良种繁育基地建设。

3. 中药材规范化种植提升行动。加快中药材品种培优、品质提升、品牌打造和标准化生产,集成推广中药材标准化种植模式。开展适宜品种林下种植示范研究,形成生态种植技术体系。建设一批道地药材标准化生产基地。

4. 中药智能制造提升行动。研发中药材种植、采收、产地加工装备,中药饮片自动化、智能化生产装备,以及中成药共性技术环节数字化、网络化生产装备,提高中药生产智能化水平。

（六）发展中医药健康服务业

1. 促进和规范中医药养生保健服务发展。促进中医健康状态辨识与评估、咨询指导、健康干预、健康管理等服务规范开展。推广太极拳、八段锦等中医药养生保健方法和中华传统体育项目,推动形成体医结合的健康服务模式。鼓励中医医疗机构为中医养生保健机构提供技术支持,支持中医医师依照规定提供服务。

2. 发展中医药老年健康服务。强化中医药与养老服务衔接,推进中医药老年健康服务向农村、社区、家庭下沉。逐步在二级以上中医医院设置老年病科,增加老年病床数量,开展老年病、慢性病防治和康复护理。推动二级以上中医医院与养老机构合作共建,鼓励有条件的中医医院开展社区和居家中医药老年健康服务。鼓励中医医师加入老年医学科工作团队和家庭医生签约团队，鼓励中医医师在养老机构提供保健咨询和调理服务。推动养老机构开展中医特色老年健康管理服务。在全国医养结合示范项目中培育一批具有中医药特色的医养结合示范机构，在医养结合机构推广中医药适宜技术。

3. 拓展中医药健康旅游市场。 鼓励地方结合本地区中医药资源特色，开发更多体验性强、参与度高的中医药健康旅游线路和旅游产品，吸引境内外消费者。完善中医药健康旅游相关标准体系，推动中医药健康旅游高质量发展。

4. 丰富中医药健康产品供给。 以保健食品、特殊医学用途配方食品、功能性化妆品、日化产品为重点，研发中医药健康产品。鼓励围绕中医养生保健、诊疗与康复，研制便于操作、适于家庭的健康检测、监测产品及自我保健、功能康复等器械。

（七）推动中医药文化繁荣发展

1. 加强中医药文化研究和传播。 深入挖掘中医药精华精髓，阐释中医药文化与中华优秀传统文化的内在联系。加强中医药学与相关领域协同创新研究。实施中医药文化传播行动，推动建设体验场馆，培育传播平台，丰富中医药文化产品和服务供给。推动中医药文化贯穿国民教育始终，进一步丰富中医药文化教育。加强中医药机构文化建设。加大对传统医药类非物质文化遗产代表性项目的保护传承力度。加强中医药科普专家队伍建设，推动中医医疗机构开展健康讲座等科普活动。建设中医药健康文化知识角。开展公民中医药健康文化素养水平监测。

2. 发展中医药博物馆事业。 开展国家中医药博物馆基本建设，建成国家中医药数字博物馆。促进中医药博物馆体系建设，强化各级各类中医药博物馆收藏研究、社会教育、展览策划和文化服务功能，加强数字化建设，组织内容丰富的中医药专题展览。

3. 做大中医药文化产业。 鼓励引导社会力量通过各种方式发展中医药文化产业。实施中医药文化精品行动，引导创作一批质量高、社会影响力大的中医药文化精品和创意产品。促进中医药与动漫游戏、旅游餐饮、体育演艺等融合发展。培育一批知名品牌和企业。

专栏9 中医药文化弘扬工程及博物馆建设

1. 中医药文化研究阐释。深入挖掘中医药精华精髓，做好研究阐释。编写若干种针对不同受众的中医药文化读物。

2. 中医药文化传播行动。广泛开展群众性中医药文化活动。充分依托地方现有资源,推动一批中医药文化体验场馆、中医药文化宣传教育基地达到国家级建设标准。推动开展中医药文化教育活动。持续开展公民中医药健康文化素养水平监测。

3. 中医药文化精品行动。扶持创作一批中医药文学、影视和网络视听优秀作品,支持制作一批中医药新媒体产品。

4. 国家中医药博物馆建设。开展国家中医药博物馆基本建设,打造中医药文化重要高地。建成国家中医药数字博物馆,建立中医药资源藏品信息数据库。开展各级中医药博物馆能力建设。

5. 中医药科普项目。推出一批中医药科普节目、栏目、读物及产品。建设中医药健康文化知识角。加强中医药文化科普巡讲专家队伍建设。推广中医药传统保健体育运动,举办全国中医药院校传统保健体育运动会。

(八)加快中医药开放发展

1. 助力构建人类卫生健康共同体。积极参与全球卫生健康治理,推进中医药参与新冠病毒等重大传染病防控国际合作,分享中医药防控疫情经验。在夯实传播应用基础上,推进中医药高质量融入"一带一路"建设,实施中医药国际合作专项,推动社会力量提升中医药海外中心、中医药国际合作基地建设质量,依托现有机构建设传统医学领域的国际临床试验注册平台。指导和鼓励社会资本设立中医药"一带一路"发展基金。推进在相关国家实施青蒿素控制疟疾项目。

2. 深化中医药交流合作。巩固拓展与有关国家的政府间中医药合作,加强相关政策法规、人员资质、产品注册、市场准入、质量监管等方面的交流。鼓励和支持有关中医药机构和团体以多种形式开展产学研用国际交流与合作。促进中医药文化海外传播与技术国际推广相结合。鼓励和支持社会力量采用市场化方式,与有合作潜力和意愿的国家共同建设一批友好中医医院、中医药产业园。加强与港澳台地区的中医药交流合作,建设粤港澳大湾区中医药高地,打造高水平中医医院、中医优势专科、人才培养基地和科技创新平台。

3. 扩大中医药国际贸易。大力发展中医药服务贸易,高质量建设国家中医药服务出口基地。推动中医药海外本土化发展,促进产业协作和国际贸易。鼓励发展"互联网＋中医药贸易"。逐步完善中医药"走出去"相关措施,开展中医药海外市场政策研究,助力中医药企业"走出去"。推动中药类产品海外注册和应用。

专栏 10　中医药开放发展工程

1. 中医药国际抗疫合作计划。组织中医药国际抗疫学术交流活动,举办中医药防控重大传染病等培训班,组建中医药国际抗疫合作专家团队,完善中医药国际疫情防控线上指导平台。

2. 中医药开放发展平台建设。在共建"一带一路"国家的重要节点城市,鼓励社会力量持续建设一批高质量中医药海外中心。依托国内中医药机构,拓展建设一批高质量中医药国际合作基地。鼓励和支持社会力量采用市场化方式,与有合作潜力和意愿的国家共同建设一批友好中医医院、中医药产业园。

3. 中医药国际影响力提升计划。扩大中医药学术期刊的国际影响力。在跨国科研合作计划中加大中医药参与力度。

4. 中医药国际贸易促进计划。高质量建设国家中医药服务出口基地,努力形成一批中医药服务知名品牌。建设中医药服务贸易统计体系。

5. 粤港澳大湾区中医药高地建设工程。支持粤港澳大湾区建设成为国际中医医疗先行区,建成多学科融合的科研平台,建立中医药人才协同培养机制。支持建设香港中医医院、粤澳合作中医药科技产业园,推进中医药产品创新研发。

（九）深化中医药领域改革

1. 建立符合中医药特点的评价体系。建立完善科学合理的中医医疗机构、特色人才、临床疗效、科研成果等评价体系。健全公立中医医院绩效考核机制,常态化开展三级和二级公立中医医院绩效考核工作。完善各类中医临床教学基地标准和准入制度。建立完善符合中医药特点的人才评价体系,强化中医思维与临床能力考核,将会看病、看好病作为中医医师的主要评价内容。研究建立中医药人才表彰奖励制度。研究优化中医临床疗效评价体系,探索制定符合中医药规律的评价指标。通过同行评议、引进第三方评估等方式,完善有利于中医药创新的科研评价机制。

2. 健全现代医院管理制度。建立体现中医医院特点的现代医院管理制度,落实党委领导下的院长负责制,推动公立中医医院发展方式从规模扩张转向提质增效和中医内涵式特色发展,运行模式从粗放管理转向精细化管理,资源配置从注重物质要素转向更加注重人才技术要素。推进公立中医医院人事管理制度和薪酬分配制度改革,落实"两个允许"要求。

落实公立中医医院总会计师制度。建立完善中医医疗质量管理与控制体系，推进中医病案质量控制中心和中药药事管理质控中心建设。完善中医医院院感防控体系。构建和谐医患关系，改善中医医务人员工作环境和条件，在全社会营造尊重中医的良好氛围。

3. 完善中医药价格和医保政策。建立以临床价值和技术劳务价值为主要依据、体现中医药特点的中医医疗服务卫生技术评估体系，优化中医医疗服务价格政策。在医疗服务价格动态调整中重点考虑中医医疗服务项目。医疗机构炮制使用的中药饮片、中药制剂实行自主定价，符合条件的按程序纳入基本医疗保险支付范围。改善市场竞争环境，引导形成以质量为导向的中药饮片市场价格机制。将符合条件的中医医疗服务项目和中药按程序纳入基本医疗保险支付范围。探索符合中医药特点的医保支付方式，遴选和发布中医优势病种，鼓励实行中西医同病同效同价。一般中医诊疗项目可继续按项目付费。继续深化中医药参与按床日付费、按人头付费等研究。支持保险公司、中医药机构合作开展健康管理服务，鼓励商业保险机构开发中医治未病等保险产品。

4. 改革完善中药注册管理。优化中药临床证据体系，建立中医药理论、人用经验和临床试验"三结合"的中药注册审评证据体系，积极探索建立中药真实世界研究证据体系。探索中药饮片备案、审批管理，优化医疗机构中药制剂注册管理。推进古代经典名方目录制定发布，加快收载方剂的关键信息考证。

5. 推进中医药领域综合改革。建设10个左右国家中医药综合改革示范区，鼓励在服务模式、产业发展、质量监管等方面先行先试，打造中医药事业和产业高质量发展高地。开展全国基层中医药工作示范市（县）创建工作。开展医疗、医保、医药联动促进中医药传承创新发展试点，发扬基层首创精神，完善更好发挥中医药特色优势的医改政策。

（十）强化中医药发展支撑保障

1. 提升中医药信息化水平。依托现有资源持续推进国家和省级中医药数据中心建设。优化升级中医馆健康信息平台，扩大联通范围。落实医院信息化建设标准与规范要求，推进中医医院及中医馆健康信息平台规范接入全民健康信息平台。加强关键信息基础设施、数据应用服务的安全防护，增强自主可控技术应用。开展电子病历系统应用水平分级评价和医院信息互联互通标准化成熟度测评。鼓励中医辨证论治智能辅助诊疗系统等具有中医药特色的信息系统研发应用。

2. 建立国家中医药综合统计制度。逐步完善统计直报体系，建立与卫生健康统计信息共享机制。加强综合统计人才队伍建设，构建统一规范的国家中医药数据标准和资源目录体系，建设国家、省级中医药综合统计信息平台，建立统计数据定期发布机制，稳步推动数据资源共享开放。

3. 加强中医药法治建设。深入推进中医药法贯彻实施,完善中医药法相关配套制度。推动制修订相关法律法规和规章,加强对地方性法规建设的指导。进一步推进全国人大常委会中医药法执法检查报告及审议意见落实工作。建立不良执业记录制度,将提供中医药健康服务的机构及其人员诚信经营和执业情况依法依规纳入全国信用信息共享平台。强化中医药监督执法工作,健全长效机制,落实执法责任,加强人员培训,完善监督执法规范,全面提高中医药监督能力和水平。

4. 深化中医药军民融合发展。加强军地双方在中医药学科建设、科技创新、人才培养等方面的合作,完善工作机制和政策措施,畅通信息交流渠道,加快军事中医药学科全面建设与发展,提高军队中医药整体保障水平。

专栏 11　中医药支撑保障建设

1. 基层中医药信息化能力提升项目。推动中医馆健康信息平台升级改造,扩大中医馆联通范围。以县级中医医院为重点,提升基层中医医疗机构信息化水平。

2. 中医药综合统计体系建设。依托现有机构建设国家、省级中医药综合统计平台,构建统一规范的国家中医药数据标准和资源目录体系,加强人才队伍建设,构建中医药综合统计体系。

3. 新兴信息技术与中医药结合应用研究项目。支持中医医院应用人工智能、大数据、第五代移动通信(5G)、区块链、物联网等新兴信息技术,推动中医辨证论治智能辅助诊疗系统、名老中医经验传承系统等临床应用。

4. 中医药监督能力建设。开展虚假违法中医医疗广告监测,建立健全会商机制,提高有关突发事件处置能力。加强人员培训,提高专业水平和业务能力。

四、强化组织实施

(一)加强组织领导。强化国务院中医药工作部际联席会议办公室统筹职能,加强工作协调,及时研究和推动解决中医药发展重要问题。各省(自治区、直辖市)要完善中医药工作跨部门协调机制,支持和促进中医药发展,推动将中医药相关工作纳入政府绩效考核。建立健全省、市、县级中医药管理体系,合理配置人员力量。

（二）**强化投入保障**。各级政府通过现有资金渠道积极支持中医药发展，落实对公立中医医院的办医主体责任。支持通过地方政府专项债券等渠道，推进符合条件的公立中医医院建设项目。引导社会投入，打造中医药健康服务高地和学科、产业集聚区。鼓励金融机构依法依规为符合条件的中医药领域项目提供金融支持，进一步完善中医药发展多元化投入机制。

（三）**健全实施机制**。加强国家和省（自治区、直辖市）两级规划衔接。强化规划编制实施的制度保障，建立监测评估机制，监测重点任务、重大项目、重大改革举措的执行情况，进行中期、末期评估，及时发现并解决重要问题，确保本规划顺利实施。

（四）**注重宣传引导**。做好政策解读和培训，加强正面宣传和科学引导，大力宣传中医药传承创新发展成效，及时回应群众关切，营造良好社会氛围。及时总结提炼地方好的做法和经验，加强典型报道，发挥示范引领作用。充分发挥各方面积极作用，形成全社会共同关心和支持中医药发展的良好格局。

——国务院办公厅关于印发"十四五"中医药发展规划的通知（2022年3月3日）

附录二
"十四五"中医药科技创新专项规划

为加强中医药科技创新,依据《中华人民共和国国民经济和社会发展第十四个五年规划和2035年远景目标纲要》《中医药发展战略规划纲要(2016—2030年)》,制定本规划。

一、形势与需求

(一)战略意义

中医药是中华民族的瑰宝,也是打开中华文明宝库的钥匙,蕴涵着深厚的科学内涵。党的十八大以来,以习近平同志为核心的党中央把中医药工作摆在更加突出的位置,出台了一系列推进中医药事业发展的重要政策和措施。2019年10月,中共中央、国务院发布《关于促进中医药传承创新发展的意见》,为新时代传承创新发展中医药事业进行系统布局。在抗击新冠病毒疫情中,中医药发挥了不可替代的作用,再次彰显中医药的战略价值。科技创新是促进中医药传承创新发展的关键。贯彻落实中央有关精神和新时期国家战略,迫切需要加强科技创新,支撑中医药事业和产业高质量发展。

(二)科技创新发展成效显著

"十三五"以来,在多部门的协同推进下,中医药科技创新能力持续提升。科技创新成果不断转化应用,为提高中医临床疗效、保障中药质量、促进中医药产业高质量发展提供了重要科技支撑。

1. 在挖掘和传承方面,抢救、保护、整理、出版了800余种中医药古籍文献,整理了150余部民族医药文献,中医药信息化标准、名词术语系统、文献库和知识库取得积极进展;将中医药信息、知识、病例、成果数据化,开发用于辅助中医传承与医案分析的信息系统,完成一批名老中医的现代传承挖掘研究,中医药挖掘和传承的数字化、信息化水平显著提升。

2. 在重大疾病治疗方面，在慢性心力衰竭、中风、糖尿病、慢性肾病、脏器纤维化等重大慢病领域，中医药临床研究取得重大进展；针刺治疗慢性功能性便秘、妇女压力性及混合型尿失禁、偏头痛、过敏性鼻炎等方面获得高级别循证医学证据；中医药全面深度介入新冠肺炎的防控救治，在预防、治疗、康复等方面均发挥重要作用，成为抗疫中国方案的亮点之一。

3. 在中药资源保障和药物研发方面，雪莲、人参等药用植物资源规模化培养、产业化生产等共性关键技术获得突破，120种大宗或道地药材实现规范化种植，超过60种中药材开展生态种植，全国中药材生产技术体系基本形成；桑枝总生物碱片等创新中药，"抗疫三方"清肺排毒颗粒、化湿败毒颗粒、宣肺败毒颗粒获批上市，中药新药创制取得新进展。

4. 在标准化研究方面，中医药标准体系初步建立，中医药国际标准制定的主导权与话语权有了较好体现，"十三五"期间国际标准化组织（ISO）颁布了37项中药国际质量标准，中药国际注册持续有效推进。

5. 在平台基地建设方面，建设中医类国家临床医学研究中心2个、国家级中医临床研究基地40个，持续推进国家工程（技术）研究中心、国家工程实验室建设，中医药科技创新体系进一步完善。

6. 在民族医药创新方面，持续推进民族医药文献整理与适宜技术筛选推广，民族医药产业竞争力日益提升。

（三）科技创新需求更加迫切

当前，新技术不断融入，为适合中医药的方法学体系创建提供新契机，为中医药科技创新的重大突破带来新希望，也为促进传统中医学和西医学的互融共通提供新机遇。

但是，中医药发展仍面临着传承不足、创新不够的局面。长期应用的中医药疗法缺乏高质量循证证据，用现代科学解读中医药学原理的能力不足；部分优势病种的中医疗效优势凸显不够；中药材质量良莠不齐；中药新药创制存在瓶颈，上市中药产品改良创新不够；中医药人才队伍比较薄弱。迫切需要我们加强创新突破，加快推进中医药现代化进程。

二、指导思想与基本原则

（一）指导思想

以习近平新时代中国特色社会主义思想为指导，深入贯彻落实党的十九大和十九届历次全会精神，按照创新、协调、绿色、开放、共享的新发展理念，深入实施创新驱动发展战略和健康中国战略，扎实推动《中共中央　国务院关于促进中医药传承创新发展的意见》落地见效，坚持"四个面向"，着眼世界医学科技前沿和我国人民健康的需求，聚焦重大科学问题、重大疾病难题、关键技术节点、自身发展瓶颈，遵循中医药发展规律和特点，传承精华，守正创新，推动中医药事业与产业高质量发展，全面提升中医药的临床价值、科技价值、经济价值，推动中医药原创优势转化为中国特色医疗卫生服务模式和健康产业的核心竞争力。

（二）基本原则

1. 遵循规律。坚持理论自信，遵循中医药发展规律，围绕"传承精华、守正创新"的核心任务，既要充分发挥中医药原创思维优势，又要广泛运用前沿技术，实现创新路径多元化，加快推进中医药现代化、产业化。

2. 强化协同。立足"四个面向"，聚焦我国卫生健康领域的重大需求，瞄准世界医学科技前沿，加强中西医协同，切实提升中医药重大疾病诊疗水平。

3. 汇聚资源。充分释放各类中医药创新主体的创新活力，融汇创新要素优化中医药科技资源配置，着力突破战略性重大科学问题和技术难题，促进中医药科技创新成果转化与应用。

4. 统筹部署。广泛动员、系统谋划、科学规划、全面论证、统筹部署，协调相关创新主体，创新组织模式，加强绩效评估，动态调整、有序推进。

三、发展目标

（一）总体目标

到2025年，基本形成符合中医药自身发展规律和特点的中医药科技创新体系，取得一批引领中医药创新发展的重大成果，形成一批彰显中医药优势的诊疗方案，突破一批提升中药质量水平的关键核心技术，研发一批具有示范作用的中医药关键技术装备，进一步提升中医药防治重大疾病能力，促进中医药产业升级，为提高国民健康水平、助推健康中国建设提供科技支撑。

（二）具体目标

推动中医原创理论系统化诠释与创新。传承发展中医药理论体系，开展中医核心原创理论科学内涵的实证研究；系统诠释代表性中药功效的物质基础；建立中医药特色的创新研究方法与评价关键技术。

加强中医药精华传承与利用。深化中医古籍文献挖掘与利用；建设集成化的名老中医诊疗智慧平台；发掘、整理名老中医传统诊疗经验。

提高中医药疾病防治能力。重点阐释心脑血管疾病等重大疾病的核心病机，形成具有临床优势的创新疗法；形成5~8个中医药防治重大疾病的优化方案，取得临床循证证据并进入高级别的临床指南;储备一批重大疫病中医药防治技术,筛选一批有效中药处方/中成药;研发中医"治未病"评测技术,丰富中医"治未病"服务技术体系;阐明中医康复的作用优势,形成中医康复技术规范及相关指南;推动现代针灸理论创新发展,完善2～3种非传统疗法的循证评价与理论阐释。

促进中药质量提升和产业发展。优化中药材生产技术,构建生态种植技术体系;阐明一批中药活性成分的生物合成途径;开展中药材全过程质量控制体系示范性研究;建立数字化中药标准物质数据库等中药质量大数据平台,提升中药质量控制水平。

加强中药新药创制与产品研发。建立中药有效性及安全性标准化评价技术平台;开展中药新药转化关键技术、改良型新药研发关键技术研究;立足区域性优势中药材,构建中药饮片大品种的分级标准、品质溯源、生产过程控制技术体系;开展中药大健康产品研发和关键技术研究。

强化中医药关键技术装备研发。研制中药农业、饮片加工、中成药制造、仓储流通、中药调剂等关键研制智能装备;研制中医诊疗、健康管理仪器设备。

推进中医药创新基地平台建设。统筹推进中医药领域全国重点实验室、国家技术创新中心、国家临床医学研究中心等创新平台建设,打造中医药领域战略科技力量。

推动民族医药创新发展。开展民族医药特色诊疗技术整理、评价与规范化示范应用;开展特色民族药资源发掘与综合开发利用研究,提升民族医药产业核心竞争力。

四、重点任务

(一)中医药理论诠释与创新研究

1. 中医原创理论诠释与创新

大力开展中医原创理论的实证研究,搭建方法学平台,丰富和发展藏象、证候等中医特色理论。开展源于临床实践的中医理论研究,创新重大疾病的病机理论和治法。

专栏 1　中医原创理论诠释与创新

1. 中医原创理论传承发展。深入研究中医对生命、健康、疾病认知的新理论,推动包括藏象、精气血津液、经络、病因病机、体质、养生等理论的传承发展;深化中医原创理论应用研究,总结与提炼中医名家、学派的创新理论;挖掘中医理论传承与创新发展规律,发挥中医理论对临床实践和产品研发的指导作用。

2. 中医原创理论的现代诠释。开展以藏象理论为核心的人体生理病理规律研究,推动中医理论的原始创新,为生命科学贡献中医智慧;开展证候的现代科学内涵、诊断与疗效评价标准研究,探索以证候为核心的疾病分类体系,助力临床精准诊疗。

3. 重大疾病的病机和治法创新。基于临床实践,遵循中医思维开展疾病诊疗规律研究,在病因病机、治则治法等方面提出创新观点,并进行临床验证,揭示科学内涵,创新心脑血管、肿瘤、代谢病、呼吸病、消化病等重大疾病的理法方药,提高临床疗效。

2. 中药核心功效与配伍的科学表征研究

采用多学科交叉研究手段阐释中药核心功效与配伍机制的科学内涵,开发中药药性、功效表征新技术。开展复杂疾病的中药多系统、多靶点干预体系研究,创新中药配伍研究的方法。

专栏 2　中药核心功效与配伍的科学表征研究

1. 中药核心功效科学表征技术。集成人工智能、系统生物学等前沿技术,以代表性中药功效为切入点,开展中药功效复杂效应多维表征研究,建立中药功效的多成分—多靶点—多效应关联规律解析技术,揭示代表性中药功效的生物学基础。

2. 复杂疾病的中药多系统多靶点干预机理研究。以临床有效方药为工具,开展中药(方剂)干预复杂疾病的优势及机制研究;以药钓靶,开展复杂疾病的新靶点及其整合效应机制研究;以靶选方,开展针对多靶点的成分组合优化研究,创新中医组方配伍理论;构建适用于多系统、多靶点整合干预模式研究的创新方法。

3. 中医药循证医学方法学体系优化

建立并完善具有中医药特色、国际公认的临床评价方法学体系和关键支撑技术;夯实中医药标准化基础,完善中医药证据分级标准,形成国际认可的疗效评价标准,制定临床实践指南、临床研究报告规范和指南评价体系;在符合中医药临床实际的真实世界中整合循证医学与叙事医学,在特定临床情境中开展共同决策和疗效评价的实践模式与流程研究。

专栏3　中医药循证医学方法学体系优化

1. 中医药特色方法学体系与临床评价关键技术的建立。吸纳当前国际临床评价方法学成果,建立临床研究实施过程的相关标准规范,加强临床研究信息化建设,探索与建立中医药临床研究设计方法和评价指标,开展高质量临床研究,形成中医药特色临床评价的关键技术。

2. 构建并完善中医药特色的临床实践指南规范及评价体系。遵循规范标准,突出中医药理论特色,完善中医药证据分级标准,推动国际认可。建立并优化中医药临床实践指南及评价标准体系,研制系列临床研究报告规范并推广使用。

3. 中医循证医学与叙事医学的整合。整合循证医学与叙事医学优势,开展医疗决策及疗效评价模式的方法学研究,优化治疗方案,促进临床诊治和研究方法学体系的规范化和标准化。

（二）中医药精华传承与利用研究

1. 中医药古典医籍挖掘与利用

加强古籍的普查与回归,推动对中医药国际化传播的历史考证;开展本草考古研究;开展面向临床需求的中医古籍文献整理、挖掘和出版,促进中医古籍的现代转化利用;利用人工智能等现代技术手段,开展源于古籍的中医经典理论现代重构研究,全面提升中医药古籍保护能力、挖掘与利用水平。

专栏4　中医药古典医籍挖掘与利用

1. 开展本草考古研究。开展古代药物基原研究,揭示药物起源的背景以及在不同地区与文化体系之间的传播和交流;阐明古代先民对药物的利用历史,复原先民的用药经验;重建中医药文化遗存的时空框架,厘清中医药发展的历史脉络。

2. 开展传统医学古籍、文物调查研究。推动对中医药国际化传播、演变的历史考证,挖掘整理具有中医药特色的诊疗技术与方案。

3. 面向临床需求的中医古籍文献挖掘利用。开展重大疾病或优势病种的中医古籍文献整理与出版;构建中医经典理论知识库,基于大数据、人工智能等技术,将隐性知识显性化,揭示中医知识领域的动态发展规律,发现疾病的新治疗策略。

2. 名老中医诊疗经验集成与智慧诊疗系统开发

基于名老中医临证经验与学术思想,结合人工智能、大数据等信息技术,模拟名老中医临床辨证论治的思维过程,挖掘其诊疗规律。集成名老中医诊疗智慧,开发辅助青年医师传承名老中医经验的辅助系统,提升传承效率。

专栏 5　名老中医诊疗经验集成与智慧诊疗系统开发

1. 开发名老中医智慧共享系统。利用人工智能、大数据等信息技术,建立大规模、多样化、综合性的名老中医经验传承知识中心,形成中医诊疗智慧共享系统,提高名老中医经验传承效率,向基层卫生医疗机构推广。

2. 名老中医经验的临床评价与推广。采用混合研究方法,评价名老中医临床经验的可靠性、有效性和稳定性,形成数据库、治疗方案,并在临床上推广应用。

3. 中医各家学说与学术流派研究。深入研究具有代表性的中医学术流派,对其渊源和特色进行梳理,建立中医各家学说与学术流派知识库,构建学术流派谱系。

---

3. 中医药特色诊疗技术整理与利用

加强对民间医药及特色诊疗技术的挖掘整理与利用,形成中医药传统知识评价体系,探索传统知识成果转化模式,建立保护、评价与转化体系。

专栏 6　中医药特色诊疗技术整理与利用

1. 民间医药及特色诊疗技术的保护与利用研究。针对临床需求,开展民间医药及特色诊疗技术、方法、方药、器械等挖掘整理,对其有效性及安全性进行评价,形成技术应用规范,建立民间医药与特色诊疗技术的筛选与评价体系。

2. 开展中医药传统知识评价体系建设与疗效验证研究。构建中医药传统知识评价标准,对中医药传统知识保护数据库中收集的内容进行科学评价,形成有效运行的评价体系,对适宜技术开展临床疗效验证研究。

4. 民族医药传承与创新

加强民族医药传承保护与理论研究;开展民族医药临床疗效评价,制定特色诊疗技法规范与标准;持续开展民族药用资源品种整理,促进综合开发利用和新药研制。

专栏7　民族医药传承与创新

1. 民族医药传承保护与理论研究。立足体系较为完整的民族医药,开展理论梳理、诊疗技术、特色用药等研究,体系化提升民族医药学的研究水平。

2. 民族医药医疗服务能力提升关键技术研究。以具有临床优势、特色突出的民族医药优势病种为重点,开展临床疗效评价技术研究;建立民族医药特色诊疗数据库,遴选一批民族医药特色诊疗技法并开展评价研究,形成特色诊疗技法规范与操作规程,促进示范推广。

3. 民族药资源整理与标准研究。遴选民族医药临床常用特有品种、成方制剂常用原料,重点厘清药材品种基原、规范相关名词术语,并制定质量标准;在民族药数据库与信息网络化共享平台基础上,开展民族药用资源可持续利用评估、替代资源发掘与评价研究。

4. 民族药资源再生技术研究。完善民族药材生产与生态保护,开展特色、常用民族药资源再生技术研究,形成药材生产与生态保护协同发展模式,推动民族药资源产业发展。

5. 民族药新药研究。基于临床优势、特色突出的民族医疗机构制剂以及民族特色药用资源,开发新药。

6. 民族药制药产业技术提升。以已上市民族药制剂大品种为对象,开展原料控制、制药工艺、制剂技术、质量标准研究,提升民族药产业核心竞争力。

(三) 中医药防治疾病关键技术研究

1. 重大疾病中西医结合防治关键技术研究

聚焦肿瘤、代谢相关疾病、心脑血管病、免疫相关疾病、慢性肾脏病、感染性疾病等重大疾病,充分发挥中医药、中西医结合的优势特色,系统开展中医药临床疗效评价及机制研究,切实提高中医药防治重大疾病能力。

专栏8 重大疾病中西医结合防治关键技术研究

1. 重大疾病中医药/中西医治疗方案的临床及转化研究。围绕中医/中西医诊疗方案成熟、具备一定前期基础的重大疾病，针对优势环节开展科学合理的临床疗效评价，规范留取生物样本，开展多组学研究，客观评价有效性和安全性，探索疗效机制的相关生物标志物，制定若干循证实践指南。

2. 重大疾病中医专病队列研究。围绕重大疾病，按统一标准和规范，系统整合大样本人群社区队列和临床队列，进行长期随访，观察远期疗效及预后，建立样本库，整合中西医临床信息，建立可开展预后研究的随访数据库。

3. 重大疾病中医预防研究。针对重大疾病的一级预防，基于"家庭—社区—医院"联动模式，在中医治未病理论指导下，开展健康状态监测、疾病风险预警示范研究，有效控制疾病风险因素，通过便携式设备及软件系统，实现便捷、高效的健康管理。

4. 重大疾病中西医结合诊疗模式创新研究。针对重大疾病，融合中医证候阶段性认识与西医对疾病全过程认识，在"病"与"证"之间，寻求实现中西医诊疗对接的路径，构建中西医优势互补的诊疗方案，并开展临床循证研究，获得体现中西医优势互补的高质量循证证据，发布诊疗指南。

2. 重大疫病中医药和中西医结合防治关键技术研究

针对新冠病毒等新发突发重大疫病，以提高应急能力和临床防治水平为目标，系统开展监测预警、理论创新、临床评价及阐释疗效机制等研究，切实提高中医药防治疫病的能力和水平。

专栏9 重大疫病中医药和中西医结合防治关键技术研究

1. 重大疫病应急能力提升。结合气象学、流行病学、人工智能等，开展基于中医理论的疫病监测预警研究；针对疫病特点，开展中西医结合综合救治关键技术研究，制定疫病"家庭—社区—医院"的联合应对预案，并跟踪随访疫病患者的长期预后，形成中医药应对新发突发传染病的一体化技术体系。

2. 重大疫病的临床疗效评价及作用机制研究。选择研究基础扎实的中医/中西医结合诊疗方案，采用多中心、大样本的临床随机对照试验或大样本的真实世界研究，开展若干重大疫病的临床疗效评价,客观评价有效性和安全性,为中医干预疫病提供高质量证据;以中医理论为指导,以"证""核心病机"为切入点,利用系统生物学技术,解析中医药疗效机制科学内涵。

3. 优势病种与疑难疾病中医诊疗规律系统化研究

针对现代医学尚缺乏理想治疗方法的疑难疾病,深入挖掘名老中医临床经验和经典名方,充分发挥中医药的潜在优势;针对中医优势病种,开展临床循证研究并获得高级别临床证据,形成中医优势病种临床诊疗路径。

专栏10 优势病种与疑难病中医诊疗规律系统化研究

1. 开展疑难疾病中医研究。针对多发性硬化、运动神经元病、重症肌无力等疑难疾病,充分挖掘名老中医经验,开展注册登记研究,探讨疑难病的中医诊疗规律,进行中药制剂与产品研发,提高防治疑难病的临床疗效。

2. 开展中医药防治优势病种或优势环节的临床研究。针对消化、妇科、免疫性等疾病,充分发挥中医药特色优势,开展基于循证的临床研究,凸显中医药临床疗效优势。

3. 中医药防治优势疾病的临床与基础整合研究。围绕中医药优势疾病或疾病的优势环节,融合中医四诊信息和人类表型组学信息,阐释疗效机制,确定客观化用药指征,促进临床推广与应用。

---

4. 中医"治未病"评测技术升级与服务示范研究

聚焦重大疾病预防和特定健康状态干预,立足中医"治未病"理论,围绕理论挖掘整理、共性技术研究、健康干预等关键问题,充分利用人工智能、物联网、大数据等技术,提升中医"治未病"的能力和水平。

专栏11 中医"治未病"评测技术升级与服务示范研究

1. 建立人体健康状态辨识评测指标及评价方法。借助生物电磁、多参数传感等技术,针对中医"平人"状态和代谢类慢病指标异常状态,构建宏微观结合、多维度整合的人体健康状态辨识评测指标及评价方法。

2. 构建"平人—未病—欲病—已病"动态监测和管理信息平台。面向医院、基层社区和家庭"治未病"服务应用场景,构建动态监测和管理信息平台,以系列中医"治未病"服务包为形式,开展体质辨识、养生保健和医养结合应用示范与推广。

3. 研制儿童青少年近视中西医结合防控方案。在"治未病"理论指导下,深入挖掘防控技术,搭建近视防控诊疗策略、机制、方案于一体的具有中医特色的技术体系,形成儿童青少年近视中西医一体化综合防控方案。

5. 中医药康复方案优化与临床评价

围绕常见致残性疾病开展中医康复临床及机制研究,获得高质量临床循证证据,形成可复制、可推广的中医康复诊疗方案。

专栏 12　中医药康复方案优化与临床评价

1. 开展中医核心康复技术的循证评价。围绕神经系统疾病、心肺疾病、骨骼肌肉疾病、代谢病等所导致的主要功能障碍,从介入时点、功能改善、康复病程、成本效益等方面阐明中医康复的治疗优势,优化形成临床指南、技术规范等并推广应用。

2. 开展中医康复的结局评价方法研究。研制敏感度和特异度较高的中医康复评价工具,探索建立符合中医临床需求的结局评价方法。

(四)现代针灸理论与循证医学研究

围绕针灸学科与学术发展的核心问题,对针灸理论进行现代表达与系统构建,阐明针灸诊疗规律,构建符合中医针灸特点且国际公认的针灸临床评价体系和证据体系,揭示针灸穴位对机体功能的调控规律及其科学机制。

专栏 13　现代针灸理论与循证医学研究

1. 针灸对机体调节效应规律的系统研究。以体表刺激对机体稳态的调控为突破点,研究针灸对神经—内分泌—免疫网络等多系统、多环节调节作用,揭示针灸等体表刺激对脏腑功能、免疫—炎症、内分泌—代谢等方面的调节效应及机制,全面阐明针灸不同穴位对机体调节效应的规律。

2. 针灸理论内涵的现代表达研究。系统梳理与深入考辨针灸理论的科学内涵,完善传统针灸理论体系,运用现代语言表达传统针灸理论的内涵与结构,纳入现代临床、基础科研成果,丰富理论内涵。

3. 针灸证据体系构建及临床疗效评价研究。遵循循证医学基本规范,综合古代文献、专家经验、现代临床研究及卫生经济学评估等多维度证据,形成针灸优势病种证据体系,为临床决策和指南制定提供有效证据。

(五)中药全链条质量保障技术研究

1. 中药资源保护与利用关键技术研究

深度挖掘中药资源普查数据、标本实物和文献资料的科学价值,建立中药资源基础信息平台,开展珍稀濒危资源的人工繁育或替代品研究,服务中药资源保护、开发和利用。

专栏 14　中药资源保护与利用关键技术研究

1. 建设中药资源基础信息平台,开展中药材生产布局研究。依托全国中药资源普查数据和实物资料,构建支撑中药资源评估、监测、中药材生产统计的基础信息平台,开展中药资源的空间分布规律研究、中药材主产区变迁的驱动因素研究、空间分布格局形成的机理研究、中药资源和产业发展空间格局研究,指导中药材生产布局。

2. 珍稀濒危中药资源人工繁育或替代品研究。开展珍稀濒危中药资源的种质资源收集,对繁育和种植养殖技术无法快速突破的品种开展替代品种挖掘与开发研究。开展珍稀濒危中药资源的生长发育、繁殖特性等生物学特征研究,研制出具有突出特征的品种或品系,并形成相应生产示范基地。

3. 关键中药活性成分的生物合成研究。针对有临床应用前景、化学结构独特的中药活性成分,运用结构生物学、生物信息学、合成生物学等技术方法,开展生物合成途径解析及生物合成酶的催化机制研究,实现中药活性成分的体外高效制备。

---

2. 道地药材品质特征及质量保障研究

开展大宗、典型道地药材的特征鉴别、形成机制、保护及利用等研究,揭示道地药材的特征物质基础和形成原因,建立道地药材鉴别、评价标准及质量控制体系,促进道地药材资源保护和利用。

> **专栏 15　道地药材品质特征及质量保障研究**
>
> 1. 道地药材特征物质基础研究。开展道地药材化学成分变化规律及其影响因素研究,明确道地药材化学成分的特征配比或独特化学生态型,建立道地药材化学成分数据库及特征指纹图谱库,构建基于种内多样性的评价标准和质量控制体系。
>
> 2. 道地药材成因及品质保障。针对遗传为主因的道地药材,研究其品质形成的表观遗传规律及机理,形成生产及品质调控技术指南及示范应用。针对环境为主因的道地药材,构建产地真实性溯源数据集,形成产地溯源系统。
>
> 3. 道地药材鉴别及品种选育。建立中药材基因组、转录组等数据库,指导道地药材鉴别,辅助中药材新品种的选育。建立分子育种和传统选育相结合的综合技术,加快中药材的选育进程,促进道地药材的保护与利用。

3. 中药材生态种植技术体系研究

针对中药材种植中存在的瓶颈问题,开展中药材生态种植技术、土壤保育和修复技术、中药材品质形成机制,主要病虫害发生的生物学机制及生物防治技术研究,集成创新中药材生态种植标准化技术模式,面向适生地区示范推广。

> **专栏 16　中药材生态种植技术体系研究**
>
> 1. 中药材生态种植技术研究和推广。以生产高品质中药材为目标,选择适宜地区规模化种植的中药材,系统构建以农艺措施、生物防治、拟境栽培、资源循环等各种综合技术为主体的生态种植模式及配套技术,及基于产地加工的外源污染物控制技术,形成参数优化的道地药材生态种植技术模式,并面向适生地区示范推广。
>
> 2. 主要病虫害发生的生物学机制及生物防治研究。开展主要病虫害成灾规律和机制研究,探索有害生物与中药材互作的机理;开展中药材病虫害综合防治技术和绿色高效防控关键技术研究。

3. 中药材栽培土壤的保育技术研究。研究土壤微生物多样性及其对中药材品质的影响,解析土壤菌群失衡机制,挖掘土壤病原菌和益生菌,开展以土壤保育和生态修复为主线的中药材绿色肥料及配套技术研制。

4. 中药质量提升及保障体系研究

针对中药生产、流通和监管的现实需求,以全面提高中药质量稳定性和可控性为目标,探索大数据、云计算、物联网和人工智能等新技术应用,重点突破现场预检、质量溯源等中药质量过程管控的关键技术,推动中药监管科学研究,促进中药质量提升。

专栏17　中药质量提升及保障体系研究

1. 中药材、饮片现场预检技术研究。基于中药传统经验鉴别与现代科技深度融合,借助分子鉴定、化学评价、生物效应评价技术,实现传统经验鉴别的信息化、客观化,建立中药现场预检技术方法,满足中药监管在第一现场初步预判中药产品质量概况的现实需求。

2. 中药质量信息规范化、标准化、数字化研究。面向中药智能化生产、全过程质量溯源的现实需求,建立中药性状、遗传、化学、物理等多维质量信息的全面规范化、标准化规则,实现质量信息的全面数字化;建设中药质量信息大数据平台和中药标准品数字化平台;建立和完善可追溯体系配套技术,实现中药全程可溯源监管。

3. 中药监管科学研究。重点围绕市场质量问题突出的中药品种,针对其掺杂使假问题,针对性地建立快速、便捷、低成本的检测技术方法。针对中药分析检测瓶颈技术问题,如多糖、蛋白等生物大分子检测,开展分析方法研究。

---

5. 中药标准化研究

研究制定一批国际、国内认可的中药国家标准、行业标准、团体标准。选择临床应用广泛、国际认可度高、出口份额大的常用中药材、配方颗粒及中成药大品种,开展质量标准研究,提升中药标准化水平。

专栏18　中药标准化研究

1. 道地药材质量标准提升研究。加强道地药材质量标准的基础研究,突破基于道地性和生产规范性的中药材及饮片质量优劣评价方法,开展50~100种常用道地药材及饮片现代质量标准研究,形成道地药材认证技术规范,健全完善道地药材质量标准体系。

2. 中药材标准体系技术研究。修订完善中药材种子种苗、土壤、道地药材、中药材生产加工技术规范、中药材生态种植技术规范、中药材商品规格等级等系列标准,建立健全优质中药材标准体系,实现中药材优质标准从生产到使用全链条覆盖。

3. 中药质量标准国际化研究。以临床应用广泛、国际认可度高、出口份额大的中药材为切入点,按照符合国际主流药典和国际标准化组织相关技术要求,开展中药质量标准研究,推动标准的国际化。

(六)中药新药创制与产品研发

1. 中药有效性及安全性标准化评价技术平台

针对中药多成分、多靶点整合起效的作用特点,开展分子、细胞、器官、整体动物多层次的有效性及安全性评价关键技术研究,构建多维度评价指标体系,建立中药有效性及安全性标准化评价技术平台,解析中药及方剂的作用原理及效应特点,实现以临床用药为导向的有效性、安全性评价。

专栏19　中药有效性及安全性标准化评价技术平台

1. 中药多层次生物效应评价关键技术研究。选取确有疗效的中药方剂,以高通量分子本草筛选平台为基础,开展中药多层次生物效应评价关键技术研究,构建中药有效性及安全性标准化评价技术平台,揭示中药多层次生物活性谱与临床疗效的关联性,形成中药药效与毒性标准化、规范化评价新方法。

2. 中药抗衰老效应多层次评价与作用解析示范研究。重点围绕干细胞活性调控、氧化—还原稳态失衡、代谢紊乱—免疫炎症等环节,系统评价中药抗多器官衰老的作用,发现关键靶标,为中药多层次生物效应评价提供示范应用。

3. 中药安全性评价示范研究。以临床真实世界为基础,选取3~5种国内外高度关注的药源性损害可疑中药品种,开展相关中药安全风险信号发现、因果关系评价、损害机制和风险防控对策研究;构建中药安全风险早期预测和防控体系,实现具有潜在安全风险中药的科学认知、客观评价、安全使用和有效防控。

2. 中药新药设计与研发关键技术

充分发挥中药新药源于临床实践与传统知识的优势,以临床价值为导向,围绕处方发现、临床定位、组分优化等关键环节开展中药新药设计技术研究,形成具有原创性的中药新药研发模式,为研制临床价值明确的创新中药与改良型新药提供支撑。

专栏20　中药新药设计与研发关键技术

1. 从临床经验向新药转化的关键技术。以古代经典名方、名老中医方、医疗机构制剂为抓手,形成临床经验评价技术,支撑处方临床价值评价,服务新药审评,突破制约处方转化为新药的瓶颈问题。

2. 中药活性成分(组分)的制备技术。构建中药活性成分(组分)富集—粗分—精制—纯化—多级程序化制备技术,突破中药高效、绿色分离制备的技术瓶颈,为工艺优化、质量控制等新药研发关键环节提供技术支撑。

3. 临床重定位的改良型新药研发关键技术。构建"中医理论—临床实践—基础研究"三维整合的中成药临床重定位关键技术,将中医理论、专家经验、临床实践等与生物大数据计算分析、实验室评价等相结合,促进上市中成药临床价值发挥。

4. 青蒿素新适应证拓展及抗疟新药储备。以弓形虫病、登革热、红斑狼疮、类风湿关节炎及肿瘤为目标,开展青蒿素类药物新适应证的评估;开展以双氧桥独特结构为基础的衍生物合成研究,构建独有的过氧桥基团化合物库,探索其增效作用,促进新药发现。

---

3. 中药制剂生产控制及创新技术研究

通过工艺优化、装备研制等方式推进中药绿色智能制造,为已上市中成药工艺变更、质量提升提供解决方案。开展中药制剂新技术研究,加强中药制剂给药装置研究、推广和应用,满足个性化、特殊化用药需求。

> **专栏 21　中药制剂生产控制及创新技术研究**
>
> 　　1. 中成药生产工艺过程优化研究。对影响中成药生产的关键影响因素(原辅料、技术方法及设备)进行研究,明确各品种生产工艺关键环节以及工艺变更对产品质量的影响程度,优化工艺,确保中成药质量的一致性。
>
> 　　2. 中药工程化共性关键技术研究。为推动中药制剂生产的高效、绿色、节能减排生产,重点对符合中药特点的浸提技术、精制技术、浓缩技术等开展应用基础研究,解决中药实际生产过程中能耗高、自动化程度低、连续生产困难等问题。
>
> 　　3. 新型辅料及创新给药装置研究。针对鼻腔、肺部、关节等特殊部位以及儿童、老年人等特殊用药需求,基于释药部位的生理特性,开展安全、高效、便捷的释药技术、新型辅料及给药装置的研究,满足特殊用药需求的可及性与便利性。

4. 中药炮制智能化与饮片大品种研究

立足区域性优势饮片大品种,开展质量溯源、生产过程控制技术研究,实现饮片生产关键环节在线质量检测与反馈控制,为饮片生产自动化、智能化提供关键技术支撑。

> **专栏 22　中药炮制智能化与饮片大品种研究**
>
> 　　1. 中药饮片大品种质量提升。以中药材产地加工与炮制一体化生产模式为切入点,开展生、制饮片质—效内涵的差异性和关联性研究,揭示中药材—炮制过程—饮片产品质量传递规律,明确饮片关键质量属性,建立优质饮片标准。
>
> 　　2. 开展中药饮片智能化生产技术研究。继承传统炮制技术及老药工经验,融合装备技术、自动化控制技术和在线检测技术,开展饮片智能化生产装备接口及规范化标准化研究,为中药饮片生产智能化奠定基础。
>
> 　　3. 中药配方颗粒质量标准、稳定性及智能生产工艺研究。以潜在安全性风险的中药品种为切入点,研究传统中药饮片与配方颗粒剂量与效应、安全性关系。完善常用中药配方颗粒质量标准体系,开展配方颗粒智能化生产技术及稳定性研究。

5. 中药材大品种深度开发及产品创制

以临床价值、市场需求为导向,系统阐述中药功效对不同人群的影响,选择代表性中药材大品种进行深度开发和健康产品创制,构建中药资源循环利用产业链,促进中药大健康产业提质增效,向高端化、国际化发展。

专栏 23　中药材大品种深度开发及产品创制

1. 中药相关功效的现代科学诠释及功能因子发现。通过多学科交叉研究,科学诠释中药"补气""补血"等传统功效,阐述对健康人群生命周期、易感人群免疫力提升、慢病风险人群体质改善的影响,发现功能因子作用靶点,解析效应机制,为中药大健康产品研发提供科技支撑。

2. 多元化中药健康产品创制和关键技术研究。以养生保健和干预疾病风险因素为重点,围绕保健食品、特医食品等,开发功能因子明确、作用机制清楚的中药健康产品;开展鲜药材综合利用、生物转化等关键技术攻关,开展大规模制备产业化示范研究。

(七) 中医药关键装备研发

1. 中医诊疗关键技术与装备

围绕中医"治未病"、诊断、治疗与康复仪器研发关键技术,整合大数据、人工智能、物联网、云计算、新材料、先进制造等新技术,研制突显中医特色优势的装备,提升中医健康服务能力。

专栏 24　中医诊疗关键技术与装备

1. 中医诊断装备研发。融合人工智能、大数据、云计算等工具,研发中医预警装备,实现疾病早期预警;研发便携式智能脉诊仪、舌诊仪等诊断装备,实现中医诊断智能化、个体化、精准化。

2. 中医治疗及康复装备研发。通过医工结合研发数字化、小型化、集成化和智能化的中医治疗装备;研发具有中医特色的推拿、康复机器人和老年康复辅具等装备。

3. 中医健康管理装备研发。研发便于操作使用、适于家庭或个人的中医健康数据采集、检测/监测、分析装备,应用于中医健康管理。

2. 中药制造关键技术与装备

以共性关键技术、先进制造技术、现代工程技术为主攻方向,突破一批中药生产制造关键核心技术,研发标志性的中药关键装备,实现技术、工艺和装备的更新迭代,助推中药产业转型升级。

专栏 25　中药制造关键技术与装备

1. 中药农业关键技术装备。重点突破自动播种、幼苗移栽、精确施肥、土壤智能监测与改良、药材产收/初加工一体化及全周期信息追溯等关键技术,研发种植、养护、采收、加工的中药农业装备。

2. 中药智能制造关键技术装备。重点突破中药循环高效提取、膜分离、动态灭菌、节能乙醇回收、过程数字模拟、传感器和在线检测等技术装备。

3. 中药定制化服务关键技术装备。构建符合中药特点的医院制剂技术体系,形成柔性化的智能制造装备协同体,搭建基于"理法方药"的制造大数据云平台,满足个性化定制服务需求。

五、保障措施

(一)加强领导,协同推进

充分发挥国务院中医药工作部际联席会议制度的作用,强化联席会议办公室统筹协调职责,会同各有关部门及时研究解决中医药科技创新工作中的重大问题,加强政策研究与制定的计划性和协调性。重点加强科教卫协同和中央—地方协同,优化重点学科和重点科研平台布局,构建开放共享互动的中医药科技创新网络,统筹中医药科技创新体系建设。

(二)优化评价,完善体系

充分发挥科技成果评价的"指挥棒"作用,构建科技创新质量、绩效、贡献为核心的评价导向,科学分类、多维度评价,创新评价工具和模式,健全高等院校、科研机构、医疗机构和企业协同创新机制,以中医药科研基地(平台)为支撑,形成多学科、跨行业共同参与的中医药协同创新体系,完善中医药产学研一体化创新模式。

(三)完善平台,强化支撑

持续改善科研条件,强化需求导向,将中医药科技创新平台充分融入国家科技创新基地体系,加强中医药领域全国重点实验室、国家技术创新中心、国家临床医学研究中心等多学科融合的科研平台建设,支撑中医药创新发展。

(四)培养人才,创新机制

聚焦中医药科技创新发展需求,面向全球,立足国内,选拔、培育一批国际顶尖水平的战略科学家和科技领军人才,打造一支具备国际视野、引领中医药科技创新变革的专家队伍。坚持产学研结合,鼓励和支持企业同高等院校、科研机构建立多渠道、多形式的紧密合作关系,共同培养创新人才。构建国际科技合作网络体系,积极开展国际传统医药科技合作和交流,以国际化促进中医药现代化发展。

(五)加强科普,促进传播

形成推动中医药科普与文化传播的强大合力,建立政府主导、部门协作、专家把关、媒体参与的工作机制,加大对中医药文化的宣传力度,加强和规范中医药知识普及,营造珍视、热爱、发展中医药的社会氛围。

——科技部 国家中医药局关于印发《"十四五"中医药科技创新专项规划》的通知(2022年11月10日)

附录三
中医药领域科技奖励

一、中华中医药学会获奖情况

2022年度中华中医药学会科学技术奖(含子奖项)共评选出一等奖9项、二等奖26项、三等奖39项,政策研究奖3项,学术著作奖一等奖5项、二等奖10项、三等奖30项,中青年创新人才奖及优秀管理人才奖16项,岐黄国际奖1项及2022年度中华中医药学会李时珍医药创新奖4项。其中,科学技术奖一等奖9项获奖情况如附表3-1。

附表3-1 中华中医药学会科学技术奖一等奖项目情况

项目名称	完成单位	主要完成人
以状态为核心的中医健康管理模式及关键技术与应用(202201-01)	福建中医药大学、广东固生堂中医养生健康科技股份有限公司、厦门大学、漳州片仔癀药业股份有限公司、厦门越人健康技术研发有限公司	李灿东、杨朝阳、郑项、罗志明、周常恩、林纬奇、林雪娟、吴长汶、俞洁、陈淑娇、朱龙、王洋、赖新梅、闵莉、雷黄伟
幽门螺杆菌感染胃炎中西医协作全程诊治方案的创建和应用(202201-02)	北京大学第一医院、北京中医药大学东直门医院、北京中医药大学东方医院、北京积水潭医院、中国中医科学院广安门医院	张学智、叶晖、蓝宇、胡伏莲、成虹、江锋、韩海啸、刘绍能、黄秋月、陈瑶、史宗明
络风内动病机理论和冠心病全链条干预新模式的构建与实践(202201-03)	北京中医药大学东直门医院、四川新绿色药业科技发展有限公司、承道智济(北京)科技有限公司、中国人民解放军总医院第七医学中心(原北京军区总医院)	王显、王硕仁、赵明镜、徐黎明、宫麟、朱海燕、郑相颖、谢予朋、韩文博、杨雪卿、李雪峰、王凯、任晓霞、王达洋
针刺治疗血管性痴呆的理论创新与临床应用(202201-04)	首都医科大学附属北京中医医院、北京中医药大学、天津中医药大学第一附属医院	刘存志、杨静雯、石广霞、程金莲、于建春、张雪竹、王丽琼、李倩倩、屠建锋、韩景献
中西医结合治疗妇科内分泌疾病多维评估与应用推广体系建设(202201-05)	中国医学科学院北京协和医院、厦门大学、北京中医药大学东方医院	孙爱军、王海滨、王艳芳、金哲、邓燕、朱诗扬、张斌、蹇顺

续 表

项目名称	完成单位	主要完成人
慢性骨病中药优势品种研发与上市后再评价关键技术体系创建及应用(202201-06)	中国中医科学院中药研究所、香港中文大学、北京中医药大学第三附属医院、新疆维吾尔自治区药物研究所、福建中医药大学附属康复医院、中国中药控股有限公司、通化金马药业集团股份有限公司、陕西盘龙药业集团股份有限公司、华润三九医药股份有限公司	林娜、张彦琼、刘春芳、秦岭、陈卫衡、杨伟俊、王和鸣、孔祥英、邹兰、何承辉、徐颖、周跃、荆宇、韩腾飞、潘德林
中医药真实世界数据驱动研究模式的建立与应用(202201-07)	中国中医科学院中医药信息研究所(中医药数据中心)、中国中医科学院、首都医科大学附属北京中医医院、南京中医药大学、上海百岁行药业有限公司、东华医为科技有限公司	赵玉凤、李鲲、刘清泉、高国建、胡晨骏、张小平、周洪伟、谢佳东、王健、邵宝平、韩士斌、李博
基于中药现代化的中药颗粒剂产业化关键技术创新与生产体系的构建(202201-08)	鲁南制药集团股份有限公司、山东省食品药品检验研究院、中国中医科学院医学实验中心、中国中医科学院中药研究所	关永霞、林永强、范建伟、郭娜、姚景春、程国良、吴宏伟、马庆文、李冰、高艳红、李艳芳、杜昊忱、孙成宏、崔伟亮、张微
纯中药治疗2型糖尿病"三辨诊疗模式"创建与推广应用(202201-09)	开封市中医院	庞国明、张芳、朱璞、王凯锋、李鹏辉、孔丽丽、武楠、姚沛雨、王志强、周克飞、李方旭、孙扶、娄静、翟纪功、高言歌

二、中国中西医结合学会获奖情况

2022年度中国中西医结合学会科学技术奖共评出一等奖6项、二等奖15项、三等奖19项、科普奖3项。其中科学技术奖一等奖(6项)获奖情况如附表3-2。

附表3-2 中国中西医结合学会科学技术奖一等奖项目情况

项目名称	完成单位	主要完成人
益气活血、解毒通络法防治肝纤维化的临床及机制研究(20220434B)	中国中医科学院广安门医院、国家纳米科学中心、深圳市第三人民医院(南方科技大学第二附属医院)、上海中医药大学附属市中医医院、上海中医药大学附属龙华医院、陕西中医药大学附属医院	吕文良、姚乃礼、韩东、李娟梅、刘映霞、汪青楠、聂红明、赵鑫、武庆娟、汪九重、邢练军、陈兰羽、李京涛、白宇宁、邓欣、曹正民、李彦波、冯佳琪、王宁、刘靖
视网膜静脉阻塞关键证候机制与创新诊疗策略研究(20220552B)	中国中医科学院眼科医院、湖南中医药大学、成都中医药大学附属医院、上海市第一人民医院	谢立科、彭清华、郝晓凤、谢学军、吴星伟、彭俊、姚小磊、黄少兰、邓亚平、陆秉文、舒婉婷、袁航、周亚莎、张孟姣、祁怡馨、秦睿
创新糖尿病肾病中西医结合诊疗新策略与转化应用(20220611B)	中国人民解放军总医院、北京中医药大学东直门医院、广州康臣药业有限公司	蔡广研、陈香美、柳红芳、董哲毅、洪权、朱晗玉、王倩、白雪源、张伟光、黎倩、崔少远、刘晓敏、曲逸伦、王聪慧、谢惠迪
活血温通法改善冠心病缺血微环境促进心肌损伤后再生修复机制研究(20220911A)	中国中医科学院广安门医院、中国中医科学院眼科医院	姚魁武、段锦龙、王擎擎、刘甜甜、李成、李娜、张晓彤、周思敏、林建国

续表

项目名称	完成单位	主要完成人
基于药效成分的中药质量控制技术与标准(20221015C)	中国中医科学院中药研究所、山西振东制药股份有限公司、广州白云山和记黄埔中药有限公司、福建承天药业有限公司、昆明龙津药业股份有限公司	王智民、高慧敏、陈两绵、刘晓谦、李安平、王德勤、朱晶晶、秦文杰、闫利华、傅驿钦、冯伟红、樊献俄、李春、张伟、张永欣
基于"3M"模式的中成药临床药理创新体系构建与应用(20221017B)	中国中医科学院中医临床基础医学研究所、山东丹红制药有限公司、天津中医药大学中山大学、南京中医药大学常州附属医院、东南大学、中国中医科学院中药研究所	王永炎、王忠、赵超、王跃飞、苏薇薇、申春悌、刘骏、于亚南、陈炳为、李兵、郭剑、姜苗苗

三、2022年度全国各省份中医药成果获奖情况

2022年度全国各省份中医药成果获科技进步奖一等奖、自然科学奖一等奖获奖情况如附表3-3(按照省级行政区代码排序)。

附表3-3 2022年度全国各省份中医药成果获科技进步奖一等奖、自然科学奖一等奖项目情况

省份	奖项名称	项目名称	完成单位	主要完成人
天津市	科学技术进步奖一等奖	以临床疗效及安全性为导向的注射用丹参多酚酸技术升级及应用	天津中医药大学	张艳军、闫凯境、庄朋伟等
北京市	科学技术进步奖一等奖	中药材生态种植理论和技术体系的构建及示范应用	中国中医科学院中药研究所、中国中医科学院、天津大学、昆明理工大学、皖西学院、湖北中医药大学、山东省分析测试中心、贵州中医药大学	郭兰萍、黄璐琦、高文远、杨野、王铁霖、韩邦兴、刘大会、王晓、周涛、康传志、张燕、吕朝耕、葛阳、王升、万修福
辽宁省	科学技术进步奖一等奖	基于蝎毒防治神经系统疾病的有效成分创制新药的关键技术及应用	大连医科大学、上海万锦医药科技有限公司、深圳市健元医药科技有限公司、大连医科大学附属第一医院	赵杰、王青山、李盛、李韶、朱洪、支钦、张利香、麻彤辉、石玉生、王莹
	科学技术进步奖一等奖	基于"肾虚血瘀"创新理论防治膝骨性关节炎临床基础研究及转化应用	辽宁中医药大学、辽宁上药好护士药业(集团)有限公司	关雪峰、郑洪新、董宝强、杨永菊、胡晓丽、刘悦、张帆、马振元、李思琦、陈智慧、马影蕊
	科学技术进步奖一等奖	牛蒡质量评价、规范种植及产品开发关键技术创新与应用	辽宁中医药大学、徐州工程学院、天益食品(徐州)有限公司、徐州天马敬安食品有限公司	康廷国、窦德强、许亮、董玉玮、张娜、邢艳萍、曲扬、丁朋、胡传银、韩雪莹、冉小库
	科学技术进步奖一等奖	新配伍减毒理论指导下的伤科接骨片大品种开发和创新	沈阳药科大学、大连美罗中药厂有限公司	殷军、冯芮茂、韩娜、周宝强、刘志惠、张宁、翟健秀、奚灏瀛、李嗣凯、张成海

续 表

省份	奖项名称	项目名称	完成单位	主要完成人
吉林省	科学技术进步奖一等奖	林下山参生产开发关键技术攻关及产业化	沈阳药科大学、辽宁上药好护士药业(集团)有限公司、本溪国家中成药工程技术研究中心有限公司、辽宁中医药大学附属医院、中国中医科学院中药研究所、上海上药神象健康药业有限公司、龙宝参茸股份有限公司	路金才、吕重宁、周书繁、王亮、李乔、王辉、韩凌、许海玉、李跃雄、孙立夫、汪巍
	科学技术进步奖一等奖	一类中药参一胶囊产业化新突破及抗肿瘤机制临床新应用研究	吉林亚泰制药股份有限公司、大连医科大学附属第一医院、中国科学院长春应用化学研究所、吉林亚泰中医药创新研究院、中国人民解放军第二军医大学第三附属医院(东方肝胆外科医院)	富力、刘基巍、沈锋、徐华丽、宋凤瑞、秦叔逵、林洪生、华海清、弓晓杰、虞海霞、王硕、孙建国、赵翌
	科学技术进步奖一等奖	腧穴配伍创新理论体系的构建与应用	长春中医药大学、湖南中医药大学、吉林大学中日联谊医院、中国中医科学院针灸研究所	王富春、王洪峰、李铁、周丹、蒋海琳、赵晋莹、于波、岳增辉、高昕妍、徐忠信、王之虹、刘武、赵雪玮、曹家桢
黑龙江省	中医药科学技术奖一等奖	利水功效古存今失中药的药性研究	黑龙江中医药大学	刘树民、卢芳、陈平平、于栋华、王宇、张娜、高鑫、吴丹、张宁、李自辉、赵洪伟
	中医药科学技术奖一等奖	中医药防治突发重大疫病特色理论创新及临床应用	黑龙江中医药大学、哈尔滨医科大学附属第一医院、黑龙江中医药大学附属第二医院、牡丹江医学院附属红旗医院	梁群、李全、蔡昕、曹雪丹、谢凤杰、黄冬梅、兰英华、车春利、潘宇、董晓伟、杨洋
	中医药科学技术奖一等奖	基于"多维谱效关系"的中药安全性评价与质量控制的研究与应用	黑龙江中医药大学	冯宇飞、徐雪娇、井中旭、王艳宏、张妍妍、李永吉、管庆霞、李天英
	中医药科学技术奖一等奖	三氧化二砷治疗急性早幼粒细胞白血病的疗效及毒副作用评价体系	哈尔滨医科大学附属第一医院	海鑫、郭美华、郭思逊、闫振宇、孙嘉良、魏华、庞春荣、钱钊、鲁静
	中医药科学技术奖一等奖	基于肿瘤微环境 miRNA-146a 和 NF-κB 通路,扶正消岩汤对乳腺癌抗侵袭防转移的机制研究	黑龙江中医药大学	王宽宇、孔祥定、陈静、祝金华、李承、赵可君、王旭、王一、张杰、沈全林、段雨茹
	中医药科学技术奖一等奖	黄芪多糖调控 AMPK/mTOR 通路抗糖尿病心肌病的机制研究	黑龙江中医药大学	叶婷、樊蓉、魏明慧、牛世煜、胡新颖、杨欣慧、钱守江、郭艳丽
	中医药科学技术奖一等奖	基于"肝肾学说"的 PCOS 女性生殖结局影响因素及针刺干预研究	黑龙江中医药大学、广州医科大学附属第一医院、大连市妇女儿童医疗中心(集团)	常惠、韩延华、张燕丽、李娟、孙林、朱梦一、丛晶

续 表

省份	奖项名称	项目名称	完成单位	主要完成人
	中医药科学技术奖一等奖	电针抗慢性疲劳综合征大鼠海马、下丘脑蛋白表达差异及作用靶点实验研究	黑龙江中医药大学	杨添淞、冯楚文、屈媛媛、王玉琳、于国强、杨燕、李超然、孙维伯、徐鹏、石天宇、郭静
	中医药科学技术奖一等奖	耳穴压籽对肥胖青春期多囊卵巢综合征患者体重及代谢异常的影响—临床随机对照试验	黑龙江中医药大学	李妍、李慕白、孙淼、侯丽辉、郝松莉、吴效科
	中医药科学技术奖一等奖	血肿与炎症相关的脑出血针刺干预神经保护作用及机制	黑龙江中医药大学	陈秋欣、孔莹、于婷婷、张鑫、叶涛、刘鹏
	中医药科学技术奖一等奖	天然活性成分抗消化系肿瘤作用机制研究	哈尔滨商业大学	邹翔、于蕾、曲中原、季宇彬、方月妮、石鑫、王雨萌
	中医药科学技术奖一等奖	补阳还五汤对高脂血症模型大鼠的红细胞膜及血小板生物学研究	黑龙江中医药大学	牛雯颖、张玉昆、冯月男、卞敬琦、敖鹏、张妍妍、毕悦、姜广坤、尹丽颖、李凤金
	中医药科学技术奖一等奖	虫草益肾方抗纤维化过程中对microRNA的协同增益作用及机制的研究	黑龙江中医药大学	贠捷、宋立群、宋业旭、马晓鹏、裴春鹏、代丽娟、张慧杰、刘爽、莫陶然
	中医药科学技术奖一等奖	石甘散对戊四氮致痫大鼠海马神经元超微结构及离子通道的影响	黑龙江中医药大学	程为平、刘鹏、程光宇、孙士红、肖飞、马莉
	中医药科学技术奖一等奖	叶酸修饰的羟基喜树碱壳聚糖纳米微球的制备及其肿瘤靶向性研究	哈尔滨商业大学	邢志华、谭欢欢、张文君、沈云、张文君、沈云
	中医药科学技术奖一等奖	苦柏颗粒临床观察及对巴豆油诱导大鼠痔瘘术后抗炎镇痛机理研究	黑龙江省中医药科学院	彭作英、孙怡、吴立伟、车金峰、段玉敏、霍金海、段江涛、陈事如、马天阳
	中医药科学技术奖一等奖	基于PI3K/Akt/mTOR通路介导的自噬在保元汤化裁抗肝纤维化的机制研究	黑龙江省中医药科学院	袁星星、张雅丽、王炳予、郭雪莹、杨磊、李丹丹、战晶玉、江雪冰
	中医药科学技术奖一等奖	不同频率夹脊电针对脊髓损伤大鼠 AMPKα-HDAC5-HIF-1α 信号级联调控机制的实验研究	黑龙江中医药大学	薛玉满、许文婷、陆丽娜、班维固、邢学良、张如月、丛宏政
	中医药科学技术奖一等奖	环烯醚萜类天然产物的基础与构效关系研究	黑龙江中医药大学、牡丹江医学院附属红旗医院、贵州中医药大学	韩华、董培良、刘艳、匡海学、国立东、曲娜、殷鑫、李正清、于晓瑾
	中医药科学技术奖一等奖	消癥散结止痛贴膏抗乳腺癌有效成分及作用机制研究	黑龙江中医药大学	李孟、凌爽、苏晓悦、张德超、关秀锋、李冠男、吕邵娃、李建民

省份	奖项名称	项目名称	完成单位	主要完成人
	中医药科学技术奖一等奖	抗支糖浆对哮喘大鼠气道炎症及免疫机制调节的研究	黑龙江中医药大学	李志军、王有鹏、谭杰军、景伟超、张凤春、关洋洋、马冰宇、刘正仲、王甜甜
	中医药科学技术奖一等奖	基于水通道蛋白与3A机制的相关性探讨少腹逐瘀汤治疗寒凝血瘀型子宫内膜异位症的机制研究	黑龙江中医药大学	杨东霞、孙萌、王晓滨、李兰、胡喜姣、赵晶晶、霍玉霞、申儒霞
	中医药科学技术奖一等奖	膈下逐瘀汤加减方联合宫腔镜下输卵管通液术治疗输卵管炎性不孕症的临床研究	黑龙江中医药大学	胡喜姣、刘丽、李红梅、王晓滨、杨东霞、李兰、孙萌、赵晶晶、郑志佳、唐雪桐
	中医药科学技术奖一等奖	应用海风藤醇提物抑制慢性硬膜下血肿外膜新生脆性毛细血管形成与崩解的实验研究	黑龙江中医药大学	夏士涛、王培宇、何录文、李超琳、夏佳凝、王建伟
	中医药科学技术奖一等奖	痹宁胶囊对痛风患者人尿酸盐转运 f(hUAT)基因的调控	黑龙江中医药大学	佟颖、金汤、柯岷、张旭
	中医药科学技术奖一等奖	基于代谢组学的柴胡-白芍药对治疗抑郁症的药效物质及作用机制研究	黑龙江中医药大学	张洪财、孙秋、陈雁雁、张淑香、王颖、王文姗、端木玮晨、彭东辉、梁杏杏
	中医药科学技术奖一等奖	基于CYP3A4和MRP2的灯盏花素对阿托伐他汀在大鼠体内过程影响机制的研究	黑龙江中医药大学	鞠爱霞、李秋红、郭艳丽、韩路拓、刘维丽、时爽、姜山、单万亭
	中医药科学技术奖一等奖	身痛逐瘀汤治疗股外侧皮神经炎	鸡西市中医医院	宋春丽、武鹏矗、王海龙、刘书利、金树武、王宪庆、许金凤
	中医药科学技术奖一等奖	碳量子点(CDs)偶联Annexin-V抗体复合物活体大鼠周围神经功能束鉴别的基础研究	黑龙江中医药大学	孟宪宇、李秋红、刘岩、张旭、王磊、姜巍、李凤久
	中医药科学技术奖一等奖	基于内质网应激头穴丛刺对血管性痴呆大鼠保护机制研究	黑龙江中医药大学	孙兴华、曲阳、武文鹏、万冬梅、王玉珏、张淼、武丹
上海市	科学技术奖一等奖	中药质量评鉴技术集成创新与应用	上海中医药大学、上海中药标准化研究中心	王峥涛、谷丽华、杨莉、徐红、王瑞、张紫佳、俞桂新、吴弢、王长虹、吴立宏、石燕红、李林楠、程雪梅、陈依琳、夏丽
浙江省	科学技术进步奖一等奖（拟提名）	肺癌中医分子辨证诊治关键技术与体系的创新及应用	浙江省中医药研究所	侯炜、林丽珠、陈新、陈嘉斌、沈建飞、张永军、胡琴琴、周颖、戚益铭、余志红、汪一帆、徐国暑

续　表

省份	奖项名称	项目名称	完成单位	主要完成人
	科学技术进步奖一等奖(拟提名)	中西医结合防治功能性肠病技术创新及管理体系的建立	浙江中医药大学附属第一医院	戴宁、黄智慧、李蒙、胡玥、金海峰、张雅雯、王曦、陈彬睿、范一宏、杜丽君
	科学技术进步奖一等奖(拟提名)	新冠病毒感染中医药防控体系构建及重要代谢标志物快速发现和转化	浙江中医药大学附属第一医院	杨珺超、季聪华、孔子青、高润娣、王真、钱晓、杨军、袁红、刘华芬、王京霞、陈君峰、刘姗
安徽省	科学技术进步奖一等奖	安徽中药资源调查与保护利用技术体系创建及产业化应用	安徽中医药大学、中国中医科学院中药研究所、皖西学院、安徽井泉中药股份有限公司、霍山县长冲中药材开发有限公司、亳州市皖北药业有限责任公司、安徽济人药业股份有限公司	彭代银、郭兰萍、桂双英、刘守金、冯永军、宋向文、张珂、何祥林、陈文波、朱月健
	自然科学奖(未分等级)	若干江西中草药中抗乳腺癌转移先导物的发现	江西中医药大学、上海工程技术大学	付剑江、尹小英、罗永明
	科学技术进步奖(未分等级)	创新理论指导的子宫内膜异位症临床解决方案构建及机制探究与应用	江西中医药大学、江西省妇幼保健院、江西中医药大学第二附属医院、江西中医药大学附属医院、香港中文大学医学院	梁瑞宁、邹阳、徐玲、李佩双、黄志超、范培、彭佳华、彭雪梅
江西省	科学技术进步奖(未分等级)	江西道地药材车前子标准化种植技术集成创新示范研究与产业化应用	江西中医药大学、江西省医疗器械检测中心、江西修水县宁红万春中药材有限责任公司、江西樟树天齐堂中药饮片有限公司	张寿文、姚闽、曾金祥、刘华、吴来义、董燕婧、秦倩、袁小平、曹岚、雷志强、胡生福
	科学技术进步奖(未分等级)	益气温阳护卫法防治支气管哮喘的临床研究与推广应用	江西中医药大学、江西中医药大学附属医院	薛汉荣、余建玮、喻强强、孙朋、叶超、余涛、沈建丽
	科学技术进步奖(未分等级)	中药注射剂用增溶辅料的开发与应用	江西中医药大学、南京威尔药业集团股份有限公司	张海燕、杨明、陈新国、张锐、王保成、宋民宪
	科学技术进步奖一等奖	基于阳气亢逆创新病机的高血压病证结合诊疗体系的建立及转化应用	山东中医药大学、山东中医药大学附属医院、山东心之初健康管理有限公司	李运伦、蒋海强、齐冬梅、马传江、马承珠、李超、杨雯晴、王怡斐、王小明、朱立俏、焦华琛、吕文海、丁书文
山东省	科学技术进步奖一等奖	整合药理模式下中医药抗肿瘤研究及临床应用	潍坊医学院、天津中医药大学、烟台大学	孙长岗、庄静、于海洋、陈大全、刘丽娟、周超、刘存、李华瑶、高春迪、马笑然、姚燕、张文峰、王嘉
	科学技术进步奖一等奖	瘀毒理论指导下肺系疾病证治体系的创建与应用	山东中医药大学附属医院、山东宏济堂制药集团股份有限公司、山东宏济堂中药研究院有限公司	张伟、朱雪、田梅、罗毅、刘学、邱占军、陈宪海、张心月、韩健、卢绪香、孟兆青、贾新华、臧国栋、何荣、田丽
河南省	科学技术进步奖一等奖	艾滋病常见机会性感染中医药防治体系构建及应用	河南中医药大学、河南省中医药研究院、河南省传染病医院、河南省疾病预防控制中心	徐立然、许二平、李发枝、郭会军、刘志斌、许前磊、孙燕、李宁、孟鹏飞、马秀霞、宋夕元、丁雪、李亮平、崔伟锋、桑锋

续 表

省份	奖项名称	项目名称	完成单位	主要完成人
广东省	科学技术进步奖一等奖	肾主骨理论防治退行性骨病科学内涵阐释系列创新与规模应用	暨南大学、广州中医药大学第三附属医院、河南省洛阳正骨医院(河南省骨科医院)、北京中医药大学、广州白云山敬修堂药业股份有限公司、博济医药科技股份有限公司	张荣华、朱晓峰、黄宏兴、刘又文、张东伟、江涛、马仁强、杨丽、万雷、王攀攀、蔡宇、李小云、韩清民、张虹、王丽丽
	科学技术进步奖一等奖	中医治未病健康辨识与干预关键技术创建及推广应用	广州中医药大学第二附属医院、北京中医药大学、中国中医科学院中医临床基础医学研究所、四川省崇州锦海医疗器械有限公司、广州市奥正计算机科技有限公司	杨志敏、王琦、黄鹏、陈欣燕、谢雁鸣、林嬿钊、姚海强、原嘉民、宾炜、徐福平、傅昊阳、谭菲、蔡坚雄、孙晨、方晓东
广西壮族自治区	自然科学奖一等奖	《广西植物志》(第三至六卷)编研	广西壮族自治区中国科学院广西植物研究所、广西大学、广西壮族自治区中医药研究院、广西壮族自治区林业科学研究院、华南农业大学	韦发南、刘演、许为斌、周厚高、唐赛春、黎桦、李光照、蒋日红、李秉滔、黄俞淞
海南省	自然科学奖一等奖	海南特色热带药用植物中药理活性物质的发现及其作用机制研究	海南师范大学、中国药科大学	付艳辉、刘艳萍、强磊、刘蕴瑶、王晓萍
	科学技术进步奖一等奖	沉香新品种选育和产业化关键技术创建与应用	中国热带农业科学院热带生物技术研究所、茂名市瑜丰沉香创意产业有限公司、海南那大农业开发有限公司、海南娜古芳沉香科技有限公司、海南热带农业资源研究院	戴好富、梅文莉、王昊、李薇、杨理、温全君、刘宝元、曾军、杨锦玲、陈惠琴
重庆市	科学技术进步奖一等奖	黄连产业化关键技术攻关与示范推广应用	西南大学、重庆旺隆黄连科技有限公司、温州海鹤药业有限公司、重庆市北碚区中医院	李学刚、叶小利、胡昌华、彭平安、马航、高杨、李萍、陈前锋、张保顺、苏玲萍、冉孟国、冯平、赵星、秦绪荣、任巧
四川省	科学技术进步奖一等奖	艾灸作用的热光烟效应及其生物学基础	成都中医药大学、安徽中医药大学、中南大学、智美康民(珠海)健康科技有限公司	余曙光、唐勇、吴巧凤、尹海燕、胡玲、许雪梅、周海燕、张承舜、杨莎、谈迎峰
云南省	科学技术进步奖一等奖	中医芳香疗法传承创新及运用	云南中医药大学、云南省中医医院、昆明市中医医院、颇黎芳香医科技(上海)有限公司、曲靖市中医医院	熊磊、解宇环、马云淑、邹发宝、张荣平、赵毅、陈柏君、王进进、明溪、秦冬冬、贺建昌
甘肃省	科学技术进步奖一等奖	创新型中药源生物农药系列产品的开发及推广应用	兰州交通大学、兰州世创生物科技有限公司、甘肃省经济作物技术推广站、陇南市种子管理总站、泉州海关综合技术服务中心、甘肃省农业信息中心、中国烟草总公司重庆市公司烟叶分公司、定西市农业科学研究院	沈彤、李国利、李向东、李昭煜、张金明、田永强、田天、翁城武、赵婧、代先强、张明、李佳佳、刘棋、宋子龙、何意林

续 表

省份	奖项名称	项目名称	完成单位	主要完成人
新疆维吾尔自治区	科学技术进步奖一等奖	新疆若干特色药材多肽多糖成分制备关键技术及应用示范	中国科学院新疆理化技术研究所、木垒县鹰哥生物科技有限公司、江南大学	阿布力米提·伊力、冯新、张连富、宁慧霞、艾合米丁·外力、张志霞、高彦华、鲁春芳、陆雪莹、努尔买买提·阿布都克力木、冯金波、程珍

附录四
第二届青年岐黄学者支持项目人选

2022年12月8日,国家中医药管理局根据中医药特色人才培养工程(岐黄工程)重点项目实施方案和青年岐黄学者培养项目遴选工作办法要求,经逐级推荐、专家遴选、公示等程序,确定2022年青年岐黄学者培养项目人选名单,共100人,见附表4-1(人选按姓氏笔画排序)。

附表4-1 青年岐黄学者

序号	姓名	单位
1	王伽伯	首都医科大学
2	王贤良	天津中医药大学第一附属医院
3	王鹏	河北省中医院
4	王瑞霞	山西省中医院
5	王炎	上海中医药大学附属曙光医院
6	王莹莹	中国中医科学院针灸研究所
7	王宁	香港大学
8	开国银	浙江中医药大学
9	龙富立	广西中医药大学第一附属医院
10	旦正项秀	青海省藏医院
11	史楠楠	中国中医科学院中医临床基础医学研究所
12	白鹏	北京中医药大学第三附属医院
13	冯亚宏	宁夏回族自治区中医医院暨中医研究院
14	兰天	广东药科大学

续 表

序号	姓名	单位
15	匡洪影	黑龙江中医药大学附属第一医院
16	戎萍	天津中医药大学第一附属医院
17	吕志刚	南京中医药大学
18	朱路文	黑龙江中医药大学附属第二医院
19	伍文彬	成都中医药大学附属医院
20	任吉祥	长春中医药大学附属医院
21	刘志东	天津中医药大学
22	刘瑞新	河南中医药大学第一附属医院
23	刘密	湖南中医药大学
24	刘涛	海南医学院
25	刘俊宏	甘肃中医药大学附属医院
26	刘玥	中国中医科学院西苑医院
27	刘伟敬	北京中医药大学东直门医院
28	许海玉	中国中医科学院中药研究所
29	孙振高	山东中医药大学附属医院
30	孙晓敏	南方医科大学
31	孙鑫	四川大学华西医院
32	李震宇	山西大学
33	李后开	上海中医药大学
34	李福伦	上海中医药大学附属岳阳中西医结合医院
35	李飞	安徽中医药大学第二附属医院
36	李霞	山东中医药大学
37	李具宝	云南省中医医院
38	李治建	新疆维吾尔自治区维吾尔医医院
39	李军	北京中医药大学
40	杨宇峰	辽宁中医药大学
41	杨华	中国药科大学
42	杨珊莉	福建中医药大学附属康复医院
43	杨锋	陕西中医药大学
44	吴松	湖北中医药大学

续　表

序号	姓名	单位
45	吴宝剑	广州中医药大学
46	吴志生	北京中医药大学
47	吴嘉瑞	北京中医药大学
48	吴群励	中国医学科学院北京协和医院
49	汪美霞	安徽中医药大学第一附属医院
50	张董晓	首都医科大学附属北京中医医院
51	张晗	天津中医药大学
52	张瑞芬	内蒙古自治区中医医院
53	张莉	上海中医药大学附属龙华医院
54	张志刚	石河子大学医学院第一附属医院
55	张喆	中日友好医院
56	张维库	中日友好医院
57	张圣宏	上海市第六人民医院
58	陈红波	浙江省中医院
59	林雪娟	福建中医药大学
60	林茂	重庆市中医院
61	欧阳辉	江西中医药大学
62	罗布顿珠	西藏藏医药大学
63	季莉莉	上海中医药大学
64	岳鹏飞	江西中医药大学
65	周步高	江西中医药大学
66	周婷婷	中国人民解放军海军军医大学
67	郑月娟	上海中医药大学
68	封继宏	天津中医药大学第二附属医院
69	项耀祖	同济大学附属东方医院
70	赵京霞	首都医科大学附属北京中医医院
71	赵凌	成都中医药大学
72	赵信科	甘肃中医药大学附属医院
73	赵静	澳门大学
74	郝二伟	广西中医药大学

续表

序号	姓名	单位
75	南木加	西藏藏医药大学
76	郜洁	广州中医药大学第一附属医院
77	姚血明	贵州中医药大学第二附属医院
78	敖其尔	内蒙古国际蒙医医院
79	袁普卫	陕西中医药大学
80	贾新华	山东中医药大学附属医院
81	柴智	山西中医药大学
82	高昊	暨南大学
83	高铸烨	中国中医科学院西苑医院
84	郭宏伟	广西医科大学
85	郭静	成都中医药大学附属医院
86	郭娟	中国中医科学院中药资源中心
87	黄闰月	广州中医药大学第二附属医院
88	梅志刚	湖南中医药大学
89	曹克刚	北京中医药大学东直门医院
90	常艳旭	天津中医药大学
91	阎晓霞	河南省洛阳正骨医院（河南省骨科医院）
92	梁惠卿	厦门市中医院
93	隋楠	辽宁中医药大学附属第三医院
94	程亚伟	海南省中医院
95	焦琳	江西中医药大学附属医院
96	焦华琛	山东中医药大学附属医院
97	谢雪姣	湖南中医药大学
98	谭烨	青海省中医院
99	熊亮	成都中医药大学
100	魏戌	中国中医科学院望京医院

附录五
2022 年度中药企业排行

一、2022 年度中国中药企业 100 强名单

附表 5-1 中国中药企业 Top100 排行榜（2022 年度）

序号	企业名称	序号	企业名称
1	广州医药集团有限公司	22	康臣药业集团有限公司
2	华润三九医药股份有限公司	23	广东众生药业股份有限公司
3	中国中药控股有限公司	24	好医生药业集团有限公司
4	步长制药	25	河南羚锐制药股份有限公司
5	石家庄以岭药业股份有限公司	26	黑龙江珍宝岛药业股份有限公司
6	云南白药集团股份有限公司	27	九芝堂股份有限公司
7	济川药业集团有限公司	28	上海和黄药业有限公司
8	北京同仁堂股份有限公司	29	西藏奇正藏药股份有限公司
9	天士力医药集团股份有限公司	30	桂林三金药业股份有限公司
10	天津市医药集团有限公司	31	广西梧州中恒集团股份有限公司
11	浙江康恩贝制药股份有限公司	32	株洲千金药业股份有限公司
12	江苏康缘药业股份有限公司	33	北京中证万融医药投资集团有限公司
13	太极集团有限公司	34	苏中药业集团股份有限公司
14	葵花药业集团股份有限公司	35	吉林万通药业集团有限公司
15	仁和药业股份有限公司	36	京都念慈菴总厂有限公司
16	昆药集团股份有限公司	37	成都百裕制药股份有限公司
17	天津红日药业股份有限公司	38	江西青峰药业有限公司
18	漳州片仔癀药业股份有限公司	39	亚宝药业集团股份有限公司
19	神威药业集团有限公司	40	雷允上药业集团有限公司
20	东阿阿胶股份有限公司	41	健民药业集团股份有限公司
21	华润江中制药集团有限责任公司	42	贵州益佰制药股份有限公司

续 表

序号	企业名称	序号	企业名称
43	海南葫芦娃药业集团股份有限公司	72	吉林华康药业股份有限公司
44	贵州百灵企业集团制药股份有限公司	73	特一药业集团股份有限公司
45	吉林敖东药业集团股份有限公司	74	吉林省集安益盛药业股份有限公司
46	马应龙药业集团股份有限公司	75	金诃藏药股份有限公司
47	浙江佐力药业股份有限公司	76	重庆华森制药股份有限公司
48	上海凯宝药业股份有限公司	77	金花企业(集团)股份有限公司西安金花制药厂
49	福胶集团	78	深圳海王药业有限公司
50	重庆希尔安药业有限公司	79	广东嘉应制药股份有限公司
51	广州市香雪制药股份有限公司	80	南京圣和药业股份有限公司
52	上海神奇制药投资管理股份有限公司	81	广东太安堂药业股份有限公司
53	山西广誉远国药有限公司	82	北京汉典制药有限公司
54	上海绿谷制药有限公司	83	天地恒一制药股份有限公司
55	山东宏济堂制药集团股份有限公司	84	广东罗浮山国药股份有限公司
56	精华制药集团股份有限公司	85	山东孔圣堂制药有限公司
57	万邦德医药控股集团股份有限公司	86	陕西汉王药业股份有限公司
58	成都地奥制药集团有限公司	87	陕西盘龙药业集团股份有限公司
59	山东凤凰制药股份有限公司	88	安徽九华华源药业有限公司
60	西安世纪盛康药业有限公司	89	江西百神药业股份有限公司
61	哈尔滨市康隆药业有限责任公司	90	浙江维康药业股份有限公司
62	九信中药集团有限公司	91	浙江永宁药业股份有限公司
63	湖南方盛制药股份有限公司	92	云南生物谷药业股份有限公司
64	贵州三力制药股份有限公司	93	贵州威门药业股份有限公司
65	中山市中智药业集团有限公司	94	红云制药集团股份有限公司
66	贵阳新天药业股份有限公司	95	华佗国药股份有限公司
67	南京同仁堂药业有限责任公司	96	云南植物药业有限公司
68	广西金嗓子有限责任公司	97	昆明龙津药业股份有限公司
69	湖南汉森制药股份有限公司	98	广州诺金制药有限公司
70	河南太龙药业股份有限公司	99	广西壮族自治区花红药业集团股份公司
71	兰州佛慈制药股份有限公司	100	李时珍医药集团有限公司

备注：
1. 华润医药集团、中国医药集团、远大集团以下属公司参与排名；
2. 修正集团、济民可信集团、长白山制药集团未报数且为非上市公司，无从核实数据，故未入榜；
3. 中药百强企业数据含饮片、配方颗粒及中药大健康产品如凉茶等收入

二、2022 年度中成药企业 100 强名单

附表 5-2 2022 年中成药企业 100 强名单

序号	企业名称	序号	企业名称
1	广州白云山医药集团股份有限公司	35	贵州百灵企业集团制药股份有限公司
2	修正药业集团股份有限公司	36	河南羚锐制药股份有限公司
3	云南白药集团股份有限公司	37	亚宝药业集团股份有限公司
4	中国中药控股有限公司	38	雷允上药业集团有限公司
5	山东步长制药股份有限公司	39	金陵药业集团有限公司
6	华润三九医药股份有限公司	40	广东众生药业股份有限公司
7	中国北京同仁堂(集团)有限责任公司	41	广州康臣药业有限公司
8	石家庄以岭药业股份有限公司	42	上海和黄药业有限公司
9	杭州中美华东制药有限公司	43	一品红药业股份有限公司
10	漳州片仔癀药业股份有限公司	44	西藏奇正藏药股份有限公司
11	天力士医药集团股份有限公司	45	陕西东泰制药有限公司
12	湖北济川药业股份有限公司	46	西藏诺迪康药业股份有限公司
13	昆药集团股份有限公司	47	广州市香雪制药股份有限公司
14	天津红日药业股份有限公司	48	桂林三金药业股份有限公司
15	浙江康恩贝制药股份有限公司	49	广西梧州制药(集团)股份有限公司
16	山西振东制药股份有限公司	50	颈复康药业集团有限公司
17	津药达仁堂集团股份有限公司	51	山东凤凰制药股份有限公司
18	贵州信邦制药股份有限公司	52	中山市中智药业集团有限公司
19	仁和药业股份有限公司	53	上海医药集团青岛国风药业股份有限公司
20	葵花药业集团股份有限公司	54	辽宁上药好护士药业(集团)有限公司
21	苏中药业集团股份有限公司	55	成都第一制药有限公司
22	黑龙江珍宝岛药业股份有限公司	56	清华德人西安制药股份有限公司
23	成都康弘药业集团股份有限公司	57	仲景宛西制药股份有限公司
24	东阿阿胶股份有限公司	58	湖南方盛制药股份有限公司
25	江苏康缘药业股份有限公司	59	河南太龙药业股份有限公司
26	九芝堂股份有限公司	60	通化金马药业集团股份有限公司
27	吉林敖东药业集团股份有限公司	61	精华制药集团股份有限公司
28	株洲千金药业股份有限公司	62	重庆希尔安药业有限公司
29	四川好医生攀西药业有限责任公司	63	山东宏济堂制药集团股份有限公司
30	马应龙药业集团股份有限公司	64	扬子江药业集团江苏龙凤堂中药有限公司
31	神威药业集团有限公司	65	万邦德制药集团股份有限公司
32	健民药业集团股份有限公司	66	正大青春宝药业有限公司
33	贵州益佰制药股份有限公司	67	河南润弘本草制药有限公司
34	上海雷允上药业有限公司	68	上海凯宝药业股份有限公司

续 表

序号	企业名称	序号	企业名称
69	西安世纪盛康药业有限公司	85	吉林一正药业集团有限公司
70	贵州三力制药股份有限公司	86	浙江维康药业股份有限公司
71	贵阳新天药业股份有限公司	87	浙江永宁药业股份有限公司
72	浙江佐力药业股份有限公司	88	兰州佛慈制药股份有限公司
73	湖南汉森制药股份有限公司	89	昆明龙津药业股份有限公司
74	成都华神科技集体股份有限公司	90	江西普正制药股份有限公司
75	海南葫芦娃药业集团有限公司	91	邯郸制药股份有限公司
76	浙江寿仙谷医药股份有限公司	92	厦门中药厂有限公司
77	吉林省集安益盛药业股份有限公司	93	广东嘉应制药股份有限公司
78	北京北大维信生物科技有限公司	94	山西广誉远国药有限公司
79	陕西盘龙药业集团股份有限公司	95	安徽九华华源药业有限公司
80	重庆华森制药股份有限公司	96	河南福森药业有限公司
81	特一药业集团股份有限公司	97	金花企业(集团)股份有限公司
82	杭州胡庆余堂药业有限公司	98	陕西康慧制药股份有限公司
83	山东沃华医药科技股份有限公司	99	金珂藏药股份有限公司
84	西安碑林药业股份有限公司	100	上海黄海制药有限责任公司

(该名单由中国中药协会于第三届中国中药品牌建设大会上发布)